五来重
著作集
第一巻

「日本仏教民俗学の構築」

法藏館

［編集委員］
赤田光男
伊藤唯真
小松和彦
鈴木昭英
福田　晃
藤井正雄
宮家　準
山路興造

［本巻担当］
鈴木昭英

1974年９月21日　和歌山県高野町・高野山にて
（『現代の文人―斉藤勝久写真集』角川書店、1988年）

日本仏教民俗学の構築

五来重　著作集　第一巻

凡例

一　本著作集は、著者の主要な論文・著書を研究テーマ別に分類して、全十二巻・別巻一として刊行したものである。別巻には著者の略年譜・著作目録・総索引を収録した。
二　定本は、原則として公刊された初出論文（原論文）によったが、のち単行本化されたものは参考にした場合がある。また単行本は最終版によった場合が多い。
三　本巻所収の「日本仏教民俗学論攷」（学位取得主論文）は、提出論文複写を利用して初めて公刊されたものである。
四　明らかな誤字・誤植・脱字は訂正したが、初出論文を尊重してそのままにした場合は解説で説明を加えた場合がある。
五　漢字は原則として新漢字、送り仮名は通行のものに訂正して使用した。
六　地名は、原則として著者の執筆当時のままとした場合が多い。
七　年中行事等の開催される月日も著者執筆当時のままとしたので、現開催日と異なる場合がある。
八　底本の写真・図版は最小必要限度のものにかぎり掲載し、適宜に取捨した。
九　民俗用語としてハンセン病その他についての用語があり、今日では不適切とされる表現があるが、著者が差別助長の意図で使用していないことなどを考慮して、底本のままとした場合がある。
十　巻末に編集委員による解説を付した。
十一　各巻には「月報」を挿入し、著者の逸話、人柄等がうかがえるように配慮した。

目次

I　仏教民俗学の提唱

仏教と民俗学

一　日本仏教の特質

仏教の研究は明治以来、画期的な進歩をとげ、ヨーロッパの東洋学者によってひらかれた原典批判の上に立つ実証的研究が、多大の成果をあげたことは一般のみとめるところである。これと同時に仏教各宗各派の教学機関も大いに充実されて、優秀なる仏教学者を多数輩出し、一般僧侶の学識教養は飛躍的に向上した。ところがこのような仏教教学の進歩は、一般仏教徒の信仰の深化または拡大をもたらしたかといえば、かならずしも然りということはできない。

これは社会情勢の変化という外的な事情によることも、もちろん大きいであろう。しかしまた一方では、このあたらしい仏教研究が、インド古典語の克服という労力多き基礎作業によっておしすすめられたにかかわらず、日本仏教とはあまりに縁どおくして、これにプラスするところがきわめてすくなく、日本仏教各宗各派の教学は、依然として中世的なドグマティックスと、古風なスコラティシズムから一歩も出ることができなかったことも否定できない。

たしかにあたらしいインド哲学や原始仏教の研究は、沈滞した明治・大正の仏教界に清新の気をふきこみはした。しかしこの立場からのみ日本仏教を解釈し、批判し、改善するには、あまりにもインドと日本の仏教成立の地盤は懸絶していたのであって、根本仏教の尺度をもって日本仏教を堕落仏教となし、これを否定するがごとき一部の仏教運動は、きわめて非現実的といわねばならない。

しからば、近代の仏教研究と仏教徒の信仰が没交渉であるのは何に因るのであろうか。その第一の原因は、従来の仏教学は仏教を生きた宗教としてでなく、過去の文化としてあつかうためであるとおもう。多くはキリスト教徒であるヨーロッパの学者にとって、仏教は異教であり、過去の高度に発達した東洋文化であるにすぎない。したがってその研究法を採用した仏教学は、現に日本人の精神生活のなかに生きている宗教としての仏教をとらえることができないのは当然である。

たしかに大部分の日本人のなかに生きている仏教は、四聖諦、八正道、十二因縁を説くインド仏教ではなく、八不中道、一念三千、事々無碍円融の高遠なる哲理を説く中国仏教でもない。それは浄土往生や現世祈禱の個人的信仰と、祖先祭祀や年中行事の社会的儀礼のなかに脈打っている仏教なのである。

このような日本仏教の現象形態を、仏教の堕落とする見解をわれわれはしばしばきくのであるが、もし然りとすれば「大日本は大乗相応の国」とか、「わが国は大乗純熟の地」とかいった古人の言は、たんなる独善であったのだろうか。

われわれは、けっしてそのようにはかんがえない。日本仏教は哲学としてではなく、宗教としてもっとも発達した仏教なのである。そして過去千三百年の日本仏教史がしめすように、多くの学者ではなく、多くの宗教的天才が日本の国土、日本の民族にいちばん適合した形として、われわれに提供してくれた仏教なのである。われわれは日本仏教のほんとうの価値をみとめて、もっともっと大切にまもりそだてねばならないとおもう。

役小角、最澄、空海、聖宝、覚鑁、高弁、日蓮や、行基、空也、良忍、法然、親鸞、一遍などの偉大な宗教家たちが創造した日本仏教は、インド仏教や中国仏教とは似ても似つかぬものであったかもしれない。しかし彼等はもっともよく日本の国土と伝統と日本人の根本的性格（機根）をこころえており、その主体性の上に仏教を合致させるために一生をささげた。

といっても私は、日本仏教がこれらの天才のみの独創によって成立したとはおもわない。むしろこれらの天才は庶民または常民の宗教要求にうごかされたのであって、日本仏教をその基層までほりさげてゆけば、主体性は一般庶民にあることが見出され、ほんとうの日本仏教の創造者は、日本民族の基層文化のにない手《トレーガー》であるところの、庶民であったということができるであろう。

二　日本仏教と仏教民俗

仏教を人類文化の偉大なる遺産として、その教理、哲学の本質や構造をあきらかにする論理的研究が重要なことは、いまさらここにのべるまでもない。その方法にも、伝統の教相学の煩瑣と晦渋をいとわず、唯識三年、倶舎八年の研学の功をつむ立場と、西洋哲学の自由なる思弁によって、快刀乱麻をたつごとく、三論、法相、天台、華厳、禅、念仏の論理構造を縦横に明快に分析する立場とがあるようである。

前者は学問の内容そのものよりも、伝統の教相を師資相承の形で瀉瓶相続することが、僧侶の修道の一形式として大きな価値をもつものであり、後者はあたらしい時代の感覚と、カントやヘーゲルの論理をもって仏教教理を解釈し、体系づけることにより、現代知識人の仏教理解に資せんとするものである。

しかしこのような研究は、どちらも専門の高級聖職者や、人文科学にたずさわる一部高級文化人のためのものであって、応分の喜捨により、高価な仏教大学をささえている一般の仏教檀信徒は、まったく縁なき衆生なのである。

また一方、仏教の歴史的研究にあっても、高僧、学僧の著述を中心とする教理史が大部分であって、文化史、宗教史、社会経済史などの立場から、俗物どもの信仰や、社会とのつながりをあきらかにする仏教史はほとんどみられず、一般史から孤立したかたい殻の中で、自受法楽の研究がなされているのみである。

このような研究が一般仏教徒の関心をひかないのは当然で、仏教をますます難解、不可解なものとし、いささかの興味もかんじないようにしたのである。そして彼等が幼童のときから親しんだお寺やお堂や仏教行事は、仏教ではないかのような印象をあたえてしまった。

しかし仏教の学問はお寺やお堂や石ぼとけや縁日のような、日常的で、民間的で、形而下的な宗教現象をとりあつかったら、学問の権威と沽券にかかわるのであろうか。

宗教を一つの社会現象としてとりあつかう見方は、宗教社会学者の主張をまつまでもなく、宗教を生きた形でとらえる上に必要であるが、従来は高僧や学僧の個人的思想や学問だけを抽象してあつかい、その背後にある庶民社会の宗教は無視されてきた。況や現代の俗物どものおこなう葬式、祈禱、年中行事などの仏教民俗は、俗信、迷信として、この学問の対象とはならなかったのである。

正月、盆、彼岸、花祭、大念仏、練供養、六斎念仏、十夜会、霜月大師講、寒念仏、各寺本尊会式などの毎年きまっておこなわれる仏教行事は、僧侶の管理にまかされているにかかわらず、その宗教的本質や沿革をあきらかにして、仏教伝道に役立てようとする努力はすこしも払われなかった。そればかりか、仏教行事はすべて仏説に典拠がなければならないとする先入観から、仏説何々経に合致しない行事、作法は外道的迷信であるとしりぞける護法者さえいる。

なるほど、葬式・法事などには、仏説にないどころか、常識でも容易に理解しがたい作法や禁忌が多く、墓や塔婆などの習俗にも、檀徒・信徒の卑近な質問に檀那寺の和尚が困らされることがしばしばあるにちがいない。ことにわが国の庶民信仰のなかには、神事と仏事の区別のあきらかでないものが多くて、観念的に定立された純粋仏教の立場からは、何としても説明のできないものがすくなくない。しかしそれがいかに雑然としており、複雑怪奇で、非合理的、俗信的であっても、それが具体的に生きてうごいている仏教的宗教現象である以上は、これに眼をつむったり、外道あつかいすることは、仏教者の正しい態度とはいえないであろう。

すこしく眼を西のほうに転じても、純粋な仏教というものが存したかどうかは大きな疑問であり、釈迦在世時代の仏教が文献的にあきらかにされたとしても、説法者も受法者も伝法者も、インド人であったという民族的制約から自由でありえたはずはない。そののち仏教は本場のインドにおいて、インドの固有信仰であるバラモン教やインド的習俗と結合して密教となったし、中央アジアではその地方の宗教や民族的習俗と、中国へわたっては道教その他の固有信仰と習合してきたのである。

それゆえ、日本仏教が日本民族固有の信仰や習俗と結合したことは、けっして不名誉な混血ではなく、むしろ宗教としての仏教の必然的発展なのであるから、堂々と嫡出子たるの権利を主張してさしつかえない。いにしえの大徳はいみじくもこれを、「大乗純熟の地」と表現したのであった。

しかし観念的に定立された純粋仏教、根本仏教でもこれを解くことは、一元一次方程式を解くように容易ではない。況やインド、西域、中国、朝鮮を伝来するあいだに種々の思想、信仰、慣習をとりいれ、東海の扶桑国にわたってからは、この国の民族的信仰や習俗とかたく結合した仏教が、いかに多くのファクターから成る多元高次方程式であるかは想像にかたくないであろう。

最近（昭和二十七年〈一九五二〉）、恩賜賞をかちえた京都大学人文科学研究所の水野精一、長廣敏雄両教授の雲崗石窟の研究によっても、従来ギリシア美術とガンダーラ美術の東漸と簡単にかんがえられていた雲崗の石仏が、ギリシアやガンダーラやグプタ美術をかんがえる前に、中国本来の伝統と、北方民族拓跋族の文化形成力、および中央アジア諸民族の雑多な美術様式の混合に注目すべきことが指摘された。

一石仏の形成においてすらかくのごとくであるから、心意現象と社会現象の多元的結合から成る宗教のばあいは、なおいっそう複雑な様相を呈するのは当然である。したがってこれを解析することはほとんど不可能なほどにみえるし、これに力をかす見込みのある比較宗教学や土俗学、民族学なども、この分野ではいまだ多くの期待をかけることができないようにみえる。

しかしすくなくも日本一国における固有信仰と仏教の交流、夾雑は、近来の日本民俗学の進歩によってあきらかにしうる公算が大きくなった。われわれは雑駁たる仏教行事や仏教民俗を前にして、複雑怪奇と茫洋の感に長嘆息する必要はなくなった。この攻略をせまられてはいるが不可能にみえた要塞の一角にとりつく突破口が、いま啓開されようとしている。われわれは柳田國男先生の半世紀にわたる学的努力によって創立された日本民俗学の援護のもとに、この困難な道をすすもうとしているのである。

三　仏教と常民

現代各宗仏教大学の宗門教育に共通する一つの弱点は、その卒業者が高遠な哲理や難解な古典・外国語に通暁しておりながら、自分の寺へ帰ってから、檀信徒のあいだにおこなわれる行事や信仰を理解することができないばかりでなく、これに関する簡単な質問にもこたえられないという点にあるとおもう。

これは貴族、僧侶など有識人の思想や行動には価値があるが、名もない民間人の信仰や慣習は一顧の価値もないという、過去の封建的な先入観の結果ではないだろうか。

しかし、ハンス・ナウマン（Hans Naumann）が『ドイツ民俗学の特質』（*Grundzüge der deutsche Volkskunde*, 1922）において、民族文化を表層文化と基層文化に分け、日常的、類型的な伝承文化に文化価値をみとめてからは、社会学も歴史学も宗教学も、庶民のになう基層文化にたいする不当な軽視は、理論的にも是正されてあるのである。

日本古典の研究に新生面をひらいた独創的な歴史家である津田左右吉博士は、名著『支那思想と日本』（岩波書店、昭和十三年）の中で、

日本の仏教の特色は、飛鳥奈良時代の遺物たる寺院建築や、仏像や、又は学匠の述作や、禅僧の語録などに求むべきでなくして、例へば民間の寺院や辻堂や、道ばたの石地蔵や、お彼岸まゐりや、お会式や、三十三ヶ所めぐりや、さういふやうなところにおいて認めらるべきである。

とのべて、上来、私のいわんと欲するところを明快に道破せられておる。

しかるに、ついこのあいだ、ある高名な仏教美術の大家は、民間で信仰される仏像や路傍の石仏などは、インドの儀軌にも作例にも合わぬ間違いだらけの仏像であるから、このようなものを礼拝するのは日本人の恥であるといい、さる有名な仏教学者は、日本の仏教は葬式仏教、祈禱仏教であって、釈尊のかつて説かれなかった厭うべき堕落仏教であると、嘆するのをきいた。

この先生たちの、インドと釈尊を宗主とせられる心情は大いに諒とするが、その価値判断には何かしらイドラ的な偏見と時代おくれが感じられる。むしろ仏教にあまり関心のない歴史家の津田博士のほうが、日本仏教の真価をみとめておるのではないだろうか。

日本民俗学は葬式と祈禱をなりわいとする「民間の寺院」や、一年一度の縁日のほかはすてかえりみられぬ「辻堂」や、目も鼻もすりきれて腰から下の病ばかりたのまれる「道ばたの石地蔵」にまず注意し、ここに日本民族の基層文化の露頭を見出すのである。この基層文化のにない手である常民（folk）は、「飛鳥天平の寺院建築」や、美術作品として好事家に珍重される「仏像」や「学僧の述作」のような表層文化のにない手である貴族や有識者にくらべれば、無知でうすぎたない俗物であるけれども、日本仏教の根源的主体性の形成者である。

したがってわれわれは常民の物質生活、社会生活、精神生活をあきらかにすることによって、日本仏教の根本的性格や、日本仏教変遷の基礎条件をとらえることができるとおもう。民俗学の対象を、(A)物質生活、(B)社会生活、(C)精神生活に三分類したのは、物質生活は人と物との関係を、社会生活は人と人との関係を、精神生活は人と神（真・善・美・聖の理想をふくむ）の関係を規定するからで、これを仮に民俗学のテーマにわりあてればつぎのようになるであろう。

(A)物質生活――1衣・食・住、2労働（生産・分配・協同）、3交通（旅行・交通路・運輸・通信）、4交易（商

店・行商・交易圏)

(B)社会生活──1家族(婚姻・産育・家長権と主婦権)、2同族(本家と分家・隠居・先祖と氏神・義理)、3村落(村組織・宮座・講組・年齢集団)、4社会慣習(礼儀・道徳・契約)、5言語(方言・俚諺)

(C)精神生活──1祭儀(年中行事・祭式・儀式・葬送・宗教的慣習)、2神話(伝説・寺社縁起・昔話・口碑・笑話)、3芸能・歌謡(神楽・田楽・舞踊・演戯・民謡)、4信仰(固有信仰・神道・仏教・陰陽道・修験道・呪術・禁忌・託宣・予言・霊異)

このなかで仏教と密接なつながりをもつのは、ことわるまでもなく常民の精神生活であるが、精神生活は物質生活(経済生活)と社会生活の上に成り立つものであるから、これを無視することはできないのである。なお、仏教の民俗学的研究──いわば仏教民俗学──がとりあつかうべき具体的テーマはのちにのべるつもりであるが、仏教の民俗学的研究による受益者はかならずしも仏教側だけではなくて、日本民俗学そのものにもすくなからず寄与しうるものであることを注意したい。

のちにものべるごとく、日本民俗学はその発祥以来、柳田國男先生はじめ熱心なる同志の精力的採集によって厖大な民俗資料を集積した。しかしその精神生活資料の比重は、仏教よりも神道の領域に重かったことは否定できない。

これにはいろいろの原因がかんがえられるけれども、もっとも直接の原因は、この学問にたいする仏教者の態度のきわめて冷淡であったことをあげなければなるまい。これは従来の仏教者の民間的なものへの封建的蔑視と同時に、すべての仏教習俗の起源を仏説と天竺、震旦におかねばやまぬ護教的態度が、民俗学との協力をはばんできたためである。

いうまでもなく文化の典拠をインド、中国にもとめることは、中世から近世にかけてのわが国有識人、文化人の常識であった。したがって宮中、民間をとわず一切の民俗行事は仏教の経律論疏、ことに『釈氏稽古』や『釈氏要覧』か、しからずんば『呂氏春秋』『准南子』『荊楚歳時記』などで解決したのである。しかし民俗学の進歩とともに外国文献にたよることなく、民俗資料の蒐集、分類、比較、排列だけで、大部分の民俗行事の日本起源が実証的な正確さで解明されたのであるから、護教的仏教者の不興を買ったのも無理はない。この点は私自身にがい経験をもっているのだから、まじめな仏者の前で盆や彼岸の民俗学的談義は鬼門と知るべきである。

しかし仏教はもとは外来宗教であったとはいえ、一千三百年のながきにわたって、日本民族の精神生活のなかにとけこんできたのであるから、いまさら、むりに種のちがう渡り者あつかいにしないでもよいだろうとおもう。それどころか仏教民俗をしらべればしらべるほど、日本の民族文化の含有量の大きさが検出されるのであって、仏教民俗こそ民俗学の宝庫の観がある。これは仏教がキリスト教とはことかわり、固有信仰、固有文化に寛大な宗教であったから、このなかにながれこんだ民俗は上衣だけ仏教にきがえて、そっくりそのまま現代までのこることができたのによる。このような仏教民俗はそっと上衣をとって見さえすれば、貴重な民俗資料となることはうたがいない。仏教民俗研究の日本民俗学への寄与といったのは、このことである。

また仏教家は中世、近世を通じて文字をもつ第一級の有識階級であったから、専門の教相、事相の述作以外に莫大な記録、文献をのこしている。このなかには利用しだいで民俗学の文献史料となるものがすくなくない。

すでに奈良・平安の交に、薬師寺僧景戒の『日本霊異記』があって日本庶民仏教史のみならず、日本民俗史の文献史料を無限にふくみ、弘法大師空海の『三教指帰』『性霊集』も民俗学に利用さるべきところがすくなくない。また平安中期以後にぞくぞくあらわれた諸種の弘法大師伝や「空也誄」「行基年譜」「慈恵大僧正伝」「道場法師伝」

などの僧伝、『本朝法華験記』『日本往生極楽記』以下の各種往生伝、『扶桑略記』『三宝絵詞』『東大寺要録』『表白集』や諸大寺法会・法要の記録、法則、次第、『梁塵秘抄』の法文歌や教化、和讃などの仏教歌謡、『今昔物語集』の仏教説話や『枕草子』『源氏物語』『栄花物語』などの平安朝文学にゆたかにみられる仏事法会、霊仏詣、年中行事などの記事、また興教大師覚鑁の『五輪九字秘釈』『孝養集』などにも注意すべきものが多い。

鎌倉時代にはいれば、『発心集』『撰集抄』『宝物集』『沙石集』『私聚百因縁集』などの仏教説話集があり、『十訓抄』『古今著聞集』『宇治拾遺物語』などにも仏教説話がふくまれている。また『玉葉』『明月記』などの公卿日記や『百練抄』『吾妻鏡』などには、仏事法会の詳細な記述がのせられている。『源平盛衰記』『平家物語』なども戦記文学といわんよりも、仏教文学とも称すべきほど仏教記事が多く、そのなかに貴重な民俗資料がすくなくない。また、筆まめな僧侶の真俗にわたる見聞を集録した兼好の『徒然草』や頼瑜の『真俗雑記』、黒谷光宗の『渓嵐拾葉集』なども注意すべきものである。高僧伝といわれる『元亨釈書』は霊異を説くこと多きにすぎて歴史資料としての価値を減殺するが、そのかわり民俗資料としての価値がたかい。また、この時代にぞくぞくあらわれた法然上人、親鸞聖人、日蓮上人、一遍上人、良忍上人などの各種の行状絵巻、縁起や、『餓鬼草紙』『地獄草紙』などの風俗絵巻も、民俗学の立場から注目すべき記事と絵画の宝庫である。

室町時代にはいって、『安居院神道集』の系統をひく唱導文学があらわれるが、当時の庶民仏教家は民間の庶民信仰をもととして神仏の因縁と教理を説いたことがうかがわれる。御伽草子や謡曲、狂言の構想も詞章もこれに負うところがすくなくないから、民俗資料を随所にひろうことができる。『増鏡』『吉野拾遺物語』『太平記』『義経記』『曽我物語』などの仏教記事も注意すべきであり、連歌法師によって管理された連歌も庶民の生活を表現したものがある。なお、注意すべきは『蔭凉軒日録』『満済准后日記』『多聞院日記』などの僧侶の日記、『看聞御記』

『実隆公記』などの公家日記の仏事法会記事、『大乗院寺社雑事記』『醍醐雑事記』『醍醐寺新要録』などの寺院記録は民俗資料として貴重である。

中世までの仏教資料でも一寸おもいあたるものだけをあげても以上のごとくであるから、仏教の民俗学への寄与はけっして低く評価さるべきではない。仏教者がこのようなみずからのもてる宝を自覚するならば、いまからでも民俗学との協力をこばむものではないであろうし、この人たちの何よりの強味は職業柄、つねに常民の生活にもっとも密接に接触し、精神生活の内部にまで立ち入る権利を有することで、その協力はきわめて強力である。その結果、仏教者の手にゆだねられた教化対象たる常民の心意をしっかりにぎって布教伝道に活用するならば、護教的精神もまたみたされるであろうことを信ずるものである。

四　トーバの民俗学的考察

さて、以上のべたごとく、仏教と民俗学の協同は可能であるから、今後の日本仏教の研究に新生面がひらかれ、宗門教育の弱点が是正されるためにも、仏教研究者は民俗学の利用を工夫すべきである。そこで、ここにはなはだ不充分ながら一つの作業例をしめして大方の参考に資するため、もっとも日常的な仏教民俗であるトーバをとりあげてみたい。

トーバの仏教的説明によれば、これはインドのストゥーパ（stūpa）の音訳で、仏舎利をおさめた墳墓であるという。蘇鍮婆、卒堵婆、卒塔婆と書くべきところを略して塔婆または塔というが、訳して「高顕」とするのは、地上高く壇を積み、露盤を置き、相輪をあげるからだと説明される。その代表的なものというサーンチー（Sāñcī）

の大塔は、なるほど鉄鉢を伏せたような半球体の塔身（いわゆる伏鉢）の上に、露盤と小さな傘蓋を立てたものである。

しかしいくら写真と模型で説明されても、これがわが国で平安時代末期以来、八百年にわたっておこなわれ、今日もなおすたれていないトーバ、すなわち角トーバ、板トーバ、経木《きょうぎ》トーバなどの先祖または親類とは、うけとりにくい。

私はこのようなきわめて平凡な疑問から出発したが、ウレツキトーバ（梢付塔婆）、ハツキトーバ（葉付塔婆）、ホエツキトーバ（穂枝付塔婆?）、カワツキトーバ（皮付塔婆）、ナマトーバ（生塔婆）、マタガリトーバ（股がり塔婆?）、マタボトケ（股仏）、フタマタトーバ（二股塔婆）、ホトケボー（仏棒）、ウラスギトーバ（梢杉塔婆）、ヤナギトーバ（柳塔婆）、シキミトーバ（樒塔婆）、シャクシトーバ（杓子塔婆）、ロッカクトーバ（六角塔婆）、ナガレカンジョウトーバ（流灌頂塔婆）、トヒアゲトーバ（弔上げ塔婆）、カミトーバ（紙塔婆）などの「異形《いぎょう》トーバ」の採集をみるにいたって、私は従来の説にはっきりと不信を表明せねばならなくなったのである。

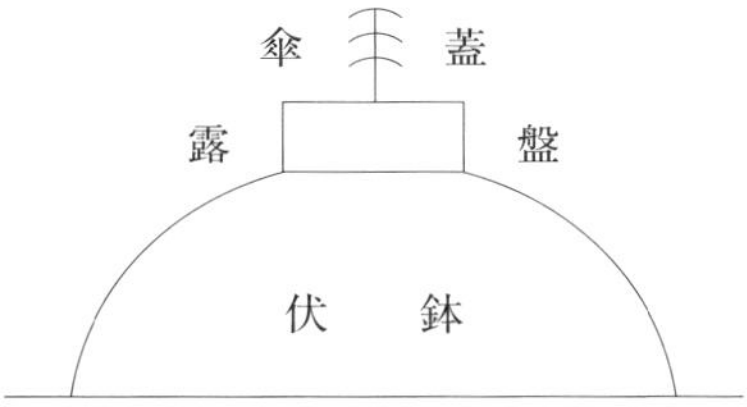

インドのストゥーパ

一、二の現象をみて、これに素人を納得させる程度の説明をくわえることは、付録の答えをみてから運算を工夫する中学生のように、なんとかこじつけることもできるだろう。しかし、すこしひねった応用問題にはすぐ辻褄が合わなくなる答案はほんとうの答えではない。例外ともみえる、どのような現象にも妥当する答えがほんとうの答えなら、例外こそ問題を解く鍵である。

インドのストゥーパが中国、朝鮮をへて相輪樘、五重塔、三重塔に系統をひくことはわかるが、これを建てる資力のないものが、一本の柱や板や経木で我慢したというのは、すこしくるしい説明であるばかりか、ウレツキトーバ、フタマタトーバ、シャクシトーバにいたって、ハタとゆきづまらざるをえない。したがって異形トーバが解決されないかぎり、角トーバ、板トーバ、経木トーバの正しい解答はえられない道理である。

法隆寺の鵤故郷舎出版部は、昭和十八年（一九四三）に日本の塔婆研究の大家を総動員して『塔婆の研究』という論文集を発行したが、そのなかで石田茂作博士は「我国に於ける塔形の種類と其の系統」の論文でつぎのようにのべている。これがトーバに関する現代最高の学説だから、すこし丁寧に引用しよう。

宝瓶塔は印度古塔の調和的形態の、舎利瓶への連想によつて案出されたものと思はれ、五輪塔も又その同じ系統中に置かるべきやうに考へられる。（中略）五輪塔がこの同じ系統を汲むものであらう事は、五輪塔の初期の形に於いて地輪が低く、水輪が下膨れで頸を存する事によつても察し得らるゝ様に思ふ。即ち低き地輪は基壇を意味し、水輪の下膨れは覆鉢の制を伝へるもの、その頸部は平頭の名残ではあるまいか。五輪塔婆、五輪平塔婆が五輪塔の変化形であるは云ふまでも無いが、角塔婆に至つては稍その説明に苦しむ。併しその上部の二線の切こみは五輪塔婆の略形と見るより致し方の無いものであれば、角塔婆の変形式と見らるゝ板塔婆、板碑、自然石塔婆、碑伝、圭頭碑、方柱碑等も亦この系統に入るべきものかと思はれる。

右の系統論に就いては、その独断の多い事を今更ながら恥かしく思ふが、誰れか一度やらねばならぬ問題であるので、この未熟の説を提示して、識者の修正を切望する次第である。（完）（傍点、傍線は五来記す）

これが現代の建築史、美術史の到達しえた結論である。異形トーバなど、もちろん問題にもされておらないが、何をくるしんで角トーバ、板トーバ、板碑、五輪トーバ（石造五輪塔とは別で、私は角柱五輪トーバとよぶ）など

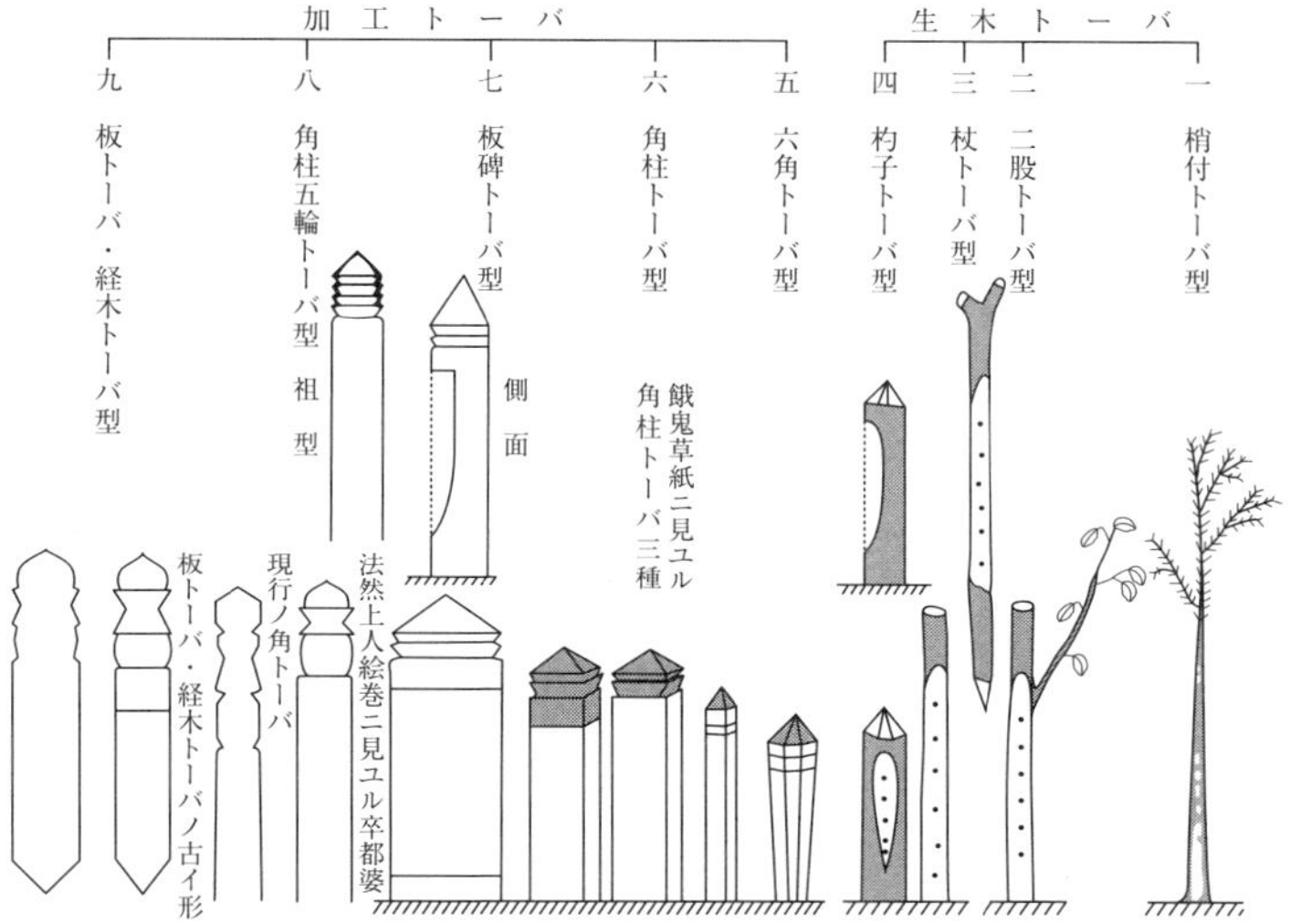

トーバの変遷図

をインドのストゥーパから引き出さなければならないのだろうか。このことのほうが「稍その説明に苦しむ」次第である。

もっとも異形トーバなどはインドにも仏説にもない、間違いだらけのものだからと、檀那寺の和尚が禁止すれば問題はないのだが、辺鄙な農山漁村の、いわゆる常民は、困ったことに、この程度の異端でないと、先祖が成仏したような気が、どうしてもしないのである。これを民俗学の文化残存の法則からみれば、未開社会、辺陬地域、文化的孤立地域に古い文化が残存する公算が大きいのであるから、異形トーバこそ角トーバ、板トーバの祖型であり、仏教以前のわが民族固有の宗教的表象が、仏教にとりいれられたものであろうという推論が成り立つ。

そしてこの推論にしたがって異形トーバのできるだけ多数例を採集し、比較分類して、粗より密へ、簡より複へ、自然より人工への発展的序列に排列すれば、実証的、帰納的にトーバの起源と発展をあきらかにし、トーバの本来の宗教的意義とこれを受容した日本仏教の根本的性格が説明されるのである。

1　梢付トーバ型

ウレツキトーバ（梢付塔婆）、ホエツキトーバ（穂枝付塔婆?）、ハツキトーバ（葉付塔婆）、ホトケボー（仏棒）、トヒキリトーバ（弔切り塔婆）、トヒキリボー（弔切り棒）、マツボトケ、スギボトケ、ウラスギトーバ（梢杉塔婆）、タテバラヒトーバ（立祓塔婆?）、マツリジマヒトーバ（祀終い塔婆?）、トヒアゲボトケ（弔上げ仏）、シキミトーバ（樒塔婆）などはこの型に属し、二股トーバ、杖形トーバとともに生木トーバであり、皮付トーバである。

梢や葉のついた生木を墓（埋葬墓も供養墓もともに）に挿してトーバまたはホトケと称する民俗は全国的にかなりひろく分布しており、トーバの名称はなくとも、その事実の存するばあいもすくなくない。

しかし私はウレツキトーバのもう一つ前の段階があり、それは多数の生木の枝を挿して墓を掩ったものとおもう。これをのちにのべるごとく「シバサシ」ということができれば、シバサシこそトーバの起源とすることができるが、これをトーバとよんだ例がないのでこのなかには入れない。シバサシの中心の一本が、ウレツキトーバになったとおもう。

紀州高野山やこれに近接する山村、大和宇智郡などでは、新墓の土饅頭の中心に六角トーバを立て、そのまわりにシキミの枝を挿す。シキミはその香りを狼がきらうからだといって、狼ハジキ竹とおなじことをいうが名称はない。

肥後玉名郡地方では、葬式の翌日にダンツキといって墓直しをするが、このとき土饅頭の外周りに杉の葉をしく。これが根付いたという話がのこっているから、もとは挿したのであろう。

伊予北宇和郡の御槇村では五十年忌のテアゲホージ（弔上げ法事）のばあいに、墓の中央に角トーバを立て、周りにハナシバ（樒）を挿す。

加賀能美郡苗代村、山上村では初七日の供養をハナナオシ（花直し）というのも、この日、樒を挿しなおした名残りかもしれない。

さて、シキミは、『拾遺和歌集』（神楽歌）に「さかき葉の　香をかぐはしみ　とめくれば　八十氏人ぞ　まとゐせりける」や、『源氏物語』（賢木の巻）に「をとめ子が　あたりと思へば　さかき葉の　香をなつかしみ　尋《と》めてこそ折れ」、『清正集』の「さかき葉の　香をとめ来れば」、『亜槐集』の「まさかきの　香をなつかしみ」などとうたわれた香りのたかいサカキで、上代にサカキとよばれたのは、『和名類聚抄』に「香木也」と註されたシキミであるらしい。藤井高尚も「昔、さかきとて、神わざに用ひし木は樒にて、豊受宮にては、これを「花さかき」といふよし、故荒木田久老神主のいひしも」（『松の落葉』）とのべており、現に「本さかき」「花さかき」「花柴」「香柴」などとよぶところがある。江戸時代までは東海道筋（箱根、金谷、島田、藤枝など）や豊後の国で樒を門松にもちいたことが、『古今要覧稿』や『玄同放言』にみえ、いまでも播磨や美作では門松や年神棚にかざり、京都、丹波、近江では愛宕山の樒（ハナ）を大釜さん（かまど神）の正月かざりに立てる。

これからかんがえると、いま神葬祭に玉串奉奠といって霊前にそなえる「ツバキ科」の榊はもとはシキミの枝であり、これを墓の上に挿したものではないかとおもう。常陸多賀郡高岡村では、仏前に榊の小枝を手向けて、これを焼香というのも、一つの混同であるかもしれぬが、この混同をおこす理由はじゅうぶんにある。

また、サカキという語を「栄樹」の意として常磐木の総名とすることもあるから、シキミ（樒）ばかりでなく、松、杉、樫、栗、椎、槇、樅、たも（たまの木）、ヤマキなどが墓に立てられた可能性もあるわけで、現に見られる生木トーバはこれらの常緑樹が大部分である。もうだれも何のためにするか疑ってみようともしない習俗、すなわち墓参にはかならず、樒や槇を持参して花立てへ立ててくるのも、私は生木トーバの普遍化された残存形態とみて、基層文化の持続性をつよく感じているものである。

それでは、このように墓の上に常磐木の枝を挿すという習俗は、どんな宗教的意味をもつものであろうか。

㈠生木の枝を地に挿して浄地と不浄地を境し、または生木の枝で人工の森をつくって聖地化し、これを祭場（斎場）とする意味。だいたい、墓（とくに両墓制におけるラントーバ、キヨメバカ、マイリバカ、テラバカ、ヨセバカ）は祖霊祭の祭場であるから、これを聖地化する必要がある。青森県野辺地地方で、土葬墓の上に立てる小さな七本トーバ（七本ボトケ）を「ヒガクシ」（忌隠し）というのも、新墓の死穢をかくして祭場化する意味から出たことばであったろう。高野山や大和宇智郡の墓に樒を挿すことも、肥後玉名郡地方のダンツキに杉の葉をしくことも、加賀能美郡苗代村、山上村でハナナオシをすることも、関東地方で子供墓に青笹の枝を挿すことも、京都府与謝郡で葬具につかった七本の青竹を墓に立てること（イミタケ）もこの意味であったが、やがて生木という制約がわすれられると、七本トーバや狼ハジキ竹や四十九院となるのである。因みに七本トーバは葬式の翌日の「朝参り」（弔切りを四十九日から初七日、翌日という具合に早めて弔切り作法をおこなう傾向があり、葬式当日の作法にまで混入している）に七本全部を挿すところが多く、これが古い形であろう。七本を一本ずつ七日七日に立ててゆく方式は、後世の合理化とおもう。中世の絵巻にも、中心の角柱トーバ（卒塔婆の祖型）のまわりに七本トーバを立てた墓がえがかれ、または墓一面に千本卒塔婆を立てたものもある。

㈡古代の霊魂観念からすれば、なきがらは去っても不滅なる霊魂は常磐木のすがしき梢に降り憑って、子孫のまつりをうけたもうとかんがえたから、墓の中心にはとくに秀でた木を一本立てて祖霊の憑代としたであろう。これがやがて「墓じるし」とかんがえられるようになったとおもうが、ウレツキトーバ、フタマタトーバ、杖トーバにはとくにこの観念がつよい。

㈢墓に挿した生木が根付くか枯れるかで、死者の霊のきよまり（成仏）を占問う意もあったろう。これは『古事記』にも青葉を「うけひ枯らし、うけひ生かす」ということがあるから、古い占問いの形式である。一般の仏教民俗としては生木トーバが芽をふけば目出度いとし、仏が神になったとする信仰が多い。しかしすべての常磐木の枝が偶然とはいいながら根付くとはおもわれぬので、根こじに抜いて挿したこともかんがえられる。杖を挿したのが根付いて大木になったという大師の杖伝説の起源も、ここにあるとおもう。

さて、このように墓に生木を挿して祖霊をまつることは、『古事記』（上巻）に、

天のさかでを青柴垣に打ち成して隠りましき。

とある「青柴垣」はたしかにこれであるとおもい、ここに祖霊祭の原始形態をみる。また、『古事記』（中巻）には、本牟智和気の御子の出雲参拝をせられたときの話に、

この河下に青葉の山なせるは、山と見えて山にはあらず、若し出雲之石硐《イハクマ》之曾ノ宮にます葦原色許男《アシハラシコヲ》ノ大神をもち斎《イツ》く祝《ハフリ》が大廷《オホニハ》か、

とのべている「青葉の山」も、祖霊祭場であろう。

石清水八幡宮にいまも盛大におこなわれる「青山祭」は、数千本の榊（私が見たときはアオキであったが）を立てて青山の塚をつくり、疫塚または疫神塚と称して厄神をまつる。疫神祭は牛頭天王をまつるが、この神は御祖神（ミオヤノカミ）や新嘗祭の神話と共通の縁起をもつ神で、祖霊の一つの姿をあらわす。何故祖霊神が恐怖神、厄

神、可畏（オソレオオキ）神となるかは別の機会にゆずるが、この青山祭が祖霊祭の形式をもつことは否定できない。京都の上賀茂神社の「御阿礼神事」のミカコイ（御囲）も檜の青葉で青山をつくり、深夜に「食い別れ」とおもわれる神秘の行事があり、祖霊祭の形式がうかがわれる。

　大和柳本長岳寺、正月十日の節会におこなわれる「注連掛け」にも、御影堂（大師堂）の前庭に椎や樫の若枝を地に挿して森をつくり、「祇園さん」とよぶから石清水の青山祭とおなじである。このときには、はっきりとトーバが立てられる。このトーバは長さ七尺五寸、径二寸という大きなホオノキの二股トーバで、上に五つの切込みをつけての五輪の種子を書き、その下の皮をほそくけずりとって「奉修牛頭明王御本地秘供村内安全五穀豊穣祈攸」と書き、本堂で加持ののち、大門前の神木の根方に立てる。おそらくもとは青山（祇園さん）の中に立てて祖霊、牛頭天王を招ぎまつったものであろう。

「祇園さん」の二股トーバ（長岳寺）

　しかしいまは祖霊祭についてのべるのが本筋でないから詳細は略すとして、近時、民俗学界で問題とされている越前のニソの森なども祖霊祭場であったことは、ほぼうたがいのないところで、荒神森、荒神ブロ（中国地方山間部）、荒神シゲ（対馬）、天童シゲ（同上）、ヤボサ神（壱岐、対馬、九州各地）、ヤブ神（中国、四国地方）、モリヤブ（石見）、荒神藪（豊後）、オモリサン（大和、紀州山間部）、イラズノモリ（相模）、小一郎森（豊後）、後生山（沖縄）、庚申山（相模）、イゴウナ（八丈島）、トーバ山（武蔵西多摩）などとよばれる叢祠や林叢は、生木を挿して祖霊をまつった跡とおもわれる。稲荷神社のシルシノスギ（験の杉）も祖霊祭祀に関係があったらしいから、もとは杉の青枝を挿す習俗であったろう。

以上、ウレツキトーバの起源を、墓に常磐木を挿す民俗におき、その宗教的意義を三項にわけてのべたのであるが、この民俗をもと何ととなえたかはあまりはっきりしない。しかし私はのちにのべるような理由で、これをシバサシ（柴挿）とよびたいとおもうが、別にこの名称に固執しようとはおもわない。ただきわめて根拠のうすい臆測説でおそれいるが、日本人が外国語を国語にうつすときに、クラブを倶楽部とするような類似音をうまく漢字にあてる習癖から、「塔婆」という文字にうつされた国語音は「トーバ」に似た音ではなかったろうかとおもうので、トブサ（鳥総）とシバ（柴）をかんがえてみたのである。

トブサは木梢をあらわすことばとして、いまも九州あたりではもちいられ、トブサを立てて山の神をまつるようであるが、『万葉集』（巻三）などに、

とぶさ立て　足柄山に船木伐り　樹に伐り行きつ　あたら船材を

など、木の霊や山の神をまつる憑代としたことはたしかで、その機能はウレツキトーバにきわめてちかい。

また、シバはシキミを墓に挿す習俗のある大和宇智郡に、シバシ山（いまは柴水山の文字をあてている）とよぶ有名な大墓地があり、古い五輪が散乱しておるが、シバサシ山の訛ではないかとおもわれ、伊予北宇和郡御槇村のごとく、墓に挿すシキミを「ハナシバ」とか「香柴」とかとなえるところがある。また峠や村境などで死者の霊をなぐさめるためと称して、路傍の石地蔵や五輪塔や自然石に生木の枝を手折って供えるシバサシの信仰は、全国的にひろく分布している。柴神というのは土佐に多いようであるが、この信仰と民俗は「山の神の花立て」とか、シ

バオリサン、オリバナサン、シバタテ、ハナタテバなどの名で全国にある。シバを手向けることを「タムケシバ」「タウゲシバ」とかいったとすれば、仏者の知識で、ストゥーパからきた「塔婆」にあてられることもありえたのではなかろうか。

　しかし名称の詮議は危険だから、このくらいで止めるけれども、この生木の枝を地に挿す民俗（いわばシバサシ）を想定せずには、仏説だけでは日本仏教のトーバは解釈されないし、その宗教的意義もあきらかにせられないことを重ねて指摘したいのである。

　さて、このようなシバサシが墓でおこなわれたとすれば、これが一段退化して中心のただ一本の生木で代表させようとしたのがウレツキトーバとなったとおもわれ、この一本にさきの三つの意義がふくまれていたものとかんがえなければならない。しかしそののち、トーバが杖トーバ、杓子トーバ、六角トーバ、角柱トーバ、角柱五輪トーバなどに変化してゆくにしたがい、これが墓じるし化してゆくと、ウレツキトーバは純然たる供養トーバ（祖霊祭祀用トーバ）として残存しえたものとおもう。トーバ本来の宗教的意義はここまでさかのぼってはじめてあきらかになるのであるから、仏教者もこのようなトーバを無視してはならない。

　ウレツキトーバの分布は全国的ではあるが、つぎにすこしく実例をあげれば、まず高野山にちかい紀州花園村では、七庚申の年（一年に七回、庚申のある年のことで、七、八年ごとにまわってくるという）に庚申講中が講中の寄せ墓に「コーシントーバ」を立てる。この村のコーシントーバには二つの様式があって、新子集落、梁瀬集落は六、七尺の杉の梢をのこした棒に、下部をけずって「[illegible]　此宝塔者為庚申青面金剛法楽也」とか「[illegible]　為青面金剛供養菩提也」などと書いた、いわゆるウレツキトーバである。他の北寺、南垣内ではつぎにのべる二股トーバである。この村で庚申講というのは、いまは地域的集合となっているが、寺や堂の「寄せ墓」からみて、もとは同族の先祖講であったらしい。

七庚申の先祖供養は、神奈川県川崎市生田の八年ないし十年一度の庚申祭や、中国地方の七年一度の荒神祭、羽後の十年一度、六十年一度の庚申大祭などにあたるもののようであるが、川崎市生田では、庚申の石塔（元禄〈一六八八―一七〇四〉・享保〈一七一六―三六〉年間のものという）の前にウレツキトーバを立てて、これを「クヨウトウ」とよぶのはおもしろい。羽後ではウレツキトーバは立てないが、文化年度（一八〇四―一八）以後十年目か六十年目には講員出資の金で石塔を建ててきたというから（『民間伝承』第十二巻第十一・十二合併号、昭和二十四年）、石塔になる前はウレツキトーバをふくむ生木トーバであったはずである。各地の庚申塔にかぎらず、二十三夜供養塔などが徳川中期以後の年号が多いのは、このころにこの行事がはじまったのではなく、供養トーバの石塔化がこのころに流行したのではあるまいか。したがってウレツキトーバが文化地帯から消滅した年代も、だいたい、このころと推定してさしつかえないであろう。

つぎにウレツキトーバがもっとも多く見られるのは、おなじ祖霊祭祀でも、俗に仏が神になるといわれる二十五年忌、三十三年忌、五十年忌などの「トヒキリ」「トヒアゲ」「マツリジマヒ」であって、紀州西牟婁郡近野村近露では、三十三回忌に杉の「ホホツキトーバ」を、おなじ川添村では三十三回忌または五十回忌に杉または檜で高さ二間ぐらいの「ホホツキ」を立て、おなじく東牟婁郡請川村では二十五回忌に杉の「ホホツキトーバ」を立てる。

紀州から東へ行って三重県飯南郡森村でも三十三回忌に杉のウレツキトーバを立て、さらに進んで岐阜県丹生川村では三十三回忌に杉の生トーバを立てる。さらに東して三河にはいると、奥三河（南設楽郡、北設楽郡、東加茂郡、西加茂郡）で三十三回忌のトヒアゲに檜の高さ五尺、太さ六寸ぐらいのハツキトーバを立て、この供養で仏は神になると信じている。このトーバには、

空風火水地　四大本空五蘊非有　正当（法名）　清浄本然忌之辰以伸追福供養塔

と書かれ、裏には「法身覚了無一物本源自性天真仏」とあるところから、禅宗の坊さんが書いたにちがいないとしても、「清浄本然忌」とは、なかなかうまくトヒアゲを表現したものと感服する。この地方は祖霊崇拝の古い形がよくのこっているところで、古い屋敷には「地の神」といって、先祖の墓とつたえる古い五輪塔や石の祠のうしろに樫やタブノキの大木がある。これはハツキトーバの根付いたものであったかもしれず、これを想像せしめるものとして「柴切」とか「柴立」という地の神が多い（早川孝太郎氏『花祭』〈岡書院、昭和五年〉、『民間伝承』第十一巻第八・九号合併号、昭和二十二年）。

信州へはいると上伊那郡美和村で三階松のホエツキトーバを、おなじく朝日村で松のホエツキトーバを、諏訪郡玉川村では椹《さわら》の梢のあるホエツキトーバを、いずれも三十三回忌に立てる。ここの松のトーバというのは、すこしはなれているが、青森県八戸市東方の種差《たねさし》の三十三回忌のトヒドメトーバ、おなじ八戸市南方の中居林の松の木のトヒドメトーバや、田部村の松の木または栗の木のトヒドメトーバがあり、遠く西にとんで佐賀県東松浦郡厳木《きゅうらぎ》村の三十三回忌に松ソトバ（四十九年忌には榊ソトバ）の例があるのだから、けっして偶然ではない。

関東地方では東京都西多摩の檜原村で三十三回忌に杉のトヒキリトーバ、埼玉県入間郡吾野村で三十三年忌のタテバラヒトーバ（杉の梢付き）、相州津久井郡青根村で杉または樅の生木のトヒキリボーを三十三回忌に立てる。青根村ではこれが根付いて大木になれば船の帆柱に珍重されるという。また下野安蘇郡野上村では、二十五回忌までは板トーバだが三十三回忌には高さ六、七尺の杉のマツリジマイトーバを立てる。上総君津郡亀山村でも三十三回忌の杉の生木トーバをタテバラヒといい、おなじく久賀村ではウラスギトーバという。タテバラヒという名称は、トーバの宗教的意義をかんがえる上で注意すべきものである。

越後では東蒲原郡東川村の三十三回忌に杉のウラをのこしたトリアゲボトケを立て、「ホトケボー」ともいう。東北地方にはいると、これはいたるところで見出されるが、秋田県北秋田郡扇田あたりで、五十回忌の杉のウラをのこして下を四角にけずり、梵字法名を書いたトーバをスギボトケといい、青森県八戸市付近の三十三回忌、松、栗、杉のトヒドメトーバ、岩手県盛岡市の三十三回忌ヤナギトーバなどが目立つ。ヤナギトーバは甲斐にもあった記録（山中共古『甲斐の落葉』、郷土研究社、大正十五年）があり、これが根付けば仏が生まれかわったしるしと信じられた。柳は常磐木ではないが、根付きやすいという点が着目されたものらしい。これはもう死者のきよまり（成仏）の占問いをできるだけたしかにしたいという要求から採用されたものとおもうが、柳の木の下に幽霊がむやみに出たがるのは、その下垂れた姿からきた戯作者の連想だけではなかったのである。

ただ、山形県西田川郡福栄村では死後のまつりは三十三年忌までで、このとき川原から手ごろの石をひろってきて、それに戒名を書いてハカ（寺の境内にある先祖代々の石碑を建てた、両墓制でいわゆるテラバカ、ヨセバカ、ショウジンバカにあたるもので、埋葬墓ではない）に立て、これを「スギボトケ」というという報告（『民間伝承』第十六巻第一号、昭和二十七年）が最近出たが、この名称はウレツキトーバを連想せしめる。いちがいに木から石になったとばかりいいきれぬ点もあり、自然石をもって祖霊をまつる習俗は生木と並行して古いとおもうが、すくなくもスギボトケの名称だけは、土地の人の混同か採集者の誤聞であろう。

近畿から西へゆけば、九州でさきにのべた佐賀県厳木村の三十三回忌の松ソトバ、四十九年忌の榊ソトバがあり、壱岐では四十九年忌を「テーアゲ」（弔上げ）と称し、椎の木の枝葉あるトーバを墓に立てる。肥前小値賀島も四十九年忌を「テアゲ」（弔上げ）といって、位牌を仏壇から撤して墓におさめるだけでトーバを立てることはないが、私はこれも生木トーバを立てた一変形とかんがえている。というのは、位牌はノイハイ（野位牌で、いまはたいてい葬式に新墓の上に置いてくる）が古い形とかんがえ、近世初頭に中国の神位と習合して仏壇にかざられるようになったが、もとは「イハイギ」（斎木）であったとおもう。すなわちウレッキトーバからフタマタトーバ、杖トーバ、六角トーバ、角柱トーバと変化して、角柱トーバは一方では墓じるしとしての木碑になり、これが石造化されて方柱形石塔（現在ふつうに見られる石塔）となったが、位牌はこの系統に属するとおもう。したがって、弔上げに位牌を墓におさめるという小値賀島の例は、他の土地の弔上げに生木トーバを立てることと別のものではない。

以上のべたように、ウレッキトーバは近畿、東海、関東、東北、九州にまで分布している現実の仏教民俗であるから、一地方だけの思いつきや、ストゥーパの誤解や、五重塔婆などの略式というわけにはゆきかねるのである。況やつぎにあげるような異形トーバの分類が、ウレッキトーバを起点として角トーバ、板トーバ、経木トーバまで無理なく排列できるのであるから、ストゥーパ起源説は一応返上しておいたほうがよいとおもう。

2　二股トーバ型

マダガリトーバ、イヌソトバ（犬卒塔婆）などのほかあまり異なった名称は知らないが、立てる動機がウレッキトーバと類似しているので「トヒドメトーバ」「コーシントーバ」などともよばれる。フタマタトーバをコーシントーバとよぶのは紀州花園村のウレッキトーバで一寸のべたが、ここでは二股といっても直径一寸くらいのシキミの枝を三、四尺の長さに切って一本の棒とし、これに葉のついた一本の枝をのこしたもので、二股とは名ばかりである（「トーバの変遷図」参照）。この形は葉のついた枝をおとせばすぐ次節3の杖形トーバになる。それでは何故にウレッキトーバがすぐ杖形トーバにならずに二股トーバができたかといえば、文字を書くためにはじゅうぶん太い枝でなければならぬが、そうするとあまり大きな丸太になるので途中から梢を切りおとしたが、なお生木であることをしめさねばならないので、葉のついた枝を一本だけのこしたとおもう。したがって枝を三本のこしたものもありえたわけで、青森県八戸市付近の館村櫛引の常安寺（浄土宗）には三叉のトイドメトーバがあるという（『民間伝承』第十巻第三号、昭和十九年）。

一般にトヒドメトーバにフタマタトーバを立てるのは東北地方に多いが、遠く九州の豊後、日向、肥後にも多いのは、このトーバの分布をかんがえる上で大切である。豊後ではヤマキ、またはホオノキをもちいる。また佐渡の小泊でも、三十三回忌または五十回忌にフタマタトーバを立てて「マタボトケ」という。備中、美作でも五十年忌のトヒキリにシキミまたは樫、椿のフタマタトーバを立てるから、中部、近畿、中国地方にもおこなわれているであろう。

さて、この二股ということは、古代的な宗教心理からいって聖物のシンボルの一であり、マタギの信仰などもあるから、二股という属性が固定する可能性もある。これがマダガリトーバ、イヌソトバで、八戸市付近には水牛の角のように、叉が左右に長く張ったマダガリトーバが多いという。しかし一般は中央文化の影響で六角トーバ、角柱トーバなどに移行してしまうので、旧い形態のフタマタトーバは、子供墓や動物の供養だけに残留したのであろう。

イヌソトバは関東、東北にきわめて一般的な習俗で、イヌソトバ峠という地名も多くある。名はイヌソトバでも牛馬の供養のために馬力曳きの組合や、牛馬の飼主が辻に立てることは関東、東北ばかりでなく、中国地方にも見られる。しかしイヌソトバの名称は難産で死んだ犬のために立てたからと説明されるばあいが多く、これを立てる主体は子安講、女人講、十九夜講など、子を産むさかりの主婦の信仰団体であることが多い。したがって安産祈願が目的であるわけだが、この願をかけられる子安観音や子安地蔵は、夭折の子供の供養のために路傍や堂に立てられたのであるから、そこにイヌソトバを立てることは祖霊祭祀（死霊祭祀）の原意をうしなってはいないわけである。

ただ難点は、何故にフタマタトーバを「イヌ」に関係づけたかの問題で、たんに犬はお産がかるいなどの俗説ではすまされぬ、かくれた信仰があるにちがいない。柳田先生も「犬飼七夕譚」（『俳句研究』昭和十一年八月号、『定本柳田國男集』第十三巻所収）、「犬そとばの件」（『民間伝承』第十一巻第六・七合併号、昭和二十二年）などで注意せられたけれども、結論は出されなかった。私ももちろん積極的な解答があるわけではないが、ただ一群の義犬伝説や富士山の木花咲耶姫と犬飼翁の伝説、丹生都比売神と狩場明神と黒白の犬の高野山開創伝説などからかんがえて、山の神と犬と狩人のマタギの関係は密接であるから、狩人の管理した山の神の信仰があるであろうということだけはたしかである。山の神が女性であり、木花咲耶姫や丹生都比売神がそれであることは、いまさらことわるまでもあるまい。

しかしさきにものべた通り、イヌソトバはトーバ発展史の主流からは、一つの分流固定化にすぎないのであるから、道草はこのくらいにしてつぎの杖形トーバにうつらねばならない。

3　杖トーバ型

これもフタマタトーバとおなじく過渡的なものであるので、形状も信仰も名称もすっかり変化しているから、よほど注意しないと見おとすおそれがある。葬式の「ツエ」、墓に立てる「イキ杖」「イキツキ竹」「サカサ竹」などは、この範疇にはいるべきものとおもう。

さきにのべたごとく、この型のトーバはフタマタトーバの枝をとった形であるが、皮付きであるか青竹であるか、とにかく生木であるという性格はうしなわれていない。現在、杖形の木を墓に挿すのはウツギの杖や青竹の杖を新墓の中央に挿す形でのこっていて、トーバの観念はうしなわれている。備中、美作では杖とともに死者の下駄を墓へ置いてくるので、死者の杖とかんがえられているが、棺の中にも杖と笠を入れるのだからすこし理屈に合わない。常陸高岡村では、ナンテンの杖を挿したらしい形跡もある。越後東蒲原郡あたりで「ホトケボー」などと棒よばわりをするのも、杖立てへの連想がつよい。常陸新治郡あたりで新墓の中央に立てる青竹はイキツキ竹といわれ、葬列でこれをもつ役は、一般の杖持ち（多くは孫の役、俗に「孫の杖」という）とおなじく重い役である。宮城県牡鹿半島鮎川村やおなじ伊具郡小斎村、筆甫村などもイキツキ竹を立て、遠く大分県大野三重町でもイキヌキ竹を立てるが、これを古代墳墓の「霊魂の穴」（seelenloch）につなぐことは、あまり合理的すぎてかえって信じにくい。

庶民の風葬が土葬になり、貴族の高塚墳が庶民の葬法に沈降し、模倣されたとしても、日本の高塚墳の「霊魂の穴」の存在はまだ証明されていないのである。しかも甲斐南巨摩郡西山村では「龍の口」といって太い竹をさかさに墓につきさすというが、中の節をとらないのは、これが「霊魂の穴」でない証拠である。また宮城県本吉郡大島ではこの竹を「イキ杖」とよぶことがのこっているから、イキ杖のイキもイキツキ竹のイキも「息」ではなくて生木の「生」であり、これを「息」のイキと誤解したことから、竹の節をぬくことがおこなわれたものであろう。すなわちこれも、もとは杖形トーバであって、これが根付くことによって死者のきよまりを占問うたのであろう。佐賀県神埼郡背振村では、生竹をさかさに棺にとどくように埋めて二、三尺だけ地上に出し、その竹が芽立つことがあれば死者の魂がのこっていると信じたというのはすこしばかり誤解があるとおもうが、宮城県伊具郡筆甫村のイキツキ竹もサカサ竹とよばれるのは、全国にひろく存する弘法大師、親鸞聖人などの逆さ竹伝説、杖が藪伝説の原形が、青竹の杖形トーバにあることを知る手がかりとなるであろう。

しかし、このように墓に立てる杖はもうほとんどもとの意味がわすれられてしまって、ひろく全国にわたって異形トーバを採集し、比較し、分類する民俗学的研究法のみがあきらかにすることができる。墓に立てる杖は一般には木碑や角トーバのかわりに墓に立てるか、何の意味も知らずに、ただ慣習として残存しているばあいが多い。静岡県磐田郡掛塚町では墓の上に目籠を伏せてその真ん中に杖棒を立て、島根県邑智郡井原村では、墓石のできるまで墓の中央に太い青竹を挿しておく。いずれも墓じるしのつもりである。

ここで、杖トーバは葬式当日のことが多いので、葬式の作法とトヒキリの作法とちがうではないかとの反対もあるかとおもうが、トーバは元来、野辺送りから一定期間（おそらく四十九日）をすぎてから祖霊祭祀の祭場に立てられるものであるが、死者のきよまりも、遺族の忌のきよまりもできるだけはやくするために、単墓制では埋葬地の上で、両墓制では初七日以後にトヒキリとおなじ作法をおこなったものであるが、いまは葬制の問題はつぎの機会にゆずりたい。ただ、島根県簸川平野などで位牌持ちは孫の役とする習俗と、一般に杖持ちを孫の役とする習俗はもと一つもので、三十三回忌、五十回忌のトヒキリのトーバ立てはたいてい孫の代くらいになるものだから、これを葬式当日にさせてしまっているとみることができる。

また東北地方に犬卒塔婆峠が多い以上に、全国には「杖立峠《つえたて》」が多いことも注意せねばならない。タウゲ（峠）はタムケ（手向け）で、村境の峠を越して旅行するものが、ここで祖霊をまつって、その加護をいのることは『万葉集』にもみえ、また現存の民俗でもあり、そのイハヒギ（斎木）としてシバ（常磐木の枝）のかわりに生木の杖を手向けたことが杖立峠の名を生んだものとおもえば、杖をトーバとする民俗は、きわめて普遍的であったといわざるをえない。

4　杓子トーバ型

残念ながら私は、この型のトーバについては一例しか知らない。しかしこれはトーバの発展のプロセスにおいて当然ありうべきものであり、この形式を想定せずには杖型トーバから六角トーバへの連絡と、板碑《いたび》形式の発生を説明することが困難である。私のまずしいトーバ発展についての仮説は、このトーバの発見に負うところがすくなくない。ただ一例であるが現におこなわれている民俗であり、今後、この型のトーバの発見と報告を期待する。

この実例は昭和二十三年（一九四八）九月に、高野山の奥の和歌山県伊都郡花園村梁瀬《やなせ》での採訪によってえたものであるが、ここでは万一不幸のあったとき、シャクシトーバをつくるためのシキミの木を大切にそだてている。葬式の翌日、この付近の村々とおなじく高野山へ日帰りで（往復八里）骨ノボセをする。途中まで孫がむかえに出ることになっているのは、孫とトヒキリトーバの関係が出ていておもしろい。一行はそれから遍照寺（真言宗）へ行って位牌供養をするが、このときシャクシトーバを供養して遍照寺境内の寄せ墓の先祖代々の石塔の前に立てる。このころは夏でもすっかり日が暮れるという。埋め墓は各自の持ち山にあり、翌日または初七日より以後は参らない。シャクシトーバが葬式翌日立てられるにかかわらず、トヒキリの形式をもっていることはこれによっても知られるであろう。

シャクシトーバの形は長さ二尺、太さ二寸ほどのシキミの棒杭で、頭部を多角錐にとがらせ、一側面を杓子形にノミでけずりとってそこに梵字や戒名を書いたもので、大要はトーバの変遷図のごとくである。一般にオベリスクやゴチック式の尖塔のように、多角錐や方錐の尖塔は二股トーバなどの凹頭にたいする凸形の聖物的シンボルであり、一側面を杓子形にけずりとるのはウレツキトーバの文字面の継承であるが、一層ふかくくぼめるのは、文字が雨にぬれるのをさけんとしたか、仏像の光背にヒントをえたのかもしれない。この尖頭はやがて六角トーバ、角柱トーバ、板碑、角柱五輪トーバにうけつがれて発展するが、杓子形のくぼみは板碑のアゴ（顎）から下のくぼめられた碑面に相当する。しかも杓子トーバがなければ板碑形式はまったく説明困難であることは、のちにのべる通りである。

しかしこれだけではのちのトーバで説明できないのは六角トーバ、角柱トーバ、板碑のヒタイ（額）にある二条の切込み界線である。そこで、杓子トーバと六角トーバとのあいだには何かもう一段階あったか、それとも杓子トーバそのもの（または杖トーバ）のヒタイに、なんらかの切込みをつける段階があったかもしれない。ただこれについてかんがえられるのは、さきにのべた大和長岳寺節会の「注連飾り」に加持して大門前に立てる二股トーバのヒタイに五個の切込みをつけて五大の種子を書くことで、五大種子を書かなければ切込みは一個か二個であったかもしれぬから、一つの資料としてあげておく。

だいたい、木や石に切込みをつけることは、俗的なもの、人間的なものから、神聖なもの、神のものを区別する手段として、しばしばもちいられる。正月のミカマ木の鉈目、石棒のくびれ、蘇民将来のお守りのくびれ、牛玉杖の先端の皮をむくこと、お寺の須弥壇の匂欄やお宮のきざはしの擬宝珠、葬式の四本幡の竿頭の龍頭、そして何よりも有力な例は、祖霊の管理者であった修験道の行者の金剛杖の頭の切込み、淡島願人の杖の頭の加工など、すべて聖物的シンボルとしての切込みの発展したものとかんがえられる。とくに諸国国分寺でいまも出す蘇民将来のお守りは六角柱の頭に一条のくびれを入れたもので、六角トーバにきわめてちかい形のものである。

このような切込みが六角トーバや板碑のヒタイの二条界線としてあらわれ、これが発展して角柱五輪トーバ（五輪塔とは別）の頭部となったと推定するのである。

5　六角トーバ型

これはいままでのウレツキトーバ、フタマタトーバ、杖トーバ、シャクシトーバが皮付きの生木で丸棒形の自然木トーバであったのにたいして、加工材トーバである点にいちじるしい相違がある。これは仏教の影響がトーバにあらわれはじめたためであろうとおもう。しかし六角トーバの六角ということには丸棒形にちかい多角性があらわれておるので、丸棒からすぐ角柱にならなかったところがおもしろいとおもう。また六角トーバの尖頭は、杓子トーバと別物ではないことをしめすのである。

六角トーバが他の多角形でなくて何故に六角となったかは、私は真言宗の六道思想の影響があるとおもう。したがってこの型のトーバがあらわれたのは平安初期と推定する。六道思想の影響とすれば、恵心僧都などの六道講や二十五三昧講が普及する平安中・末期ということになるが、いろいろの点からかんがえてそこまでは下らない。

六角トーバの石造化とおもわれる六面石幢の最古の遺品は、嘉元四年（一三〇六）銘のある保月六面石幢（岡山県上房郡上有漢村保月）であるが、そこに刻された優秀な尊像は、弥陀（来迎相）、釈迦、薬師、弥勒、地蔵、普賢、不動（岩座）、観音、勢至、弥陀（定印）、虚空蔵、不動（蓮座）の十仏、十二尊像で密教的であり、六道思想からみちびかれた六地蔵の六面石幢は、室町時代から江戸期にいたって一般化する。おそらく密教のほうで、

六大無碍常瑜伽　四種曼荼各不離　三密加持速疾顕　重々帝網名即身

という弘法大師の即身成仏義にもとづいて、六大体大を六角トーバに表現し、六角トーバは衆生の肉体であるとともに法身大日如来をあらわすと観念して、死者を供養したのではないかとおもう。したがって現行の真言宗でもち

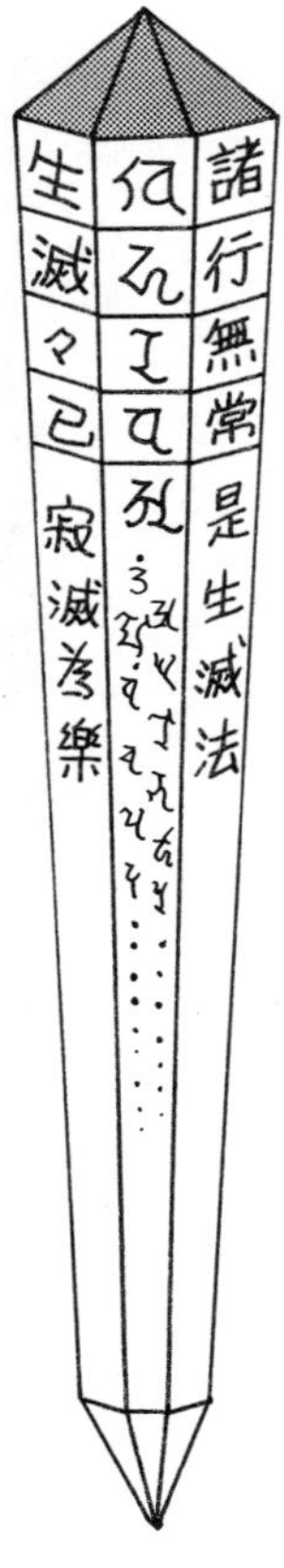

高野山でもちいる六角トーバ

いる六角トーバは頭部の六角錐を墨で塗るが、これは人体を表現したものであろう。それは覚鑁の『五輪九字明秘密釈』からもじゅうぶん想像される。

六角トーバは現在、高野山ではその上部に四条の切込みを入れて五輪を表現せんとしているが、引導作法の典拠となる『二巻書』には二条に切込んで上に墨を塗るべきことを説き、地方の真言宗の田舎寺の六角トーバのほうが古い形をのこしている。すなわち、

五輪形不ㇾ彫、唯二重彫墨上計塗也、此率都婆書様事、

(表)
(左)　諸行無常　是生滅法
光明真言
(右)　生滅々已　寂滅為楽

(裏)
(左)
(右)

但　亡者戒名不書也

とあり、近畿以西の真言宗寺院では六角トーバをもちいるところが多い。しかしもちいぬところもある。また六角トーバを墓の上に立てずに棺の中に入れるところや、棺とともに埋めるところもあり、このトーバの宗教的意義はほとんどわすれられた形である。これを埋めるようになったのは、一般に墓の中心に木碑を立てるようになって墓じるしができたので、戒名も俗名も書かぬ六角トーバを立てる必要を感じなくなったためではなかろうか。

兵庫県多可郡日野村では一般の葬式には六角トーバをもちいないが、村の旧家などで内葬と本葬をおこなうばあいにかぎり、本葬に六角トーバを棺の中に入れる。紀州天野村では、棺を埋めるとき六角トーバを墓穴の中心に立てて土をかけ、これが埋もれそうになれば引き上げて土をかけ、かくすること三度にして盛土の上に頭を出しておくというのは、イキツキ竹とおなじくトーバの下が棺に達している気持ちをあらわしたものであろう。また下総東葛飾郡で七本ボトケ（七本トーバ）とともに六角ボトケ（六角トーバ）を立てる例があるのは、このトーバがもとはひろい分布をしめしており、トーバの意義の忘却とともに木碑にとってかわられたものとおもう。

また木碑も立てず、六角トーバも立てぬところでは、葬式の翌日、ハカナオシ、ハカマルメ、ツカカタメ、ダンツキなどと称して「ホトケ石」や枕石を置き、野位牌をのせるので、これがトーバの代用であることはさきにのべたところである。

なお、六面石幢が六角トーバとして造立されたことは、武蔵入間郡山根村宿谷にある貞和二年（一三四六）の有銘六面石幢に、

右発起大徳道教為无上與存生建立六角塔婆云々

とあることからあきらかであるが、だからといって六面石幢をすべて六角塔婆とよぶ説（跡部直治氏）には賛成できない。というのは、六角トーバは木製が本来のものだからである。しかし、さればとて六面石幢を中国伝来の塔

婆形式として六角塔婆と切りはなす説（服部清五郎氏）に与することのできぬのはいうまでもない。

これは丸棒形の杖トーバ、杓子トーバが六角トーバに移行し、六角トーバが教理的意義の忘却と加工の容易さから角柱トーバの流行となったものとおもう。これがなお一段変化すれば板碑と角柱五輪トーバ（いわゆる卒塔婆）となるわけであるが、同時に退化して木碑とよばれる墓じるしになってしまう。

6　角柱トーバ型

角柱トーバ型の代表的なものは、中世墳墓にみられた方錐頭二線切込み角柱トーバである。このような長い名称をもちいたのは、中世の記録や絵巻に「卒堵婆」とよんでいるのは、これと角柱五輪トーバと二種あり、角柱トーバにも三種類がえがかれてあるからである。もっとも典型的な形式は『餓鬼草紙』の墓にあるもので、(1)方錐頭の下に二線切込みだけのもの、(2)方錐頭が深い二段切込みによって浮き上がって擬宝珠にちかづいたもの、(3)(2)の形式のものの下にもう一線の切込みがあるものである。とにかく木材を聖物化するに、切込みがいかに大切なシンボルであるかをうかがうに足るものである。またこの三つの形式はともに頭部が墨で塗られていて、六角トーバを継承していることも注意すべきである。このような種々の特色は石田茂作博士の、

（前略）角塔婆に至っては稍その説明に苦しむ。併しその上部の二線の切こみは五輪塔婆の略形と見るより致し方の無いものであれば（下略）

という説明や、これを祖述する通説がいかに逆立ちした学説であるかをしめすにじゅうぶんであろう。

墓の上に卒塔婆を立てたことは、弘法大師の廟に「斂二全身一畳レ石造レ壇立二卒兜波其上一」とあるのが『元亨釈書』の記事であるから、そのまま信ずることはできないけれども、『醍醐雑事記』（延長八年〈九三〇〉十月十二日）

に、

山作於二山陵一立卒都婆三基

とあるはやや信ずるに足り、「慈恵大僧正御遺告」（天禄三年〈九七二〉五月）に、

窣都婆生前欲レ作レ運、若未レ運之前命終者、且立二仮窣都婆一、其下掘穴除三四尺許、置二骨於底上一、可レ満レ土、

とあるにいたって、平安中期に塔婆がもちいられたことを確認しうる。醍醐天皇の山科陵上の卒塔婆がいわゆる五重、三重の塔でなかったことは三基立てたことからわかるし、石造十三重塔のごとき石造層塔でなかったことも『栄花物語』には卒塔婆と石の卒塔婆を区別しているから、卒塔婆といえば木製であったことはあきらかである。このときに木製の卒塔婆といえば、角柱五輪トーバは五輪塔の成立が平安末期（すくなくも院政時代以後）である以上、まだ存在しなかったはずだから、角柱トーバ以外のものではありえない。

私は「角柱トーバ」の名称をもちいることによって、俗に「角塔婆」といえば「角柱五輪トーバ」を指すまぎらわしさをさけんとしたのであるが、これの退化した木碑は角柱トーバの二線切込みをうしなうと同時に、トーバとしての観念もうしなわれて墓じるし化したのである。しかし木碑も、頭部の方錐形にだけは角柱トーバの名残りをのこしている。この墓じるしとしての木碑が江戸初期から石造化されて方柱形墓碑（今日ふつうに見られる石塔）となり、現在まで流行しているのは、近世という時代が仏教にとって如何なる時代であったかを暗示するものである。ところがこの宗教性のもっとも退化した墓碑を仏教の総本山ともいうべき高野山金剛峯寺が、標準型石碑とよんでいるのは一体何を標準としたのだろうか。「霊場の尊厳」をそこなうのは、どうやらこの種の石塔であるらしいのである。

それはさておき、角柱トーバ型が石造化された例は、鎌倉時代中期とおもわれる奈良市不退寺の石造方柱卒塔婆

に見られるが、これは頭部に二線切込みはないが方錐形（ややむくりあり）の角柱で、四面に五輪の四門梵字、金剛界四仏の種子、十三仏の種子、光明真言、大随求陀羅尼、金・胎・蘇悉地三部、三帰依呪、大日如来真言等をきざみ、供養トーバたるの内容をそなえている。また板碑も石造角柱トーバの一変形であり、笠塔婆も角柱トーバに笠をのせた形である。十界図にはすでに石造笠塔婆の図があり、弘長元年（一二六一）有銘の最古の遺品は奈良市般若寺の笠塔婆二基である。この笠塔婆は釈迦三尊、弥陀三尊、胎蔵界五仏、金剛界五仏の種子を刻し、大仏殿石工で宋人の伊行吉が父母の菩提に立てた、宗教性と芸術性をかねそなえた代表的笠塔婆である。また豊後西国東郡三重村夷の磨崖碑には多数の三角頭、三条刻線の角柱トーバが線彫されている。従来は線彫板碑といわれたが、角柱トーバとしてとりあつかうことの妥当なるを感ずる。

7　板碑型トーバ

板石トーバと碑伝《ひで》とを分けて、板石トーバだけを板碑《いたび》とする学者もあるが、板石トーバと碑伝はその厚さの相違だけで形式はまったくおなじであるから、両方とも板碑型トーバとよべばよい。また、平板な自然石のヒタイに二条界線を刻した自然石トーバもこのなかに包括してなんらさしつかえない。ただ板碑という名称は、学校改築記念碑や寄付者連名碑などまでおよぶおそれがあるので、先祖や仏の供養という宗教性をもつものだけを板碑型トーバとよぶことにする。

普通、板碑とよばれるトーバ形式は、

(1)頭部が方錐形または後面が直立した半方錐形

(2)ヒタイの二条または二段の切込み界線

(3)碑面にたいして直角に突出したアゴ
(4)碑面には仏菩薩の種子、真言、仏像、曼荼羅、経文、名号、願文、願主、紀年などの彫刻
(5)碑面にたいして突出または隆起した根部

などである。

しかし板碑ぐらい多種多様な変化をもつトーバ形式はないので、どのように時代的、地方的分類をこころみても、妥当な結果はえられない。したがって以上の諸条件が発展的であるか衰退的であるかによって、その板碑のトーバ発展過程における位置づけをするほかはないのである。

いまこの観点に立って板碑を見てゆくと、まず頭部の方錐形は角柱トーバの頭部をうけついでいることはいうまでもない。ヒタイの二条の切込み界線も角柱トーバの二線（または二段）の切込みが忠実にまもられていることをしめし、通説のごとく五輪塔の省略ではない。つぎに板碑形式の特異性として注目されているアゴと根部の突出、したがって相対的に碑面の陥入という現象は、従来ただ不可解としてだれも説明をこころみるものがなかったので

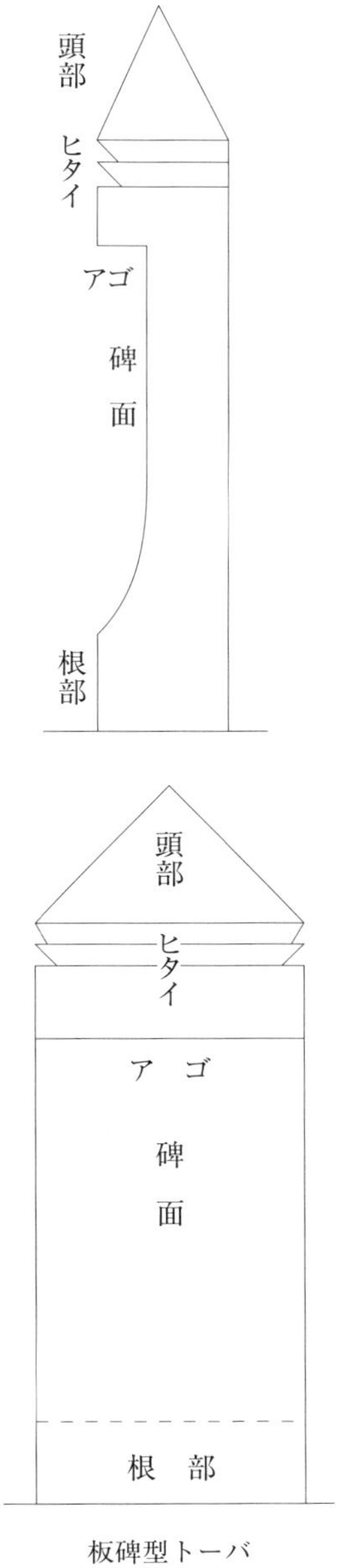

板碑型トーバ

あるが（『板碑概説』〈鳳鳴書院、昭和八年〉の著者、服部清五郎氏もヒタイの突出は五輪塔の地輪の名残りであるとして、五輪原形説をとっているが、根部の突出または隆起、したがって碑面の陥入は説明していない）、この点は、さきにのべたごとく、杓子トーバの存在によって解決されたのである。これは石造遺品からだけでは解決されなかった問題を、民俗学的方法によって解決しえた一例である。

すなわち、板碑は杓子トーバと角柱トーバの混合形式の石造化なのである。したがって石造化されぬ前には木製の板碑型トーバがあったはずで、これもわずかな例であるが、近江葛川明王院の碑伝（修験者が行場や聖地に立てたという板碑型木製トーバ）の存在がこの推定を裏書する。

このように板碑の発生を角柱トーバの方錐頭と二条界線、杓子トーバの文字面刳込みが忠実にまもられているか否かを見て、板碑の代表作品をもとめれば、高野山奥之院にある建治二年（一二七六）、阿闍梨勝秀板碑、正和元年（一三一二）の大中臣弘泰（沙弥心蓮）板碑、紀州天野村にある高野山町石、百三十六町の建治二年（一二七六）天野路法眼泰勝板碑の三基である。これらはほとんど方柱ともいうべき厚味ある花崗岩に、およそ三寸にもおよぶ豪快なアゴを突出させて、胸のすくような碑面刳込みを敢行した、鎌倉時代的な男らしい美しさは、日本一の板碑といってもほめすぎではない。ただし正和の板碑は隣の墓の捨て土で下半分が埋没しているので、その美しさは根元をスコップで掘って見た不埒者だけしか知らぬのは惜しい。それにしてもあの厖大な『板碑概説』は偉大な労作であるけれども、高野山板碑を全然知らず、近畿地方の板碑もあまりあげずに板碑の起源を論じているため、いささか的外れの感がある。況や西村真次博士の出された、古代中国の圭とアッシリアの記念碑の影響という、おどろくべき起源説は、遠方を見るだけが学問でないという教訓をわれわれに垂れた点で、はなはだ有益な学説であった。

高野山板碑をはじめ近畿、九州の板碑は比較的アゴの突出が顕著で、碑面を杓子のごとく、シャクリとった原意がつよく表現されているものが多い。これにたいして板碑といえば関東、東北の専有物のようにいわれていた関東東北型板碑と四国型板碑は、アゴの退化がいちじるしくて形式的な段をつけたにすぎず、はなはだしきは界線一本で片付けたものもある。この事実は、板碑の発生が関東にあったという従来の定説につよい疑問をいだかしめる。ただ、いままで知られた紀年銘板碑の古いもの（最古は貞永二年（一二三三））が武蔵に多いということは事実であるが、これも近江葛川明王院に元久在銘の板碑型碑伝があることによって、石造化された年代は関東に先んじられたとしても、その原型は関西でできたものではないかとおもう。

8　角柱五輪トーバ

長足塔婆という人もあるが、現在、大法要などに寺の庭に立てられる角トーバもこの範疇にはいる。トーバ発展の順序からいえば、角柱五輪トーバは板碑型トーバをへずに、直接、角柱トーバからみちびかれる。角柱トーバの二段または三段の切込みを四段にすれば、この祖型ができる。これに別途に平安末期に成立した五輪塔の形態が加味されて、四段切込みを、団形、半月形、三角形、円形、方形にちかづければ、角柱五輪トーバができあがるのである。

かくて鎌倉時代以後はこの形式のトーバが卒塔婆の名をほしいままにしたが、角柱トーバも絶滅したわけでないことは、『餓鬼草紙』に五輪塔、角柱五輪トーバとともに角柱トーバがえがかれていることからも想像せられる。

それゆえ、角柱五輪トーバの成立年代は五輪塔の成立年代によって上限が決定される。下限は文治二年（一一八六）銘の伊豆願成就院の板トーバまでである。五輪塔の観念は弘法大師の『秘蔵記』にすでにあらわれており、

五輪塔婆、是大日如来三摩耶形故、雖麤刻小窣堵婆、如来法身法界塔婆也、

とのべられている。もちろん墓とは何の関係もなく、五輪の名称も地輪、水輪、日輪、風輪、空輪であった。しかし具体的にはいかなる形状であったかはわからない。一方、平安時代の初期、中期にわたって盛んにおこなわれた塔婆形式は、層塔（九重石塔、五重石塔、三重石塔など）、多宝塔、宝塔（単層多宝塔）であった。また、このころ供養塔として一般に流行した小形塔婆は宝塔形式の小形泥塔が多く、百万塔供養などはこれであった。この宝塔を五輪の観念にしたがって、すこしく変形をくわえれば容易に五輪塔が成立するのである。

私は五輪塔の祖型は宝塔にあると信ずるが、その具体的証拠は大津市長安寺宝塔（いわゆる牛塔、『栄花物語』に見ゆ）や平泉願成就院宝塔、泉涌寺即成院宝塔および鞍馬寺経塚発掘の銅製宝塔など、平安末期の宝塔に五輪塔への過渡的形態が見出されるからである。これらの宝塔の基礎部は地輪に、塔身は水輪に、そして笠部は火輪に、相輪の請花は風輪に、九輪は団形となって空輪にちかづいている。この変化に拍車をかけたのは覚鑁の『五輪九字明秘密釈』であるらしく（しかしこのころは、五輪の祖型は事実上成立していたのだが）、五輪に即して密教的世界観・宗教観を説いたため、五輪塔は急速に普及したとおもう。

だいたい、五輪塔が一つの独立した塔形とみとめられるまでにまとまったのは、白河天皇の時代とおもわれる法勝寺瓦当五輪塔か、長寛二年（一一六四）改鋳の神戸徳照寺蔵鐘内面鋳出五輪塔、『醍醐寺新要録』（巻三）所載の応徳二年（一〇八五）石櫃銘の五輪塔図、仁安四年（一一六九）銘の平泉中尊寺釈尊院墓地石造五輪塔、嘉応二年（一一七〇）銘および承安二年（一一七二）銘の豊後賀来村中尾石造五輪塔などで、前の三例は図であって理論的な五輪塔祖型であるが、あとの三基は実際に製作された石造五輪塔祖型であり、いずれも方柱形石材からつくり出したらしく、四角張っている点は注意せねばならない。

いま私は五輪塔の成立と発展を論ずるのが目的でないのでこれ以上のべることをさしひかえるが、五輪塔形の成立が院政時代の比較的初期にあるとすれば、角柱トーバと五輪塔が結合して角柱五輪トーバとなったのは、平安末期もおそからざるころと推定せざるをえない。すなわち、『平家物語』(丹波少将都還り)に、

其夜は康頼入道も二人墓のまはりを行道し、明くれば墓に壇ゆゝしうつかせつゝ、釘貫しまはさせ、墓の外には仮屋をうつし、僧をあまた請じ奉り、七日七夜が間、不断念仏申させ、わが身は経をぞかゝれける。結願には大きなる卒都婆をたて、過去聖霊出離生死証大菩提とかきとゞめ、年号月日の下には孝子成経とぞかゝれたる。三世十方仏陀の聖衆もあわれみ給ひ、亡魂尊霊もいかにうれしとおもはれけむ。

とある「卒都婆」は、角柱五輪トーバとかんがえてさしつかえないであろう。

しかしこの種の角柱五輪トーバが石造化されたのは比較的おそく、その完成形は文永二年(一二六五)より同八年にかけて造立された高野山町石卒塔婆と文保二年(一三一八)銘の京都霊山正法寺卒塔婆に見出される。これは角柱五輪トーバが原則として木製であったため、古い遺品がないのではなかろうか。かくて室町時代にはいれば、脚部の切りつめられた「一石小形五輪トーバ」(仮称)が、供養トーバとしても逆修供養トーバとしても猛烈な流行をみせた。このトーバ形式は一見すれば五輪塔の地輪がのびた形とみられないこともないが、一石であることと、全体が長目であることから、角柱五輪トーバの短縮形とみるのを妥当とする。近畿地方ではいたるところの路傍または古い墓地に群をなしており、とくに高野山奥之院霊域に多い。融通念仏と逆修の信仰から流行したらしいのは、この時代の庶民仏教をかんがえる上に無視しえない資料である。

9　板トーバ・経木トーバ

トーバが将来いかに変化するかは、仏教信仰の変化に左右されることであるから、とうてい予断をゆるさない問題であるが、板トーバ、経木トーバは一応、トーバ発展史の終点である。しかしこれとても、ただ角柱五輪トーバを軽便に、小形に、安価にしたというだけの簡単な問題ではない。すなわち、トーバ信仰以外のコケラ経（柿経）、木簡写経から千本卒塔婆にいたる中世仏教信仰史の系譜があり、したがって角柱五輪トーバとほとんど時代をおなじくして板トーバ、経木トーバの発生をみたのである。

板トーバの完成形のはっきりした遺品は、文治二年（一一八六）墨書銘の伊豆願成就院の阿弥陀像胎内奉籠物で、五輪部の地輪と脚部のあいだに界線を切込み、脚部が地輪の延長でないことをしめした初期のものである。表には五輪の種子と宝篋印陀羅尼を墨書している。経木トーバの最古の遺品は、高野山龍光院蔵の覚鑁上人自作自筆と伝えるものがある。その真偽のほどはあきらかでないが、願成就院板トーバとおなじく地輪と脚部に界目があることは、きわめて初期のものたることを物語るものである。

さて、以上のべたところでほぼあきらかなごとく、トーバの問題は仏典だけで解釈しようとしても、石造遺品や絵画記録だけで解決しようとしても成功しなかった。何となれば、石造トーバの背後には三年、五年で朽ち果ててしまった無数の木製トーバと、これを支持した無数の常民の仏教的民俗信仰があって今日にいたったからである。このひろく且つふかい底流水脈のわずかな露頭が、石造トーバや文献としてあらわれているにすぎない。それはいわば、トーバ文化における表層と基層の関係ともいえるであろう。石造遺品や知識人の記録のあいだには多くの断層や不連続線があっても、常民の基層文化は変化しつつも連続的である。われわれは石造トーバのあいだにある断層を、常民が現在ももちつづけている仏教民俗資料のたすけをかりてあきらかにするとともに、この民俗のもつ本来の宗教的意義をはっきりとつかむことができる。

私はこの小論でトーバの問題をあきらかにするのが目的ではないが、この小論でさえ、従来の学説を一歩すすめることができたとすれば、それは日本民俗学の恩恵である。われわれはこの学問の協力によって、日本仏教史の特殊問題、すなわち仏教行事、仏教民俗、仏教信仰、そして日本庶民仏教史の広汎な領域を開拓することができるということ、そしてその結果、われわれの仏教研究がこの国の常民の仏教信仰に何程かの寄与をなすであろうことをしめすために、この貧しい作業例をかかげた次第である。

五　むすび

日本仏教の現段階を仏教史の大きな流れの上からみれば、観念的、神秘的、貴族主義的な中世仏教が、現実的、社会的、庶民主義的な近代仏教へ転換せんとする過渡期である。このような時代的制約への順応は、いかなる文化も現代に生きんとする以上は、のがれることのできぬ至上命令である。かつて古代末期より中世への宗教的天才たちに負わされた歴史的任務も、呪術的、現世的な古代仏教をいかにして観念的、形而上学的、来世的な中世仏教に転換するかにかかっていたのであった。このような転換をなしとげるには、時代と時代人をはっきり認識することが必要であって、ここに仏教教団にとって歴史学や民俗学の実用性があるといえる。

ところが、仏教教団が民俗学にたいしてきわめて冷淡であったのにくらべると、神道側は、はやくから神道研究に民俗学を重視し、原始神道や特殊神事、宮座の研究などは大いに進んだのである。終戦前は民俗学のほうからも国家的要請にこたえて神道研究に好意をしめしたことも事実であるが、その成果はむしろ終戦後に神道が国家の庇護をはなれて、徒手空拳で群雄割拠の宗教界にのり出したときにもっとも大きな力となった。神道が立派に「宗教」として立ち上がり、民俗学の成果を伝道に利用して、特殊神事の復活や、氏子組織の再編成をおこなったのは賢明であったとおもう。われわれインテリにとっても、独善とこじつけの多い仏教の説教よりも神道の布教に興味を感じたのは事実である。この点で神道はたしかに仏教に一歩先んじたといえる。

仏教も神道ほど手荒くなかったが、寺有農地の開放という一撃により、必然的に檀家づとめと布教に向かわざるをえなくなった。しかし民衆との接触が円滑でないのは、常民の精神生活を知る点で、従来の不勉強がたたっているのであろう。このギャップを埋めるためにもち出した奥の手が御詠歌と生花であるとしたら、流行物七十五日の時をかせぐ間に、はやくつぎの宗教本然の戦線を整備すべきではないだろうか。このような要請に多少でも役にたてばとおもい、私も昭和二十六年（一九五一）度より日本仏教民俗史の講義を開いたが、私の意図は仏教民俗そのものの解明というよりも、仏教民俗の変遷を歴史的にあとづけることにより、日本庶民仏教の本質をあきらかにすることにあった。しかしその意図が実現されるためには必然的に史学、民俗学の両面にわたる仏教民俗資料の蒐集分類が先行せねばならないから、その大方の目安を立てるために、かりに「仏教民俗学」の構想を立ててみた。しかしさればとて私は、「学」を僭称してこの学問の独立を策するごとき大それた謀叛気はさらさらなく、私にとってはあくまで、日本庶民仏教史の補助学科としてこの一試案を提示するにすぎない。仏教民俗学の方法論如何、などと開きなおられてもそんな用意はないし、また私は必要ともおもっていない。

しかし数ある仏教学徒のなかから、仏教民俗と正面からとりくむ人々が出ることは大いにのぞましい。それはちかづきつつある日本仏教の転換期を無用の混乱なしに切りぬけるためにも、その後の一大飛躍にそなえるためにも必要な学問であろう。私はそのような人々のために鉄道馬車程度のレールをひいておこうとおもい、つぎに仏教民俗学の構想を提示してこの稿を終わりたい。

〔日本仏教民俗学の構想〕

一、仏教的年中行事

1修正会（会陽・堂押・唯押・鬼走・鬼踊・おこない・牛玉加持・大般若）、2日待、3修二会、4星供養、5涅槃会、6春彼岸（天道念仏・百万遍念仏・日の伴・巡拝大師講）、7御影供、8大念仏、9花祭（卯月八日・天道花・山遊・灌仏会・万燈会・万華会）、10夏祈禱（大般若巡り・水浴念仏・四方固念仏・仁王般若）、11二十五菩薩練供養（万部会・仏の舞）、12盆行事（魂祭・施餓鬼・盆踊・六斎念仏）、13秋彼岸、14十夜会（十夜念仏・引声念仏・鉦念仏）、15おとりこし、16霜月大師講、17冬至弘法、18かまど払い、19寒行（寒念仏）

二、法会、祈禱

1村内安全（護摩供・大般若）、2悪疫消除（護摩供・大般若・百万遍）、3安産、招福、4雨乞祈禱（請雨経・大般若・雨乞念仏・念仏踊）、5動物供養、6流灌頂、7病気平癒、8本尊御開帳、9大法会、大法事、一切経会、10土砂加持、11柴燈護摩

三、葬送習俗

A　葬式（1臨終作法、2火の忌、3葬礼、4墓じるし・トーバ、5火葬、6忌明け、7願ほどき、8納骨）

B　年回供養（1むかはり、2三年・七年・十三年・十七年・二十三年、3弔切り、4位牌供養、5仏立て）

C　墓地（1単墓制と両墓制、2もちこし墓、3霊場、4同族墓と先祖墓、5手向け場、6石塔とトーバ）

四、仏教講

A　同族講（先祖講・株講・庚申講）

B　無常講（講組・念仏講・鉦講・六斎講）

C　地域講（山上講・大師講・尼講・徳講）

D　信心講（観音講・地蔵講・二十三夜講）

五、仏教芸能

A　音楽（声明・雅楽・六斎念仏・融通念仏・和讃・詠歌）

B　舞踊（念仏踊・盆踊・弥勒踊・仏の舞・鬼踊）

C　演劇（大念仏狂言・延年舞）

以上

仏教儀礼の民俗性

――とくに修正会と修二会について――

一　仏教儀礼の社会性と民俗性

宗教が完全に社会的現象であることを主張したデュルケイム（Émile Durkheim, 1858–1917）は、宗教の社会的機能として「儀礼」（rite）を重視し、そこに世俗的道徳の起源をなす社会的拘束性や、政治的・経済的諸機能の源泉を見出した。この宗教社会学者にとっては、社会的（social）なものは宗教的（religieux）なものであり、この二つの語はほとんど同義語であった。

宗教は本質上社会的なものである。個人的目的しか追求しないどころか、宗教は絶え間なく個人に拘束力を行使する。それは個人をわずらわすところの行事を強制し、また個人にとって高価な犠牲を強要する。（デュルケイム『社会分業論』、井伊玄太郎訳、理想社出版部、昭和七年）

すなわち、宗教はたんに「概念の体系」であるばかりでなく、何にもまして「力の体系」であるが、その力の体系は儀礼を通して具体的に表現される。この見地から彼は、原初の宗教的集団の研究にあたって「考えられたこと」よりも「為されたこと」に、すなわち教理よりも行事に注意し、いわゆる集団的儀礼主義（ritualism collective）の立場をとったことは、われわれの日本仏教史研究にも示唆するところが大きい。

ところが、ある型の宗教家は極端に宗教の社会性を「俗悪」の名のもとにきらい、儀礼を「形式主義」の名のもとに貶す傾向がある。もちろん、このような宗教家はいたって真面目なるがゆえに孤高を尊しとするのであり、個人的な観念と信仰が宗教の本質または真髄であるとかんがえ、社会的・集団的な儀礼は形式的であり俗悪であるときめつけてしまうのである。

もしこのような宗教が宗教のすべてであるならば、仏教は仏と法があれば足り、僧伽は無用である。同様に、キリスト教に教会は無用の存在となるであろう。

しかし宗教の歴史は孤高的宗教家の好悪にかかわりなく、僧伽と教会が仏や法や、神やバイブルをこの世に実現し相続してきた事実を物語っている。

ここにおいてか私は、孤高なる一宗教家の個人的な観念や信仰は、そのままでは「宗教以前」であり、可能態としての宗教にすぎないとおもう。彼が山を出て俗にまじわり、その宗教体験をもって社会とのかかわりをもったとき、はじめてそれは現実の宗教となる。諸法実相印が大乗仏教の至極の真理であるかぎり、和光同塵は諸仏の本誓であり、仏教の社会化が小乗仏教から大乗仏教への発展でなければならぬ。かくて宗教と社会を媒介する宗教行事が発達し、宗教儀礼が社会習慣化されるのである。

ここでふたたびデュルケイムを引き合いに出せば、彼は宗教の研究に研究者個人の宗教経験をいれてはならぬと強調した。そしてイスラエル宗教史家デルメステーテルの言った、神のことをあつかう学者はみずからの意識のなかにふかく宗教的なものを蔵していなければならぬ、という神秘的な教説を排斥している。（デュルケイム『社会学研究法』、田辺壽利訳、刀江書院、昭和三年）

それは、宗教の学問が普遍妥当性をもった科学であるためには自明の理であるが、同時に宗教を歴史的にあたえられた文化として、その社会的起源と社会的機能をあきらかにするためには、欠くことのできぬ基本条件なのである。

いわばわれわれは「虚心坦懐」に宗教現象を観察し、その現象をおこす社会的エネルギーをあきらかにせねばならぬ。それは宗教の学問を神や仏の学ではなく人間の学とするものであるが、このコペルニクス的転回なしには宗教の学が中世的独断論から解放される道はないのである。

ところで、宗教儀礼には大別して二つの型がある。それは宗教的集団の二つの構成に応ずるもので、㈠は狭義の教団、すなわち専従的宗教者によって構成される「宗団」に発達した封鎖的な宗教儀礼であるから、その宗団固有の事作法や付法や伝授を通して伝承されるものである。㈡はある民族や、ある地方の住民によって構成される開放的な常民社会に、民俗的習慣として伝承される宗教儀礼である。

さて、後者は年中行事や葬送習俗や民間信仰として従来も民俗学の対象となったのであるが、前者は宗団人以外のものにはうかがい知るべからざる儀礼として、民俗学の対象とはならなかった。

しかし宗団固有の封鎖的儀礼（法会法要）も、これを注意ぶかく観察すれば、外部の常民社会の儀礼とかたくつながっておることが知られるのである。そこには、(a)教理をもととして人為的に制定された儀礼（事相）と、(b)教主、教祖以来の宗団の歴史のなかで自然に発達した儀礼（法式）とともに、(c)常民社会の民俗行事の混入が見られる。この第三の民俗行事の混入ということは、従来ほとんど注意されなかったのであるが、小論の目的は法会法要のなかに混在する民俗的要素をあきらかにせんとするものである。

しからば封鎖的な法会法要のなかに民俗的要素が混入するのは何故であろうか。これはいうまでもなく、宗団がいかに封鎖的であるとはいえ、常民社会との交渉なしには存立しえなかったばかりでなく、民俗行事の宗教性はきわめて根づよいものがあるので、その影響力から宗団がまぬがれることは不可能であったためである。しかしながら宗団人は古代から中世にわたって、社会的にも知識的にも上層階級にぞくしていたから、常民的なものを蔑視し、彼等の特権であった宗教儀礼が、たとえ瑣細な点にもせよ常民の真似であるとかんがえることは、階級的矜恃がゆるさなかったであろう。そのために彼等の執行する宗教儀礼を正しく理解することができず、独善的な牽強付会の解釈を付与して、ますます行事を混乱せしめ、民衆からはなれる結果となった。しかしこの偏執をすてて虚心に法会法要を研究すれば、民俗的要素の混入こそ、その行事の社会的意義の大をしめすものとして、むしろよろこばねばならぬはずである。

いまや宗教は特定の聖職者や少数の精神家・知識人の専有文化でなく、万人の共有財産として常民（folk）のものでなければならぬ時代となった。宗教儀礼の封鎖性と宗団人の優越意識は、教団そのものの存立もすらあやうくするであろう。しかし永年の封鎖性は法会法要を社会の片隅におしやり、民俗的要素の顕著なために民衆の支持をもちつづけた特定の法会法要以外は、社会からほとんどわすれられようとしている。そして学問的にもその原初形態を追求することは、不可能なまでにくずれてしまった現状である。私は過去十数年間、仏教史と民俗学の立場から仏教儀礼の民俗性を追求してきたが、茫洋の嘆を久しくするばかりである。しかし時期はたしかにおそすぎたが、けっして絶望的なのではない。多くの仏教史学徒や民俗学者がこの問題に関心をもちさえすれば、まだまだ埋もれた資料は掘り出せるはずである。

宗教の社会的機能といえば社会事業しかかんがえない人が多いようであるが、眼を常民社会の基礎構造に転ずれば、宗教儀礼によって培われる社会意識や社会連帯の観念は、意外に大きいことにおどろかされる。仏教が日本民族社会の形成と発展にはたした役割は、仏教儀礼の民俗学的研究によっていよいよあきらかにされるであろう。これはただに日本仏教史と民俗学だけの問題ではなくて、日本社会史の重要な課題であるということができるのである。

つぎにわれわれは、仏教儀礼と日本社会の関係について一瞥しておきたい。いうまでもなく根本仏教時代には、形式的な仏教儀礼は年中行事としても葬送儀礼としてもなかったであろう。しかし、釈尊の時代にはなかったから仏教に儀礼は無用であるとする進歩的（？）仏教家の持論は、人間はもと猿だったからいくら人を引っ掻いてもかまわないという論法とおなじく、おろかしいことである。仏教が古代から中世のインド社会に存続するためにはインド的民俗儀礼をとりいれねばならなかったことは、密教の発展がもっとも雄弁にこれを物語っている。中国仏教は漢民族社会にとけこんで密接不可分の関係を確立した。このように伝播した土地に根をおろし、受容した民族の社会にとけこんで、独自の発展をとげる融通性と包容性が大乗仏教の特色であるが、別して日本仏教は、この大乗仏教の特色が遺憾なく発揮された宗教ということができよう。

しからば日本仏教はいかにして日本民族社会にとけこんだか。これはいうまでもなく日本民族固有の民俗信仰、および民俗行事とかたくむすんだからにほかならない。そのむすびつきかたは時代と祖師の性格によっていろいろの型をしめしはしたが、意識的にせよ無意識的にせよ、民俗信仰と民俗行事を無視しては日本仏教の宗団は成立せず、また存続することもできなかったのである。

弘法大師のごときは意識的にこれとむすんだ民俗的宗教家であったから、真言宗には神仏習合的要素や山岳仏教的要素が濃厚であるばかりでなく、民俗性ゆたかな年中行事や法会法要によって常民のつよい支持をうけてきたのである。

法然上人、親鸞聖人のごとき浄土教祖師はそのような民俗行事を雑修として排斥したが、念仏信仰が日本人にうけいれられるためには、この民族に固有の霊魂観念や念仏行事の底流を無視することができなかったばかりでなく、一方には時宗、融通念仏宗のごとき民俗行事をとりいれた浄土教が成立せねばならなかった。そしてこのような念仏行事から大念仏狂言や二十五菩薩練供養や仏の舞、六斎念仏のごとき仏教芸能が成長したのである。

しかしなんといっても、仏教が日本社会にとけこむための民俗行事は葬送儀礼であった。それは仏教行事であるのか民俗行事であるのかその限界が不明なまでに民俗性のゆたかな儀礼で、火葬のごときインド伝来の葬法といわれるものも、日本民族固有の両墓制民俗なしには普及しなかったとおもわれるのである。

また仏教が日本社会に直接的にむすぶためには、仏教講があずかって力のあったことも見のがすわけにゆかない。それは日本社会の根本的な性格をなす同族集団的社会結合を仏教化したもので、その精神においても行事においてもまったく民俗的なものである。

以上のべた、㈠仏教的年中行事、㈡法会法要、㈢葬送習俗、㈣仏教講、㈤仏教芸能の五つのテーマは、私の仏教民俗研究の体系をしめすものであるが、それは同時に仏教儀礼の民俗学的研究のテーマとなるであろう。

しかしこの小論でその全部にふれることは不可能であるから、ここでは㈠の仏教的年中行事のうち、修正会・修二会についてだけのべることとし、諸大寺でおこなわれる修正会・修二会のドグマ的解釈をはなれて、この仏教儀礼がいかに常民の正月行事とふかい関係にあるかをあきらかにしたいとおもう。

二　修正会・修二会の諸類型

現在、法相・華厳・天台・真言の旧仏教寺院でなんらかの形の修正会（修二会をふくむ）をもたぬところはないとおもうが、その大部分は近世になってそれぞれの本山で制定された法式に統一されて、本来の独自の型を保持した修正会はきわめてすくなくなった。しかも最近では本山印行の修正会法則による修正会をおこなう地方寺院すらだんだんすくなくなって、元日に住職が一人で例時勤行作法をボソボソとつとめてすましており、村人も寺の修正会にまったく関心をもっておらないところが多い。

これは現代仏教の教義偏重、儀礼軽視の傾向の一つのあらわれであろうが、年頭第一日にすでに村や町から遊離した寺院の存在を見せられるようで、いささかもののあわれを禁じえない。

私の見解をもってすれば、修正会は村や町の正月の民俗行事が、寺でおこなわれるようになって仏教儀礼の形式をととのえたにすぎないものであるから、その主体は寺よりはむしろ常民社会それ自体にあったといえる。したがって常民社会から遊離した修正会はいかにそれが厳重な法儀であろうとも、すでに主体性をうしなった形骸であるといわねばならぬ。

『三宝絵詞』（下巻）は平安中期における年中行事化した仏教儀礼を多数記録しているが、その修正会の条に、

寺トシテオコナハヌハナク、人トシテキヨマハラヌナケレバ、年ノハジメニハ、国ノ中ニ善根アマネクミチタリ、

とあるのはけっして誇張ではなく、修正会が「オコナイ」の俗称で、国家または村落の安全を祈願する共同社会的儀礼であった姿をよくしめすものといえよう。すなわち同書に、

オホヤケ（国家）ハ七ノ道ノ国々ニ、法師・尼ニ布施ヲタビテ、ツトメイノラシメ、私（村落）ニハモロモロノ寺々ニ男女ミアカシヲカ、ゲテ、アツマリオコナフ、

とあり、国家的祈願にあずかる畿内十大寺や七道諸国の国分寺、定額寺をのぞいた村落寺院でも、善男善女が集合

して村落社会の安全をいのり、僧は村人の依頼によって儀礼を執行するにすぎなかった。このころの僧侶が村人の依頼によって修正会をつとめたことは、『今昔物語集』(巻十九)の「以二仏物餅一造レ酒見レ蛇語　第二十一」に、

今昔、比叡ノ山ニ有ケル僧ノ、山ニテ指ル事モナカリケレバ、山ヲ去テ、本ノ生土ニテ、摂津ノ国□ノ郡ニ行テ、妻ナド儲ケテ有ケル程ニ、其ノ郷ニ自然法事ナド行ヒ、仏経ナド供養スルニ、多クハ此ノ僧ヲ呼懸テ講師ナドヲシケリ、才賢キ者ニハナケレドモ、然様ノ程ノ事ハ心得テシケレバ、修正ナド行ニモ必ズ此ノ僧ヲ導師ニシケリ、其ノ行ヒノ餅ヲ此僧多ク得タリ、

とあることにもうかがわれる。すなわち諸大寺以外の寺院における修正会が、まったくの民俗行事であったことをしめす一例である。

また、諸大寺の修正会でもこれがインドや中国から伝来した法会でないことは、その行事次第を一見すればあきらかなことであるが、南北朝時代の禅僧、義堂周信もその日記『空華日工集』永和五年(一三七九)正月元日の条に、

吾国之叢林、或《ハ》三日、或《ハ》五日、修正勤行等儀、亦同《ジク》国俗也、

とのべていることでも知られる。

この修正会が国家的法会としてはじめて修せられたのは奈良時代末期で、『続日本紀』(巻二十八)の神護景雲元年(七六七)正月八日の条に、

勅《スラク》、畿内七道諸国、一七日間《ノ》、各於《テ》二国分金光明寺《ニ》一、行《ヘ》二吉祥天悔過之法《ヲ》一、因《テ》二此功徳《ニ》一、天下太平、風雨順時、五穀成熟、兆民快楽、十方有情、同《ジク》霑《ハント》二此福《ニ》一、

とあり、『僧綱補任抄』『釈家官班記』『初例抄』『扶桑略記』『今昔物語集』「法隆寺修正会開白文」などでは神護景

雲二年の始行となっているけれども、いずれにもせよ仏教伝来以来二世紀以上を経過している。また修二会の起源も『二月堂縁起』『扶桑鐘銘集』（四）などの説を信ずれば、天平勝宝三年（七五一）始行（『塵添壒嚢鈔』巻十二では天平勝宝四年）であるから修正会とほぼ前後しており、奈良時代末期から平安時代初期にかけて民族宗教、固有信仰への復古的傾向が勃興したのと時をおなじくしていることに注意せねばならぬ。

またこの時代には修正会はかならずしも寺でおこなわれたものではなく、宮中では大極殿で、諸国では国庁でもおこなわれたのであって、在家の正月行事たる性格がうかがわれる。すなわち『今昔物語集』（巻十二）「於二大極殿一被レ行二御斎会一語　第四」には、

其ノ御時（高野姫天皇＝孝謙天皇）ニ大極殿ニシテ御斎会ヲバ被二始行一タル也ケリ、大極殿ヲ荘テ、正月ノ八日ヨリ十四日ニ至ルマデ、七日七夜ヲ限リ、昼ハ最勝王経ヲ講ジ、夜ハ吉祥懺法ヲ行ヒ給フ、

とあり、『延喜式』（巻二十一）の「玄蕃式」には、

凡ソ諸国、起二正月八日一、迄二十四日一、請ジ二部内諸寺僧ヲ於国庁ニ一、修二吉祥悔過一、

とあるのがそれで、大極殿御斎会が宮中の修正会であったことは説明するまでもない。弘法大師はこの御斎会にたいして密教による宮中修正会、すなわち後七日御修法を修せんがため、承和元年（八三四）に宮中真言院を創設したのである。

しかし修正会という名称がもちいられたのは平安時代初期であったらしく、『東宝記』（巻六）修正の条に、

大外記師諸勧進記所載、天長四年正月、東西寺一七箇日、薬師法悔過、修正濫觴歟、

とある記事を信ずれば、時あたかも東寺を管した弘法大師が修正会の命名者であったかもしれない。すなわち後七日御修法といい、東寺修正会といい、また『塵添壒嚢鈔』（巻八）にある弘法大師東大寺修二会勤修説といい、弘

法大師の日本民族固有の民俗行事にしめされた関心には、末徒のふかくおもいをいたすべきものが存するといえよう。

また修正会・修二会が吉祥悔過、薬師悔過、釈迦悔過、阿弥陀悔過、十一面観音悔過、如意輪悔過、毘沙門悔過などの悔過法要である理由はのちにのべるが、その目的が『政事要略』（巻五十五）の昌泰元年（八九八）十二月九日の格符にしめされたように、

　毎年正月、修《スルハ》二吉祥悔過《ヲ》一者、為下祈《リ》二年穀《ヲ》一、攘《ハンガ》中災難《ヲ》上也、其《ノ》御願之趣、格條已《ニ》存《ス》、而《テ》頃年水旱疫癘之災《ニ》、諸国往々言上《ス》、蓋《シ》時代澆薄、人情懈倦、修二行御願一、不《ル》二如法《ナラ》一乎、

とある祈年攘災にあったことも、世俗の正月行事の性格をしめすものである。

そこで問題になるのは、ほとんどおなじ祈年攘災の仏教儀礼が、何故に修正会と修二会にわかれたかということである。これはおそらく仏教史、民俗学などの現在の段階ではじゅうぶんな解決をあたえることは不可能な問題であるが、年穀の豊穣をいのるという伊勢神宮その他の祈年祭（としごいのまつり）が二月におこなわれること、春日、鹿島、枚岡、大原野、厳島、熱田、弥彦、気多、宇佐、石清水、鶴岡など、著名な神社の古い大祭が多く二月と十一月であったこと、ここに厳重な斎忌で有名な高野山麓、天野の丹生津比売神社の二月祭とともに紀州には二月、十一月に祭りをする神社の多いこと、全国的に分布している稲荷の祭りがやはり二月初午と十一月お火焚であることなどは、柳田國男先生が「祭日考」（『定本柳田國男集』第十一巻所収）で注意されたところであり、そこに田の神祭と山の神祭と先祖祭の古い形が暗示された。のちにも説くように修正会・修二会にはいずれにも祖霊祭の型と祈年祭の型が濃厚にのこっておるが、とくに暦法の上から年のはじめに重点を置き、あわせて年神（田の神であるとともに穀霊と祖霊である）をまつる形式が修正会であるとすれば、田の神（穀霊であり祖霊であり年神であ

る）をまつり豊作をいのるほうに重点を置いた形式が修二会とすることができるとおもう。

このような観点から『三宝絵詞』（下巻）の修二会の祭りの、

此月（二月）ノ一日ヨリ、モシハ三日、五夜、七夜、山里ノ寺々ノ大ナル行也、ツクリ花ヲイソギ、名香ヲタキ、仏ノ御前ヲカザリ、人ノイルベキヲイルルコト、ツネノ時ノ行ニコトナリ、

とあるのをみれば、豊作の予祝をしめす「ツクリ花」は重要な意味をもってくるとともに、東大寺修二会（お水取り）の造花や、薬師寺修二会（花会式）の十二瓶の造花もかるがるしく見すごすことはできないのである。

もちろん造花やケヅリカケや牛玉杖は修正会にももちいられる。それは正月と祈年祭が重複であるとおなじく、修正会と修二会は重複だからであるが、民俗行事は重複やくりかえしをなんらあやしまないところに原始性、衝動性、非合理性とともに、強烈な宗教性と伝統性を内包しているといえるのである。

しかし現在では修二会をおこなう寺はきわめてすくなくなり、東大寺お水取り、薬師寺花会式、法隆寺西円堂追儺会などが知られるにすぎないが、『延喜式』（二十六巻）の「主税式」には新薬師寺の修二会料米のことが見え、東寺の『東宝記』（巻六）修二月の条には、

自㆓二月一日㆒、至㆓三日㆒、於㆓食堂㆒修㆑之、結日、牛玉加持有㆑之、講代参勤㆑之、

とあり、『玉海』（『玉葉』）の承安二年（一一七二）二月十一日の条には、

此日、最勝金剛院修二月也、恒例式日廿八日也、而今度可㆑有㆓御幸㆒、又此御処御堂修二月、同夜可㆑被㆑行、仍被㆑縮㆑之云々（中略）先摂政以下公卿着座、次神分導師、次初夜導師（有㆓乱声㆒、）次行導、次大導師（有㆓昇降之楽㆒、）次唄、散華（無㆓堂童子㆒也、）次四位（経家朝臣、）取㆓大導師禄㆒、次公卿取㆓請僧禄㆒、（下略）

とあり、『年中行事秘抄』では白川新阿弥陀堂、同宝荘厳院、法勝寺常行堂に修二会のあったことが見える。

一方、民間の修二会、すなわち「二月のオコナイ」を民俗資料によって見ると、近江では「正月のオコナイ」の十三か所にたいして二月は五か所、山城では正月の四十か所にたいして二月は五か所である。しかし二月朔日を「一日正月《ヒトヒ》」または「ヒテエ正月」「太郎ノ朔日」などといって祝い、二月八日を「コト八日」「コトハジメ」「八日オクリ」「サクハジメ」「ダイマナコ」「オニオドシ」「ジュズマワシ」などといって、大晦日や節分に似た行事をおこなうことは全国的である。これらは修二会の前段階をなす民俗行事として注意すべきものであろう。

そこで、現存する修正会・修二会の供物、荘厳、法会の次第、付属の芸能などを基本的な要素に分析して、これを修正会・修二会の類型とすれば、つぎの十六の型が得られる。

一、参籠型——参籠と精進潔斎のとくに厳重なもの。

二、鏡餅型——供物としてオダング（御壇供）という丸餅を積み、掛餅としてオカガミを楣にかけるもの。

三、造花型——造花、ケヅリカケ、餅花、盛物などを供えるもの。

四、香水型——加持香水をおこなうものであるが、東大寺修二会のごとく「お水取り」と加持香水の異常に発達したものもある。

五、除夜型——法会の次第を初夜導師作法と後夜導師作法に分かつもの。

六、悔過型——法会の立て方が悔過法要であるばかりでなく、走りや五体投地で懺悔を厳重にするもの。

七、魂祭型——過去帳をよんだり過去聖霊の得脱をいのるもの。

八、神名帳型——神名帳にもいろいろの形式があるが、とにかく八百万神を勧請するもの。

九、牛玉型——牛玉杖と牛玉宝印を加持し、これを一般に授与するものであるが、「会陽」のごとくこれを投与して奪いあうものもある。

一〇、乱声型――法会の特定の部分で床や羽目板をたたき、または鐘・太鼓をうち、法螺を吹き、喚声をあげるもの。
一一、だだ押型――ダダ、ダッタン、地押、苗押など、床や地面を踏んだり跳ねたりするもの。
一二、鬼踊型――鬼の面をつけた役者が鬼走や鬼踊の芸能をなすもの。
一三、火祭型――松明または庭燎をたき、これを神聖視する火祭のあるもの。
一四、裸祭型――参詣者が裸体で水垢離をとったり押しあったりするもの。
一五、田楽型――御田舞やササラすりのごとき芸能の付いたもの。
一六、大般若型――大般若経の転読やその村廻りのあるもの。

以上の諸類型はいずれも修正会・修二会の本質にかかわるものであるが、また民俗行事や民俗信仰に密接な関係をもつものである。もちろん実際の修正会・修二会はこれらの類型のいくつかの複合態として存在する。しかしまたそのうちの一、二の類型が異常に発達したために、きわめて著名になったものもある。なかでも東大寺修二会は以上の諸類型をほとんど全部具備してきわめて複雑化し、そのために一般にはただ神秘的な行事とかんがえられているが、これを諸類型に分析して理解するとき、それがいかに民俗性をゆたかにもりあげた仏教儀礼であり、わが民族に固有の宗教観念をいかによく保存した宗教行事であるかにおどろくのである。しかし東大寺修二会の分析は当面の課題ではないので別稿にゆずり、つぎに右の類型を、順を追って簡単な説明をくわえたい。

三　参籠型修正会

修正会・修二会の参籠の起源は、民俗行事としての年籠りと忌籠りであるから、もとはすべての修正会・修二会が参籠型であったはずである。しかしいまは参籠と精進を厳重にするものはきわめてすくなくなった。ただ東大寺修二会のみはこの型の代表的なもので、「お水取り」即「参籠」といっても過言ではない。芭蕉の「水取りやこもり（氷）の僧の沓の音」には、考証家のあいだに「こもり」か「氷」かの疑問はあるとしても、この行事を実際に知る者には「こもり」でなければならぬことは自明の理である。練り衆すなわち「籠り僧」は開白の九日前から（もとは旧一月二十二日、いまは新二月二十日）から試別火《ころべつか》という別火精進にはいり、平常使用の火を塩水で消して、二月堂観音宝前の常夜燈から移した浄火で、食物を調理せねばならぬ。そして開白四日前より戒壇院別火坊で、外界から隔絶された惣別火のきびしい参籠生活をおくったのち、いよいよ二月一日（いまは三月一日）に大中臣の祓をうけて二月堂参籠所にはいるのである。それから十五日の結願までの厳重な精進は言語に絶するものがある。行住坐臥、不浄をとおざけ、あたらしい紙衣を着てあたらしい豊島薦に座し、手水や入浴の前後には中臣祓をとなえ蛭子川の浄水を笹の葉で身にふりかけて、けがれをはらわねばならない。この厳重な参籠と潔斎がこの仏教行事の宗教的意義を大ならしめ、千二百年の永きにわたって断絶せしめなかった原因であるとおもう。

しかしこの参籠は練行衆だけのものではなく、参籠者も参籠したのである。『諸国年中行事大成』（二）に、

> 二月堂修法（中略）東大寺の僧侶、今日より十四日まで参籠あり、是を籠という。但し忌服疫病あるものはこれを勤むること能はず、十四五人、或は十一二人、年によって多少あり、里俗云僧衆多きとしは豊也と言伝う。又参詣の男女、祈願ある者、同じく仏前に籠り通夜す。（下略）

とあるのは、一般人の「年籠り」の遺習であろう。

法隆寺の修正会は金堂（金堂炎上後は講堂）で正月八日後夜から十四日半夜まで七日七夜に吉祥悔過の六時行法がおこなわれるが、七日夕刻の聖霊院参籠の儀からはじめられる。この参籠は法会出仕の衆僧が聖霊院の東西両間に着座して初夜の鐘をならし、内陣の御扉を閉じて忌み籠るのである。翌八日早朝に金堂から承仕が三度の使いにくると衆僧は後夜の鐘をならして、はじめて内陣の御扉を開いて聖霊院を出、承仕の捧げる松明にみちびかれて金堂にはいり、修正会を開白するのである。

高野山金堂修正会は元日より三日までつとめるが、もとは七日間であった。『野山名霊集』（一）によると、

毎年正月朔日より七日に到て、金堂におゐてこれを行ず、明神の御託宣に云、修正には、大師をはじめて諸神来臨影向ありて、日本第一の祈禱、天下泰平の修法なりと云々、

とあるが、『高野春秋』（巻五）によると、これが七か日になったのは寛治五年（一〇九一）正月のことであった。

寛治五辛未春正月朔日、検校明算朝拝、自二今年今日一金堂修正会法事始二行一七个日一、是依二検校算師之発願一、舊臘衆中一味之契談也、○考、修正会先規無二荘厳一、唯三个日勤修、然今年始修二行一七个日一、以為二後格一、供具一升二枚餠二百、毎夜燈一升宛、番頭六人所役也、昼夜交二替之一、（中略）三日大塔修正会学侶皆参

五日西塔修正会、（下略）

ところで貞享四年（一六八七）十二月十二日の「高野山修正衆契状」によれば、六十人の修正衆の名があげられ、左右の二座を結成して前座、古臈などの階級があったことが知られる。そして元禄二年（一六八九）十二月二十四日の「修正衆定書」に、「一七日牛玉作法不済内、不可致二退散一」とあるのは、一七か日の参籠があったことを想像せしめるものである。

四天王寺六時堂修正会は俗称「どやどや」でしたしまれる民俗性ゆたかな修正会であるが、もとは「七日籠」と

よばれる参籠であった。『諸国年中行事大成』（一）によれば、

六時堂修正会、今日より十四日に至り、四箇の法用、初夜導師、大懺悔、後夜導師、三十二相、音楽あり、此法事の内に、堂司の役人、七日籠と言ふ事あり、鈴をふる、十四日の夜、牛玉を柳の枝に付て、御堂の内陣より出さるゝを、参詣の人あらそひ取りて護りとす。此法事の終に、堂前の場に於て、四箇処に篝火をたく、

とある。

ところで修正会・修二会の参籠は一般人にとっては「年籠り」であり、霊仏霊社にこもって身心をきよめた上、神仏の分霊を身にうけて、新玉の年をむかえんとするものであるが、参籠僧や村落の当屋、荘厳頭、神主、鬼役、若衆などの参籠は、国家や村落から、一切の災厄の原因と信じられる宗教的な罪穢をはらうために、国民や村人にかわって精進するもので、いわば代受苦者として精進の苦行にたえねばならぬものであった。

この意味のよくあらわれた参籠は、かえって村落にのこる民俗的修正会（オコナヒ）に見られる。たとえば大和野迫川《のせがわ》村弓手原のオコナヒ（旧徳蔵寺修正会）には、若衆六人（若衆組の下位六人）とヤトヒ二人（若衆組の下から七番目と六番目の者で下六人の目付役）とユナコ三人（少年組の上位三人）の計十一人が旧徳蔵寺地蔵堂の一間に、旧十二月三十日夕より正月四日朝まで参籠する。その間一切の生臭物を食べず酒を口にせず婦人をとおざけるなど、律僧さながらの生活をするとともに、朝夕、弓手原川にはいって水垢離をとるのである。これにたいして村人の感覚では、若衆さんが精進してくださるので無事に米をつくらせていただけるのだといい、もし精進におこたりがあれば、かならず村に災害があると信じて若衆もみずからいましめる。大和の農民の東大寺お水取りにたいする感覚も同様ではなかったかと私は想像している。

紀州花園村北寺の観音堂の修正会（オコナヒ）は田楽型で御田舞があるが、もとは御田衆をつとめる若衆五人は

籠り堂で十一日の御田初めから修正会当日の十八日まで精進料理でおこもりした。また同村の梁瀬大日堂（大御堂）の田楽型修正会でも御田衆は籠り堂（長丁）にこもった。これは大晦日の大松明押しの前に「鬼定め」で御田衆の役がきまると、それからオコナヒ当日の八日までこもったのであるが、村人は御田舞の練習のごとくかんがえていたようである。

紀州安諦《あて》村押手のオコナヒ（田楽型修正会）は正月九日であるが、ここの御田衆も、二日からお宮の長丁にこもった。

紀州高野山の相之浦集落（旧高野領花園庄）にも村の中央の観音堂で四日にオコナヒ（造花型修正会）があったが、若衆は一戸当たり二十貫の薪をあつめて、小晦日から四日の晩まで焚火してこもったという。

大和阪合部村大津の念仏寺（通称、だだ堂）の修正会は、俗に「だだ押」とも「鬼走り」ともよばれる「だだ押型」「鬼踊型」「火祭型」「大般若型」などの複合態なのであるが、鬼役三人は七日間別火精進として吉野川で水垢離をとり、当人三人が厳重な潔斎をした。安永二年（一七七三）書上の『阪合部村鑑』には、

右念仏寺ニ当人ト申、郷中氏子之内、年三人ヅツ相勤メ、内一人ハ正月十四日ヨリ来ル正月十四日迄、別火ニテ月ニ三日参籠仕リ候、其余ハ月ニ三日ヅツ、尤正月ハ元日ヨリ十四日迄別火相勤申候、

とあり、村人にかわって当人が精進潔斎し、念仏寺の「氏仏」に仕えたのである。この念仏寺の後堂は籠り堂の形式をそなえているが、一般に鬼踊のある堂に「鬼の間」とか「鬼蔵」とあるのは、鬼役の参籠を物語るものであろう。

阪合部村の当人（頭人）の修正会における具体的な役割は、紀州の御田衆のようにはっきりしたことはわからない。しかしおそらく村落の年頭祈禱（オコナヒ）が仏教化しない時代には、その司祭者であり、仏教化して僧侶が

司祭者となれば、鬼役として呪術芸能に奉仕するか、供物や荘厳を備進したものであろう。したがってこの当人（頭人）は、大和や山城や近江に見られる村落のオコナヒの「荘厳頭」に相当するのである。

『醍醐雑事記』には平安時代末期に「修正頭」の名で荘厳頭が見えており、中門修正頭雑事としては、餅三百三十枚、御明油三升、御仏具飯六斗、僧供料米一石一斗七升、大室料紙一帖、牛玉料紙二帖、炭一石などがあげられている（『下醍醐雑事記』六）。また、さきにあげた『高野春秋』寛治五年正月朔日の、「供具、一升二枚餅二百、毎夜燈一升宛、番頭六人所役也」とある。番頭も荘厳頭であったことはうたがいない。

江戸時代の例では大和富雄村三碓《みがらす》、真福寺の延宝九年（一六八一）正月付「真福寺堂社年中行事」によると、

正月七日、荘厳之餅ツキ、頭人ハ上ノ方ニテ真福寺別当検見ニ立、其節ハ行《オコナヒ》入用頭人へ申渡ス、
同、八日、薬師御行《ミオコナヒ》アリ、真福寺僧侶相勤、しやうごん之頭二人ニテ備物ハ、一、仏供一杯、一、壇供五十枚、油一合、牛王紙四帖、一、花一枚、トウフノカンニテ酒アリ、堂供イハヒ申候、是モ頭ヨリ仕出申候、
右差定ハ御行ミテテ来頭ヲサシ申ス、

とあり、また大和比倭村高山では享和二年（一八〇二）十一月付の「和州添下郡高山村八幡宮并ニ郷中年中座会略記」に、

一、正月七日、荘厳当、十座とも其座々にて上分七人と年行事と一日ふるまひ、明八日そなへものの支度成之、だんぐ二枚、但し米五升を二つ取、都合一重となす、花餅供がい一本、但し紙は赤白黄、小仏供之品用意成迄、
くわ、かき、かや、かうじ、たちばな、こんぶ、あをのり、本たわら、もち、ところ、みかん、だいだい、
正月八日　快楽寺本堂行ひ、昼時之頃、

とあるのはいずれも参籠精進のことは見えないが、大和初瀬町の有名な「頭中間」は正月六日の観音のオコナヒに荘厳頭をつとめるとともに、毎月一回参籠せねばならなかった。すなわち、頭中間の「年中行事次第」によれば、

十一月廿日夜、参籠の事、十一月廿日より翌年九月二十日に至る毎月一回、頭人は社務所に参籠の事、此際白米一升神前に供すべし、

とある。同様の当人の精進は摂津高槻市成合の悉檀寺修正会の当人や、山城向日町物集女光勝寺（いまは浄土宗来迎寺に併合）の薬師のオコナヒの当屋にもあった。

荘厳頭はまた「精進頭」ともいわれ、一か年の間、村人にかわって精進潔斎する例は京都上賀茂の精進頭や、洛西水尾の精進頭に見られる。前者は毎月扇子をかざして貴船代参をなし、俳句の季題にもいれられて有名であるがいまはなく、後者は毎亥の日ごとに愛宕代参をして村を火事からまもるために厳重な物忌が要求されている。また伊賀の村々ではオコナヒを「初籠り」とよぶのは修正会即参籠の意味をのこしたもので、古くは村人が七日七夜のこもりをおこなったというが、近代では二夜三日になり、現在はオコナヒの夕方、籠り堂で夕食をともにするのみである。

以上あげた村落のオコナヒにおける民俗行事としての参籠と精進は、もと大晦日から元旦にかけて村人が寺社などの村の聖地にこもって新玉の年をむかえた民俗が、若衆や当番の代理参籠潔斎となり、日取りも大晦日ばかりでなく、年頭の適宜な日にうつったものである。そしてこれが諸大寺の国家的修正会にとりいれられて、参籠型修正会となったものとかんがえられるのである。ここに、仏教儀礼にあたえた民俗行事の影響を見ることができるであろうとおもう。

四　鏡餅型修正会と造花型修正会

寺院の修正会に餅と花が必須である事実については、寺院方は本尊に供養する仏餉と供花ぐらいに片づけておるとおもうが、これも修正会の民俗的起源を示唆するものとしてかるがるしく見すごすことはできないのである。

『三宝絵詞』（下巻）の修二会に、「ツクリ花ヲイソギ、名香ヲタキ、仏ノ御前ヲカザリ」とあるのは、平安中期の修二会に造花がもちいられたことをしめし、『今昔物語集』（巻十九）の「以二仏物餅一造レ酒見レ蚰語」の「行ヒノ餅」や、『醍醐雑事記』の「中門修正頭雑事」に「餅三百三十枚」とあり、『高野春秋』寛治五年正月朔日の条に「一升二枚餅二百」とあることなど、いずれも平安末期に餅のもちいられた明証である。

また鎌倉時代から南北朝時代にわたる高野山の修正会には、『又続宝簡集』（巻十八）の「延慶三年修正会支配注進状」に、

合貳千枚者　未進、官省符九十九枚　未進、名手　廿六枚
検校御房廿枚　前官五枚
有職分八十八人各二枚大　合二百四十二枚
入寺三昧七十八人各二枚　合百五十六枚
衆分二百卅六人各一枚　合二百卅六枚
預、承仕、夏衆　三百四十一人各一枚
聖百人各大

導師二人各十五枚合卅枚　呪願五枚　唄五枚　散花五枚　礼懺頭五枚不下行
卅二相五枚　讃頭五枚不下行　引頭二人各五枚　沙汰人四人各二枚
大塔承仕十二人各二枚　金堂承仕六人各一枚　同堂預三人各一枚
同雑役四人各一枚　後誓具吹一人一枚　荷用六人各一枚
火明九人各一枚　僧都取四人各一枚　出納二人各一枚
宛餅二枚
雑僧二千二百卅六人五百五十九枚

とあるのをはじめ、延慶四年（一三一一）、応長二年（一三一二）、正和二（一三一三）、三、四、五、六年の『御修正壇供支配注進状』、同上巻二十一の徳治三年（一三〇八）『御壇供米下行覚』、同上巻二十三の徳治三年、正和五年（一三一六）、元応二年（一三二〇）、元亨三年（一三二三）、四年、正中二年（一三二五）、元徳二年（一三三〇）、元弘二年（一三三二）、暦応二年（一三三九）、貞和四年（一三四八）、五年にわたる『金剛心院修正壇供下行日記』、同上巻十八の永正五年（一五〇八）『西塔修正餅支配帳』などに莫大な修正餅、すなわち壇供がかざられたことが知られる。

しかしこの二つの型の修正会でも代表的なものは東大寺修二会である。村落の修正会（オコナヒ）においても「花つくり」は頭人の主要なる任務の一つであるが、東大寺修二会では練行衆が惣別火の間に紙衣《かみこ》や差懸《さしかけ》（内陣用の沓）とともに清浄な糊で椿と南天の造花をつくる。椿は接骨木《にわとこ》の台芯に蕊《しべ》と赤白の花弁の紙をはりつけた造花をたくさん実物の椿の大きな枝につけたもので、時節柄、生花がないための代用品ではけっしてない。私はこれこそ「ケヅリカケ」の変化であるとおもう。たいていの民俗的なオコナヒの造花はハゼの木のケヅリカケ（ケヅリバナ）

をもちいるが、栃木県足利市郊外の農村にもケヅリカケは接骨木にかぎるところがあり、アイヌのイナウも柳か接骨木であるという。ハゼと楊（柳）は牛玉杖にももちいられる呪術的な木で、造花と牛玉杖のあいだには密接な関係がある。南天は造花といいながらじつは細い割竹に南天の実を挿したもので、これを繖形状に挿し立てる。これらの造花は縁起のいいものとして、参詣者はあらそっていただいてかえるのである。

東大寺修二会の「壇供」はお鏡餅の原形で、円く扁平の円板形である。一面（一枚）三合取りで上七日（一日より七日まで）に千枚、下七日（八日より十四日まで）に千枚を内陣大壇の四方に三角形の山形に積みあげる。これに要する餅米は合計六石であるが、これをつくのは童子役の任務となっている。

修正会・修二会に造花と餅をかざる意味をあきらかにすることは、この仏教儀礼の宗教的意義をあきらかにすることであるが、それはのちにのべるとして、「花より団子」の起源の仮説をのべておきたい。団子の語源については『大言海』（冨山房）は歓喜団、一名団喜、すなわち歓喜天（聖天）の供物として米粉と胡麻を練り、餡を包んで油で揚げた「お団」から出ておるというが、一般に修正会の丸餅は「お壇供」とも「お壇」ともいわれるので、歓喜団も歓喜天壇供であるとおもう。すなわち団子は壇供から出たのであって団喜からではない。私がかく断定するのは、修正会やオコナイにいただく（たばる）ものが花と壇供と牛玉だからなのである。修正会がわれわれの社会生活に密接であった時代には、「花より団供」はもっとおかしみをもった俚諺であったろう。庶民が花見に行って花見団子をたべるなどは江戸時代以後のことで、花見団子そのものが、「花より団供」からヒントを得たものと断じたいのである。

法隆寺金堂修正会には、壇供はあるが造花はない。しかし第六日の後夜作法に「花申上」があり、花瓶に梅の楉《ずわえ》（若枝）を五本挿して上げ、豊作祈願の願文をよむ、修正会のハナが農耕儀礼に関係あることをしめすものである。

また法隆寺西円堂の薬師と上宮王院の観音に、門前の村から「荘厳餅」を献じたことが『大和国高取領風俗問状答』に見える。

五日（正月）、大和法隆寺門前西方の講中、荘厳《しやうごん》餅を搗候て、七日に西円堂の薬師に献ず。同門前東方の講中は、十二日に餅を搗、十四日、上宮王院の観音に献ず。東西とも講中の人数極り有之。当屋のものは、正月八日より一年精進し、搗時は千本杵を以て村中集り、あばれ搗にいたし候。搗候節近在の親類まで参り搗候。右の餅をつきたるものは流行病を受ずと、昔より申伝候。

つぎに造花型修正会の代表的なものは薬師寺修二会である。これは鬼踊型と混合しておるが、十種十二瓶の造花の目ざましさで一般に「花会式」とよばれる。寺では修二会と花会式は別の法会であると説明し、堀河天皇皇后、御悩平癒の御祈願のため造花十二瓶を献花した因縁をつたえている。しかしこの法会の次第はまったく薬師悔過法による六時行法の修二会であり、修二会であるかぎり造花荘厳は必然的でなければならぬ。しかもこの修二会の一切の荘厳は、寺領をやしなう地水の恩沢をうける四か郷（五条、六条、七条、九条）からえらばれた荘厳頭の負担であり、この荘厳頭は修二会第五日の初夜の大導師作法のなかにおこなわれる「荘厳差定の儀」において、明年頭を厳粛に決定する。そして差定をうけた荘厳頭は一か年別火精進したというから、一般の修正会・修二会の荘厳頭とまったくおなじである。ただこの修二会の特色は造花型が異常に発達した点にあり、梅、桃、桜、藤、椿、百合、杜若、山吹、牡丹、菊の十種十二瓶の造花は瞠目にあたいするほどのものなので、とくに堀河天皇皇后の伝説が発生したものとおもう。すなわち、修二会と花会式は二つの法会でなくて、修二会即花会式でなければならない。しかものちにのべるごとく、修正会が鏡餅型に発展する傾向があるにたいして、修二会は造花型に発達する傾向があるのである。ただしこの法会がなんとなく修二会らしからぬ印象をあたえる理由は、一つには現在三月三十日から四月五日までの一七日におこなわれることにもよるであろう。しかしこのような日のずれが寺側の説明のごとく、旧暦三月朔日の花会式にひかれて修二会が旧三月におこなわれるようになり、さらに新暦になって四月にうつったとするなら、旧三月朔日という百花爛漫たる弥生の春にわざわざ造花をかざらねばならなかった理由は、ついに説明できなくなるのではあるまいか。修正会・修二会の意義、そしてそれの餅と花との関係がわすれられて久しく、わが民族にとって心の故郷ともいうべき仏教儀礼がくずれんとするのは、まことに惜しむべきことといわねばならぬ。

なお、「四天王寺修正会法則」、後夜導師作法の「開白事由」には、

迎二毎年今夜一、開二不老月殿一、備二花餅ヲ長生宝前一、而挑二燈明一、令レ致二如法修正勤行一、其志趣如何トナレバ　夫レ福智円満之精勤、自二三宝ノ境界一リ始、災難消除之妙術ハ、不レ可レ過二当月修善一、依レ之釈提桓因ハ、自レ天降テ、満二千秋壽福一、堅牢地神ハ、自レ地出テ増二万春芳栄一、

とあるが、この「花餅《けびょう》」は壇供としての鏡餅と造花をかねしめた小さな丸餅であるとおもわれる。すなわち造花のケヅリカケのかわりに小餅がもちいられると、「餅花」（蚕玉）になるが、これを木の枝にささずに三方にのせて供えれば「花餅」である。だから花餅は鏡餅（壇供）と造花（餅花）をかねたものといえる。このことは多くの荘厳の記録から推定したのであるが、いまは詳しくのべるいとまがない。そして多くの寺院修正会に造花をもちいず花餅だけであるのは、花餅に鏡餅と造花をかねさせたものとおもうのである。

ところがご丁寧に、花餅とともに壇供をもちいるオコナヒもある。さきにあげた大和富雄村三碓の「真福寺堂社年中行事」（延宝九年〈一六八一〉）には、

同　八日、薬師御行アリ、真福寺僧侶相勤、しやうじん之頭二人ニテ備物ハ、

一、仏供一杯（但一升御供 小豆一合）　一、担供五十枚（以下略）

右差定ハ御行ミチテ来頭ヲサシ申ス、

御行役者へ其役ニ随配当アリ、真福寺御行僧へ立餅五枚、花餅五十枚、牛頭天王神主立餅四枚、花餅二十枚、

小神主衆四人へ立餅一枚ヅツ、石神主立餅一枚、承仕花餅三十枚、肝煎花餅二十枚

配当〆テ真福寺別当支配ス、

とあって、壇供と立餅と花餅があげられている。しかし立餅とあるのは「掛餅」のことかとおもうが、たしかでない。また大和北倭村高山の「和州添下郡高山村八幡宮幷ニ郷中年中座会略記」（享和二年〈一八〇二〉）には、

一、正月七日、荘厳頭（中略）だんぐ二枚、但し米五升を二つに取、都合一重となす、花餅供がい一本、但し紙は赤白黄、（中略）

正月八日快楽寺本堂行ひ昼時之頃、（中略）

一、勤行終て牛玉座頭家割に配之、

下行物配分方記之如左、

一、牛玉六本とくがい六本、薬師堂と寺中五ヶ寺とえ行、又牛玉二本とくがい二本両庄屋え行、合て八本づゝ都合十六本也、

一、だんぐ二枚とくがい一本と牛玉八本、銭十二文づゝみ、けびやう十二枚庄屋え行、使者年中行事座年行事なり、（下略）

とあり、壇供と花餅（けびやう）と「供がい」（供蓋か）が小仏供、牛玉とともにそなえられた。「供がい」は現在、山村のオコナヒにもちいられる里芋五、六個を竹串にさして、これを藁苞の台に繖状に挿した芋の供物かとお

もわれる。これが大和の国中地方では五色の御幣を三方の盛米に挿す形にかわっているが、繖状に挿すために供蓋というのであろう。しかもこの里芋も、もとは丸餅ではなかったかと想像する。すなわち信州地方などで「稲の花」と称する餅花であり、餅と花をかねた供物なのである。私は東大寺修二会の南天の造花が花でなくて実である理由は、この供蓋の変形であるためだろうとかんがえている。

この餅と花がいかなる意味をもつかをしめす民俗的修正会の代表的なものは、大和野迫川村弓手原のオコナヒ（旧徳蔵寺修正会）である。ここでは正月三日のオコナヒに各戸一枚ずつの掛餅を本尊の厨子の楣に下げる。餅は一升一枚取りの円板形の丸餅を樫やハゼの枝にはさんだもので、これに白紙と切幣、蜜柑と串柿およびフクラシの枝葉に挿してある。そして翌四日の大般若には二枚一重の鏡餅を三方にのせて供える。花は三種あって、一はフクラシの大枝に五、六十個の菊花形のケヅリカケ（ハゼの木でつくる）をつけたものを大壇の上にかざる。二は広い板間の中央に立てた二本一組のフクラシの大枝一対の枝につけたハゼのケヅリカケで「へイボウ」とよぶが、おそらく「粟穂稗穂」の訛りであろう。そしてこの広い板間はオコナヒが終わると鬼踊の庭となるので、このフクラシの大枝はおそらく「山かざり」の一種とかんがえられる。第三の花は「盛物」とよばれるもので、二尺と三尺ほどの短形の板に絵を描き、その彩色に大豆、小豆、粟、稗、米、麦等の穀物をはりつけ、板の周囲に五色の切紙をつけて榊の枝に下げる。その榊の枝にも三個の色紙の造花（東大寺修二会の椿のごとく、ハゼの芯に紅白の色紙をはる）がつけてある。なお、もう一つさきに「供蓋」としてのべた「芋の御供」にあたる「カブマツリ」という供物を、花にかぞえるとじつに四種の花がもちいられるのである。カブマツリは里芋に餅の粉をまぶした団子状のものを五、六個ずつ串にさし、これを藁苞に十本立てたもの一対である。村人は、里芋は株になるものであり、またオコナヒは「株の祭り」だから里芋をカブマツリに上げるのだといい、あとで各戸に公平に一串ずつわける。

このような多種多様の花をもちいるオコナヒは大和と紀伊の山間部に多いし、三河の山間部の正月行事にも「花祭」とよばれるほどに花をもちいる田楽型と鬼踊型のオコナヒがあるが、伊豆七島の神津島の「花正月」にも花が供えられる。この花正月という名は旧正月十四日に、塞之神（一名、疱瘡神という）の祠に島の子供たちが赤い椿の一枝と、竹や柳の小枝に団子をさしたものと、ハナとよぶケヅリカケをもってお参りすることから出ている。このような離れ小島にまで正月行事に花が必要なのは、わが民族の正月の宗教行事が花とふかくむすぶ何物かがあることを物語るものといえよう。

さて、弓手原のオコナヒの「修正会法則」（天保三年〈一八三二〉写）後夜導師作法に、三十二相の教化として、

三十二相ノ春ノ花ハ、歓喜ノ花ニ開ケバ、諸大施主等ノ悦ビ余リテ、歓喜シ給フベキモノコソ有ケレ、八十随好ノ秋ノ月ハ、椿葉ヲ照シケレバ、諸大徳等ノ千秋万歳ヲ保チ給フベキモノコソ有ケレ、

とあるのに関係があるのであろうが、その表白文にも、

夫以《オモンミレバ》、法身開《ハ》二福田一、納二秘密蔵一、釈迦宝処施《ハ》二如意珠一、仰《ゲバ》二其霊験一、則富貴雲如《ノ》集《クニ》、修《リ》二彼《スレバ》勤行一、亦財宝雨《ノ》如《クニ》降《ル》、是以当二伽藍一、点二孟春《ノ》良辰一、勤二恒例修正一、観《ズレバ》夫《レ》八葉白蓮花表二栄花一、開敷《ノ》色十字円鏡顕《ハシ》二諸願円満心一、辞孚《マコトヲ》鄭重福豈唐損乎《ナランヤ》、然《レバ》則護持施主等《ノ》壽算顕《ハシ》二松子梅生《ノヲ》昔一、福祐廻《ラス》二須達陶朱之右《ニ》一、庄内安穏、五穀成就繁昌、諸人快楽、乃至法界平等利益、敬白、

と仏教的表現をとってその願意をあらわしている。そして神名帳となれば「安芸国」の段で、参詣者はケヅリカケの花を争ってもぎとってしまう。俗に「安芸ノ国ノ花タバリ」というが、「安芸」が恵方の「アキ」に通ずるところから、この段で花をもぎとるのであろうとおもう。すなわち恵方から花をいただく意味で、この花はもちかえって神棚にあげる。またヘイボウ（粟穂稗穂か）のケヅリカケはオコナヒがすんで鬼踊のとき争ってとるが、これを

得れば稲作がよいといって台所の大黒さんにあげる。

つぎに紀伊花園村梁瀬のオコナヒは旧正月八日におこなわれる田楽型修正会であるが、本尊の厨子の楣に鏡餅を下げるのは弓手原とおなじである。これを「カケノモチ」という。花は厨子両端の二本の丸柱に松と梅と竹を立ててこれに造花をつけたものと、「ヤナギ」という色紙と綿を串につけて繖状に挿したものを、内陣の御田舞《おんだまい》の舞所の四方に立てた孟宗竹の先に、「穂」といわれる大きなケヅリカケ二本ずつをつけたものとがかざられる。また仏壇上には二基の盛物が置かれるが、これは三尺と四尺の板にその年々の趣向の絵を描いて五穀で彩色するもので、じつに見事な芸術的作品である。昭和二十四年（一九四九）には稲穂をあらわした絵に、小豆、粟（黄）、黍（褐色）、籾（淡黄）、青豆（緑・赤）をはりつけて彩色した一面と、松竹梅に太鼓をあしらった模様に、小豆、黒豆、青豆、大豆、粟、黍、ササゲ、白米をはりつけて彩色した図柄であった。年々の趣向とはいいながら稲穂をあらわしたのは花の変形としての盛物の根本的な意義を表現しており、太鼓は田楽を象徴するもので興味ふかく感じた。ヤナギは甲州で正月十四日のトンドに立てる塞の神の御神木で、竹串に御幣や小袋、旗や扇子などを色紙で切ってつけ、繖形状にしだれさせたものであるから、やはり花の変形なのである。なお、ここのケヅリカケと造花は、御田舞がすむと同時に観衆がとびついてとってしまう。

同村新子では正月二日にオコナヒがあった。村中から戸毎に「御明餅《みあかしもち》」四枚と造花一本ずつを出したが、この造花は修正会のあいだに導師が「宮のオコナヒ花タバリ」と言えば、村人は総立ちとなって争いとったという。

同村久木の四日のオコナヒには若衆五人が胡桃の木を細工したケヅリカケの造花を本尊にあげたが、これをアワケヅリというのは粟穂稗穂のケヅリカケの意であろう。

紀伊高野町相之浦も四日のオコナヒで観音堂にケヅリカケの造花をあげ、またアワギ（粟木）というものをつくったというのも粟穂稗穂の類であろう。

おなじ花園村の北寺には、正月三日のオコナヒと十八日のオコナヒとがある。十八日のオコナヒには御田舞があるが、十一日の御田はじめに若衆入りの式があり、十五日に若衆頭（堂守とも神主ともいう）の家で盛大な餅つきをする。村人が全部この家にあつまり、若衆の千本杵でつく。この杵は六、七尺の樫の棒の皮をむいたもので、つぎのような餅搗歌がある。「天の川からハイ、臼が出た臼ガデタ、しねはハイ、諸国のもちよりだイヨーノヒョータンヤ」。この餅は鏡餅として本尊厨子の楣に下げ、御田舞が終わってから参拝者に競売の形で頒ける。カケモチまたはカケノモチが、掛と賭と両方の意味をもたせたものかもしれない。そのほかに壇供として一斗一枚の粟餅と粟の小餅十枚（トウノモチという。「燈の餅」の意か）をつくり、割って村中へ配る。この小餅が花餅であろう。「北寺徳龍寺修正会法則」（巻子本、宝永五年〈一七〇八〉写）後夜導師作法の表白文に、

夫供仏荘厳之誠《ハ》迷盧《ヨリモ》猶高、巨海《ヨリモ》又深《シ》、爰以《ヲテ》頭番施主等燈明花餅之《ノ》志《ハ》冥海《ヨリモ》猶深《シ》、爰以《ヲテ》信心施主等《ノ》重《ネテ》二満月之花餅《ヲ》一、供《ヘ》二常住安置諸尊《ノ》一、備《ニヘテ》二衆泉之燈明《ヲ》一、奉《ヲ》二法界道場聖釈《ノ》一、其旨趣如何《ニ》、夫昔献《トナレバレシズル》二一花於仏前《ヲ》一幼童《ノ》、預《アヤカリ》二天上之果報《ニ》一、挑《サヽグル》二一花於堂殿《ヲ》一女人成《ハ》二長者身《ニ》一、実是勤之中《ニレメ》丁重勤《ニノメハ》無《ノ》レ過《ニ》二修正勤行善根《ノ》一、祈之中真言祈《ニノハ》、無《カ》レ越《ヲクヒ》二修正祈禱《ニ》一、依《ノヲクズ》レ之不詳之塵遠払《ニ》二千里之外《ニ》一、福祐実近満《ニ》二舎屋之内《ニ》一、除災与楽之計、転過為福之妙術、何事過《ギン》レ斯《ニ》哉、（下略）

とあって、花餅は花に重点が置かれていることが知られる。また小祈願の教化にも、「満月の花餅《クワビヤウ》を重ねて、伽藍の仏前をばかざり奉りける。然らば此花に照されて、頭番施主等千秋万歳之色、弥〳〵あざやかなるべければこそありける」とあり、牛玉祈にも、

（前略）此燈明華餅御志、依二甚深一無明晴明悦給、惣《フラン》入《テハ》来聴聞之道俗男女貴賤上下、各々所レ求心中所望一々

奉レ令二円満一、伽藍安全興隆仏法乃至法界平等利益、

としてその功徳をのべておるが、ここに「燈明華餅」というのはさきの新子集落の御明餅（ミアカシモチ）のごとく、餅の上に燈明をあげたものらしい。この御餅にあたるもので現存するのは、大和阪合部村大津念仏寺（俗称、だだ堂）の修正会である。これは『阪合部村鑑』（安永二年〈一七七三〉）にも出ておるもので、元別当家阪部氏の熱心な支持により現在なお、おこなわれている。『村鑑』には、

右念仏寺と申者、阪合部十二ヶ村之氏神にて御座候、

修正会と申者、毎年正月十二日之夜分より初めて仏前荘厳之儀は餅百重をそなへ、其上に一々御明しを上げ、当村妙音寺、毎年寺役にて、於仏前阿弥陀之秘法修行有之、十三日之夜も又十二日之夜に同、明る十四日には（中略）、扱又其夜夜半前より初、又々餅百燈を上げ、於仏前妙音寺阿弥陀之秘法、護摩供修行幷牛玉加持有之、

とあるごとく、丸餅二個を一重ねとして、その上に土器《かわらけ》をのせて燈心をともしたもの百燈を仏前に供えるが、花をかざらないのは御明餅が壇供と造花をかねる花餅であるためではあるまいか。

京都西郊の牛ヶ瀬小山寺（いまは称讃寺と改称）のオコナヒはオトウともいわれるこの村の正月行事で、当屋で「御花搗」という餅つきがある。オトウの第一日は「餅米かし」で、第二日に男手ばかりで四斗の餅をついて御花搗という。第三日には米四、五斗で「みずとり餅」をついて村中にくばり、村中が炊事の煙をあげなかったという。このオトウは餅つきが行事の中心の観がある。

近江三雲村妙感寺の正月十三日のオコナヒでは十一日に餅つきがある。米一升のお餉をのけてあと一斗二升の餅を、十九歳より四十四、五歳までの若衆、中老組が、当屋にあつまり千本杵で一臼につく。その一部を「笹餅」と

いって十二個（閏年十三個）の小餅を竹につけるのは、繖状餅花形の花餅である。のこりで大きな鏡餅を一枚取り、これを大きな松枝にしばりつけて「勧請松」といい、十三日早朝に明喜神社へはこぶ。第二臼では中餅、魚餅、花開き餅などをつくが、このオコナヒは餅を中心として花をかねしめたところに興味がある。

摂津高槻市成合の悉檀寺一月七日のオコナヒには、当屋が一年間精進して「行い田」を耕し、その収穫で餅をついて本尊に上げるが、もとは一石の餅を六日早朝からついたという。「行い田」は古文書に出る「修正田」とおなじであろう。

山城大山崎村の宝積寺（俗称、宝寺）には四月十八日に追儺会があるが、これはもと正月十八日におこなわれた鬼踊型修正会であった。ここの鬼踊は陰陽道系のものであるから陰陽寮の方相師が祭文朗読や桃の弓と蓬の矢で鬼を追うことがあるが、その他は一般の修正会とおなじである。しかも鏡餅型修正会としては代表的なもので、内外陣の鴨居に青竹を二つ割りにした間に鏡餅をはさみ、藤蔓でくくった掛餅七十五個をかける。寺伝によれば開山行基が直径三尺の鏡餅を七十五個竹にさして輪形にし、これを鴨居にかけたところ、身長八尺、三面の悪鬼が餅に己の姿のうつるのを見て退散したことからはじめたという。もちろん陰陽道風の追儺の伝説と鏡餅の鏡ということからできた寺伝にすぎないが、江戸時代には餅料三石七斗五升を要したとあるから、一個五升餅の大鏡餅だったのである。

京都市右京区徳大寺の西向寺薬師堂修正会（正月八日）はオコナヒともオトウとも言った。本尊の前に、繖形に先を割った竹に「御花餅」という丸餅と菱餅および蜜柑、串柿をさして下垂れさせたもの一対を置いた。餅花（蚕玉）と供蓋（かぶまつり、柳、芋の御供）をかねたものである。しかしいまは二月八日に、本堂の薬師仏の前に一升取りの八重の餅を御花餅のかわりにそなえる。またここでは正月十二日に第二回のオコナヒがあり、本尊の前に一尺二、三寸の柳の枝一対を立て「天下和順　日月照明　風雨順時　災癘不起　国富塞氏」と書いた紙片を下げ、丸餅、菱餅の御花餅を三方にのせてそなえたのである。花と餅が複雑に混合し重複し、どこまでが花でどこからが餅か判然としないところに民俗行事の夾雑性と重層性があり、常民文化の非合理性があるとおもう。

また摂津・播磨地方には鬼踊型修正会が多く分布するが、かならず餅割と称して大鏡餅を主役の鬼が斧で割るのを行事の中心としている。この鏡餅は掛餅のばあいと重ね餅のばあいとがあるが、いずれもその一片を参詣人がいただいてかえる（餅まきを以て代えるところもある）。あきらかにミタマノフユの形である。また全部ではないが餅花や造花をかざるところも多い。たとえば明石長林寺の修正会（正月十五日、寺では「追儺式」という）では、ヨウネン講が十四日の夜から潔斎して「鬼餅」をつくが、これは直径三尺の大掛餅で、鬼役（十五家の鬼子の家がつとめる）の踊りがすめば、鬼頭たる黒鬼が斧で切って群集にまく（いまは餅を切る型のみ）。本堂の内陣、本尊の前には一対の造花を立てるが、これは丈余の花木（樒）に紅白の色紙でつくった造花を結びつけたものである。この花は鬼の松明の燃えさしとともにいただいて、家の門口にささげておけば悪事厄難をのがれるという。数万の観衆をあつめる神戸長田神社の節分の追儺も、もとは境内にあった薬師堂の鬼踊型修正会（旧正月十六日）であった。その鏡餅二個は「日月の餅」とも「泰平」ともいって樫の木の枝にはさんで藤蔓でしばり、柳の葉でかざった見事なもので、拝殿正面の楣にかける。「泰平」は「大餅」であろう。また拝殿正面左右の柱には、柳の大枝に無数の小餅と橘の実をつるした「餅花」を立てる。これとともに「六十余州」と称する六十四個の小餅を榊の葉にはさんだものを拝殿の楣にかけ、また「影の餅」（「鬼の餅」ともいう）と称する鏡餅十二個を六個一重ねとして藤蔓でしばり、俎机の上に据える。最後に餅割鬼が斧で切る餅は、この「影の餅」である。神戸垂水の転法輪寺修正会（二月七日、寺では「追儺式」という）では、厄年の者が希望して三人の鬼役をつとめるもので、俗に天照皇太神、春日さん、八幡さんと鬼をよぶのは他と変わっている。そして本尊正面の三方にのせた鏡餅を、三鬼が順々に切るのである。また別に仏壇に「鬼餅」と蜜柑と「飾り花」をそなえてあり、これを僧侶が見物者に投げ与えるが、この飾り花は花木（榣）に赤青の色紙を切った造花をつけたものである。

また近江地方ではオコナヒ、シュシ、ショウゴン、ケッチンなどの名称で村落の修正会がおこなわれるが、ここに実例をあげることはさしひかえたい。ただ橋本鉄男氏の「荘厳と大荘厳」（『民俗学研究』第三輯、昭和二十七年）によると、「諸国のショウゴンやオコナヒの儀式では所謂牛玉法印がその中心ともみられるが、近江においてはむしろその神供の餅花と鏡餅に中心があるのではないかとかんがえられる」とのべ、オコナヒの供物に鏡餅系と餅花系の二系統のあることを示唆しておるけれども、鏡餅と餅花を中心にするのは近江にはかぎらないことは前述のごとくである。ただこの二系統は、修正会の鏡餅型と造花型にあてて見るとき興味ふかいとおもう。というのは餅花は餅と花をかねたものとはいえ、やはり花に重点が置かれているからである。

そこで問題は修正会に何故に鏡餅と造花がもちいられるかということで、これをあきらかにすることが、修正会の宗教史的意義と民俗性を闡明する所以であるとおもう。

仏教儀礼としての寺院修正会が常民社会の民俗行事としてのオコナヒから出ていることは、すでにのべた種々の事例からうたがいのないところであるが、オコナヒの原初的形態が常民の正月行事であることも説明を要しないとおもう。したがって正月行事が参籠型の項でのべたごとく、年籠りによって身心を清浄にしたわれわれの身体に年玉、すなわち歳神（作神、地神、穀霊であるとともに祖霊であるとかんがえられる）のミタマ（分霊）をいただく民俗的宗教儀礼であるとすれば、具体的にミタマの物的象徴をいただく（食べることによって身体におさめる）儀礼がなければならない。

穀霊を身体におさめるためには原始宗教の観念からすれば穀物を食べるだけでじゅうぶんだったろうが（「トビ」といわれる白米を白紙につつんだものはこれであろう）、白く丸い形が古代日本人の霊魂の表象に一致した丸餅がもちいられてからも、ずいぶん久しいもののようである。だから鏡餅をオミタマサマ、オイハヒサマとして年棚や年桶にまつる意味もあるわけで、これを抽象的な霊魂の憑代とかんがえたり、床の間を装飾視したりするのは中世や近代の変化である。そしていろいろの宗教行事についていえるように、ミタマをいただく儀礼は同一の祖先につながる一集団の社会的儀礼として出発し、これが時代の推移と社会の発展分化に応じて二つの相反する方向に変化したものと私はかんがえるのである。すなわち、一は統一的方向へ進んで国家的儀礼となり、他は分化的方向にむかって家族的祭儀（家庭的）となったとおもう。しかしそれにもかかわらず、わが国では始源的な集団儀礼がオコナヒとしてなお残存しておるところに、重要な特質があるとかんがえてよかろう。それゆえにオコナヒの司祭者が僧侶にかわって、仏教儀礼としての法会法則がととのっても、なお同一の氏神（鎮守神）を奉ずる擬制的血縁集団が行事の主体となり、頭人、頭番、荘厳頭、精進頭などの旧司祭者は、代受苦者としての参籠潔斎と仏前荘厳の経済的負担を甘受してきたのである。

このように集団儀礼としての正月行事のミタマ摂取が鬼の餅割による鏡餅の分割頂戴となり、鬼餅、花餅、壇供の集団人への分配となる。オコナヒの対象が歳神（穀霊にして祖霊なるもの）から仏教的仏菩薩におきかえられても、そのミタマの分霊をいただき、われわれの魂（生命の根源）を更新するという観念を保存しているのが修正会である。

つぎに、花は民俗的正月行事が農耕儀礼であったことから出発している。古代の農耕民族にとって一年は播種から収穫までの一回帰を基準とし、季節的時間は農時暦によって測られた。『爾雅』釈天篇、歳名の疏には、「年者果熟之名、毎歳一熟、故以為二歳名一」とあり、わが国のトシも稲を指した。「祈年祭祝詞」の「奥津御年を八束穂の厳し穂に……」といい、『万葉集』（巻十八）に「我が欲《ほ》りし雨は降りきぬ　かくしこそ言《こと》あげせずとも　としは栄えむ」とあり、『栄花物語』（日陰蔓）の「としつくり楽しかるべき、御代なれば、稲房山のゆたかなりけり」など、稲を指すトシである。それゆえ正月行事は収穫祭儀であるとともに、新耕作年度の予祝祭儀をかねるものであった。もちろんこれには霜月の新嘗祭と二月の祈年祭との関係が問題としてのこるが、正月行事にこの二つの祭儀が混合していることはうたがいない。花はじつにこの予祝祭儀の模倣呪術（imitative magic）、または類感呪術（homoeopathic magic）の呪具であり、あわせて疫癘災害をはらう霊鬼呪術（sorcery）をかねたものとおもわれる。

餅花は東北・関東・信越地方にとくに濃密であるとはいえ、ほぼ全国的に分布した正月のかざりものである。近畿・中国の平坦部に比較的すくないのは都会風な装飾品化した吉兆、縁起物がこれにかわったためとおもうが、山間部にはまだまだ多く、とくにオコナヒにはこれを見ないところはないほどである。餅花の名称は所によってマユダマ、モチボ、イナボ、イネノハナ、ハナモチノキ、ダンゴノキ、モノツクリ、サクダテなどいろいろあるが、ハナに重点が置かれていることはうたがいないであろう。とくに越後や信州にはハナカザリ、ハナツクリとよぶところがあるのは、これが一般にハナとよばれる「ケヅリカケ」に関係あることを暗示する。ちょうどこれの逆証明になるのはケヅリカケがアイヌにおいてイナウとよばれることで、ケヅリバナ、ハナギ、キバナなどの名は、これが稲の花の象徴であることをしめすものである。またケヅリカケをカキダレ、ホダル、アハボ、ヒエボなどとよぶのは花がゆたかに実った状態をあらわすものであろうが、「ハナ」と「ホ」の語の類同性はともかく、「実りの兆《きざし》」としてのハナに重点があることは詳しくのべるまでもない。しかもこれをなおもう一つのケヅリカケの系統であるダイノコンゴウ、十六バナ、三九郎人形、カユカキボウ、ヨメイワイボウ、ウソなどの生殖器の象徴と比較しても、「生産力」の表現として共通のものをもっている。私はこの二つの系統を「豊穣の花系」と「豊穣の杖系」と名づける。

さて、ケヅリカケのハナは一方ではミタマの餅と結合して餅花となり、他方では色紙の造花となった。しかし造花となってもケヅリカケの祖型を芯の接骨木《にわとこ》、ハゼ、ミズキなどにのこしていることは興味ふかい。すなわちこの花は今年の稲もかくのごとくたわわに咲き、あだに散ることなく、秋のゆたかなる実りをあたえたまえと祈るのである。これを生花としないのは正月、二月が季節的に花がすくないという理由ばかりでなく、散ることをおそれたからであろう。だから熱田神宮の「花の撓《とう》の神事」では四月八日（現在、五月八日）であるにかかわらず、わざわざ造花（剪彩花《つくりばな》）をかざったのである。また越前金ヶ崎宮の花換え祭も桜花の候に造花をもちいるなども、ケヅリカケのウソ換え祭の変形とはいえ、花の散るのは稲の不作を連想させるからであろう。

またこの花の散ることを古代人が疫癘の流行に関連せしめた理由は、おそらく稲の不作を怨霊、御霊と称せられた霊鬼のしわざとかんがえ、この霊鬼はまた行疫神として季春、孟夏の流行病をもたらすものと信じたところから、花の散ることと疫癘の流行とのあいだに因果関係をみとめたものとおもうが、一種の霊鬼呪術である鎮魂呪術（堀一郎氏は近ごろこれを鎮送呪術の名称でよんでいる）が、「鎮花祭」として都鄙におこなわれるにいたったものとおもわれる。『令義解』（神祇令第六）に、

季春　鎮花祭、謂、大神狭井《おゝみわさい》二祭也、在二春花飛散之時一、疫神分散而行レ癘、為二其鎮遏一、必有二此祭一、故曰二鎮花一

とあり、有名な京都今宮神社の「安良居花」も鎮花と鎮魂をかねた呪術舞踊であった。現在この祭りは四月十日におこなわれ、錦蓋《きんがい》（風流傘）の上には椿、つつじ、桜、藤、山吹などの花が晩春の陽射しに萎え垂れているが、ほ

んとうに「安楽《やすら》へ　花や」と踊るにふさわしい花は萎えることを知らぬ造り花であったはずで、さきにのべた熱田神宮の「花の撓の神事」、一名豊年祭の剪彩花などは鎮花祭の古い形ではなかったかとおもう。そして正月行事にも鎮花の意味があったらしいことは、近畿地方の射礼をともなう正月神事やオコナヒを「結鎮」、オケチ、ケイチン、ケチ、花鎮講などとよび餅花を荘厳することにうかがわれ、肥後和男博士は『宮座の研究』（弘文堂、昭和十六年）で、結鎮は花鎮ではないかとの仮説を出している。この仮説の当否はともかくとして、オコナヒの「修正会法則」には、初夜導師の廻向文に「所修功徳、廻向梵釈四王、廻向三界天衆、廻向国内神等、廻向行疫神等、廻向登霊聖霊」の文があり、後夜導師、再誓には「天衆地類、倍増豊楽、行疫神等、永離業道」の文や、神分に「殊、[二八]年中行疫流行神、天一太白大歳八将神云云」などの文があり、のちにのべる鬼踊、だだ、乱声、大般若等、いずれも鎮魂・鎮花の意味があるとかんがえられる。

以上のべたごとく、修正会における鏡餅と造花には常民の正月行事の餅と花の信仰および儀礼が混入しており、仏教儀礼の民俗性をもっともよくあらわしたものとかんがえられるのである。

五　香水型修正会・修二会

たいていの修正会・修二会の法則には「加持香水」または「楊枝香水」の偈があるけれども、実際にこれを作法のなかでおこなうものはほとんどなくなった。香水はいうまでもなく仏にそなえる閼伽であり、楊枝はこの香水を加持する加持杖（牛玉杖）である。すでに楊枝の意義のわすれられたところでは楊枝は「福杖」などとよばれ、行道も何のためかわからぬところが多くなった。京都三十三間堂（蓮華王院）では、正月十五日に楊枝加持または楊枝香水加持と称して参詣者に楊枝水を施与する行事がある。後白河法皇、前生の髑髏の因縁をつたえて頭痛の薬といい、頭痛粥を仏前に供える習慣があるが、いまだ修正会のことは聞かない。おそらく楊枝水は楊枝をもって加持せる水の意味で、もとは十四日までの修正会に加持された香水であろう。

大阪「四天王寺修正会法則」初夜導師作法には、初夜偈のあとで楊枝（牛玉枝）をもって心経行道することがあり、仏前に立ってつぎの発願文がある。

至心発願、正月《(二月)》修善、楊枝香水《(加持牛玉)》、得大験故、満堂大衆、消除不祥、消除悪事、未然解脱、当年所作、五穀成就、万果如意、一切善願、皆令満足、及以法界、平等利益。

これは何のことかわすれられておるが、加持香水なのである。しかし楊枝香水が何のことかわからなくなったために「楊杖香水」とした法則もかなり多く、高野山金堂修正会でも、福杖をもって心経行道はあるが加持香水とはいわないのである。備前西大寺修正会は「会陽」を以て有名な裸祭型修正会であり、その法則もかなり古風で初夜導師に御福杖をもって行道することがあり、前後のものが向かいあって御福杖を打ちあわせる。これも加持香水の型であるが、寺側ではもう不明に帰しておるようである。

真言宗第一の大法であり、御斎会とともに宮中の修正会であった東寺後七日御修法でも、香水加持は御衣加持とおなじく重い作法で、玉体安穏の秘法とされていた。すなわち第五日目から第七日目結願にいたるまで、三日に九度の香水加持がある。このとき衆僧は牛玉杖（加持杖）をもって立ったまま真言をとなえ、最後にこれを床に投げる。これがもと乱声の型であったが、かくして加持された香水はもと大阿闍梨が奉持参内して、天皇および諸臣にそそぎ奉ったのである。『塵添壒囊鈔』（巻十二）に、

後七日ト云、自二元日一至二白馬一神事多キニ依テ、七日マデハ出家不二参内一間、八日ヨリ始ル御修法ナレバ、後

七日ト云ト云々、（中略）八日ニ開白シテ、十四ノ結願ニ当テ、大師請来ノ衲衣ヲ著、嚢祖附属ノ五鈷ヲ持シテ、御殿ニ参入シテ、玉体ニ近付テ、二器ノ香水ヲ加持シテ、一人諸臣ニ灌奉ル也。（下略）

とあり、『東要記』（巻二）にも、

宮中真言院、後七日御修法、是東寺長者所レ被二勤修一也、（中略）十四日御結願、大阿闍梨為二香水加持一、被レ参二内裏一、着二大師請来之衲衣一、持二嚢祖付属之五貼一、（中略）御前加持香水作法、香水机上二品也、阿闍梨、若参二御斎会一之時、従二布施堂一諸僧相共参二内裏一、不レ然之時、諸僧参集而候二右兵衛陣一之間、従二真言院一参、便持二五貼一也、先二諸僧共一著二床子一、次阿闍梨立而持二五貼一行二寄香水机下一、長跪而坐、但南殿乍レ立作法、次五貼置二香水之右後一、三部被甲護身、次取二五貼一、先加二持右器一廿一反真言如レ常、次加二持左器一又廿一反但又惣加持、両器。随二気一耳、次取二散杖一入レ水、以二一加持各廿一反、而後散杖置二器上一也、右器次左器又如レ此置二散杖一、次先取二右散杖一三度灑二御前一奉レ灑二聖主一也、次取二左散杖一、先灑二自身一、次灑二他身及宮中一此間五貼持左、次以二五貼一惣而逆順加持各三反、而後於二袖中一持二五貼両手一、上額少傾閉目、想二彼宀一山一在口伝也、了後如レ本着二床子一、此後余事等有レ之、御論義等也、

とあるが、いまはまったくおこなわれない。しかしこのように修正会の香水が灑水の閼伽のごときものであったかどうかは問題で、これは香水型修正会に多く見られるごとく牛玉摺りにもちいられるか、導師以下衆僧および参詣の諸人が土器《かわらけ》でいただいたり、額に塗ったりするのが古い型であったとおもう。この型がのこっているのは大谷長谷寺の修正会、京都清水寺の修正会、東大寺修二会などにすぎなくなったが、清水寺ではお香水をいただいた土器を床にたたきつけて割ると、一年の厄をまぬかれるという。東大寺修二会でものちにのべるようなお水取りの儀式で汲みあげられたお香水は、毎日加持せられて五、六、七日目と十二、十三、十四日目の後夜行法の前におこなわ

れる走りの行法ののち、堂司が練行衆にその数滴をいただかせる。

また堂司の「南座の下﨟立って四角の火をしめして礼堂へ香水を参らせ」という掛声で、中灯之一と権処世界の練行衆が一般参詣者に銅杓でいただかせる。参詣者は掌にうけて口をしめし額に塗るが、この銅杓は建長（一二四九—五六）、文永（一二六四—七五）などの銘あるもので、香水授与の歴史の古さを物語るものである。

また村落の修正会（オコナヒ）でも、香水加持をのこしておるところはほとんどないようである。紀州花園村北寺観音堂の「修正会法則」初夜導師作法では、「初夜ノ舞」（若衆のなかで御田衆と太鼓打ちを終わった「巫子」が鈴と扇子を持って神楽を舞うこと）のあとで初夜偈があり、それから導師は福杖をとって礼盤を下り、心経をよみながら三度本尊をまわってつぎの「発願文」を出す。

　至心発願、楊枝香花（水カ）、得大験故、正月修善、七日七夜、護持大衆、護持満堂、消除不祥、消除悪事、未然消散、福壽増長（中略）、楊枝香花（水カ）、得令検知（験故カ）、護持大衆、増長福壽、

ここに楊枝香花とあるのはいうまでもなく楊枝香水で、この心経行道は香水加持の行道であったのである。

大和野迫川村弓手原の「徳蔵寺修正会法則」でも初夜偈のあとで、「次ニ行道、二匝目之時、取二牛玉杖一、立二正面一、楊枝香水、得令験故、護持当番、増長福壽」とあり、あきらかに香水加持であるが、紀州高野町湯川（旧湯川村）の薬師堂の「修正会法則」では、初夜の大懺悔のあとで、

　福杖ヲアキノ方江ナビケ、ソノトキ薬師ノ真言三反誦《ヨンデ》、其後一本取テ、至心発願ト云、取二牛玉杖一申ス、至心発願、牛玉宝印、得令験故、正月修善、一日一夜、護持頭番、護持満堂、消除不祥（中略）、錫杖（楊枝カ）香水、得令検故（験カ）、護持頭番　増長福壽、

とあり、この錫杖香水が楊枝香水の誤りであることは説明の要があるまい。楊枝香水といい錫杖香水といい、この

心経行道が香水加持であることをわすれたところからおこった誤りとかんがえられる。

さて、このように香水型修正会はきわめてくずれてしまったが、ただ一つ、とくにこの型が発達してその本来の意義を知ることのできるのが東大寺修二会である。

この法会はすでに鏡餅型と造花型でものべたごとく、あらゆる類型を複合したものであるが、一般にお水取りと称せられるのは別して香水型の代表的なものであるからにほかならない。しかしそれにもかかわらず中世に付加された怪奇な縁起によって、その起源と宗教史的意義はほとんど不明に帰しておるのである。日本宗教史や日本仏教史の上からも、また日本民俗史や日本芸能史の上からも、まことに得がたいこの無形文化財は、東大寺側では千二百年の伝統と宗教的要求からこれをおこない、信者側は商売繁昌、五穀豊穣の祈願のためにお籠りし、古文化癖の文化人は古雅な声明や音楽や松明に魅せられ、一般拝観者は行法の不可解さに神秘的なものを感ずるだけであるが、学問的立場からこれを問題にしたことはほとんど聞かない。これは中世にできた縁起説話の類が実証的研究にすくなからず障害となっているからで、宗教や文学の立場とは別に、学問の立場からこれを批判してもちいねばならない。しかもわれわれはもはや仏教史と民俗学の立場から、この千二百年の行法にいどみ、ある程度までその構造と宗教史的意義をあきらかにしうる段階に達したとおもう。それゆえ、ここではお水取りの意義についてすこしくかんがえてみたい。お水取りについて遠敷《おにゅう》明神の縁起をのせたいちばん古い文献は、「上巻詞書三段当今宸翰、奥三段座主宮青蓮院、絵亮順、銘座主宮、下巻詞書四段西室公順僧正、奥五段愚僧染悪筆者也、于時天文十四年巳臘月廿三日、老比丘仍覚」の奥書のある『二月堂縁起』二巻であるが、その上巻に、

実忠和尚二七ヶ日夜の行法の間、来臨影向の諸神一万三千七百余座、其名をしるして神名帳と定しに、若狭国に遠敷明神といふ神います。遠敷川を領して魚を取て遅参す。神是をなげきいたみて其をこたりに道場のほと

りに香水を出して奉るべきよしを懇に和尚にしめし給ひしかば、黒白二の鵜にはかに岩の中より飛出てかたはらの木にゐる。その二のあとよりいみじくたぐいなき甘泉わき出たり。石をたたみて閼伽井とす。彼明神遠敷川の水のすぢを引て観音に奉りにければ、忽に河水かはきにけり、其後は無音河といふ。今に彼遠敷には鵜を仕者とするなり。其よりして初夜の時おはりて神名帳をよめば、六十余州の大小神祇悉く来て法味をうけ給へり。

とあるのは、いわゆる「若狭井」の由来を説明したものにほかならず、遠敷明神も鵜も若狭井の名から引き出されてきた二次的な説話とかんがえざるをえない。また同絵巻の下巻に、

又実忠和尚在生の時より遷化の後五百余歳のあひだ、毎年二月一日より恒例の行法として二七ヶ日夜の勤修おこたることなし。十の後夜の時にいたりて、練行衆かの閼伽井の辺にむれくだりて遠敷明神の跡にむかひて井の水を加持すれば甘露盈満せり。くみとりて仏前にをく。天平勝宝年中よりおほくの年をふれども、いさぎよくしてのむもの衆病をのぞく。八功徳水にもすぐれたり。

とあるのは、この修二会の中心が加持香水にあることをしめすとともに、香水の功徳がすでに修正会・修二会からはなれて一般的な衆病治癒の効能に変化したのである。そして年中諸人にあたえられたらしいことは同絵巻下巻に、

康元元年の修中に、彼根本香水見るに、日来良薬のため諸人にあたへて残すくなに成にけり。第七日にいたるまでわづかに瓶の底に有しかば、八日の日中の時に練行衆評定して、今より後この香水をたやすくいだすべからずといふ。しかあるほどに十日自然に瓶の中にみちしかば、諸人奇異のおもひをなして、たゞ利生のためにあまねくあたふべきよし又評定しき。そののちくみけれ共つくる事なし。

とあり、六波羅の後藤次左衛門尉の同宿の女人が、この香水によって生命がたすかった因縁をのせている。

この縁起によると、お水取りは修二会二七日行法中の十日目におこなわれたことが知られるが、現在では十二日目の後夜である。すなわち十二日目後夜勤行の半ごろに呪師は北座衆の二以下の練行衆をともない、楊の枝でつくった六尺ほどの牛玉杖をもって、二月堂良弁杉の下の若狭井に下ってゆく。このとき神主が大きな幣をもって先頭に立ち、ハスと称する厳師松明や手松明をもって童子がお供するのは、村落の正月行事における神主の役目と若水松明に比較さるべきものであろう。行列のうしろには香水を汲みいれる白木の桶を二荷、白丁が舁いで行くのも、仏事というよりは神事めいて神さびている。このお水取り行列は最近だんだん派手になる傾向があり、ニュース映画のフラッシュなどでいたく荘厳さを害しているが、またそれだけに修二会のクライマックスでもある。行列は良弁杉の根本の鵜ノ宮に詣で、練行衆警備のうちに呪師は若狭井にはいって秘密の作法があった後、香水を汲みあげる。この間、若狭井と本堂のあいだに法螺の吹きあわせがある。一茶が「水取や井をうちめぐる僧の息」と詠んだころは、まだ僧の息もきこゆるほどの深夜の静寂が四辺を占めていたのだろうとおもう。

かくして汲みあげられた香水は、内陣に置かれて行法の度毎に、楊枝（牛玉杖）によって加持される。これが走りの行法のあとで、練行衆および諸人にわけられることは前にのべたごとくである。

さてこのお水取りがなにを意味するか、これがあきらかになれば香水型修正会は解明されるであろう。結論からさきにいえば、これは民俗的正月行事の「若水汲み」なのである。それゆえ香水は年頭の若水で、香水が衆病を医《なお》すとの信仰は、若水の生命力更新（ヲチ水）の信仰から出ている。何故に年頭の水がヲチ水であるかといえば、おそらく旧年の古くつかれたタマ（生命力）を年頭の水でみそぎおろして、生気潑剌たるアラタマを身にふりつけるから、生命力更新の水となるのであろう。現今、若水は元日の朝、水神の井戸で水神をまつって汲みあげ、これをもって大服茶をたてて飲めば一年の厄をはらうという。これを汲むものを「年男」というが、まれに女が若水を汲むところもある。津軽地方ではそのとき年男は、「新玉や新玉や、年の始めの年男、年は汲まねで水を汲む、水は汲まねで黄金くむ。金どっさりと入った。どっこいさのさ」と唱えるといい、三河設楽郡下川村では年男が松明をともし桝に米をいれて井戸へ行き、明きの方に向かって一拝して若水を汲む。そのとき「新玉の年の始めの柄杓とり、万の水を我ぞ汲みとる」と三度唱える。この水で服茶を沸かし雑煮をたく。播州加東郡では年男は一家の主人で、松明をもって「徳どんぶり徳どんぶり」と唱えるが、嫡子または主婦が汲む家もあるという（『加東郡誌』加東郡教育会編、大正十二年）。阿波の池田では菩提寺から年末にもってきた水神の札（「オンバロダヤソワカ」の真言を書く）に米と柿をつけて井戸にいれ、「福汲む、徳汲む、幸汲む」と唱えて汲む。服茶をたてて家内一同祝うことは他とおなじである。備前、備中、美作地方でも寺から年末の家浄《けじょう》に水神札（「オンバロダヤソワカ」又はと書く、「オトンブリ」という）を配り、これを米、大豆、柿、蜜柑をつつんだオヒネリとともに、フクラシの木の枝に水引きでつけて水神の井戸に立てて汲む。備前御津郡津賀村では水神の井戸は平素不浄なことには使用しないが、おそらくこれが古い形であろう。若狭井の水が平素の使用に供されないのと比較すべきである。日向福島町では町に二、三の井戸しかないので、若水汲みは競争である。箸のさきに餅一個をさしたものを桶にいれて行くが、この餅は十五日の飯にくわえて食べるという（『日向郷土志料』六）。先を争うというのも、穢を忌むからである。

大和野迫川村弓手原では、若水は年の若い男が川から汲む。この川は参籠の若衆がミソギをする川であるから、おそらく若水汲みはミソギをともなっていたであろう。一寸でも川へ入ってくるという老人もあった。このときもつ若水松明は四尺ほどの松のジンを平年十二、閏年十三だけ縄でくくり、そのさきにヘイグシ（三寸ほどの串のさきを割り、これに米三粒をつつんだ白紙をはさむ）を挿したものである。土佐の山間部でこれを「若水ダヒ」というのは若水手火であろうが、水を汲むまえにこれで井戸の中をてらしてみると、昔は神の姿が見えたという。しかしこの口碑にはすこし混同があり、筑前筑紫郡御笠村の竈門山神社（筑前の総鎮守）の「益影の井」のごとく、人がこの水に影をうつせば老顔も少壮のごとくなる（『筑前国続風土記』七）という、ヲチ水伝説がもとであろう。私はこのヲチ水伝説が若狭井伝説の源であるとかんがえるが、沖縄で若水を「お水なで」と称して指先につけて額に塗るなどもヲチ水の信仰であり、東大寺お水取りや、長谷寺、清水寺などの「お香水頂戴」もこの形であるとおもう。すなわちヲチ水の信仰はこれを飲んで若返るという信仰のまえに、これでミソギして若返る信仰が先行したものとかんがえられる。額に指先で塗るのはミソギの退化した型なのである。

さて、ここで若狭井の「ワカサ」の語についてすこしくかんがえてみよう。簡単にいえばワカサの「サ」はおそらく水に縁のある語で、水または水の神を指すものではないかとおもう。サツキ、サミダレ、サナヘ、サンバイ、サンダハラ、サノボリ、サビラキなど田の神に関係があるという説は一般にみとめられているが、水田耕作を可能ならしめるものは水であるから、田の神と水の神は同一の性格をもった時代があったろう。すなわちもとは、農耕の神として土地も水もともに支配する神格であったものが、土地と水に分化して田の神、水の神になったと推定される。この推定は「サ」や「シ」に水の縁語がきわめて多いことからもいえることで、酒を「ササ」ということは『古事記』中巻に、「この御酒《みき》は吾が御酒ならず、酒《くし》の上、常世にいます、石立たす、少名御神の、神壽、壽狂ほし、豊壽、壽廻《もとほ》し、献《まつ》り来し、御酒ぞ涸《あさ》ずをせささ」とある酒楽《さかほがい》の歌などからもみられ、これが「シ」となって同書中巻の「須々許理《すすこり》が、醸《か》みし御酒に、われ酔ひにけり、事慰《ことな》ぐ酒《し》、咲《ゑ》ぐ酒《し》に、われ酔ひにけり」となるのである。また水音を「サザ」といい、水の流れるのを「サザグ」「サザラグ」という古語もこれに関係があり、『万葉集』（巻十四）東歌の「サワタリの手児にいゆきあひて赤駒が　足掻きをはやみ言問はず来ぬ」や、「祈年祭祝詞」

の「谷嶼《たにぐく》のサワタル極み」など「沢渡る」にあてられるが、これも「水渡る」でなければならず、サワ（沢）そのものが「水の集まれる場所」なのである。山口県上ノ関では七月八日の朝に牛を海に泳がせるのをサバライというが、これなどは盆のミソギをあらわすもので「水で祓う」意の語であろう。

水を「シ」であらわす語はシガラミ（水柵）、シタタル（水垂る）、シヅク（水滴）などにも見られ、『万葉集』にもシラタマを「水良玉」に、シナガドリを「水長鳥」にあてた例がある。尿のシト、シシ、またはシなどもこれであろう。

この推定が正しければ「ワカサ」は若水の意で、若狭井はなんら若狭国には関係なく、若水をむかえる神聖な井戸である。しかもこの伝説に出てくる遠敷明神は「二つの神」または「大ニフの神」で、これまた水の神とかんがえられる。丹生《にう》川上神社（祭神は高龗神、罔象女、闇龗神）が水をつかさどる神として、祈雨止雨の奉幣がなされたことは平安時代の記録に枚挙にいとまがない。この奉幣に黒馬、白馬が献ぜられたことは、河童と馬の関係以外にかんがうべきものをもたないが、山中に丹生の神および丹生の地名の多いことは事実である。まれに舞鶴湾頭の大丹生のごとく海岸の丹生があるにしても、山中の丹生はミクマリ（水分）として水を支配する神の勢力範囲をしめすようである。有名な紀州天野村の「天野祝告《のりと》門」に出る丹生津媛の忌杖立てられた丹生のごときもそれで、山をうしはきたまう神がそのまま水をしろしめすことを示している。折口信夫博士は「稲むらの陰にて」（『郷土研究』第四第三号、大正五年、『折口信夫全集』第三巻所収）という歴史的な論文で、稲積のニホと地名のニフと新嘗（ニフナミ）のニフの関連をたどって、神をまつる標山（祭場）とせられたのであるが、私はむしろニフの神をまつった祭場がニフ、ニホとなったのだとおもう。そのニフの神が田の神か水の神かはさきにサの神についてのべたごとく、田の神はとりもなおさず水の神であっていずれとも決しかねるけれども、どちらかといえば水の神に比重がかかっておるようにおもわれる。柳田國男先生は、「田の神の祭り方」（『民間伝承』第十三巻三、四、五号、昭和二十四年）で、田の神をまつるに、水口でまつるばあいと田の中に棒や杭を立ててまつるばあいの併存を説かれたのは、われわれにも暗示ふかいお説であったが、このばあいでも水口の祭は水の神に重点が置かれておるのではないだろうか。況やこの水口をミトといい、ここでまつられる神をミト神というのは、田の神には水の神の性格がかなりつよいことをおもわざるを得ない。すなわちニホが田の神の祭場であったとしてもそれは田という土地の神でなく、水田をして水田たらしめる水の神の祭場であったというべく、さればこそ収穫が終われば田をすてて山にかえることができたのである。ニフの神の問題は、農耕民族であったわれわれの祖先の宗教観念をあきらかにする上の重大なキーポイントであるから、いくら論じても論じすぎることはないが、いまは当面のお水取りの遠敷明神を水の神として、農耕祭儀としての修二会に必然的な関係があることをかんがえるにとどめる。

つぎに遠敷明神を水の神とかんがえる理由として、鵜の宮の問題がある。『古事記』に鵜葺草葺不合命の御母は海神の娘としてあるのは、鵜と水の神の関係をかんがえしめる一つの暗示であるが、同書に、

> 出雲国の多芸志《たぎし》之小浜に、天之御舎《みあらか》を造りて、水戸神《みなとのかみ》の孫、櫛八玉神を膳夫《かしわで》として、天御饗《みあえ》献る時に、禱《ね》ぎ白して、櫛八玉神、鵜に化りて、海の底に入りて、底のはにを咋ひ出でて、天八十平瓮《びらか》を作りて、（下略）

とあるごとく鵜を水戸神の孫の化したものとするのは、『二月堂縁起』に遠敷明神の使者として黒白の鵜が水を出したとする、鵜の宮の説話と無関係ではありえまい。鵜を水の神の化身または使者とするかんがえ方は、きわめて古くからのわが民族の伝統であったといわなければならない。『古事記』の前掲の文が水戸神はまた食物の神（膳夫）であったとするのは、また水の神と田の神の関係を暗示するものであろうが、鵜が何故に水の神の化身または使者とかんがえられたのであろうか。これは、われわれの祖先が神霊の表象を馬や虫や蚊などの動物としたこと

と、鵜は水に潜って水底の世界と現世のあいだを去来する霊鳥とみられたことによるであろうが、海岸の神社では能登一之宮のごとくに祭典に鵜を献ずるところがすくなくない。若狭の小浜のちかくの白石神社の境内にも「鵜《う》の瀬《せ》」とよぶところがあり、そこで小浜町民はお水取り当日「送水の式」をおこなうとのことであるが、これは若狭井が若狭国と関係づけられてからはじまった行事とみたい。すなわち若狭井も遠敷明神も普通名詞であって、とくに若狭国の遠敷郡に限定するのは正しくないとおもう。

またこの鵜に関連して、ウナギを水の神とする伝説もかなり多く存する。早川孝太郎氏は『農と祭』（ぐろりあ・そさえて、昭和十七年）において、ウンナン、ウナン、ウナという神名とウナギの関係をもとめて、これを水の神としていることは興味ふかい。

雲南神が鰻を虚空蔵の信仰と絡んで、古い湧泉信仰を伝えて居たことは興味がある。それ等が人間生命の根源たる飲料水とは別に、水田経営に絡んで記憶されて居た事は殊に注意を惹く処である。従って湧水を求めて祀るという伝承も、水田を支配する水の神としての要素が濃厚で、此事実は或は楊《やなぎ》を以て泉を卜する伝説にも通ふものがあったかと思ふ。（中略）水の神であると同時に、田の神としての要素を加えて居たことも偶然ではない。

とのべておるが、しかしこれがはじめからウナギであったかどうかには疑問が存するのではなかろうか。というのは、古典に鵜を水の神としているばかりでなく、三河南設楽郡長篠村横山の「鵜の頸の渕」の主が大ウナギであるといい、陸前の岩沼城内の雲南権現の所在地は「鵜崎」ということなど、鵜とウナギとのあいだにはまだ問題がのこっている。しかし両者が水の神であることにはなんらかかわりはないのである。

なお若狭井には「わかさわかさ」とよべば水が出るとの伝説があり、川柳にも「若狭〱とよびたいは空徳利」

とあるが、諸国の源泉伝説にも念仏をとなえたり、ウバウバととなえれば水や湯の湧く伝説のあることは、すでに「弘法清水」(『密教研究』第八十一号、昭和四十五年)で論じたことがある。若水迎えには、さきにのべたようにいろいろの唱え言があるが、いずれも福徳をいう近世的なもので、ワカサワカサなどはその古い呪文であったかもしれない。

そこで若水迎え、若水汲みとはいかなる信仰のもとに正月行事となっているかをのべてこの稿を終わりたい。これはさきにもふれたごとくヲチ水の信仰からであるとかんがえられるが、わが国ではすでに奈良朝時代に年号を改めたほどの大事件としてあつかわれた養老の滝伝説が、ヲチ水信仰からおこったものであった。すなわち『扶桑略記』(巻六)に霊亀三年(七一七)「九月丁未日、天皇幸㆓美濃国不破山中㆒、醴泉自出、飲浴之者、白髪及㆑黒、闇目忽明、又洗㆓痛処㆒、无㆑不㆓除痊㆒」とあったごとくである(養老の滝の孝子伝説は、のちにできたものである)。そして『万葉集』のなかには、「吾が盛また変若《をち》めやも　ほとほとに　寧楽《なら》の京《みやこ》を見ずかなりなむ」(巻三・三三一)、「吾妹子は　常世の国に　住みけらし　昔見しより変若《をち》坐《ま》しにけり」(巻四・六五〇)、「石綱のまた変若《をち》かへり　あをによし　奈良の都をまた見なむかも」(巻六・一〇四六)などにヲチの観念があるが、これを水にかけたのは養老の滝を詠んだもので、「美濃国多芸の行宮にて大伴宿祢東人の作れる歌一首　古《いにしえ》ゆ人の言ひくる老人の　変若《をつ》とふ水ぞ　名に負ふ滝の瀬」(巻六・一〇三四)、またこの水は月世界にあるとの伝説もあって、「天橋も　長くもがも　高山も　高くもがも　月よみの　持たる変若水《をちみづ》　い取り来て　君にまつりて　変若《をち》得てしかも」(巻十三・三二四五)の歌もある。また巻四の佐伯宿祢赤麻呂と娘子の相聞歌に、「吾が袂　纏《ま》かむと念《おも》はむ丈夫《ますらを》は　変水《をちみづ》もとめ白髪生ひにたり」(六二七)、「白髪生ふる事は念はず　変水《をちみづ》は　彼にも此にも求めて行かむ」(六二八)などがある。

このようなヲチ水信仰があって正月行事の若水迎えはおこなわれたのであるが、これが修正会にとりいれられて香水型修正会となり、香水を加持して服用すれば衆痛をのぞくとしたのは第二の変化であったが、さらにこれがわすれられて仏にそなえる閼伽となり、この型はいちじるしくくずれ去ったのである。

仏教と民俗

序

仏教が日本へはいってからすでに一千四百余年を経過し、日本人の文化と生活のすみずみにまでとけこんで、外来の宗教とはいえないほど同化している。しかし仏教は本来は外来文化であって、これを日本文化に同化した跡を究明することは、日本文化史や日本宗教史の重要な課題である。

この問題を解明するためには、仏教学や歴史学のほかに、民俗学の協力を欠くことはできないとおもう。従来の日本文化史は芸術・思想・哲学・宗教・儀礼などの面で、日本化した仏教文化をあつかってきたが、それもたいてい貴族や知識人や高級僧侶のになう、表層文化としての理解にすぎなかった。そのためにインドや中国の仏教とは次元のちがう庶民信仰や、仏教芸術や仏教芸能、あるいは神仏習合思想や山岳仏教、ないし念仏信仰などには、じゅうぶんな説明があたえられなかった。とくに仏教年中行事や仏教講・葬送習俗などの社会的機能には、仏教史も文化史もまったく無力であった。しかしこれらの正統的仏教からはみだした庶民仏教文化と、仏教民俗と庶民信仰こそ、わが国の常民や下級僧侶が創造してきたものである。外来仏教の民俗宗教化は、常民のになう基層文化への同化作用であったことが、だんだんあきらかになってきている。これはまったく日本民俗学のなかに蓄積されてきた仏教民俗資料と、この学問が解明した基層文化の構造理論のおかげであることは、だれもうたがうものはないであろう。

しかし正統をもって任ずる明治以後の近代仏教学と、宗祖以来の教団的伝統をまもる仏教各宗の教学とは、かならずしもこのような行き方に肯定的ではない。これは原典研究や経典解釈の立場から見れば、民俗的な仏教文化や庶民信仰は非仏教的であり、俗悪にして唾棄すべきものと見えるからであろう。しかし現実には、平安時代以後の仏教は常民の庶民信仰にささえられてきたし、現今もささえられていることは否定できない。したがってここで仏教と民俗の関係を論ずるにあたって、仏教とはその観念論的な教学を指すのではなく、常民の生活と接触する信仰面を指すことをことわっておきたい。

また仏教と民俗の関係は、常民の物質的・社会的・精神的生活のあらゆる面に見られるもので、私の想定する仏教民俗学の対象も、のちにのべるような多方面にわたるものであるが、本稿ではその実例として、とくに大師講の問題をとりあげ、仏教と民俗の関係がどのようなものであるかを、具体的に説明したい。

一　仏教と民俗化について――インド・中国・日本――

仏教はその教理や哲学の体系としてはまことに偉大な宗教である。釈迦の冥想（禅定）と諦観から出発し、インド・中国の論師たちによって、ますますその世界観や認識論を雄大にして精緻な体系に発展させた。したがって仏教ははじめから観念的・論理的性格がつよく、インドや中国での分派活動も、信仰上の相違によるものではなくして、哲学上の学派・教派としての分派であった。しかしわが国へはいるとその事情はやや異なり、平安時代以後は信仰的性格の濃厚な教団が形成され、信仰上の分派活動がおこるようになる。平安時代初期の天台・真言二宗の開立も、雑部密教が山岳修行者を介して庶民のなかにふかく浸透していたことや、法華経信仰が滅罪経典として朝野からむかえられた事情が先行している。これはいまくわしくその経緯をのべる遑はないが、奈良時代に密教と法華経が庶民信仰化、あるいは民俗化していたことは『日本霊異記』などを見ればよくわかる。

このような事情は天台・真言二宗が国家仏教、ないし貴族仏教化して、高遠な哲学体系をもつようになっても、底流はおなじことであった。したがって山岳修行者は雑部密教の呪術をさかんにおこない、法華経の持経者は庶民の依頼にこたえて、その験力や行力をあらわした。それは空也などのはたらきにもよくあらわれている。ことに「山の念仏」とよばれた比叡山の常行三昧の念仏は「里の念仏」となり、庶民信仰化して融通念仏や大念仏になった。この庶民信仰化した念仏のなかから、それぞれ立場のちがう祖師たちが、浄土宗や浄土真宗や時宗をひらいていった。また法華経の哲学体系化とは別に、庶民信仰としての法華経が日蓮宗になった。もっとも高踏的な立場をとった禅宗も、曹洞宗の瑩山紹瑾（常済大師）や臨済宗の心地覚心（法燈国師）などによって庶民信仰化している。したがって鎌倉時代の新宗派の成立にも、基層文化としての民俗宗教が潜在していた。そうでなければ数人の宗教的天才の教えが、ひろく常民の支持をうけるはずはない。もちろんインドや中国でも一般民衆の仏教にたいする態度は呪術宗教的であったとおもわれる。これは経典や陀羅尼・仏像・儀軌・語録・僧伝などからもうかがわれるもので、それらの成立した地域の民俗との結合または習合なくしては、庶民の仏教受容はありえなかったのである。ただ残念なことには、そのような仏教の民俗的要素はどこまでも無用な夾雑物か、しからずんば不純物としてとりあつかわれる傾向があった。

インド　まずインドではウパニシャッドのような高度の哲学が成立する反面、ヴェーダ以来の治病・延命・招福などの呪術が民俗としてさかんにおこなわれた。したがって原始仏教に属する阿含経典や律部では、世俗の密法は波逸提の罪または「畜生の学」として排撃された。これは釈迦の仏教そのものの本質が、世俗的な一切の信仰や生活から解きはなたれて、永遠の真理（真如）を体得した仏（覚者）になることを、究極の目的とする宗教だったからである。

しかしそのような高踏的な姿勢は、仏教の普及とともにくずれていったらしく、本生経・雑阿含経・阿吒那胝経・弥蘭陀問経などの原始仏教所属の経典のなかにも、庶民的なバラモンの神々や地方的民俗神・鬼神への儀礼や信仰・密呪が混入し、これがのちの密教の萌芽となった。梵天・帝釈天・夜叉・阿修羅・執金剛・四天王などの信仰は、このようにして仏教にとりいれられた民俗的夾雑物であった。

インドの民俗的仏教として隆盛をきわめた密教が、仏教の一派として独立したのは紀元七世紀ごろといわれ、これが十世紀ごろまでのインド仏教の主流をなすが、しかも一方ではこの民俗的仏教に哲学的体系をあたえるために、高度の理論が成立した。そして大日如来を中心とする金剛界・胎蔵界などの体系的世界観に合致しない従来の民俗信仰は、雑密としてしりぞけられた。

中　国　以上のようにインドで成立し、発展した仏教はつぎつぎと中央アジアをへて中国に伝来されたが、ここではじめて民俗的な仏教が歓迎されたらしい。すなわち紀元二世紀から四世紀にかけて、さかんに雑密経典が漢訳されたのは、民俗的仏教への要求がつよかったことをしめすものである。東晋・北魏時代には仏図澄・尸利密多羅・曇無讖などの訳経家も、みずから大いに呪法をおこなって朝野の信仰をあつめたという。これはインドの呪法が、中国の民族宗教たる神仙術と習合した形で受容されたものであった。

しかしその後、道安・慧遠・羅什・僧肇をへて玄奘・吉蔵（嘉祥大師）・智顗（天台大師）・法蔵（賢首大師）らの天才的学僧が、中国仏教の哲学体系を確立するようになると、民俗的な道教を排除する運動がおこり、道教のほうもまた親道教的皇帝とむすんでしばしば破仏がおこなわれる。その結果、中国仏教は民俗信仰からはなれるようになった。それでも唐代には一時密教がさかんにおこなわれ、道教的色彩の濃い儀軌が多数製作されたことは、民衆がいかにつよく民俗的仏教をもとめていたかをしめすものであろう。

そのような実態は今日、日本にのこっている、中国製作の図像や儀軌を通して知られることであるが、また敦煌の仏教遺跡や遺文にもよく見出すことができる。またこの間の事情をしめすものに、中国製作の偽経がある。『大唐内典録』巻十の歴代新出疑偽経論録には、一六三部の偽経があげられ、安墓経・安宅経・尸陀林経・招魂魄経・占察経・日輪供養経などがあるのを見れば、中国民俗信仰の傾向の一部が察せられよう。また『開元釈経録』巻十八の疑惑録では四〇七部に増加しており、『大唐内典録』所掲の偽経にくわえて、よく問題になる仏説盂蘭盆経や閻羅王説免地獄経・地獄経・目連問経・五龍悔過経などがあげられている。これらの偽経は、わが国の地獄信仰の源泉をかんがえるうえからも見のがすことができない。しかもこれらの大蔵経目録には見えない地蔵本願経・預修十王生七経・占察悪業報経なども偽経であることは、松本文三郎氏らによってあきらかにされている。したがって、地蔵信仰は中国の民俗信仰と結合して流布したものとおもわれる。とくに占察悪業報経では、過去世と現世の苦楽吉凶を占察する方法を説いており、松本文三郎氏は「余輩の想像するところによれば、当時俗間に占察のことが行はれ、一種の信仰となつてゐたものであるから、之を仏教と結付け、其迷信に一種の権威を与ふるがためか、若くは十輪経等のいふ所を堕落曲解して、下劣な宗教心を満足せんがためか、何れかの動機によつて此経が作成されたものであらう」とのべられた。このように偽経には中国における占筮《せんぜい》や易の思想が、その根底にあることはたしかである。そしてこのような偽経が発生するということは、哲学的な中国仏教の論理性にみたされぬ、中国民衆の宗教的欲求があったためである。これを「下劣な宗教心」と評価するのは、民俗信仰の必然性にたいする、正しい認識のないことばというべきであろう。

日　本　以上のような経過をたどって仏教はインドや中国でも民俗化されたが、日本に伝来された仏教は、本質的には論理的・哲学的なものであった。しかし六世紀半ばごろにわが国に伝来されたのち、はじめの一世紀ほどは仏像や堂塔・講経・斎会などの仏教に付随した大陸文化が受容された。ところが前奈良期ころから、経典にたいする民俗信仰や、悔過の苦行や、山岳仏教の密呪などの形で、民俗化がはじまった。これは大般若経・仁王経・法華経・金光明経などが、その思想内容よりは祈雨・治病・攘災招福の功徳のみを目的として、書写転読されたことにもあらわれている。おなじ宗教的目的のために、かつては固有信仰の禊祓による滅罪・懺悔が仏・菩薩・明王・天部を本尊とする悔過法要に代わったのである。

しかしこれらはおもに皇室や貴族のあいだでおこなわれ、その多くは鎮護国家の名目のもとに京畿諸大寺や地方国分寺で修せられたものである。ところがこれにたいして、七、八世紀には役小角や越の泰澄などに代表される、山岳仏教家の優婆塞・聖・沙弥・禅師らが活躍をはじめ、わが国の固有信仰と結合した民俗仏教が、常民のあいだに普及した。数千人の弟子をもち「妄りに罪福を説き……詐って聖道と称し、百姓を妖惑す」といわれた行基も、仏教の民俗化に貢献した宗教家の一人である。平安時代には聖宝・空也・性空・行円・定覚らにしたがう優婆塞と聖たちが、民俗化運動をすすめた。そのありさまは『日本霊異記』をはじめ『三宝絵詞』『本朝法華験記』『今昔物語集』や各種の往生伝、『扶桑略記』『梁塵秘抄』および各種日記類のほか、『枕草子』『源氏物語』『栄花物語』などの文学作品のなかにも、断片的ながらこれをうかがうことができる。

また中国で偽経によって地蔵信仰の民俗化がおこなわれたように、地蔵十王経（正しくは「仏説地蔵菩薩発心因縁十王経」一巻、成都府大聖慈寺沙門蔵川述）などが偽作され、死天山《しでのやま》、別都頓宜寿《ほとときす》、葬頭河《さんずのかわ》などの常民のいだいている死後の世界を偽経に織りこんだ。この経の偽作については本居宣長も『玉かつま』十の巻に指摘しているが、地蔵十王は敦煌出土の絵画などに見れば、もと中国の民俗信仰であったらしい。これが平安時代にわが国にはいって民俗信仰化した結果、このような偽経を生んだのは興味ぶかい。

ついで鎌倉時代にはいると、前代の末期以来さかんになった勧進聖の活動が、日本全土におよぶようになった。これは荘園が武士に侵蝕されたうえ、有力な貴族の庇護をうしなった諸大寺が、その経済的根拠を庶民勧進にもとめたからで、仏教はますます庶民にちかづくとともに、その民俗化がすすんだ。この時代に仏教説話集が多くあらわれるのは勧進聖の唱導の結果で、『発心集』『撰集抄』『宝物集』『沙石集』などのほか『古今著聞集』『古事談』などにも、仏教的民俗資料や仏教的口誦伝承（縁起・説経）をもとめることができる。また『玉葉』『明月記』などの公卿日記や、『平家物語』などの戦記文学にも、庶民の仏教的生活をうかがうべき記事はゆたかである。そのほか高僧の行状絵伝、霊仏・霊場の縁起絵巻、餓鬼草紙・地獄草紙などの風俗絵巻も注意すべき資料を多くふくんでいる。そこにはインド・中国から伝来した仏教とはまったく異質的なものが、常民の生活にぴったりととけこんでいたことがわかる。この傾向は室町時代にはいるといっそう進行して、勧進聖の変質した連歌法師の作品にも、御伽草子（中世絵物語）や謡曲・狂言などにもいきいきと描き出されている。そのうえこの時代には、貴族や貴族的僧侶と庶民の接触が日常的になったので、『看聞御記』『実隆公記』『言継卿記』や『大乗院寺社雑事記』『満済准后日記』『石山本願寺日記』などによって、こんどは逆に仏教的民俗が貴族の生活にはいっていったことが知られる。すなわちそれは年中行事や仏事法会、および仏教芸能（念仏風流）などの面でいっそう顕著である。

戦国末期から近世初期にかけては、それまで遊行生活をつづけた勧進聖が、村落のなかの小堂や庵坊・道場に定着しはじめて、一寺を建立するものが多くなった。また多数の院や坊を包含した山上の一山寺院（地方的霊場として民衆との接触もあり、在地土豪領主の庇護をうけていたもの）が寺領と外護者をうしなって解体し、院坊がばらばらに山麓の村落寺院となるものがすくなくなかった。村落がこれをうけいれたのは、郷村制によって成長した近世村落の経済的余裕をしめすものでもあろうが、江戸時代には宗門改による寺請制度がこれを強制した面もあり、結果は仏教の庶民化が決定的になった。このような現象を近世仏教の堕落とみる意見が一般的であるが、仏教と民俗の結合のためには、必然的な姿であったといわなければならない。庶民にとっても寺院僧侶を丸抱えにできたし、近世寺院生活の卑俗さも、中世以来の半僧半俗の勧進聖と大差のないものであったろう。

このようにして江戸時代の庶民生活のあらゆる面に仏教が浸透して、葬送習俗・仏事法会・仏教講の民俗化はもとより、中世に成立した仏教芸能の近世的風流化と、都鄙すみずみまでの普及が実現した。それは近松や西鶴の近世文学に活写されているとともに、現今村落にのこる民俗や記録文献にあきらかである。また近世には紀行・見聞記・随筆・地誌類が多数出たので、仏教民俗に関する資料も豊富になる。ただ注意しなければならないのは、そのような記録文献をのこした文人の解釈が、いずれも中国故事や経典に典拠をもとめるので、現在の民俗学の立場からくわえる解釈とまったく異なることが多いことである。たとえば庚申・七夕・盂蘭盆など古代以来中国の風俗をまねたものでも、常民のばあいはわが国固有の祖霊祭祀の信仰と民俗に結合して、これを受容した面がすくなくない。このことは民俗学的解釈が現存民俗資料をもととするのにたいして、近世文人の文献的考証は、すべての庶民伝承を外来のものとする先入観に支配されていたからである。とくに仏教的民俗に関しては、文人も僧侶もこのような先入観をもっていた。しかしいかなる外来の文化も固有の文化を排除して、そっくりそのまま根をおろすことはできない。したがって仏教もその例外ではありえなかったのである。

二　仏教民俗学の対象

以上のべたように仏教の民俗化は、とくに日本において顕著である。日本仏教の特質は日本民族の伝統のなかにとけこんで、基層文化にふかく根をおろしている点にある。津田左右吉氏もその名著『支那思想と日本』（岩波書店、昭和十三年）のなかで、

日本仏教の特色は、飛鳥奈良時代の遺物たる寺院建築や、仏像や、又学匠の述作や、禅僧の語録などに求むべきでなくして、例へば民間の寺院や辻堂や、道ばたの石地蔵や、お彼岸まゐりやお会式や、三十三ケ所めぐりや、さういふやうなところにおいて認めらるべきである。

とのべている。これはたんに庶民文化に同情的であるためにのべられたのでなく、外来の仏教が固有の基層文化と接触して文化変容をとげるところに、その民族の文化創造力、したがってその民族の文化特質を見ようとするアカルチュレーション（acculturation）の立場に立っているのである。民俗学が文化人類学や文化史学に寄与しうるのは、このような文化変容の理論に、具体的な内容を提示することができるからである。とくに日本文化にたいする仏教の関係は、そのもっともティピカルな例証となるであろう。したがってわれわれはインドの経典や中国の儀軌図像にもないような、特殊な仏像（石像をふくむ）や異形《いぎょう》塔婆、特殊な講の本尊、葬式のしかた、特殊な経典の信仰、盆・彼岸のまつりかたなどを、かるがるしく見すごすことはできない。そこでこのような仏教的民俗資料をあつめて、常民の仏教信仰の内容と特色、仏教的社会（講）の構造、常民の仏教受容の方式、受容された仏教の変容などを研究する学問を「仏教民俗学」と名づけ、その研究対象をつぎのように分類して、項目だけを表示するこ

ととする。

（1） 仏教年中行事

(イ)修正会・修二会――御修法《みしほ》・御斎会《ごさいえ》・悔過《けか》・懺法《せんぼう》・おこない・大荘厳《だいしょうごん》・荘厳頭《しょうごんのとう》・花の頭《とう》・お禱《とう》・牛玉《ごおう》加持・香水《こうずい》加持・楊枝加持・堂押・唯押《ただおし》・裸踊・裸押・会陽《えよう》・追儺《ついな》式・鬼走《おにはしり》・鬼燻《ふす》べ・鬼会《おにえ》・鬼祭り・花会式・お水取り・仏正月・どやどや・わらわら・年頭大般若会・柴燈護摩《さいとうごま》など。

(ロ)日待ち・月待ち――日待ち籠《こもり》・日待ち念仏・日待ち大般若・天道大日如来・夜籠り・行屋・精進《しょうじん》堂・二十三夜待ち・二十六夜待ち・三夜講・勢至講など。

(ハ)節分――年取り・星祭り・星仏祭り・星供《ほしく》・当年星《とうねんじょう》・本命星《ほんみょうじょう》・元辰星《がんじんじょう》・厄除祈禱・追儺・豆撒《ま》き・ほうろく割り・鬼の法楽など。

(ニ)涅槃会《ねはんえ》――常楽会・涅槃講・遺教経会・舎利会・涅槃吹《ねはんぶき》・仏のはなくそ（花供御《はなくご》）・善光寺お会式・嵯峨《さが》のお松明《たいまつ》など。

(ホ)彼岸会――彼岸詣で・彼岸念仏・四天王寺西門《さいもん》念仏・日想観・天道《てんとう》念仏・百万遍《べん》念仏・踊躍《ゆやく》念仏・彼岸籠り・彼岸市・彼岸乞食・彼岸団子・日の伴《とも》・日天願《にってんがん》・七ッ鳥居・八十八ヶ所巡り・三十三ヶ所巡り・六阿弥陀詣で・万燈火など。

(ヘ)花祭――仏生会・灌仏《かんぶつ》会・卯月《うづき》八日・花御堂《はなみどう》・花の塔・天道花・お花の立て枯らし・花摘《つ》み・万華会《まんげえ》・やすらい花・法華会・はなくさもち・痩《や》せ馬団子《うまだんご》・大こと・山遊び・野遊び・花供《はなく》など。

(ト)練供養――二十五菩薩練供養・迎講《むかえこう》・仏の舞・行道《ぎょうどう》・練道《れんどう》・念仏踊り・お面かむりなど。

(チ)夏祈禱《きとう》――大般若巡り・虫干し大般若・仁王般若・季御読経《きのみどきょう》・水浴念仏・四方固《しほうがため》念仏・百万遍念仏・数珠繰りな

ど。

(リ)虫送り——虫供養・虫祈禱・虫送り念仏・虫供養塚・実盛《さねもり》人形・虫送り大般若など。

(ヌ)雨乞い祈禱——雨乞い大般若・雨乞い念仏・雨乞い踊り・笹踊り・獅子舞・万行《まんぎょう》踊り・太鼓踊り・臼《うす》太鼓・ざんざか踊り・楽《がく》祭り・浮立《ふりゅう》・千把《ば》焚《た》き・龍王信仰・弁天信仰・鐘沈《かねしず》め・地蔵沈め・桝《ます》洗いなど。

(ル)盆——盂蘭盆・地蔵盆・魂《たま》祭り・魂迎え・施《せ》餓《が》鬼《き》・水陸会・盆棚・餓鬼棚・盆供《ぼんく》・盆花・盆礼・七日盆・七夕・生御魂・送り盆・盆火・大文字・火踊り・万燈・盆燈籠・盆々・盆飯・盆くど・盆小屋・盆踊り・盆念仏・念仏踊り・大念仏・六斎念仏・かけ踊り・小町踊り・亡者《もうじゃ》踊り・念仏剣舞・墓獅子《じし》・じゃんがら念仏・四十八夜念仏・七墓巡りなど。

(ヲ)十夜——十夜念仏・十夜説法・十夜粥《がゆ》・別時念仏・引声《いんぜい》念仏・双盤《そうばん》念仏・八丁鉦《かね》・とうかん夜・亥《い》の子・かかしあげなど。

(ワ)大師《だいし》講——大師講・大師粥・衣替え・追出粥・大根祭り・大師《だいし》講吹《こうぶ》雪《き》・跡かくし雪・擂粉《すりこ》木《ぎ》かくし・大師でんぼ・大師の杖・霜月《しもつき》祭り・お霜月(おとりこし)・ミカワリ・ミカリバアサンなど。

(カ)寒行——寒念仏・鉢叩《はちたた》き・空也念仏・四十八夜念仏・茶筅《ちゃせん》売り・七墓巡り・六墓巡りなど。

(2) 法会(祈禱と供養)

(イ)護摩《ごま》供——柴燈護摩・厄払い・まんなおし・護摩札・火渡りなど。

(ロ)大般若転読——疫病払い・雨乞い・虫送り・村巡り大般若・日待ち大般若・般若声・おではんにゃ・般若の風・貸出し大般若など。

(ハ)土砂《どしゃ》加持——お土砂・光明真言百万遍など。

(ニ)大法事・大法会・経会――結衆合力《ごうりき》・投銭・経供養・鐘供養・堂供養・鐘鋳《かねい》勧進・善の綱・お練り・千部会・万部会など。

(ホ)お砂踏み――八十八ヶ所御開帳・巡礼・札納め・経帷衣《きようかたびら》。

(ヘ)流灌頂《かんじよう》――流れ勧請・地蔵流し・塔婆流し・川施餓鬼・供養さらし・血盆経・六字河臨法《かりんほう》など。

(ト)仏立て――塔婆立て・位牌納め・納骨納髪・もり供養・もりの山・仏の山など。

(チ)口寄せ――巫女《みこ》・梓巫《あずさみこ》・県巫《あがたみこ》・市子《いちこ》・いたこ・おしら神・霊箱《たまばこ》・祭文《さいもん》・生口死口《いきくちしにくち》など。

(リ)懺法《せんぼう》――法華懺法・観音懺法・阿弥陀懺法・吉祥懺法・悔過・懺悔《さんげ》など。

(ヌ)護《ご》法飛《ほうとび》――いのりつけ・護《ご》法実《ほうざね》（牛蒡種）・護法石・護法社・犬護法・烏護法など。

（3）　葬送習俗

(イ)葬式――臨終・善光寺詣で・枕飯・火の忌み・葬礼・墓じるし・七本塔婆・火葬・願ほどき・しあげ・忌明け・納骨など。

(ロ)年回供養――むかわり・三年忌・七年忌・十三年忌・十七年忌・三十三年忌・弔《と》い切り・石塔立て・仏立て・位牌供養など。

(ハ)墓地――単墓と両墓・もちこし墓・同族墓と先祖墓・卵塔《らんとう》墓・霊場・手向《たむけ》場・塔婆と石塔など。

（4）　仏教講

(イ)同族講――先祖講・株講・庚申《こうしん》講・荒神《こうじん》講・甘酒《あまざけ》祭りなど。

(ロ)地域講――観音講・地蔵講・行者講・大師講・尼講・徳講・先達・おかんきなど。

(ハ)葬式講――無常講・念仏講・六斎講・講組・鉦講など。

(ニ)普遍講――本山講・功徳講・金剛講・大師講・荘厳《しょうごん》講など。

（5） 仏教芸能

(イ)顕教系芸能――延年《えんねん》・声明《しょうみょう》・和讃《わさん》・祭文《さいもん》・説経・懺法・仏の舞・放下《ほうか》・暮露《ぼろ》など。

(ロ)密教系芸能――呪師《しゅし》・呪師芸・鬼走《おにはしり》・法印神楽・湯立て・棒振り・太刀振りなど。

(ハ)浄土教系芸能――融通念仏・大念仏・念仏踊り・念仏狂言・六斎念仏・歌念仏・念仏風流（剣舞い・鹿踊り・かけ踊り・放下踊り・獅子舞・浮立など）・念仏行道など。

(ニ)芸能僧――遊僧《ゆそう》・呪師・空也僧・盲僧・田楽法師・願人坊・道心坊・放下僧・暮露など。

（6） 仏教伝承

(イ)縁起――本尊・霊仏・霊場・堂塔・鐘などに関する縁起。

(ロ)奇蹟――高僧伝説・蘇《そ》生譚《せいたん》など。

(ハ)霊物――鬼・天狗・護法・変化《へんげ》・動物など。

(ニ)唱導者――勧進聖《かんじんひじり》・比丘尼《びくに》・山伏・説経僧など。

（7） 仏教俗信

(イ)願かけ――千日詣で・お千度踏み・断ち物・裸詣で・強制祈願・石地蔵・賓頭盧《びんずる》など。

(ロ)呪禁――陀羅尼《だらに》・呪文・お札・牛玉《ごおう》宝印・牛玉串《ごおうぐし》・お守り・面帳《めんちょう》・施餓鬼幡・石塔破片・薬師や大師のお水など。

(ハ)禁忌――女人禁制・葬送禁忌・墓地禁忌・袖もぎ坂・三年坂など。

(ニ)予兆――本尊の汗・寺の怪音怪火・墓地の異変・幽霊など。

以上は問題のごく一部であるが、これだけでも仏教と民俗の交渉がひろく多岐にわたることが想像され、民俗学の協同なしには解決されぬばかりでなく、民俗学の欠けたところを補う点もすくなくないとおもわれる。

三　仏教的大師講

序にのべたように、本稿では仏教民俗学の作業例を、紙面の都合上、大師講の問題にとどめることとした。大師講は仏教年中行事としてとりあつかうばあいは一応、仏教的大師講と民俗的大師講に分けてかんがえてみる必要がある。そして常民のおこなう基層文化の露頭としての自然発生的な大師講と、仏教者の教派的ドグマによって人為的につくりあげられた大師講との比較をすれば、仏教が民俗に妥協せねばならなかった点をあきらかにすることができよう。

民俗的大師講は結論的にいえば、秋の収穫を田の神、したがって祖霊に感謝する祭儀であるから、風土的条件による収穫の遅速によって、十月・十一月・十二月のあいだの適当な時期におこなわれたはずである。それが全国的に統一されるようになっても、宮廷の新嘗（相嘗または大嘗）が霜月中卯か下卯におこなわれたというくらいの限定で漠然としていた。ところが、江戸時代には大師講といえば十一月二十三日または二十四日ときまっていたのは、すでに仏教者の力がはたらいたためとおもわれる。のちにのべるように大師講の大師は弘法大師・伝教大師・天台智者大師・元三大師（慈恵僧正良源）・慈眼大師・聖徳太子などと仏教的偉人高僧の名でよばれるのは、それぞれの教派の立場から僧侶が教えこんだからであろう。

しかし、江戸時代には大師講の祭日は霜月二十三日・二十四日はまずくずれなかった。『嬉遊笑覧』巻五に、十一月廿四日の大師講は天台智者大師の忌日なり。在家にも赤小豆の粥を手向く。

としたり、『丹後国峯山領風俗問状答』に、

（十一月）二十三日　大師講粥之事　右妙経寺、智者大師二十四日正当《しょうとう》に付、此日小豆粥雑穀食等供し、祭り終て後、供物衆僧ども頂戴仕候。学才を祈事にて御座候旨、申出候。但二十三日、御家中に而家々多くは小豆粥を炊き申候。右大師講と称し、大師へ備へ申候事御座候。

などとあるのは、仏教者側（とくに天台宗）の二十四日と民間（御家中もふくめて）の二十三日が併存し、しかも、小豆粥を仏教者側も採用していたことが知られる。「風俗問状答」ではそのほか、越後長岡領・阿波領・若狭小浜領・三河吉田領・奥州白河領・奥州秋田領など、いずれも十一月二十三日の大師講と小豆粥のことをあげている。

ところが現在の大師講のなかには十一月二十一日をとるところがある。これはいうまでもなく真言宗の檀徒で、弘法大師の忌日二十一日（正忌は三月二十一日）に毎月大師講を、寺または講員廻り宿で経営し、十一月二十一日はとくに霜月お講として盛大におこなっている。阿波・讃岐・備前・備中・美作などはこの方式であるが、備中・美作ではこれがいちじるしいにもかかわらず、「大師でんぼ」や「跡かくし雪」の口碑がきかれる。すなわち民俗的大師講の衰退に乗じて、宗祖弘法大師の仏教的大師講にすりかえたことがはっきりしている。とくにこの地方では、春と秋の「彼岸のお大師巡り」がさかんで、これも民俗的大師講の祖霊巡行の観念をとりいれた巡礼であろう。

一般に「八十八ヶ所巡り」と称する弘法大師信仰は、四国八十八ヶ所巡礼とおなじく、一村または数か村、あるいは一郡くらいを単位に、弘法大師像を安置する寺（宗旨にかまわぬ）と堂を巡礼するのが普通である。美作地方

の大師巡りもこの形式の巡礼であるが、巡礼団の捧持する大旗は、弘法大師の旅行の姿（修行大師）をえがいたもので、信者はこれに随行する形をとる。たとえば美作真庭郡は、南部の旭大師講と北部の山中大師講（山中大巡りともいう）に二分され、それぞれの八十八ヶ所をもっている。彼岸前に結衆寺院が当番寺院に集合して大講《おおこう》をいとなみ、その年の打初め（開白）と打止め（結願）の寺をきめる。この二寺が大師講仏餉袋《ぶつしようぶくろ》（米を入れる紙の廻向袋）を郡内の村々の世話人を通してくばり、この喜捨米をあつめて一切の費用を負担する。そして開白と結願と中日に柴燈護摩が焚かれてもっともにぎわう。この七日のあいだ、信者は一週間全部、大旗のお供をしてもよいが、自分の村だけ一日お供するものが多い。宿泊の村ではこの信者を善根宿《ぜんごんやど》として分宿させる。巡礼団の先頭に大旗を捧持した「旗持ちさん」が行くが、これは大先達ともよばれ、宿でも特別の人格として遇せられる。病人もそのお加持をうければ治るという。大先達は四国や小豆島の巡礼を何十年もつづけ、「お大師さまと心中してもいいくらいの人」といわれる篤信者で、信者の感覚では弘法大師の霊力の保持者、または大師の身代わりとみられるのである。したがって札所ごとに「旗持ちさん」のおさめる巡礼札（小豆島巡礼十年ならば赤紙、二十年ならば金紙）は、信者があとでもらいうけて、切って呑むという。ここには八十八ヶ所巡りと祖霊巡行の宗教観念が複合しているのを見ることができる。この大師講は明治三十三年（一九〇〇）にはじまったというから、このころ仏教的大師講に切りかえたらしいけれども、民俗的大師講の祖霊巡行の観念だけは「旗持ち」を通して残存した。これに類した大師講は北九州地方にもあり、大師像が船で巡行するという。

しかし弘法大師以外の仏や神が巡行する信仰と行事は、廻り神や廻り地蔵としていまでもかなりよくのこっている。尾張の知多半島阿久比《あぐい》村（現、愛知県知多郡阿久比町）の「めぐり地蔵」はとくに有名で、いまは阿久比神社の祭神、阿久比殿夫妻像となっているが、氏子十六か村の民家を一日一夜ずつ巡行してまつられる。同様のまつり方は知多半島半田市成岩《ならわ》の廻り弁財天や伊勢朝熊山《あさまやま》の麓の朝熊村（現、伊勢市）の廻り地蔵にもある。また淡路島には全島の真言寺院を結衆として一年ごとに巡行する「巡遷《じゅんせん》弁財天」があり、高野山の巡寺大黒天と巡寺八幡もそれぞれの講の寺院を半年ごとに巡って講をひらく、中世以来の講として知られている。そのほか「めぐり地蔵」は若狭遠敷《おにゅう》郡玉置庄（現、福井県小浜市）や出羽の東田川郡本郷村（現、山形県朝日村）にもあり、前者は一戸に一日一夜ずつ、後者は七日ずつとどまってまつられる。

これを神の巡行にうつせば、「お旅」「浜下り」「お渡り」などの名で巡行するものはかぞえきれない。『神道五部書』の「皇大神宮御鎮座次第」にあらわれた倭姫命の伊勢大神の御杖代《みつえしろ》としての巡行、「丹生祝告門《にうはぶりののりと》」にあらわれた丹生津比売命の忌串《いみぐし》立ての巡行などは、いずれも皇室や丹生神主家の祖霊巡行をあらわす伝承である。仏教的大師講はこれを仏教化しながら、なお祖霊巡行の伝承をのこしたものにほかならない。そして『常陸国風土記』の「祖神尊《みおやのかみのみこと》、諸神《もろがみ》の処に巡行《めぐりいで》まししに」という祖霊巡行が新嘗の夜であったという奈良時代の文献は、霜月大師講の祖型が祖霊巡行にあることをしめす最大の史料である。

ところで、もう一つの仏教的大師講の例をあげると、常陸行方《なめかた》郡延方村（茨城県潮来《いたこ》町）古高《ふったか》の大師講は、俗に古高大師堂を中心とするものであるが、現在は松崎弘範氏の一心教会の管理に属して真言宗東寺派末寺となっている。大師堂も一心殿という堂々たる本堂建築で、この講も近代の仏教化がいちじるしい。しかしこの大師講の特色は大師像（笈入の木像）を奉じて遠方まで巡行することで、もとは本尊大師像だけであったが、信者の増加と巡行範囲の拡大とともに、現在は四体の大師像が巡行する。いずれも旧正月四日に一心殿を出発して一体は那珂《なか》郡方面へ向かい、水戸から国田（水戸市）・大場（大宮町）・野口（東茨城郡御前山村）・八郷《やさと》・小瀬《おぜ》（緒川村）・玉川（大宮町）・静《しず》（大宮町）・上野（大宮町）・大宮・大賀（大宮町）・山方《やまがた》などをめぐって、旧二月二十日ごろに一心殿へ帰着する。他の一体は久慈郡方面へ向かうもので、上菅谷からはじめて木崎（那珂町）・額田《ぬかた》（那珂町）・河合（常陸太田市）・幸久《さきく》（常陸太田市）・郡戸《ぐんど》（金砂郷村）・太田（太田市）・久米（金砂郷村）・金郷《かなごう》（金砂郷村）・金砂《かなさ》（金砂郷村）・諸富野《もろとみの》（那珂郡山方町）・下小川（太子《だいご》町）まで行く。もとは太子町まで行ったのであるが、いまは行かずに旧三月十五日ごろ一心殿へ帰る。他の一体は多賀郡方面へ向かうもので、水木（日立市）・久慈（日立市）・坂本（日立市）より石神（東海村）・東小沢（日立市）・西小沢（常陸太田市）から国分（日立市）・河原子《かわらご》（日立市）・日立までで、二月四、五日までにすめば鹿島郡へ転じて、三月三日ごろ一心殿へ帰る。他の一体は船で新治郡方面へ向かうもので、佐賀（出島村）の田伏《たぶせ》に上って牛渡《うしわたり》（出島村）・関川・高浜町・石岡市・田余《たまり》（玉里村）から東茨城郡の橘（小川町）にはいり、また行方郡にうつって立花（玉造町）・玉造町・秋津（鉾田町）へ、また東茨城郡の白河（小川町）にはいり、ついで鹿島郡北部の巴《ともえ》（鉾田町）から船で稲敷郡十六島を二日まわって、旧四月一日に帰着する。三十年くらい前までは栃木県へも行ったというが、いまはたえている。しかし以上のべただけでも常陸一国のほとんど全域にわたるもので、その信者組織は講（一心講）信者三万、その世話人二千人にのぼるという。

この大師像は、一心殿を出るときは担当責任者、補助員、荷物持ちなどが二人か三人お伴してゆくにすぎないが、村へはいればその村の世話人をはじめ、村人が出迎えて大師像をかわるがわる背負い、かねて依頼のあった家の縁側や床の間に安置して、お伴の講員が心経・観音経偈・宝亀和讃・御詠歌の簡単な勤行を、いそがしくすましてつぎにうつってゆく。大師さまを背負えば体が丈夫になり、病気が治るといって争って背負うが、そのときは跣足《はだし》で髪に櫛をささぬという掟である。村人はたいてい自分の村を半日か一日お伴するだけなので宿泊ということもあまりないし、数百人の大部隊になることもない。

さてこの弘法大師のまつられている古高の村には、別に十善講という大師講があって、延方（潮来町）と潮来と大生《おおう》原《はら》（潮来町）と根子屋（麻生町）の四町村が一年交代でまつっている。これも大師像を三月一日から十三日ごろまで村の堂や集会所にまつって、個人の家へは招待のあったところだけ行く。ここにこのように弘法大師がまつられたのは、大師がこの村へ来て宿をもとめたとき、快くとめたので杖で地面に輪をかいた。するとその中だけアク（苦味）のない蕨が生えたという伝説から出発している。したがって全国一般の弘法大師伝説のように、この地に土着の大師講があったわけで、これが十善講の前身とおもわれる。ところが松崎弘範氏の邸内に大師堂があったのを、京都東寺の大宮某師が巡回大師講にしたてたもので、巡回のはじめは慶応三年（一八六七）であるという。ここに真言僧による仏教化がおこなわれた跡を見ることができるのであるが、大師像が巡回するという着想は、やはり民俗的大師講に本来あったものが残存し、その規模を拡大したものとかんがえられるのである。

四　民俗的大師講

民俗的大師講の仏教化がいつごろおこなわれたものかは正確に知ることはできない。しかし『公事根源《くじこんげん》』は六月四日を伝教大師の忌日とし、『貞徳文集』は「六月四日、今日は比叡山延暦寺之御開山伝教大師御忌日候、昔は大師講とて都鄙讓満崇敬仕候得共」とあるが、ここでは関係がない。寛永十五年（一六三八）の『毛吹草』には付合の部に「粥」に大師講と蝿をのせたのが古いほうであろう。そしてこれを霜月二十四日のこととしている。正保三年（一六四六）にできた季吟の『山の井』は十一月二十四日の句に、

はい（蝿）粥もくふたどち（同志）せん大師かう

を出しており、近松門左衛門の浄瑠璃『信州川中島合戦』も「刀よごしの蝿侍……大師講の粥にあらぬ棒喰《くら》ひ、ぱつと一度に逃散つたり」などとあって、蝿と粥に関係のある民俗的大師講を意識していた。また延宝元年（一六七三）か二年ごろの作と推定される西鶴の『大坂独吟集』には、

　のり《(糊)》鍋や衛士の焼火のもえぬらん
　　禁裏の庭に蝿は一むら
　大師講けふ九重を過越て

の連句が見られ、やはり糊（粥か）鍋と蝿に関係のある大師講が、新嘗の夜の清暑堂神楽と時をおなじくしておこなわれたことをしめしている。

ここで現在おこなわれる民俗的大師講を、いくつかの要素に分析してみるとつぎのようになる。

①全国的に祭日は旧暦十一月二十三日か二十四日で、ニジュウソ（二十三）とか霜月三夜などとよばれるが、因幡では十一月十五日とする例もあるし、奥州のように十一月三日・十三日・二十三日の三大師、または十一月四日・十四日・二十四日の三大師をまつるところもある。

②大師講の日にはかならず雪がふるといい、これをダイシコウブキ（大師講吹雪）とか跡かくし雪、擂粉木かくしなどという。これは大師が足首から先がないので擂粉木のようであったとも、一本足であったともいい、これが畑の大根・蕪をぬすんだので、その足跡をかくすための雪という。

③したがってこの日はかならずお供物に大根をそなえるので、大根祭ともいう。

④大師講には例外なしに小豆粥をたき、これを大師粥・霜月粥・知恵粥・衣粥などという。これに米粉をねった粢《しとぎ》団子を入れて、団子粥またはフグリ粥というところがある。

⑤大師講の粥の汁を家のまわりにまけば、蝿・蚊・蛇・百足などがはいらないといい、冬の蝿は大師講までは出るが、それからはいなくなるという。

⑥大師講の粥には栗・桃・萩などでつくった大小不揃いの箸をそなえるが、これにもう一本長い箸を添えて「大師の杖」という。これは大師は二十四人または十二人の子をもつ老婆で、子供に団子を分けてやるために、長い箸が必要なのだという説明がある。大師を足が不自由であるとし、一本足とするためでもあろうが、老婆とすることは注意を要する。

⑦この日、宵から風呂をわかして大師をまち、目に見えぬ大師が風呂にはいったとおもわれる夜半すぎに家人がはいる。これは新嘗の儀式やアエノコトに共通する点である。

⑧大師講の大師を聖徳太子の太子とするところでは、多く大工・木挽・左官などの職人の祭となって、二月と十二月の二十二日にまつる。

以上のような大師講の大師が、仏教的大師講のように弘法大師・伝教大師・天台智者大師・元三大師・慈眼大師・聖徳太子などのいずれでもないことは、だれの目にもあきらかであろう。そしてこれが秋の収穫祭の新嘗の夜に、子孫を来訪すると信じられた祖霊であることは、うたがいのないところである。『常陸国風土記』では祖神《みおやのかみの》尊《みこと》として子孫に恩寵と懲罰をあたえるのであり、『備後国風土記』（逸文）と『二十二社註式』の「祇園神社本縁起」では懲罰をあたえる武塔神となっている。しかも祖霊は田の神・山の神と同格のもので、案山子のように一本足とも表現され、一日小僧または一目一足の霊物といわれる。また山姥と同格の山の神の表象をとれば、子の多い老婆ともなる。雪はこの祭儀が清浄をたっとぶところから、天地をきよめるものであり、豊年の兆として農耕儀礼にふさわしいものであった。風呂もおなじく清浄な禊のためで、蝿や蚊や蛇を封じるのは、祖霊の霊威とされたのであろう。祖霊をまつる新嘗に畑の収穫物が供せられるのは当然であるが、大根または二股大根は正月にも十二月八日のミカワリにも、庚申・荒神の祭にも、祖霊のまつりには欠くことができないものであった。その形が生産力を象徴するばかりでなく、ダイという音はダイシを出すまでもなく、祖霊に関係のある語根であったようである。

そこで最後に、なにゆえに民俗的大師講が仏教化しやすかったのかの問題であるが、ダイの語音から大師がみちびかれたばかりでなく、大師講の大師と内容の共通した仏教上の大師が見られないであろうか。

まず天台大師は忌日がまさしく十一月二十四日であるので、この日を大師講に固定させるには大きな力があったとおもう。しかし伝教大師には何も共通性はない。慈眼大師は名称としてはたしかに山の神として語られる示現太郎に関係がある。しかし内容の共通性はない。弘法大師は平安時代から奇蹟の多い霊的存在として大師伝にえがかれている。伝説の上でも弘法清水・大師の杖・大師の石芋・鯖大師・毒龍毒虫加持・魔性降伏などがつたえられ、来訪神としての性格も全国行脚の伝説があるから、大師講にむすびつきやすい人格であった。しかし伝説上の弘法大師はむしろ、大師講伝説から逆にみちびきだされたと考えられるふしがある。

これにたいして元三大師のばあいはその忌日は正月三日であっても、天台宗の高僧のなかではもっとも霊威にとんだ人で、はやくから三光天子の生まれかわりと信じられた（『天台霞標』初編巻四）。叡山正観院に蔵する『慈恵大僧正画賛』（大師の直弟子、慈忍尊者尋禅の書とつたえる）には、「魔軍束レ手請レ降」とか「破二生死魔怨一現作二魔王身一」などとある。『天台霞標』にのせる大江匡房の賛を見ても、当時すでに霊威ある人とみられたことがうかがわれる。すなわち元三大師降魔像といわれるのは、裸の鬼が礼盤の上に座して手に独鈷をもち、頭上に宝珠をいただく姿で、鬼守りともいわれる。これを簡単にしたのが全国の天台寺院で出す角大師《つのだいし》である。江戸時代の霊空和尚光謙の賛と縁起のある『西塔本覚院慈恵大師像縁起』や『比叡山大智院蔵慈恵大師乱板真影記』などでも、これ

角大師（元三大師）　いたるところの天台寺院で出すお札で、戸口にはりつけて魔除けとする。東北地方では大師講の本尊とする。

元三大師降魔像　元三大師が一夜鏡を見ると鬼の姿にうつったので、これを描いて降魔像としたといい、関東地方では鬼守りといってお札にする。

が不思議の霊験ありと信じられたことがわかる。しかも奥羽地方の大師講の大師は、この角大師を意識しているとおもわれる点があり、横手地方ではこの日に恵比寿太夫が角大師の札をくばってきたという言い伝えがある。したがって大師講の大師と、角大師との関係が密接であることはわかるが、さて元三大師が角大師化する必然性とはいかなるものであろうか。

　鳥羽僧正筆とつたえられる『鳥獣戯画巻』（高山寺蔵）第四巻にある山僧修法の図には、この角大師を本尊として、呪文をとなえているところがえがかれている。これが元三大師講で、おそらく仏教的大師講の原型であろう。ところが霜月二十三日の民俗的大師講と十一月二十四日の天台大師講がちかいために、この元三大師の大師講は天台大師の大師講に変化したものとおもわれる。したがって大師講の信仰は、すでに平安時代末にはできていたと断言することができよう。しかも元三大師信仰というものは、おそらく比叡山の山の神信仰が変質したものとおもわれるのである。比叡山には神格化された山神として日吉山王社があるが、別に一目一足の霊物が山中を巡行するとの信仰もある。すなわち祖霊と一体視される原始的な山神の霊格が、この角大師信仰を生んだと解釈することができる。そこには祖霊を鬼の形で表象する宗教観念が先行して、これに節分に来訪する鬼や、小正月の夜に来訪するナマハゲがむすびついた。じつは大師講の前後には、恐ろしい姿の霊物の来訪がいくつか見出されるのであって、その一つが十二月八日のコト八日（八日節供、サンヨリ送り）に来訪する一目小僧・一眼の鬼・疫病神・疱瘡神・厄神・ダイマナコ・ヨウカゾウ・ミカリバアサンなどとよばれる妖怪である。この妖怪については柳田國男翁も「土穂団子の問題」（『民間伝承』第十二巻八・九合併号、昭和二十三年）で注意され、石井進氏も「ミカリバアサンの日」（『民間伝承』第十二巻三・四合併号、昭和二十三年）でのべられたように、十一月二十五日とも十一月晦日または丑の日、十二月五日などともいい、十一月下旬から十二月上旬にかけての行事である。これは奄美諸島の宝島で有名な七島正月の、十一月二十六日から十二月六日まで位牌をまつる先祖祭とおなじ祭儀である。先祖祭にともなう厳重な忌み籠りは安房・上総の地方で、旧十一月二十六日から十二月五日までおこなわれるミカワリ神事にものこっている。

このように大師講の角大師と、コト八日のミカリバアサン・ダイマナコなどは、その始源を一にするもので、新穀をまつる新嘗の夜に、子孫を来訪する祖霊の、霊威にみちた畏怖的表象であったということができよう。

以上、大師講を一例として仏教と民俗の関係をのべたのであるが、仏教の庶民的受容は仏教の民俗化によって可能であった。したがって常民の基層文化に根ざした思考形式や宗教観念を無視しては、日本に仏教の普及はありえなかったし、その実態と本質は民俗化した仏教を通してあきらかにされるであろう。

参考文献
杉浦健一　「民間仏教習俗」（『仏教考古学講座』雄山閣、昭和十一年）。
池上広正　「盆火の行事」（同右）。
諸戸素純　「各宗行事作法の由来」（同右）。
五来　重　「仏教と民俗学」（『仏教民俗』一、昭和二十七年、本巻所収）。
柳田國男　「大師講の由来」（『日本の伝説』春陽堂書店、昭和七年、『定本柳田國男集』第二十六巻所収）。
柳田國男　『年中行事』（日東出版社、昭和二十四年、『定本柳田國男集』第十三巻所収）。
柳田國男　「十穂団子の問題」（『民間伝承』第十二巻第八・九合併号、昭和二十三年、『定本柳田國男集』第十三巻所収）。
石井　進　「ミカリバアサンの日」（『同』第十二巻第三・四合併号、昭和二十三年）。
堀　一郎　『遊幸思想』（育英書院、昭和十九年）。
　　同　　『民間信仰』（岩波書店、昭和二十六年）。

日本仏教の民俗性

一

仏教は本来、智慧の宗教といわれる。その究極の理想たる菩提（覚）は一切智ないし正遍智であって、これにいたる到彼岸の手段もまた般若（智慧）であるといわれる。空観といい中道といい、諸法実相というのも、思弁的な哲学体系にほかならないもので、その論理的構成は間然するところがないほど緻密である。しかし仏教がこのような高度の哲学体系だけにとどまるかぎりは、過去においてもインドにまたがる普遍的宗教とはなりえなかったであろうし、また現今のようにアジア各地にひろがる世界仏教とはならなかったであろう。すなわち、この宗教が伝播していった地域の民衆にうけいれられるためには、それぞれの民族宗教との習合と同時に、その社会生活への同化、すなわち民俗化がおこなわれなければならなかった。その結果として、アジア各地には教主・経典をおなじくしながら、その教団組織も信仰形態も、儀礼も実践もまったく異質的な、民族的仏教が存在することになったのである。

もちろんこのような仏教の現象形態は、釈尊のかんがえた仏教本来の理想像からはほどとおいものであるにちがいない。したがって根本仏教的な理念と理想を追求する仏教者たちが、現実の目前にみられる葬式や、呪術や年中行事（盆・彼岸など）などの民俗仏教にまつわる夾雑性と卑俗さに、嫌悪を感ずるのは当然であろう。われわれはその理想主義を尊重するものであるし、仏教信仰の純粋化への努力を評価するのにやぶさかではない。わが国の仏教の歴史をかえりみても、仏教の卑俗化にいろいろの形で抵抗した、祖師高僧があったことも事実である。しかしそれは法然、親鸞、明恵などとその数はあまり多くない。そして祖師高僧のなかには、いかにして仏教を日本民族のものにするか、ということに工夫をこらした人々も多かった。たとえば弘法大師や行基、空也や良忍、一遍などはこの方であったろうとおもう。もちろんこれらの二派の祖師たちは、それぞれのセクトに立って異なる形の仏教をうちだしたが、これをうけとった民衆の信仰形態には、それほどの相違があったとはおもえない。それは日本民族の常民社会にうけいれられるかぎり、当然うけるべき民族性の制約があった。そのような庶民信仰化を、堕落とか不純とかと評価するわけにはゆかない。われわれはこのような仏教の変容を、歴史的必然性とみることによって、民俗仏教のなかに、現実的な日本仏教の基本的類型を見出すべきである。

現在の日本仏教は、かぎられた数人の宗教的天才のあたまのなかにえがかれた理想像ではなくて、同時代的には数千万の、歴史的持続のなかでは何百億かの、平凡な大衆の生活と信仰がつくりあげた成果で、いわばぎりぎり決着の歴史的現実なのである。それは大衆の卑俗性に制約されて卑俗化するのは当然であるけれども、大衆の生活にしっかりと根をおろした仏教であることは否定できないであろう。

たしかに民俗仏教への反省は、現代仏教の当面した大きな課題の一つである。葬式と呪術と年中行事だけが民俗仏教のすべてではないが、現実に現代日本仏教のレーゾンデートルが、これらの民俗にあることは、何人もみとめないわけにはゆかない。これらは仏教の宗教性や社会的機能と別物ではないのである。しかも、宗教的人間の内観や自覚だけを純粋な宗教とする理想主義の立場からは目のかたきにされ、現代仏教をささえる若い仏教者の煩悶とジレンマの種となっている。しかし理想と現実の対決は、それ自体が宗教に課せられた永遠の課題であって、二者択一でかんたんにわりきれるような、なまやさしい問題ではない。それゆえここでは現実に存在する民俗仏教の本質と、これが成立する歴史的必然性について一応の考察をこころみ、現代仏教の反省に、一つの素材を提供することとしたい。

二

「民俗」ということばは平安時代の格符《きやくふ》の用語例では、人民という意味にもちいられたが、明治以後ヨーロッパの民俗学（Folk-lore, Volkskunde）がはいってからは「民間伝承」を指すことばになった。すなわち啓蒙された合理主義だけを生活の信条として、一切の伝統を排除する一部の知識人をのぞいて、普通一般の常民（folk）はおおむねその民族や社会の歴史的伝承、あるいは慣習にしたがって生活（物質生活・社会生活・精神生活）をいとなむものである。その伝承も言語伝承、行為伝承、心意伝承などのいろいろの形があるが、歴史的に形成された文化現象はこのような民間伝承、すなわち民俗の規制をうけないわけにはゆかない。したがって日本仏教もその例外ではなかったのである。すなわち民俗はその民族に固有の基層文化であり、基本的な文化類型をあらわす、というのが今日の文化人類学の帰結である。仏教がわが国につたえられた当初は、おそらく大陸からの渡来人または知識人（僧侶・貴族）の独占物であったろう。しかしその信仰が古代国家の宗教政策や、教化僧・私度僧の活動で一般大衆のあいだに浸透するとともに、基層文化との交流がはじまり、ここに仏教の民俗化が進行したのである。これをうらがえしていえば、民俗化することなしに、大衆への仏教普及はありえなかったわけである。

ここで注意しなければならないことは、基層文化、民族文化のにない手である常民は、かならずしも無知な被支配階級だけを指すのではなく、外来文化や合理主義よりも、民族の伝統にしたがって生活しようとする貴族や支配者をも包含する。したがって深遠な仏教教理の理解の上に立って仏教を信仰した少数の知識人のほかは、大部分が仏教の民俗的受容者であった。その少数の知識人である南都諸大寺の学僧でも、月の半分は本寺におり、あとの半分は山寺にはいって山林修行し、わが国固有の山岳信仰と仏教をむすびつけて、民俗的信仰の要求にこたえた人々もすくなくなかった。また金光明経や法華経・仁王経などの経典の教理内容よりは、経典の呪力によって鎮護国家の祈願をする信仰も民俗的である。大般若経の転読によって、祈雨・治病・攘災・鎮宅などを祈願することは、般若空観の理解よりは、目に見えぬ悪霊を「空ずる」呪力にたよろうとする呪術信仰であるかぎり、民俗的信仰といわざるをえない。もちろん経典の流通分には、その経典の受持・書写・読誦の功徳や造寺・造塔・造仏の利益を説くが、このような作善が教理的理解となんら関係なくおこなわれるばあいは、やはり呪術信仰といわねばならない。

このような呪術信仰は密教受容のばあいにいっそう顕著で、護摩法・請雨法・七仏薬師法・熾盛光法《しじょうこうほう》などは、貴族や支配階級によってさかんにおこなわれたにかかわらず、顕教のばあいとちがって形式的な講経・論義・開題もなく、直接的に呪術そのものに依存したのである。だからそれはかならずしも仏教でなくともよかったわけである。それだけ平安時代の仏教が、奈良時代より退歩したかに見えるのは、民俗化が進行したためで、同時に沙弥・優婆塞の歴門仮説によって、雑信仰的に民衆のあいだにひろく浸透したのである。また菩提心を発得し、正しい仏教信仰の獲得を証明する受戒や灌頂でも、これを皇族・貴族などにたいしておこなうばあいも、庶民にたいしておこなうばあいも、多くは治病もしくは死後安楽の呪術のためでしかありえなかった。これは正しい念仏者として有名な藤原兼実が、法然にたいしてもとめた受戒についてもいわれることである。

念仏信仰については、とくに民俗化の傾向がいちじるしいことはよく知られる。これはいかなる無知な民衆でも実修しうる易行道であるから、いっそう民俗化しやすかった。したがってそれだけに、純粋な信仰の獲得はむずかしかったといえる。そのために専修念仏の主張がおこって、民俗的念仏の呪術性を排除しようとしたのである。しかし専修念仏の祖師高僧たちの努力にもかかわらず、ただひとえに弥陀の本願を信じて、ひたすら念仏に生きる純粋な念仏信仰が、いかに困難なものであったかは、浄土各宗の現実の歴史がよくしめしている。そして念仏の普及は、専修念仏の祖師の意図したものとは反対に、本願の念仏よりは死後安楽の葬式の念仏や、雨乞・風よけ・虫送りの念仏、盆・彼岸・十夜などの年中行事の念仏、疫癘をさける百万遍念仏や、大念仏・六斎念仏・踊念仏などの芸能的念仏の普及となってあらわれている。もちろん法然、親鸞、一遍などの純粋な念仏のためには、民俗的念仏とたたかわねばならないであろうが、それは一をとって他をすてるという、二者択一の選択ではなかった。すなわち民俗的念仏は、念仏がわが国の常民に受容されるための宿業のごときものであって、菩提にたいする煩悩、真如にたいする無明の位置を占めるものであろう。それは煩悩即菩提の高次的立場において評価さるべきものであって、同一次元において克服し排除さるべきものではない。純粋な信仰の念仏に対立するアンチテーゼであるとともに、これが現実化するためには、民俗的念仏を媒介しなければ実現できないものである。しかもそれは、念仏の庶民的形態として評価される必要がある。

要するに民俗的仏教は、純粋な仏教の本質にたいする現象面として、歴史と現実のなかにあらわれてくる。それは罪業深重の大衆の現実的生活のように、不純な夾雑物にみちみちているけれども、大衆をうごかす現実の力をもっている。一般に大伽藍やすぐれた仏像・仏画などの文化財も、貴族的な芸術作品として民俗的基層文化と区別されるが、その制作の動機や、これをささえてきた信仰は、路傍の民俗的堂宇や石仏・石塔と大きなへだたりはない。すなわち歴史にあらわれたかぎりでは、一部の知識人をのぞけば、貴族も庶民も常民性においては同一であり、民俗的仏教の支持者であったといいうる。ただ素材とか芸術性とか、経済的規模の大小などの外的諸条件がちがっていたにすぎない。

私はつぎに実例をもって貴族的仏教と庶民的仏教に共通する民俗性をあきらかにしたいとおもうが、これは貴族文化が下降していって庶民文化になったとか、庶民文化は貴族文化の模倣であるというような、文化沈降説に与するのではなくて、この両種の文化が共通の基層文化から発生したものであることを立証したい。これは「仏教」と「民俗」という二つの命題を対立的にかんがえるのでなくて、信仰としても文化としても仏教が現象化するかぎりは、民俗性をはなれることができない、ということをしめす意図にほかならないのである。

三

日本仏教と民俗の関係を考察するには仏教史の全般にわたって考察しなければならないが、私はつぎのような諸項目に分けて説明することにしている。

1　仏教年中行事
2　常時または臨時の法会（祈禱と供養など）
3　葬送習俗（葬式、年忌、墓地、塔婆など）
4　仏教講（同族講、地域講、普遍講、葬式講など）

5　仏教芸能（顕教系、密教系、浄土教系など）
6　仏教伝承（縁起、唱導、奇蹟など）
7　仏教俗信（呪禁、禁忌、予兆など）

しかしいまは誌面の都合で仏教年中行事だけをとりあげて、日本仏教の民俗性を説明する、作業例としようとおもう。

仏教年中行事は修正会、修二会、節分会、涅槃会、彼岸会、灌仏会、盂蘭盆会、十夜会、大師講などの寺院行事や、日待月待、夏祈禱、虫送り、寒行など寺院をはなれておこなわれるものなどが、地域や宗派によって種々ちがった名称・俗称でおこなわれる。

すべて宗教が一民族の生活にとけこむためには、その生産活動に応じた年中行事に同化する必要がある。これは仏教の民俗化の第一歩であって、信不信にかかわらず、季節の折目ごとにくりかえされる社会的慣習のなかにくみこまれて、持続するのである。すなわち、その民族に本来固有の生産と生活感情、社会制度または宗教意識と結合することによって、それは実現される。仏教年中行事もはじめは大陸の模倣で、灌仏会と盂蘭盆会をおこなったが、これはまもなく民俗化したばかりでなく、修正会、修二会のように、すすんでわが国独自の仏教年中行事がつくりあげられた。仏教年中行事のうちで、もっともはやく歴史にあらわれるのは、いうまでもなく、推古天皇十四年（六〇六）の四月八日と七月十五日の設斎《おがみ》で、これが灌仏会と盂蘭盆会であることはたしかである。盂蘭盆会が公式の年中行事になるのは天平五年（七三三）からで、灌仏会にいたっては平安時代にはいってからである。しかもこれらが花をもって山神山霊をまつり、瓫《ほとき》をもって祖霊をまつる民俗と結合して、年中行事化したものである。また大陸にまったく先例をもたないにもかかわらず、はやくから仏教年中行事として朝野に普及したものが修正会、修二会である。これは奈良時代にはじまって連綿としておこなわれ、現在も諸大寺はもとより無住の村落共有堂にまで、オコナイ・お禱《とう》・大荘厳《だいしょうごん》などと称して民俗化しており、仏教と民俗の関係をしめす典型的な行事なので、これをとりあげて説明したい。

この行事はわが国の正月の民俗行事が仏教化して、諸大寺や国分寺の公式行事となり、宮中では御斎会《ごさいえ》（顕教）および後七日御修法《ごしちにちみしほ》（密教）として、正月八日から十四日までの一七日《いちしちにち》間おこなわれた。これに舞楽、散楽、田楽などがくわわって、いっそう大規模な行事となっていった。その代表的なものが東大寺二月堂修二会、俗称「お水取り」や、薬師寺金堂修二会、俗称「花会式」などである。しかしその根本は正月の祖霊祭と、農耕予祝の民俗にすぎなかった。天平宝字三年（七五九）六月二十二日の慈訓《じくん》奏上（『続日本紀』）によれば、このころすでに天下の諸寺に正月悔過がおこなわれており、これにたいしてすべての参籠僧には七日間の官供が給せられていたことが見える。東大寺の修二会も天平勝宝四年（七五二）に始行されたというから、民俗的にはもっとはやくからおこなわれていた。これを国家が公式の法会として修正の吉祥天悔過を制定し、諸国国分寺で修せしめたのは、神護景雲元年（七六七）（『続日本紀』）または同二年（『類聚国史』、仏道五）であった。

ところでこの法会が奈良時代・平安初期に具体的に、どのような形でおこなわれたかはわからないが、永観二年（九八四）に書かれた『三宝絵詞』（巻下）には、

> 此月ニハ湯アミイモヒ《（潔斎）》シテ、モロモロノヨキ《（浄）》コトヲオコナヘリトイヘリ。（中略）オホヤケ《（官）》ハ七ノ道ノ国々ニ法師尼ニ布施ヲタビ《（給）》テツトメイノラシメ、私ニハ諸々ノ寺々ニ男女ミアカシ《（燈）》ヲカカゲテアツマリオコナフ。（中略）身ノ上ノコトヲ祈リ年ノ中ノツツシミヲナスニ、寺トシテオコナハヌナク、人トシテキヨマハラヌナケレバ、年ノハジメニハ国ノ中ニ善根アマネクミチタリ。

とあるように、官寺・私寺にもれなくおこなわれて、湯アミ（沐浴）とイモヒ（潔斎）が最大の条件であった。この潔斎を仏教化したものが吉祥悔過、十一面悔過、薬師悔過、阿弥陀悔過などの悔過法要である。これが固有信仰の禊祓に根ざしたものであることは説明するまでもない。またこの法会を特徴づけるものは壇供《だんぐ》の餅と花であって、これを献備するのは、寺領荘園の民から差定《さじよう》された荘厳頭《しようごんのとう》であった。これは氏神をまつる宮座の、仏教化したものであるとかんがえられる。壇供の餅については『今昔物語集』（巻十九）の「以㆓仏物餅《ノ》㆒造《リ》㆑酒見《ユル》㆑蛇《ト》語第廿一」に、

修正ナド行《(おこなう)》ニモ必ズ此ノ僧ヲ導師ニシケリ、其ノ行ヒノ餅ヲ此ノ僧多ク得タリ、

とあり、これを導師衆僧に配分した。『高野春秋』はいかなる史料によったかわからないが、寛治五年（一〇九一）正月朔の条に「一升二枚餅二百」とのせ、『又《ゆう》続宝簡集』（巻十八―二十三）は、延慶三年（一三一〇）から貞和五年（一三四九）にいたる「御修正壇供支配注進状」をあげて、荘園より献備の修正餅二千枚を配分する方法をしている。

現在でも東大寺修二会（二月堂お水取り）の壇供は、上七日《じようしちにち》に三石、下七日《げしちにち》に三石と計六石の餅を献備することなど、この法会における餅は、奈良時代以来不変の荘厳であったとかんがえなければならない。一方、前掲『今昔物語集』の修正餅のように、村落の堂宇でおこなわれる修正のオコナイにも、餅の壇供は必須の条件である。これを藤蔓などでゆわえて堂の長押にかけならべ、鏡餅・ミカガミ・鎮メノモチ・鬼ノメダマ・タイヘイ（大餅）などとよぶことは現在全国に例が多い。これはのちにのべる「荘厳の花」とともに、村人がいただいて家族と共食するが、この餅の分割を鬼（祖霊の出現とかんがえられる）が出て「餅切り」の儀式をおこなう地方もあり、「鬼ノメダマ」の名称も祖霊のミタマノフユ（恩頼）を訛ったものと私は解釈している。すなわち正月の餅の民俗がもっと

も原初的な形で、この仏教的年中行事のなかに保存されてきた姿を見ることができる。しかもこの餅の前の段階は稲穂であったらしい。というのは宮中で、太極殿を道場としておこなわれた国家的修正会の御斎会では、昼は最勝王経を転読し、夜は吉祥天悔過をおこなったが、南庭に束ねた稲穂のにほ（稲積）を立てていた。この光景が平安末期の『年中行事絵巻』にえがかれている。これなどは正月に年穀（とし）にシンボライズされた祖霊をまつり、そのミタマノフユによって新しい一年の生命を更新するという民俗信仰を、もっとも具体的にしめしたものといえる。だから収穫された年穀をもって餅をつくり、これを饗《あ》えて祖霊の分霊を身体の中腑に鎮める鎮魂（タマフリ）の儀礼が、正月行事の中心であった。この鎮魂の前提として、過去一年のもろもろの罪穢をはらう潔斎が、仏教的な悔過法要となったものである。したがって修正会の悔過は、仏教の諸尊を本尊としながら『三宝絵詞』がのべたように、民俗信仰の忌籠り（イモヒ）と禁欲（ツツシミ）と精進（オコナヒ）と潔斎（ユアミ）をふくんでいたのである。

ところで修正会の餅は、室町時代から江戸時代には花餅《けびょう》とよばれており、現在もハナモチ、ハナビラモチ、ベラベラモチの名で正月の田楽や神楽につくる地方がすくなくない。これは修正会、修二会の荘厳に、餅と花が必須であることをあらわすものであるが、いまも正月の民俗にモチバナ（マユダマ・ヤナギ）がもちいられることと対応するものである。平安時代の『三宝絵詞』では、修二月会をのべて、

> 此月ノ一日ヨリ、モシハ三日五夜七夜、山里ノ寺々ノ大ナル行也、ツクリ花ヲイソギ、名香ヲタキ仏ノ御前ヲカザリ、

といい、造花をかざったことがわかる。現在でも東大寺修二会の荘厳には、椿の造花と南天の実の供蓋《くがい》（繖《きぬがさ》状の造花かざり）をもちいる。薬師寺の修二会は「花会式」（現在は三月末より四月はじめにおこなわれる）とよばれ

るほど造花が顕著で、梅・桜・桃・山吹・百合・杜若《かきつばた》・藤・牡丹・菊・椿の十種十二瓶の精巧華麗な造花が、白鳳の薬師三尊の御前をかざる。これを寺では、この季節に生花がないから造花にしたなどと説くけれども、『三宝絵詞』の時代から「ツクリ花」だったのである。これは造花がケヅリカケや御幣の風流《ふりゅう》化したもので、祖霊の依代だったからであり、餅とおなじ機能をもつものであった。『三宝絵詞』はこの花を、

経ニ云、花ノ色ハ仏界ノカザリ也、モシ花ナカラム時ハマサニツクレル花ヲ用ルベシ。

と何経か不明の経文を引いている。しかしすくなくも修正会がわが国の民俗としての正月行事であるかぎり、造花をもちいることはきわめて自然のことであった。兵庫県加古川・鶴林寺の修正会の造花のように、造花は「稲の花」とよばれることがあり、ケヅリカケは粟穂《あわぼ》稗穂《ひえぼ》とよばれ、餅は餅花につくられる。御幣は三河花祭などではハナノミグシと称し、「花育ての唱言」で豊作祈願をする。正月オコナヒのつくり物も、五穀でいろいろの造型をおこなうから、花が稲の花または穀物一般の花（あるいは穂）で、農耕儀礼の対象であることはうたがいがないのである。すなわち正月に「花正月」の呼称があるように、正月は豊作祈願の農耕儀礼をおこなう季節であった。ところがさきにものべたように、餅を祖霊のシンボルとする祖霊祭と、豊穣予祝の農耕儀礼とは、祖霊と穀霊を一体とするわが民族の原始信仰では、なんら矛盾しなかったのである。ところが祖霊と穀霊の二つの霊魂観念の分化にともない、正月には祖霊祭に重点が置かれ、二月には穀霊に重点が置かれるようになった。これがただちに仏教年中行事に反映して、餅の壇供を中心とする修正会と、花の荘厳を中心とする修二会とが分化したものと推定される。

以上のごとく仏教年中行事の修正会、修二会をとりあげても、仏教の民俗化にはその民族に固有の、生活や生産や儀礼がその根源にあって、仏教以外の宗教観念が潜在することを知ることができよう。しかも以上は年中行事のなかでも、正月行事の仏教化だけをとりあげたのであるが、おなじような構造は涅槃会にも春の彼岸会にも、仏生

会（卯月八日）にも見られる。旧暦の春彼岸はだいたい二月半ばで、涅槃会と重なるけれども、彼岸会そのものは日本ではじめられた仏教年中行事にほかならない。これが農耕のはじめにあたって太陽をまつる行事であったことは、「日の伴《とも》」や「日天願《にってんがん》」の民俗に見られ、彼岸の名称そのものも、私は「日の願《がん》」から出たものだろうと推定している。あるいは仏生会も宮中・諸大寺の灌仏会とちがって、この日は民衆が山登りする日であって、多くの山ではこの日を「山開き」とする。これは山におる祖霊に花をあげたり、山の花に祖霊をのせて里にむかえる行事が根本にあって「花祭」となったのである。したがって民衆の花祭は多く山寺でおこなわれた。そこからこの日「種籾《たねもみ》」と杉の枝をもらって帰る風も、但馬《たじま》などにのこっている。

このように見てくると、年中行事ひとつとりあげても、日本における仏教の受容は、従来の仏教史ではとても解決できないことがわかるであろう。況や僧侶が葬送に関与し、経典の読誦や受戒によって死霊を引導し、念仏によって極楽に往生させるといっても、日本人に固有の霊魂観念や葬送習俗がその基礎をなしていることは否定できない。したがって日本仏教の本質をあきらかにしたり、日本仏教の歴史現象を解釈するばあい、庶民に伝承された民俗を無視するわけにはゆかない。また日本の民俗はあまりにも仏教と結合してしまったので、民俗学そのものも、仏教民俗を資料として分析、解明する必要のあることも、つけくわえておきたい。

II　仏教民俗学の方法論

日本仏教民俗学論攷

序　論

一

仏教は本来智慧の宗教といわれ、その究極の理想たる菩提は一切智ないし正遍智であり、これにいたる到彼岸の手段もまた般若（Prajñā）である。仏教が空といい、中道といい、諸法実相というのも、宗教的実践を通して認識さるべき大乗仏教の哲学的理念であって、仏教的世界観はつねに智慧の思弁性の上に立つ哲学体系でなければならない。

しかし仏教がこのような高度の哲学体系にとどまるかぎり、アジアの大部分をおおうほどの広大な地域の民衆に受容されなかったであろう。すなわちこの宗教は伝播した地域の支配者や知識階級のみならず、社会の底辺をなす無知な民衆にもひろくうけいれられて世界宗教となったのであるが、これはそれぞれの地域の基層文化や民族宗教と結合し、その社会への同化――すなわち民俗化がおこなわれることによってはじめて可能であった。その結果としてアジア各地には教主・経典をおなじくしながら、その教団組織も信仰内容も社会化形態もまったく異なった異質的仏教が、併立・混在するようになったのである。

もちろんこのような仏教の現象形態は、仏教本来の理想像からは、ほどとおいものであるにちがいない。したがって根本仏教的な理想の純粋性を追求する知性的な仏教者が、われわれの周囲に現実にみられる呪術や、葬式や、年中行事や俗信だけの民俗的仏教の卑俗性や夾雑性に嫌悪を感ずるのは、当然のことといわなければならない。わたくし自身もその理想主義を尊重し、仏教の純粋化、信仰の合理化への努力に大いに期待をかけるものである。実際にわが国の歴史をかえりみても、仏教の卑俗化にいろいろの形で抵抗した祖師・高僧によって、日本仏教の生命は更新されてきたといえるのである。

しかし注意しなければならないことは、仏教の卑俗化の否定は、ただちに仏教の民族宗教化と庶民信仰化の否定を意味するものではなかったということである。すなわち仏教を純化するために、あたらしい宗派をうちたてた祖師たちは、日本仏教そのものを否定したのでなくて、むしろこの国にもっとも適合し、かつこの民族にうけいれやすい仏教の確立を目指していたといわなければならない。いうまでもなくこれらの祖師たちは、それぞれのセクトに立って異なる形の仏教をうちだしはしたが、これをうけとった常民の側の信仰内容と社会化形態には、祖師が期待したほどの大きな変化があったとはおもえないのである。それは一貫してかわらない日本民族によって、その常民社会にうけいれられるかぎりは、当然うけなければならない歴史的・地理的・社会的制約がつねに存したからにほかならない。このような仏教の民族化と社会的浸透をわれわれは「民俗化」とよぶわけであるが、これをただちに仏教の堕落とか不純化と評価することはできないとおもう。われわれはこのような仏教の日本的変容（acculturation）を歴史的必然とみることによって、民俗化された仏教のなかに現実的な日本仏教の基本的類型を見出すべきであると信ずる。

現在、われわれの周囲にみられる仏教というものは、かぎられた一部の宗教的天才の頭脳のなかにえがかれた理想像からはほどとおいが、同時代的には数千万の平凡な常民、歴史的持続のなかでいえば数百億の平凡な大衆の日々の精神生活と社会生活がつくりあげた、ぎりぎり結着の歴史的現実でなければならない。それはたしかに大衆の卑俗性に制約されて卑俗化したことは事実であるが、同時にそれは社会的儀礼（葬式や農耕儀礼、通過儀礼）や年中行事（盆・彼岸・十夜・花祭・修正会・修二会など）、仏教講・仏教伝承などを通して、大衆の生活にしっかりと根をおろした仏教であることも否定できないのである。

たしかに民俗的仏教、葬式仏教への反省は、現代仏教の当面した大きな課題の一つである。呪術と葬式と年中行事と講と俗信だけが民俗的仏教のすべてではないけれども、現実の問題として現代仏教の社会的レーゾンデートルの大きな部分が、これら民俗にささえられていることは、残念ながら何人もみとめないわけにはゆかないであろう。したがってそれがいかに卑俗で迷信的でうすぎたない現象であっても、仏教研究の課題から除外されてよいはずはない。むしろ仏教の現実面をあつかう歴史的研究にとっては欠くべからざる重要な課題であり、仏教の社会学的研究からも無視さるべきではない。ところが従来この問題は、宗教的人間の自覚や内観や啓示だけを純粋な宗教現象としてあつかう理想主義的な立場からは目の敵にされ、真面目に仏教をささえる知的な仏教者の煩悶とジレンマの種となっているのは皮肉というほかはない。わたくしは多年、仏教関係の大学に職を奉じて、仏教の理想と現実になやむ多くの学生と、これを敗北主義的なあきらめで解決する学生を、いたいたしい眼でながめてきたものである。彼等は仏教の理想をいかにたかくかかげても大部分の僧侶、いわば常民的な僧侶は食べてゆけないのに、祈禱と葬式をすれば寺院経済はけっこう成り立つという現実（それは歴史的にもそうであった）に「何故か」という素樸な疑問をもち、科学的分析をもって対決することをしなかったのである。

けれども理想と現実の対決はそれ自体が宗教に課せられた永遠の課題であって、二者択一的に安易にわりきれるなまやさしい問題ではない。この対決をふかくひろく、なやみくるしんではじめて偉大な宗教的人格が獲得される。しかしわたくしはそのような宗教的実践の問題をここにとりあげようとするのではなく、科学的立場（とくに歴史学的立場）から現実に存在する民俗的仏教の諸現象を客観的にとりあげ、その忠実な記述をこころみるとともに、民俗的仏教（それを庶民仏教とよんでもよい）の本質とその歴史的成立過程をあきらかにしたい。そしてまた日本仏教史の立場から、このように日本仏教を民俗化したいわゆる庶民仏教家（それは行基・空也・良忍・一遍などのように名のある仏教家ばかりでなく、俗悪な勧進行をつづけた無名の勧進聖をふくむ）をとりあげ、彼等がどのような形で庶民の要求にこたえていったか、そしてそれが歴史上のいかなる時点で社会的展開をみたかという問題についても、できるかぎり民俗学的方法による解明をこころみたいとおもう。

二

つぎにわたくしは、本論文の論題に「日本仏教民俗学」という一般に熟さない学術的名称をかかげたことについて、一応の弁明をしておきたい。このような学問の一分野が確立されるかどうかは、わたくしとその協同者の今後の業績によって決定さるべきことはいうまでもないことである。しかしかえりみて、わたくしの過去三十年になんなんとする仏教学の研究歴のなかで、このような領域をひらかざるをえない必然性に到達したのであって、それは仏教史学や民俗学の多くの先覚者にみちびかれながら、ようやくここにたどりついた感がある。しかし問題は今後に多くのこされており、この学術的名称の成立も消滅も、わたくしに課せられた責任としてうけとる覚悟である。

わたくしは元来仏教とは無縁の俗家にうまれて、ただ自由思想家的関心で仏教（とくにインド大乗仏教）に興味をもったのであるが、そのすぐれた哲学体系と現実の日本仏教とのあいだに、越えがたい大きな矛盾のあることに気付いた。そしてこの二つの仏教の矛盾がいかにしておこったかという問題の解明に興味をもち、日本の庶民仏教の歴史的研究へと百八十度の転換をしたのである。したがってわたくしは、はじめ仏教と日本文化との文化接触(culture-contact)の問題として神仏習合をとりあげたのであるが、これはいうまでもなく神道と仏教というような二つの対等の宗教が結合したというような単純なものではなく、仏教が日本の基層文化のなかに組み込まれて常民に受容されてゆく過程の歴史現象に名づけた名称にすぎないのである。民俗学(ethnology)や文化人類学(cul-turalanthropology)はこれを文化変容(acculturation)と名づけるが、神仏習合の歴史的解明は必然的に日本の基層文化の解明をよびおこすことは自明であり、日本の基層文化の解明こそは日本民俗学(folklore of Japan)の学問的任務である。

このようにしてわたくしはあらためてわたくしの周囲を見なおしたとき、常民の日常生活を支配しているありふれた民俗現象のなかに、いかに仏教的民俗が多いかにおどろいたのである。しかしそのような仏教的民俗は日本民俗学の分野からは、仏教は外来文化であるから民俗学の守備範囲外にあるものとしてかえりみられず、民俗採集の項目からもすてられておったものが多い状態であった。また一方、仏教側も仏教的民俗が大部分僧侶の手によって管理され、寺院を場としてとりおこなわれておるにかかわらず、学問的研究の対象としてとりあげようともしなかったのである。それどころか仏教的民俗を採集記述するだけでも敬虔な仏教者からは罰当りとされ、仏教の傷にふれるような嫌悪をもってみられたこともあったようである。それはわたくしには解剖をこばむ病理学のような印象をあたえるが、事実は仏教的民俗ほど常民のなまなましい人間性を露呈するものはないし、あたたかい人間味を感じさせるものもないのである。ただ日本民俗学も盆行事はよくとりあげたし、仏教側も盂蘭盆会だけは仏教民俗学の立場からでなしによくとりあげてきた。しかしそれは偽経とされる仏説盂蘭盆経（報恩奉盆経・大盆浄土経）や玄応音義巻十三の説などで説明されるだけで、日本の民間で現実におこなわれている祭壇や供物や伝承などの現象形態と信仰内容は無視されていた。そこには仏教行事はすべてインド伝来で、釈迦の金口より出た経典にもとづいたものであるという素樸な文化伝播説が支配しており、また民間の行事は宮廷や寺院のおこなったものを、民衆が「あやまって」模倣したとする沈降文化説が底流にあったわけである。

わたくしが神仏習合の問題から仏教的民俗に注意をむけはじめたとき、日本民俗学の父である柳田國男氏の「盆と行器《ほかい》」なる学術講演をきいた感動をわたくしはわすれることができない。すなわちそれは、盂蘭盆の供物とその容器が日本民族に固有の霊魂観念と農耕儀礼から出たもので、なんら仏教に関係のないものであり、倒懸（ullam-bana）から出たものではないということを、豊富な民俗資料によって証明したものであった。これは昭和十二年（一九三七）五月であったが、当時、京都大学では西田直二郎教授の文化史学の主張が人間生活の基底を解明する科学として民俗学を重視していたときで、京都大学民俗学会が大きな勢力分野を結成し、柳田國男・折口信夫両氏の民俗学講義が隔年に開講されていたのは、わたくしにとってまことに幸いであった。すなわち、インドの仏教における高度の哲学体系と日本の庶民仏教とのあいだによこたわる越えがたい断層という最初のわたくしの疑団は、インドと日本の中間に西域や中国や朝鮮の異質文化が介在して次第に変化したという理由のほかに、それぞれの仏教受容民族の固有文化――民俗学のいう基層文化――との接触と習合による変容として理解されるようになった。しかもこの民族に固有の基層文化を伝承保持したのは、外来文化の摂取に敏感な支配階級やこれに奉仕するハイカラな知識階級ではなくて、名もない一般の民衆――民俗学でいう常民（folk, Volk）――であり、常民の伝承する基層文化がすなわち、われわれの日常生活に見る民俗現象なのである。したがって日本仏教の成立はけっして常民の伝承する民俗と無関係ではありえないし、とくに庶民仏教にいたっては民俗信仰と無縁ということはできないのである。

三

現在、民俗学はアメリカに発達した文化人類学（culturalanthropology）の一翼をになうものとして社会学的研究に援用されることが多いのであるが、この学問の発祥は歴史科学（historical science）にあった。すなわちイギリスにおける民俗学の理論家であるローレンス・ゴンム（Laulence Gomme）は『歴史科学としての民俗学』（*Folk-lore, as a Historical Science*, 1905）において、民間古俗（popular antiquities）の研究を通して人類の過去をあきらかにするのが民俗学であると主張している。したがって民俗学は現存する伝承（contemporary traditions）を資料としてとりあつかうけれども、それは過去の文化の残存（survivals of the past culture）であるから、これを科学的方法によって処理すれば人類なり民族なりの歴史をあきらかにすることができる。それは考古学が地上や地下に残存した考古資料を復原したり、様式的排列をして歴史をあきらかにするとおなじことである。いうまでもなく民俗学者は考古学者がそうであるように、民俗学を独立の科学としてあつかうのであるが、われわれ歴史学者としては、民俗学も考古学も一般歴史学の補助学科としてもちい、できるかぎり文献史学との協同をはかるべきであろうとかんがえている。

ドイツでは民俗学（Volkskunde）を一般に文献学的歴史学的科学（philologisch-historische Wissenschaft）のなかに分類しており、二十世紀のドイツ歴史学方法論を代表するベルンハイム（E. Bernheim）もその名著『歴史学入門』（*Einleitung in die Geschichtswissenschaft*, 1920）の史料学（Quellenkunde）の章で、史料（観察史料・報告史料・遺物史料）のうちの報告史料の部に民俗学の伝承（Tradition または Überlieferung）を位置づけ、また別に風俗・習慣・制度の残存を遺物史料に分類したのは有名なことである。すなわち、ヨーロッパでは二十世紀初頭から民俗学は歴史科学として確固たる地歩をあたえられ、民俗資料は歴史学の史料として利用されてきたのであって、西田直二郎氏の文化史学の理論が出るまで、文献史学一辺倒であったわが国の事情と趣を異にしていたといえる。しかしわたくしは日本のような伝承資料の豊富な国こそ、民俗資料はいっそう独立した史料学的地位をあたえらるべきであるとおもう。したがってわたくしの史料学はつぎの通りである。

一、文献史料（Dokumente od. Unkumden. すなわち典籍・古文書等）。

二、伝承史料（Tradition od. Übenlieferung. いわゆる民俗資料で口誦伝承・行為伝承・心意伝承のすべてとその報告書）。

三、遺物史料（Überreste. いわゆる考古資料で物質的遺物のすべてを指すが、貝塚・古墳・住居址・石器・土器・金属器・人骨などの先史考古資料とともに、仏像・仏具・絵画・経巻・寺院建築・経塚・納骨器・寺址・塔婆などの歴史考古資料をふくむ）。

したがって歴史科学はつぎのように三分することができるとおもう。

一、史料学――古文書学・書誌学・金石文学・系譜学等。

二、民俗学――民俗学・民族学・文化人類学・神話学等。

三、考古学――先史考古学・歴史考古学・人類学・古銭学等。

すなわち従来の文献史学万能を排して民俗学と考古学を対等におき、この三科学の協同によらなければ完全な歴史学研究はありえないと主張するのである。民俗資料も考古資料もその発見や採集は断片的であることが多いのであるが、文献史料といえども首尾一貫の記録はまったくありえない。それはウォーター・ローリーの有名な話を引き合いに出すまでもなく、偶然の記録が偶然の保存で一部のこされたか、個人の主観で編述され、また個人の利益のためにゆがめられたか、あるいは文学的表現のために誇張されたり無視されたか、とにかく厳密な批判のもとでは歴史的懐疑論をひきおこさずにはおかないものばかりである。したがって断片的であり一部疑義のある文献史料をあつかうばあいは、類似史料や対比史料との比較や類推や統計で接続され復原され、切りすてられて、はじめて歴史事実を物語らしめることができるのである。民俗史料も考古史料もおなじく比較・分類・整理・排列・統計などの処理手続きをへるならば、人類や民族の過去の生活や事実を、文字よりもはるかに具体的に生々と眼前再現できるはずであり、歴史を読むのではなくて、見たり聞いたりふれたり味わったりすることができるとおもう。

そこでわたくしはこの方法論を日本仏教史の研究に導入することによって、文献のブランクをおぎなうことができ、とくに庶民仏教史をあきらかにすることができることを主張したい。すなわちこれをわが国に豊富に存在する民俗史料の利用によっておこなおうとするのが、わたくしの提示した日本仏教民俗学である。したがってこの学問の意図するところは、現存する仏教民俗の成立をあきらかにするとともに、これを背景とした日本庶民仏教の歴史的解明であって、日本仏教史の一翼をになう地位をあたえらるべきであるとおもう。

日本仏教史においてはすでに文献史料を中心とする研究が境野黄洋・橋川正・辻善之助・長沼賢海・大屋徳城などの諸先学によってじゅうぶんの成果をおさめ、考古学的方法によるものとしてはすでに柴田常恵氏の仏教考古学の主張があり、石田茂作・跡部直治・禿氏祐祥・服部清道・福山敏男の諸氏によって大きな成果がしめされた。しかし民俗学的方法による研究はもっともおくれたのであって、わずかに『郷土史研究講座』（雄山閣、昭和六―八年〈一九三一―三三〉）で柴田常恵氏が「仏教土俗」を載せ、『仏教考古学講座』（臨川書店、昭和十一―十三年）

で「法要行事篇」に諸戸素純・堀一郎・圭室諦成・村上俊雄等の諸氏が執筆し、とくに杉浦健一氏が「民間仏教習俗」を、池上広正氏が「盆火の行事」を掲載したにすぎない。しかもこれらは純粋な歴史的研究とはいいがたいものであった。これにたいして堀一郎氏は民俗学的方法による日本宗教史の研究をおこない、『我が国民間信仰史の研究』(一)（序編・伝承説話編、創元社、昭和三十年〈一九五五〉）、同(二)（宗教史編、同、昭和二十八年）の貴重な成果となったのが、この分野における最大の業績である。また、純粋な民俗学の立場から仏教の葬送習俗をあつかったものに井之口章次氏の『仏教以前』（民俗選書、古今書院、昭和二十九年）があるが、とくに学問的主張はない。ただ仏教民俗が敬遠されがちの民俗学界としてめずらしいというにすぎない。

以上のように仏教の宗学や民族学・宗教史の立場からも、民俗学の立場からも、とくに仏教民俗を意識的にあつかった研究はきわめてすくないのである。しかもこれを歴史科学の方法論として日本仏教史の研究に寄与した例は、堀一郎氏の研究をのぞいては存在しなかったといってよい。わたくしは昭和二十七年（一九五二）以来『仏教民俗』（高野山大学歴史研究会編）にこの立場からのささやかな研究を発表し、葬送習俗と塔婆の成立、修正会・修二会と「おこなひ」との関係、大般若経の民俗信仰、民俗的念仏の系譜、念仏の民俗化に貢献した宗教家や念仏芸能としての融通念仏・六斎念仏・大念仏等の研究を随時発表したのであるが、本論ではまだ体系化されない日本仏教民俗学の体系化を意図して、その「方法論」をまとめて第一部とした。つぎにこの方法論を具体的な作業例でしめすために、日本仏教民俗学の多くの課題のうちから「念仏芸能の研究」をとりあげて第二部とした。もちろんこの論攷は念仏芸能におわるものではなく、今後の続稿で方法論のなかにあげた各種の課題をとりあげてゆくつもりである。また念仏芸能の研究も、その複雑な諸形態を分析して全国的な事例を論述する予定であったが、本論文では念仏芸能の分布でその概観をのべるにとどめ、具体的な内容の説明は近畿地方の一部をとりあげることとした。しかしこの一部だけでも基本的な類型があきらかにされ、全国的な念仏芸能の理解が可能になるとおもう。そしてその第五章に、このような念仏芸能の研究が真宗史のうえに一つの問題の解決をあたえる例として、真宗高田派の大念仏に関する研究をつけくわえたのである。

おもうに日本仏教民俗学の研究はいまやその緒についたばかりで、これを世に問うほどの段階ではないのであるが、この論攷を出発点として今後この学問の確立に努力をかさねるつもりである。

第一部　日本仏教民俗学の方法

第一章　日本仏教史学と民俗学

第一節　庶民仏教の本質と基層文化

日本仏教民俗学は広義の日本仏教史学の一翼をなすもので、その方法として従来の文献史学的方法に民俗学的方法を援用することによって、とくにわが国の庶民仏教の本質・起源・変遷等をあきらかにする学問である。

従来の日本仏教史学はその研究分野として思想史・社会史・経済史・文化史等にわかれていたが、とくに広義の思想史にあたる教理史が主流を占めてきたことは周知の通りである。これはわが国の仏教史学者の多くが一宗派の教団にぞくする人々によって占められたためでもあろうが、一宗派の教理と、これを創始し発展させた宗祖や高僧の著述・法語・消息・詩文などを中心に、その哲学体系や信仰内容（安心や領解）を歴史的に追求するものであった。もちろん教理史的研究は仏教が法であるかぎり当然なされねばならないし、また宗派が存するかぎりはその宗派の生命として研究されなければならない。しかし従来の仏教史はその法をあたえる側の僧が重視されて、法を受容する側の信者が軽視される感があった。とくに信者（同行）のうちの庶民にぞくする階層については、無視されたというのも過言ではない。これは鎌倉時代以後の庶民仏教を標榜する宗派についても同様であったとおもわれる。「仏以一音演説法衆生随類各得解」の語がしめすように、宗祖の説法がそのまま正しく庶民に領解されることはむしろありうべからざることであろう。それどころかつねに宗祖に親炙し、常随給仕した門弟ですら、異なった領解のもとに分派したことは、法然の門流にもよくしめされている。とくに庶民は教理にたいする優劣の判断から宗派にはいるのでなく、宗祖や高僧の人格にたいする帰依、唱導者・勧進者の文学的または芸能的誘引、講会・法会・供養会などにおける結縁などによるものであり、これを恒常的な信仰に固定化するのは庶民のになう基層文化との結合によるものであった。したがって、葬式や年中行事を通じて発現する庶民の信仰形態には宗派的な相違はほとんどみとめられないのであるから、教理史的方法では庶民仏教を把握することは不可能といわなければならない。

つぎに日本仏教史の社会史的・経済史的方法は第二次世界大戦後の一般史における社会経済史の発展とともに、きわめて顕著となった方法である。これは仏教が教団を形成することによって、内包的には宗教的集団の成立とともに外延的には一般社会との関係を生じ、寺院の内部構成や寺院法制・講集団・寺檀関係などが社会史の問題となったからである。また教団の成立は必然的にこれをささえる経済的基礎を必要とし、寺塔の造営・再興や仏像の造顕、および僧侶の資糧や講会・法要の営構などには、かならず経済活動がともなわなければならなかった。これが寺領荘園の経営となったのであるから、仏教教団の経済的基礎をあきらかにするために荘園史の研究がおこるのは当然である。

また仏教はその信仰対象を絵画や彫刻などの造型芸術として表現するとともに、信仰内容を音楽・舞踊・演劇などの芸能に表出し、また詩歌・縁起・譬喩譚・因縁譚・物語・小説などの文学に表現するので、文化史的研究の対象となった。

しかし以上のべたような思想史・社会史・経済史・文化史の方法は一般に支配階級や上層階級に関係する問題が

多く、庶民階級についてはほとんどふれることができなかった。庶民は概して文字をもたず、みずからの記録をのこさないために、文献をもってこれをあきらかにすることは不可能であり、また論理的な思考をもたないので思想史の領域外にあるわけである。社会史にしても近世の村落寺院と寺檀関係にある農民や説話などに偶然記録された庶民のほかは、ほとんどふれるところがない。経済史では荘園の民としてあらわれるけれども、これも自営農民以上の名主層にぞくする百姓が多く、寺院経済をささえたもう一つの手段として、荘園経済の衰退後の庶民勧進の問題も従来は史料不足のためにあまりかえりみられていないのである。文化史にいたっては庶民の勧進の結果として造立造顕された建築や仏像でも、これが芸術作品または文化財としてあつかわれるばあいは、庶民と無縁の存在と化して庶民はシャットアウトされてしまう。そして庶民の参加のいちじるしい仏教芸能などは、文献の不足からとりあげられることはほとんどなかった。

このように従来の日本仏教史のなかで庶民の影がきわめてうすいということは、いうまでもなく庶民が文字をもたず、みずからの姿を記録にとどめることがすくないことに最大の原因があった。また庶民の仏教にはきわめて異質的・非仏教的な要素の夾雑が多いために仏教史家の注意をひくこともなく、むしろそれは俗信的な仏教、卑俗的な仏教ないしは誤解と錯覚にみちた仏教として嫌悪せられたことにもよるであろう。これは、支配階級や上層階級のになう文化（表層文化）と庶民のになう文化（基層文化）のあいだに、本質的な差のあることに気付かなかったためである。すなわち支配階級や知識人は理性によって論理的思弁と判断にもとづく外来文化（仏教）の受容をしたが、庶民は前論理的思考と感情によって、集団の伝統と社会慣習にもとづいて仏教を受容した。そしてこれを彼等の生活のなかに組み込んで民俗化したのである。欽明天皇の十三年に仏教伝来にあたって仏を神の観念をもって、国神にたいする「蕃神」として受容したのはまさに庶民的受容ということができ、神仏習合の歴史的現象も、基層文化のなかに仏教を組み込もうとした庶民的受容にほかならなかった。このような現象は仏教民俗のなかにはいくらでも見出すことができるもので、仏前に幣をあげ、神前に弥陀の名号をとなえるような例はけっしてめずらしくないのである。したがって庶民仏教をあきらかにするためには庶民そのものの本質と、これのになう基層文化の構造をあきらかにする民俗学的方法をもちいなければならない。すなわち庶民は文字をもたないかわりに伝承をもっており、古代から中世・近世にわたる庶民の仏教を民俗または伝承文化として現代に残存せしめている。これがすなわち民俗学的資料であって、これをできるかぎり多数あつめて比較・排列・分類した上、類似現象の文献史料をもって考証することによって、過去の実態をあきらかにすることができる。

このように日本仏教史の空白《ブランク》をなす庶民仏教を、民俗学との協同によって解明しようとするのが日本仏教民俗学であり、この学問はまた現存の奇異な仏教民俗や仏教伝承の起源を説明することにも役立ちうると同時に、日本文化の本質と構造をあきらかにする日本文化史にも寄与することができるのである。

第二節　常民の仏教信仰

常識的に庶民とよばれる階層は民俗学（Folklore, Volkskunde）では常民（folk, Volk）と名づけられるが、これは基層文化のにない手、または民間伝承（tradition populaires）の保持者という意味である。民俗学が「常民（folk）の知識（lore）」という名でよばれるようになったのは、一八四六年のアテネウム誌（Athenoeum）にウィリアム・ジョン・トムス（W. J. Thoms）がアンブローズ・モートン（Ambrose Morton）の変名で寄稿した論文からで、それは民間古俗（popular antiquities）と民間文芸（popular literatures）を指すものであったが、これは知識階級やアカデミックなものにたいして民間という意味であった。またハンス・ナウマン（Hans.

Naumann）は「独逸民俗学の特質」（*Grundzüge der deutschen Volkskunde*, 1922）で、貴族や知識階級の表層文化（Oberschichtkultur）にたいして下層階級の沈降文化（Gesunkeneskultur）の理論をたてたが、のちに『独逸民俗学綱要』（*Deutsche Volkskunde in Grundzügen*, 1935）において民族に固有の文化を基層文化（Grundschichtskultur）とし、非民族的な外来文化を表層文化として区別した。そしてこの民族固有の基層文化を保持し持続するのが常民であることを主張したのである。日本でも柳田國男氏は『民間伝承論』（昭和九年〈一九三四〉、『定本柳田國男集』第二十五巻所収）で、常民はインテリゲンチャをのぞいた国民のすべてで、民間伝承の保持者を指すものとしている。

すなわち常民は知識人にたいする語で庶民（Commons）とは異なるニュアンスをもっており、「庶民」は「支配者」にたいする語として政治的な影があるのにたいして、日常生活のあり方、思考形式が伝承的・集団的・前論理的な文化様式をもった人々を指すのである。したがって庶民のなかにも合理主義的で伝統を無視した生き方と論理的なものの考え方をする知識人がおるとともに、支配者のなかにも伝統主義的な常民が存在しうる。また平素は知識人であっても葬式に友引の日をきらったり、正月は門松をたてて鏡餅をかざったり、彼岸に寺詣りをするときは常民となる。したがって常民は無知な農山漁村民だけでなく、都市民にも多く存在する。フランス民俗学の大家であるサンティーブ（P. Saintyves, 1870–1935）も『民俗学概説』（*Manuel de Folklore*, 1936. 山口貞夫訳、創元社、昭和十九年）のなかで、

十三人を平気で食卓に着かせる主婦があるだろうか。世の母親には十三日の金曜日にわざわざ子供をつれて船出するものもあるまい。立派な教育をうけた娘さんたちも、いまだに穴明き銭が幸福をもたらすと信じている し、護符でも取るつもりで道路に落ちた蹄鉄を拾うのに躊躇しない。教養階級にのこされた伝統行為に関して

も、立派な目録が書き出せる程である。（中略）今日でも多くの人々は死者に対する尊敬からお通夜をするが、以前は死体を邪霊から防禦する為であった。お通夜の晩に大蠟燭をともしたのも同じ動機からである。此の儀礼は多くの『自由思想家』層にも保存継続されて、とくに偉人に関する際にはたくさんの蠟燭を柩のまわりに絶やさない。

というように、人はだれでも常民たりうることをしめし、そのような社会的慣習を非合理的として排するならば、かえって狂人・変人あつかいをされてしまうであろう。またアンリ・ゲード（Henri Gaidoz）も、

口頭伝承はたんに民間層にあるばかりでなく、学識があるかすくなくも教育をうけた階級にもある。彼等は自身が伝統から脱却しているか、あるいはすくなくもそう信じており、純粋理性で自己の生活を律しようとかんがえているから、伝統を笑殺している。しかし伝統は、われわれにも無意識裡に存在するのである。

とのべておるほどで、常民はあらゆる階級のなかに見出される。そして民俗学はこの常民とそれの保持する伝承を対象とするものであるから、「庶民」および「庶民文化」よりはもっとひろい領域にわたるものといわなければならない。したがってわが国の仏教史の上で貴族の信仰や儀礼として記録されたものでも、それが純粋に仏教教理にもとづいたものでなく、当時の社会慣習や伝承文化にしたがっておこなわれたものは常民の民俗としてあつかわれるのである。

従来の日本文化史に支配的であった素樸な文化伝播論からすれば、庶民のあいだにおこなわれる信仰や行事はすべて、インドや中国から貴族階級によって導入されたものを庶民が「あやまって」模倣したものとかんがえられた。しかし次章にのべるように修正会・修二会等という古代・中世の諸大寺に盛行した仏教年中行事も、その原型は民間の民俗として存する「おこなひ」、すなわち年初の農耕儀礼にあることがあきらかにされるのであって、ま

ず常民の伝承が存し、これを仏教的に粉飾したのが仏教年中行事であるということができる。これはちょうど、中国の民俗として『荊楚歳時記』や『五雑俎』が引き合いに出される端午や七夕の行事も、五月の田植女（早乙女）が田の神につかえる神格を獲得するための忌籠りを端午にむすびつけたことが、いわゆる「女の家」（近松門左衛門の『女殺油地獄』に「五月五日の一夜さを女の家といふぞかし」の語がある）とか「女の夜」とか「女の屋根」の民俗からあきらかにされ、また七月七日を「七日盆」といって盂蘭盆の一部をなす五色の幣竿に祖霊をまつる民俗が、中国の星合の七夕に習合したこととよく似た現象である。ただ知識人は中国の星合の伝説にしたがって七夕をまつり、農民は作神様《さくがみさま》としての祖霊を棚《たな》と旗《はた》（幣）でまつり、これを盆棚（精霊棚）とした点がちがうのである。このように常民の伝承と民俗の研究から、外来模倣文化の変容形態をあきらかにすることができるのが、民俗学的方法の特色ということができよう。

同様の現象は彼岸や花祭にもみられるのであって、これは仏教の「到彼岸」（Pâtamitâ）と解したり、仏誕をいわうというだけでは説明しきれぬ複雑な内容と形態をもつことに注意しなければならない。すなわち彼岸のごとき法会は、わが国では仏教年中行事としてきわめて重要な位置を占めるものであるが、これが日本独自のものであることは修正会とともに古くから知られており、延暦二十五年（八〇六）三月十七日の『日本後紀』（『類聚三代格』もおなじ）にしるされたときでも、非業の死をとげられた崇道天皇（早良親王）の霊をしずめるためにおこなわれた。このとき金剛般若経をよましめたことには到彼岸の意があったかもしれないのであるが、彼岸に関係ある民俗現象は、常民の固有信仰に存する祖霊祭祀と農耕儀礼以外のものは見出せない。したがって桓武天皇が二月と八月の二季彼岸の金剛般若会をされたとき、すでに常民的な伝統にしたがったことはうたがいないのである。

このように常民のなかにはいわゆる庶民ばかりでなく、伝統にもとづいて思考や信仰や生活を規制する上層階級もふくめられていることに注意すれば、知識人としての僧侶のほかはほとんど常民の範疇にはいるとしなければならない。また僧侶のなかでも庶民と隔絶した生活をいとなんだ学侶・学生などといわれる教理と宗学の研究に生涯をささげた僧侶はともかくとして、庶民に接触して祈禱や葬式供養、または唱導勧進をおこなった行人・堂衆・聖などの下級僧侶は、常民的思考と生活態度をとったとかんがえられるのである。

このようにみてくると仏教民俗学は庶民仏教を課題としながら、その関係する領域はきわめて広大である。すなわち日本仏教を現実にささえ、ひろめ、つたえたのはほとんど常民であったとすれば、日本仏教民俗学は日本仏教の受容・伝播・変容に関するすべての問題をとりあつかわなければならない。たとえば念仏の問題でも、従来は専修念仏の中国浄土教以来の伝統と、源信・法然・親鸞の浄土思想からわが国の念仏が考察された。しかしこの系譜からはなれた民俗的念仏が意外に広く深く歴史のなかに浸透し、また現在わが国土のいたるところに現存するのであって、この民俗的念仏の存在を想定しないかぎりは、高野山や善光寺や空也・良忍・一遍の念仏を理解することは困難である。また現におこなわれる葬式念仏・天道念仏・彼岸念仏・雨乞念仏・虫送り念仏・四方固め念仏・水浴念仏・六斎念仏・大念仏・踊念仏など、呪術的念仏や芸能的念仏の存在理由もまったくあきらかにされないであろう。

第三節　基層文化と仏教

元来純粋な仏教は民俗と相容れないものであり、むしろ異端としてしりぞけなければならないものであるが、歴史上の日本仏教および現在みられる仏教はこの二つの矛盾するものが止揚された形で存在するのはいかなるわけであろうか。これは仏教の受容者としての常民の伝承性によるのであって、民族固有の文化を伝承する常民はこの固有文化の上に外来の文化を習合させ、変容させてはじめてこれを生活化するところからきている。この固有の文化をわれわれはハンス・ナウマンにしたがって基層文化（Ground schichts kultur）とよぶのである。したがってそれは伝承文化とよんでもよいわけで、民俗学の文化史的役割はこの基層文化の解明にあるといっても過言でない。もちろん民族のながい歴史のあいだに人類は体質的混融をとげるとおなじく文化的混融を経験する。現にわれわれの見ることのできるものは文化複合体（Culture Complex）だけであって、純粋な古代文化や中世文化は存在しない。しかしこの複合体のなかには過去の有形文化財が遺存するように、かならず古代や中世の文化が残存する。そして外来文化または都市文化の影響のうすい地域の常民のあいだには、よりいっそう古いものが濃厚に残存するわけである。このような残存のなかからもっとも根源的なものと推定されるファクターをとりだして基層文化とよぶのであるが、従来かんがえられたように『古事記』や『日本書紀』や『風土記』に記録されたものが、日本民族の始源的な基層文化とかんがえてはならない。それはたしかに基層文化への手がかりではあるが、現存の民俗のなかには記紀・風土記もおよばぬ基層的現象を見出すことがしばしばある。これは奈良時代の古典の編纂者が知識人であって、外来文化の影響と論理的思惟による合理主義的解釈を基層文化の伝承にくわえた結果、常民的なるものに歪みと誤解が生じたのである。

これにたいして常民は記紀・風土記の時代はもちろん、それ以前からの伝承をそのまま基層文化として保存しつづけ、現代にまでもたらしている。もちろん現代にみられる民俗はいままで経過した諸時代に表層文化や異質文化をくわえており、とくに明治以後、近代の政治・社会・経済・文化の大変革によって、日本民族の生活は物質的にも精神的にも新旧のいちじるしい交代がみられる。したがって常民の保存する基層文化はしだいにかぎられた地域に、また断片的にしかみられないようになりつつある。それだけに今のこっている民俗は貴重であって、民俗学はこれを「残存」(Survivals) としてとりあつかうのであるが、タイラー (E. B. Tylor) が『原始文化』(*Primitive Cultur*, 1871. 比屋根安定訳、誠信書房、昭和三十七年〈一九六二〉) のなかでのべたように、

残留は多数の手段・慣習・意見その他が習慣の力によって、それがはじめて発生した社会からはなれて、あたらしい社会状態のなかに持ち運ばれたものであり、また進化した社会の外に文化の古い状態の証拠や例証として残存している。(中略) 残存法則の研究は、われわれが俗信的慣習 (superstition) とよぶものの大部分が残存のなかにふくまれているので、すくなからず重要性をもっており、これに合理的解釈をくわえることは致命的な錯誤である。残存事象の多くはそれ自身いかに無意味であっても、その研究は歴史的発展をたどる上にきわめて効果的である。

というように、基層文化の残存は現代生活にとっていかに無意味であり、非合理的であり、野蛮的であり、社会進化論者から因襲的・封建的・反動的などの烙印をおされるにしても、歴史的研究にとっては重要にして欠くことのできぬ資料である。われわれは考古学的資料としての土器や石器の破片をあつめて復原し、これを系統的に排列することによって先史時代 (文字を欠如した時代) の生活や文化をあきらかにする。これとおなじ価値と資料操作を基層文化の残存としての伝承にくわえることは、歴史研究の上に必要なことである。しかも人類の生活の変化は物質的生活の面ではもっともはげしく、衣食住や生産の手段や技術は日とともにかわってゆくにかかわらず、精神的生活の面では変化が緩慢であるばかりでなく、むしろ旧きものを保存しようとしたり、始源にたちかえろうとする要求がつよいのである。これは社会的な人間関係の上にもみられるが、もっともいちじるしいのは宗教である。

したがって宗教現象ほど非合理的・原始的・独断的な要素を保存しているものは他にないのであって、近代的批判精神にはまったくたえられないような独断的な教義信条 (dogma, doctrine) や宗教的権威・教団制度・宗教儀

礼が維持されている。このような現象は雑信仰的な新興宗教ばかりでなく、数千年の歴史をもつ既成の大宗教（仏教・キリスト教・イスラーム教）においてもまったく同様である。これは宗教そのものの非合理的な本質によるというよりは、人間精神の根本的な構造ともいうべきもので、民俗も宗教も制度も始源にたちかえろうとする要求と、伝統のなかに安定をもとめる心によって維持されていることを知るのである。そしてこのような精神構造が、民族の基層文化をいろいろの形で近代生活のなかに残存せしめているわけである。

民俗学はこの基層文化の残存を「伝承」と名づけ、その残存形態によって口誦伝承（oral tradition）と行為伝承（performing tradition）と心意伝承（mental tradition）にわけるが、一般的な常識では慣習とか風俗とか伝説とか俗信などとよばれている。フレーザー卿（Sir J. G. Frazer）は社会制度の発生が俗信にもとづいていることを論じた『サイキス・タスク』（*Psyche's Task—A Discourse Concerning the Influence of Superstition on the Growth of Institutions*, 1909．永橋卓介訳、岩波書店、昭和十四年〈一九三九〉）のなかで、国王の権威でさえも俗信にもとづいていることを論じ、「今日われわれが遠慮なく迷信であるとか背理であるとか酷評する俗信によって、その権威の大部分を保っていたことはあきらかである」としている。すなわち人間の社会と文化は物質的な実用主義と便宜主義と合理主義だけで成立するものでなく、非合理的な伝統と精神のはたらき（psyche's task）によってなりたつのである。このような精神の所産の総体を基層文化とよぶのであるが、その発現形態はフレーザー卿によれば非合理的な俗信である。ただ俗信とか迷信とかいうことばは非常に低級な価値批判をともなうので、われわれは固有信仰または民族宗教とよぶことが多い。しかし学術語としてならば、俗信とよぶことはなんらさしつかえない。

すなわち仏教がわが国で常民に受容されるとき、これと交渉習合する基層文化は宗教的には固有信仰または俗信とよばれるものであり、社会制度としては氏の始祖と代々の祖霊を中核として結合する氏族制度であった。神仏習合といわれる現象も、神道とよぶべき固定した思想の成立をみない古代では、固有信仰的な神観念と祖霊観念が仏教のなかに融け込んで習合の形をとったものである。

民俗学のとりあつかう基層文化はいうまでもなく、物質生活・社会生活・精神生活のすべてにわたるものであるが、なかんずく伝承性のつよいのが精神生活に関するものであり、とくに宗教や信仰が古代や中世のままに保存されることはすでにのべた通りである。フィンランドの民俗学者であるカール・L・クローン氏（Kaarle. L. Krohn, 1863–1933）は『民俗学方法論』（*Die folkloristische Arbeitsmethode, begründete von Julius Krohn und weitergeführtuon nordishen Forschern*, 1926．関敬吾訳、岩波書店、昭和十五年）のなかで、民俗学（Volkskunde）は物質的民族学と民間音楽をのぞいた民間信仰の領域と民間文芸の領域を本来の研究範囲とするといい、またアーノルド・ファン・ジェネップ氏（Arnold van Gennep）も『民俗学』（*Le Folklore*, 1924. 後藤興善訳『民俗学入門』郷土研究社、昭和七年）で、物語と伝説・歌謡・信仰と戒律・呪術のほかにあらゆる儀礼・遊戯や舞踊・民間におこなわれる聖徒崇拝など俗信と儀礼を民俗学の領域としてあげており、クラッペ氏（A. H. Krappe）も『民俗学』（*The Science of Folklore*, 1930）で、慣習・信仰・儀礼・呪術を民俗学の対象としている。したがって常民の受容した民俗的仏教は民俗学にとってはきわめて好適な研究対象となるものであり、これを通じてわが国の基層文化の実態がいっそうあきらかにされるであろう。

従来の日本民俗学は民間信仰や俗信を神祇信仰と祭祀に限定しすぎた感があり、仏教信仰はほとんど手がつけられなかった。これは仏教信仰や儀礼はすべて教理の実践であって、盆も彼岸も葬式も経典に本拠があるとかんがえ、日本の民俗の混入があるとはおもわれなかったためである。事実、僧侶も説教に仏説やインドの習俗を引き合いに出し、仏教行事の解釈には古くは『三宝絵詞』から『表白集』『渓嵐拾葉集』や『真俗雑記』『塵添壒嚢鈔』、江戸時代の各種俳諧書や案内記の類、文人の随筆や『三才図会』の類まで仏典を引用している。とくに浄土真宗のばあいは余宗と異なり雑行雑修を忌むところから、『真宗故実伝来鈔』『叢林集』『考信録』など、いずれも故実を仏説か祖師聖人の教えとして解説することにもっぱら努力をはらっている。しかし仏教民俗の成立が右にのべたような固有信仰との結合である以上は、仏典だけを典拠とする解釈が無理であることは論をまたないところである。

これにたいして柳田國男氏は大正三年（一九一四）三月から四年二月にいたる『郷土研究』に「毛坊主考」（『定本柳田國男集』第十四巻所収）を連載して、念仏宗の成立すべき民俗学的根拠をあきらかにし、勧進僧や遊行僧、芸能僧および葬式僧などの下級僧侶の管理する仏教に、いかに固有信仰と民俗の混入が多いかを、豊富な資料を博引旁証してあきらかにした。氏はまた大正十年一月より五月にわたって『中央仏教』第五巻に「俗聖沿革史」（『定本柳田國男集』第二十七巻所収）を発表して、律令国家の当初からしばしば問題となった沙弥・優婆塞から俗聖の成立と変遷について民俗学的論証をこころみ、きわめて明快な解釈をあたえた。そのほか地蔵信仰や地獄・極楽の信仰なども民俗との関係でとりあげ、葬送習俗にいたっては昭和四年（一九二九）六月の『人類学雑誌』第四十四巻第六号（通巻第五百号）に、「葬制の沿革について」（『定本柳田國男集』第十五巻所収）の論文で両墓制をあきらかにした。これらの業績は、従来の仏典中心主義のドグマ的解釈ではまったく未解決であった仏教民俗に明快な解答をあたえたものであり、同時に日本仏教史の庶民仏教に関する空白をうめるばかりでなく、従来の説も書きかえなければならない可能性を示唆するものであった。したがってわれわれは、民俗学的資料を文献にあわせもちいることによって庶民仏教史研究のあたらしい道がひらけたことを、このような先学の研究から知ることができるわけである。

第二章　日本仏教民俗学研究史の概観

序

前章においてのべたように日本仏教民俗学は日本仏教の起源と変遷をあきらかにするために、その資料として民俗資料をもちいるのであるが、従来のこの分野における研究は偶然的に仏教に関係ある民俗がとりあげられるにとどまり、体系的に研究対象を設定して、その全体的視野のなかで問題を処理したわけではない。しかしこれでは仏教民俗の本質をきわめることができないばかりでなく、これによって庶民仏教の変遷をあきらかにするという目的は達成されない。それゆえ本論文においてはこの学問の領域と対象をまず設定して、それから個々の問題をとりあつかうこととしなければならない。しかしながら領域と対象はたんに架空的に構図をえがくというのではなくて、従来の研究をもとにして設定してゆくほうが実際である。それで従来の研究は問題のとりあげ方は偶然であるけれども、それによって仏教民俗のどのような問題があきらかにされ、またどのような仮説がたてられているかを概観しておきたい。

日本民俗学はすでに明治十七年（一八八四）の東京人類学会の設立とともに、土俗学（Ethnography）や氏族学（Ethnology）とならんで俚諺学（Folk-lore）の名をもって出発し、『人類学雑誌』や『風俗画報』（明治二十二年創刊）、『郷土』（明治四十年創刊）、および『郷土研究』（大正二年〈一九一三〉創刊）などに、全国的な民俗資料の報告をこれをもとにした人類学者や民俗学者の研究が発表されていったのである。そして『民族と歴史』（大正八年創刊）をへて、『民族』（大正十四年創刊）、『民俗芸術』（昭和三年〈一九二八〉創刊）、および『民俗学』

（昭和四年創刊）にいたって学問的地歩を確立し、昭和七年（一九三二）には日本民俗学の方法論として柳田國男氏の『民間伝承』が公刊される段階にいたった。その間、柳田國男氏のほかに中山笑・高木敏雄・小野武夫・南方熊楠・喜田貞吉・折口信夫・中山太郎などの諸氏のすぐれた研究が発表されている。そして昭和十年以降は『民間伝承』につぎのジェネレーションの民俗学者があつまって、早川孝太郎・肥後和男・和歌森太郎・堀一郎・最上孝敬・瀬川清子等の諸氏がそれぞれの分野でのすぐれた労作を出したが、仏教に関する民俗についてはあまり発表されていない。

このような日本民俗学の八十年のあゆみのなかで、仏教に関係ある民俗として割合にしばしばとりあげられたのは葬制の問題と盆行事・彼岸行事・地蔵信仰・霊場信仰・大師伝説・念仏芸能などである。これらは直接仏教に関係ある問題であるが、その他一般の年中行事や民間信仰・俗信や伝説・芸能についても、間接的な関係のある研究が多く存することはいうまでもない。

第一節　葬　制

日本仏教民俗学の課題のなかで、もっともはやくから人類学者や民俗学者の興味をひいたのは葬制の問題であった。葬式・供養および墓は日本では大部分が仏教寺院の管理下にあって、仏教の社会的機能も経済的基礎もこれにかかっておるにかかわらず、もっとも仏教らしからぬ民俗として興味をひいたのである。しかも葬制の問題は民族の基層文化の解明を目的とする民俗学にとって、霊魂観念の直接的表出として好個の研究課題でもあった。したがって『人類学雑誌』は発足後まもなくサルトリ（P. Sartori）の『死者の供饌』（*Die Spcisung der Joten*, 1903）やフレーザー（Frazer）の『幽霊と葬式』（*The Ghost and burial rites*）などが紹介された。そしてその後の民俗学雑誌にはこの問題に関する報告がしばしばよせられ、その結果、さきにあげた柳田氏の「葬制の沿革について」(『人類学雑誌』第五百号、昭和四年〈一九二九〉)にまとめられたのである。これは日本の民俗のうちでもきわめて特異な両墓制の仮説をうちたてたエポックメーキングな論文として記憶されているが、この仮説に大きな影響をあたえたのは琉球の葬制を報告した伊波普猷氏の「南島古代の葬儀」(『民族』第二巻第五号、昭和二年、『伊波普猷全集』第五巻所収)で、風葬・改葬・洗骨・葬宴などの習俗が、『魏志倭人伝』の記述や『日本書紀』『古事記』の記述ときわめて近似していることにおどろかされるのである。

柳田氏の両墓制の仮説はその後、埋め墓(身墓・三昧)と詣り墓(引墓・精進墓・墓所《むせ》)を異にする報告が各地からよせられたのでますますたしかさをくわえ、昭和十年(一九三五)には大間知篤三氏によって「冠婚葬祭の話」(『日本民俗学研究』岩波書店)に祖述され、最上孝敬氏も「両墓制について」(『民俗学研究』第二輯、昭和二十六年〈一九五一〉)でこれを集成した。また井之口章次氏も『仏教以前』(民俗選書、古今書院、昭和二十九年)で豊富な事例をあげて論証したが、何故に両墓制がわが国でおこなわれるかの宗教学的理論が確立されなかった。これにたいして堀一郎氏は「民間信仰に於ける鎮送呪術について――浄土教の民間受容に関する民俗学と宗教史のグレンツェに跨がる考察――」(『民俗学研究』第三輯、昭和二十七年)において宗教学的な鎮魂と鎮送の概念で葬送習俗を解釈し、鎮送呪術としての民間念仏がわが国における浄土教受容の契機をなすとの理論を発表した。この論文は仏教民俗学の課題にもっともよき示唆をあたえた研究として記憶されなければならない。しかし堀氏は『民間信仰』(岩波全書、昭和二十六年)のなかで、北は新潟県と福島県の線、南は島根県と香川県の線より北方と南方に両墓制の報告がないという分布圏を民俗地図の上でしめして、この墓制が文化中心(畿内)に発生して辺境におよばぬ局地的現象とした。しかし両墓制をもって死体をすてる第一次墓と霊魂をまつる第二次墓に区別する葬制であるかぎり、祖霊供養と納骨をする霊場寺院（高野山・善光寺・立石寺・室生寺・当麻寺・矢田寺・恐山等）は第二次墓としての機能をはたすので、この墓制は日本固有のものであり、局地的な成立ではないことを五来の「両墓制と霊場崇拝」（『民間伝承』第十六巻第十二号、昭和二十七年。本著作集第三巻所収）は立証したのである。しかしいずれにもせよこのように墓制の問題を前進せしめたものは、祖霊とは何かという問題を探求した柳田國男氏の『先祖の話』（筑摩書房、昭和二十一年、『定本柳田國男集』第十巻所収）と『山宮考』（『新国学談』第二冊、小山書店、昭和二十二年、『定本柳田國男集』第十一巻所収）に負うところがきわめて大きいのである。そのほか『旅と伝説』は「誕生と葬礼」特集号（第六巻第七号、昭和八年）で全国的に葬送民俗を蒐集し、「民間伝承の会」は十三種の民俗語彙のなかで『葬送習俗語彙』（民間伝承の会、昭和十二年）を出し、その後の葬制資料採集の基準となった。また最上孝敬氏は「祖霊の祭地」（『日本民俗学』第三巻第一号、昭和三十年〈一九五五〉）、「霊送り」（『日本民俗学』第一巻第一号、昭和二十八年）等を発表し、井之口章次氏は「忌の飯――葬送習俗の研究――」（『日本民俗学』第二巻第一号、昭和二十九年）と、「魂よばひ」（『民俗学研究』第三輯、昭和二十七年）を発表している。

これら民俗学側からの葬送習俗研究にたいして日本仏教史の側からこれをとりあげたのは圭室諦成氏で、氏は昭和八年（一九三三）の『日本宗教史研究』（隆章閣）に「葬式法要の発生とその社会経済史的考察」を載せている。しかしこの研究は平安・鎌倉・室町の各時代にわたって支配階級の葬式を文献にしたがってのべたもので、これが二十五三昧や光明真言法によって民衆化することはみとめつつも、念仏や真言がなにゆえに葬式と結合するかはあきらかにしなかった。また考古学の立場から葬制にふれた研究に斎藤忠氏の『日本古代社会の葬制』（高桐書院、昭和二十二年）があり、古墳の構造や記紀、万葉、魏志等の記述にもとづいて古代の葬制をあきらかにしたが、殯葬の問題については解決をあたえることがなかった。また古墳をもって同族の先祖の墓として霜月二十三日（大師講の日）に先祖祭をおこなう「ニソの杜」の習俗が若狭にあることが、安間清氏によって『民俗学研究』第三輯（昭和二十七年）に報告され、柳田氏の『山宮考』の山宮を祖先の墓地とする説とともに、葬送習俗研究のあたらしい方向を暗示している。そしてこれについては、五来は昭和三十二年（一九五七）七月の日本印度学仏教学会大会で「霊場信仰の起源」を、昭和三十三年九月の日本民俗学会年会で「聖地信仰と墳墓」を発表し、死者の葬地が山宮になるとともに、霊場として寺院化する過程を論証した。すなわちわが国の庶民仏教が、葬送・祈禱・年中行事（その多くは農耕儀礼）・講・芸能・口誦伝承（唱導・縁起・霊験談）および俗信によって受容・普及されたことはうたがいないが、とくに葬送はもっとも重大な関係をもつものである。しかし日本人の葬送儀礼は大部分が僧侶によって執行され、経典の読誦や名号、陀羅尼の唱誦がおこなわれるにもかかわらず、葬式と年回供養（祖霊祭祀）と墓地のいずれにも、仏教以前の固有信仰と習俗が基層をなしていることはもはやうたがう余地がない。そのような実例は、わたくしの主宰した『仏教民俗』第一号・二号（昭和二十七・二十八年）にも数多く報告されている。なお、わたくしは今後の見通しとして中世以後の文献に多い補陀落渡海や流灌頂のような仏教的粉飾をおびた行事は、卒都婆流し・地蔵流し・海岸墓・河原墓や種々の神話伝説などとともに、文献的にも考古学的にもあきらかでない水葬の存在を推定する資料になるであろうとかんがえている。

以上のべたように日本民俗学は仏教に関係ある民俗としてこのんで葬送習俗をとりあげたのであるが、これに関連してホトケマツリまたはマイリノホトケの研究と報告のあることは、日本仏教民俗学として無視することができない。これは早くから東北地方の民俗学者、佐々木喜善氏（「江刺郡昔話」『東北文化研究』第二巻三号）によってとりあげられ、森口多里氏（『民間伝承』第十六巻第六号・七号、昭和二十七年）による報告と小島瓔礼氏（『日本民俗学』第四巻第三号、昭和三十二年）の研究があり、民間寺院の発生について有力な資料を提供している。民間寺院発生の問題は日本仏教史学者のなかでも少荘中堅の学者によって最近このんでとりあげられ、「仏教史学」や「近世仏教」の同人の共同研究題目ともなっておるが、文献（各派宗務所の日次記や目録および各寺院の縁起）やアンケートだけであきらかにされる問題ではなく、マイリノホトケや先祖祭、毛坊主（俗聖、すなわち多屋の坊主）や田家寺（タヤデラまたはタイデラ）道場などの研究なしにはまことに困難な問題であろう。すなわち東北地方でマイリノホトケ・オシラボトケ・十月ボトケ・カバカワボトケ・オホトケサマなどとよばれるのは阿弥陀三尊の掛軸や六字名号や聖徳太子像（童形の太子像と馬上の太子像）の掛軸が多く、馬頭観音や三宝荒神などもあり、鈴木牧之《ぼくし》翁の『北越雪譜』では黒駒太子などとよばれ、

　此村に山田を氏とする助三郎といふものの家にむかしより持伝へたる黒駒太子と称する画軸あり、それを借りて死人の上を二三べんかざし、これを引導として私に葬る。寺をさだめざるいぜんはむかしよりこれにてすませたり。

とあるように、現在も葬式のときもちいられ、またおもに十月十日前後に同族の先祖祭の本尊となる。これが十夜念仏または十夜会の原型であることはうたがいないが、弥陀と太子という善光寺信仰と浄土真宗高田派の信仰とが交叉する接点がここにあり、原始真宗教団の問題もこの点から解明される面をもつであろう。またマイリノホトケがクロボトケともよばれるところから、真宗の管理下にはいらなかった弥陀信仰が隠し念仏（通称、クロボトケ）として残存した理由もあきらかになるであろう。そして往生者の臨終の枕元にかける来迎仏がマイリノホトケからみちびかれるものであり、聖衆来迎図や山越弥陀図などがたんなる芸術作品でなくて、民俗の所産であることも知られる。またマイリノホトケがオシラボトケとよばれるように、これはその起源をオシラガミにもつものであると

すれば、弥陀信仰と太子信仰の基層には祖霊信仰があることはうたがいないのである。日本民俗学はまたオシラガミの豊富な調査資料を蓄積しており、古代的司霊者としてのイタコ（死者の口寄せをする巫女）がオシラアソビをすることから、仏教的唱導の発生をみちびく可能性も暗示している。

第二節　仏教年中行事

一、盆行事

つぎに、仏教的年中行事のうちで民俗学の関心をあつめたのは盆行事である。これも葬送習俗とおなじく、仏教をよそおいながらもっとも仏教らしからぬ民俗行事として興味をもたれたわけで、日本の基層文化と仏教の関係をみるには好個の課題である。したがって江戸時代の民俗学アンケートである屋代弘賢の『諸国風俗問状』（後述）にもくわしくとりあげられ、『郷土研究』にも多くの報告がよせられた。しかしこれを全国的にもっともよくあつめたのは『旅と伝説』の盆行事特集号（昭和九年〈一九三四〉、第七巻七号）で、柳田國男氏はこの号に「神送りと人形」（『定本柳田國男集』第十三巻所収）を発表した。すなわち盆は仏教行事（斎会）としてわが国に移入されたときは、偽経ながらも仏説と信じられた仏説盂蘭盆経にもとづいて、斉明天皇三年秋七月辛丑に「作㆓須弥山像於飛鳥寺西㆒、且設㆓盂蘭盆会㆒」とあるようにおこなわれた。しかしその後は天平五年（七三三）七月庚午に盂蘭盆供養のことがあり、『江家次第』も「以㆑紙裏㆑瓫置㆑西、以㆓蓮葉㆒裏㆑瓫置㆑東」とある程度にたいした行事もなくなり、鎌倉時代にはいっても菩提寺に瓫供を送る（『玉葉』治承四年〈一一八〇〉・寿永二年〈一一八三〉・建久二年〈一一九一〉、『明月記』建保元年〈一二一三〉・天福元年〈一二三三〉等）にすぎなかった。これにたいして常民的習俗をもっていた武家では「奉㆔為㆓親以下尊霊得脱㆒」、または「為㆑照㆓平氏滅亡衆等黄泉㆒」という魂祭としての万燈会をおこなうようになった（『吾妻鏡』文治二年〈一一八六〉・文治六年等、『明月記』寛喜二年〈一二三〇〉）。このような魂祭は平安末期の庶民のあいだの盆にもあったのであるから、公家の盂蘭盆とは別に伝承されてきたとおもわれ、これが鎌倉・室町の時代に表面にあらわれたのである。『大乗院寺社雑事記』や『実隆公記』はこの事実を物語るものであり、『芸苑日渉』をみても室町時代にはこれに大念仏が結合して盆踊化した拍子物《はやしもの》が都鄙を風靡した。したがって現在の盆行事には、基層文化としての盆がはっきりとうかがわれるわけである。この意味で池上廣正氏の「盆火の行事」（『仏教考古学講座』法要行事篇、雄山閣、昭和十一年〈一九三六〉）は貴重な研究であり、盆行事は先祖祭の一形態として組織づけた柳田國男氏の『先祖の話』（筑摩書房、昭和二十一年〈一九四六〉）は、文献的考証をもちいていないけれども民俗学的研究の究極をしめしたものといいうるであろう。しかしわたくしは盆行事にあらわれた霊魂観念は起源的にはもっと霊鬼的《デーモニッシュ》なもので、死霊としての穢と祟をもった攘却さるべき性格のもの（すなわち餓鬼）とかんがえ、これを鎮送する呪術に火と呪的舞踏がともなったとするのである。すなわち盆もまた御霊祭の一形態としなければならず、ここに念仏踊の結合する契機もあることを「祭と芸能」（『まつり』創刊号・第二号、昭和三十六年〈一九六一〉）および「祇園御霊会と芸能」（文化史学会、昭和三十五年）、「一遍上人と熊野・高野および踊念仏」（日本絵巻物全集第九巻『一遍聖絵』角川書店、昭和三十五年）において主張した。しかし盆の魂祭はまた大晦日の夜の魂祭ときわめて類似しているので、暮と正月の魂祭が稲の収穫祭にともなう穀霊祭にたいして、盆の魂祭は麦の収穫祭にともなう穀霊祭であろうという仮説が早川孝太郎氏の『農と祭』（ぐろりあ・そさえて、昭和十七年）に提出されている。また盆の習俗のなかでもっとも奇異なものに「イキミタマ」（生御霊・生身魂・生盆・吉事盆・刺鯖・蓮の飯）があり、江戸時代の俳諧にこのんでとりあげられている。すなわち盆が仏教にもとづいた行事ならば生臭物をきらうべきであるのに、両親そろった者という限定があるにしても、わざわざ生魚を贈答する習俗である。鯡や鯖や飛魚がこのんでもちいられるので鯡（二親魚）の名が出たともいわれるほどで、鯖も二尾を刺し合わせにして贈答する慣習は俳諧ばかりでなく、大和・三河・肥前五島・薩摩などの報告がある。これが浄土真宗の内部にもあったことは『天文日記』に毎年七月八日から十三日まで「生霊玉如レ例」とあり、素麺・干鯛・指樽・坊瓜と金子が贈られたことにみえ、五来は「生身魂の盆」（『静炬』第十九号、昭和三十二年）にこれをのべた。しかしこれは室町時代の公家のあいだにもあったらしく、『御湯殿の上の日記』『親長卿記』『二水記』などにもあり、なおさかのぼって鎌倉時代にもおこなわれていた。すなわち『明月記』（天福元年〈一二三三〉七月十四日）では、「俗習有二父母一者、今日魚食云々、於レ予不二忌憚一、適好二念誦一者、斎日葷食、極無二其詮一」といって、インテリゲンチャーはきらっても一般におこなわれたらしい。これなども盆行事の非仏教的要素をのこした例といえるとおもう。

二、彼岸行事

彼岸についてはインド・中国にない習俗であり、わが国独自のものとすることが古来一致した見解であり、太陽崇拝の形をとった農耕儀礼と祖霊崇拝であることはうたがいがない。『新編常陸国誌』や『日本風俗志』にみえる天道念仏（オテンネンブツ）や京都府中郡『三重郷土志』（三重郷土志刊行会、大正十二年〈一九二三〉）、同『与謝郡誌』（京都府与謝郡、大正十一年）、『宮津郷土誌』、『和歌山県那賀郡誌』（那賀郡、大正十一―十二年）などのヒノトモ（日の伴）や、播磨『加東郡誌』（加東郡教育会、大正十二年）や『美嚢郡誌』などのヒムカエヒオクリ（日迎え日送り）、信州『北安曇郷土誌稿』（郷土研究社、昭和八年〈一九三三〉）巻三のニテンガン（日天願）などの例から、農神（穀霊）としての太陽崇拝と祖霊崇拝が結合したものといえる。とくに春彼岸は農耕開始にあたって山の神であった祖霊が里にむかえられて田の神となる時期にあたり、「山遊び」のおこなわれるときである。これはもちろん日本民俗学の著名な仮説であるところの「山の神・田の神交代説」と「山の神即祖霊説」から解釈されるもので、戸川安章氏の「春の彼岸と田の神おろしと札くばり」(『民間伝承』第十六巻第五号、昭和二十七年)や和歌森太郎氏の「彼岸の問題」(『民間伝承』第十六巻第四号、昭和二十七年)の論旨でもあった。この見解から浄土真宗の彼岸行事を覚如上人の『改邪鈔』や伝存覚作の『彼岸記』、蓮如上人「御文章」(「御文」)の彼岸の説とは別に民俗学的に解釈したのは、堅田修氏の「真宗教団における儀礼」(『大谷学報』第三十七巻第一号、昭和三十二年)である。また春彼岸の二月は北国では三月にあたることが多く、田の神迎えを三月にしたことと蓮如忌(三月二十五日)が結合したのが加賀・能登・越中の「レンギョサン」行事または「レンギョサンの山遊び」であろうというのが、桜井徳太郎氏の「蓮如忌習俗の意味——文化接触の民俗学的課題について——」(『民間伝承』第十六巻第十一号、昭和二十七年)のすぐれた論考であって、氏の「越後魚沼の彼岸行事」(『民間伝承』第十四巻第十一号、昭和二十五年)とともに、仏教民俗学として貴重な論文というべきであろう。また彼岸には彼岸念仏のほかに霊場巡礼のおこなわれる時期で、現在も八十八ヶ所巡礼や三十三ヶ所巡礼が一般的であるが、平安末から鎌倉期にも『中右記』や『山槐記』の巡礼巡拝が二月と三月に多く、室町時代の『実隆公記』や『宣胤卿記』『親長卿記』などに、同様の現象を指摘することができる。彼岸の弘法大師八十八ヶ所霊場巡礼の例は五来の「仏教と民俗」(『日本民俗学大系』第八巻所収「信仰と民俗」平凡社、昭和三十四年)にのべたが、岡山民俗学会は昭和三十六年(一九六一)六月に、全国的アンケートによる彼岸行事特集号を出して多くの新資料をくわえた。なお秋彼岸については特殊な民俗の採訪例がすくなく今後の研究にまつべきものが多いが、放生会などとともに考察さるべき御霊祭の性格がかんがえられる。

三、灌仏会

四月の灌仏会や二月の涅槃会にも民俗の結合はいちじるしいが、これに関する研究はあまりない。もちろん『日本書紀』の推古天皇十四年（六〇六）の四月八日と七月十五日の斎会は外来の斎会の移入であったが、これを民間に受容せしめたものは、この時期の基層文化の伝承行事が先行したとかんがえねばならない。すなわち現在民間でおこなわれる卯月八日の天道花《てんとうばな》（高花・立花）または夏花《げばな》で、修験道もこの日に山開きまたは花供入峰（七月にするところもあるが）をし、山と祖霊の関係をしめす民俗がある。これを三月の行事と比較してみると、高雄法華会（三月八日より十日間）が「第五巻の日は捧物を高雄の山の花の枝に付て」（『三宝絵詞』）とあるように山の花を折って仏前に捧げることがあり、おなじ日に紫野の今宮では鎮花祭がおこなわれた。すなわち「やすらい花」である。これは『梁塵秘抄口伝集』などから田楽と念仏の結合をたしかめられるが（五来「農耕儀礼と念仏」『宗教研究』第三十四巻第三号、昭和三十六年〈一九六一〉、「鎮花祭について」京都大学読史会大会、昭和三十五年）、それは祖霊の依代としての花を中心とする行事であるのにたいして「法の花」の法花をむすびつけたもので、一方では桜会（東大寺桜会・醍醐寺桜会・法成寺桜会）ともよばれた。そのほか広峯山の法花会、竹生島の法花会、吉野蔵王堂の法花会など山と花の関係をしめすもので、この信仰を背景として灌仏会を花祭とよぶ名称も是認されたのである。

四、修正会・修二会

奈良朝期よりさかんにおこなわれた諸大寺の修正会・修二会は平安時代には山里の寺々にもおこなわれるようになったが（『三宝絵詞』『今昔物語集』）、じつはこれも山里の村々の正月、二月の農耕儀礼である「おこなひ」の仏教化にすぎないことを五来は「仏教儀礼の民俗性――とくに修正会と修二会について――」(『仏教民俗』第二号、高野山大学歴史学研究会、昭和二十八年〈一九五三〉。本巻所収)に発表した。そしてこれに民俗学の側から寄与する研究は、三田村耕治氏の「近江湖北地方の「おこなひ」に就いて」(『日本民俗学のために』第四集、昭和二十二年)と橋本鉄男氏の「荘厳と大荘厳――近江に於ける大将軍の研究――」(『民俗学研究』第三輯、昭和二十七年)、井上頼寿氏の『近江祭礼風土記』「湖北のオコナイの部」(滋賀県神社庁、昭和三十五年)、井上頼寿氏の『京都古習志』(岡書院、昭和八年)、肥後和男氏の『宮座の研究』(弘文堂、昭和十六年)、大間知篤三氏の『神津の花正月』(六人社、昭和十八年)、折口信夫氏の「花の話」(『古代研究』民俗学篇1、昭和四年、『折口信夫全集』第二巻所収)、早川孝太郎氏の『花祭』(岡書院、昭和五年)などであるが、北西弘氏の「酒海の歴史的意義」(『日本宗教史講座』第三巻所収「中世の民間宗教」三一書房、昭和三十四年)もこれに関係ある研究といえるであろう。

五、霜月大師講

仏教的年中行事に霜月大師講があり、もとは天台大師の忌日をまつる寺院の行事であったらしいが、これも先行する民間の霜月祭、すなわち収穫祭に習合して霜月大師講となり、この日を十一月二十三日に固定して弘法大師をまつる民俗が一般化した。これは小豆粥・ダイシコウブキ(大師講吹雪)・ダイシデンボ・アトカクシ雪・大根と風呂などの不思議な伝承から民俗学者の興味をそそり、江戸時代には屋代弘賢の『諸国風俗問状』にも詳細な資料蒐集が企図され、大正以降の民俗学誌にも多数の報告がよせられた。これにたいして最初に解釈をあたえたのは柳田國男氏の「大師講の由来」(『日本の伝説』所収、春陽堂書店、昭和七年〈一九三二〉)で太子(オホイコ)すなわち神の子の信仰から出たものとしたが、五来は「民俗的大師講」(『日本民俗学大系』第八巻所収「仏教と民俗」

第四節、平凡社、昭和三十四年〈一九五九〉。本書所収）で、これはむしろ山の神信仰からみちびかれた鬼形の霊物に帰着することを主張した。仏教と民俗学をむすぶ伝承に弘法大師があらわれることははなはだ多く、弘法清水・大師井戸・大師の杖・大師粥・弘法芋（食わず芋）・鯖大師・お衣替・三度栗などがあるが、これを親鸞聖人におきかえて七不思議としたり、蓮如・日蓮・慈覚大師・源義家・源頼朝とする伝説もすくなくない。五来はこれらの伝説を「弘法大師伝説の精神史的意義」（『密教研究』第七十八号、昭和十六年〈一九四一〉）および「弘法清水」（『密教研究』第八十一号、昭和十七年）で整理したが、それは記紀や古風土記の神話を歴史化する過程にあらわれた伝説であるとともに、その神格はミオヤノミコト（祖霊命）であって恩寵と懲罰の二面をかねそなえるものであった。すなわちそこに原始的な祖霊観念を見出すことができ、祖霊観念なるがゆえに仏教との親和性もあったのである。

第三節　地蔵信仰

大師信仰よりも幅ひろいひろがりをもつ民間信仰と伝承をもつ仏菩薩として、地蔵菩薩ほど仏教と民俗学の接点を具体的にしめす例はほかにないであろう。したがって『日本霊異記』や『今昔物語集』以来の説話に多く見出され、『地蔵霊験記』や縁起ものこっており、絵解きを目的とする絵巻物も製作されている。また遺物としての仏画・仏像に路傍や墓地の石像をくわえれば莫大な数にのぼるであろう。したがって民俗学の側からの報告や研究が多く出されており、柳田國男氏の「地蔵木」（『考古学雑誌』第一巻第十号、明治四十四年〈一九一一〉）、「廻り地蔵」（『郷土研究』第二巻第三号、大正三年〈一九一四〉、『定本柳田國男集』第二十七巻所収）、「地蔵殿の苗字」（『郷土研究』第一巻第四号、大正二年、『定本柳田國男集』第二十七巻所収）をはじめ、同氏の『石神問答』（聚精堂、明治四十三年、『定本柳田國男集』第十二巻所収）にも道祖神やサイノカミと地蔵の習合を説いている。堀一郎氏の「将軍塚と勝軍地蔵の由来」（『遊幸思想』育英書院、昭和十九年〈一九四四〉）もこれをうけており、和歌森太郎氏の「地蔵信仰について」（『宗教研究』第百二十四号、昭和二十五年〈一九五〇〉）は地蔵と子供の関係、冥界との関係をとりあげた。『沙石集』など鎌倉時代にあらわれる弥陀地蔵同体説の信仰もこの民俗と無関係ではなく、いわゆる親神（祖霊）の変容である。賽の河原の地蔵尊や六地蔵・笠地蔵などいずれも冥界との境に立って邪霊をはらう呪力をもつものとされ、そこから地蔵流しもうまれる。

これにたいして仏教側からの地蔵信仰の研究が真鍋広済氏の『地蔵尊の研究』（磯部甲陽堂、昭和十六年）、『地蔵菩薩の研究』（三密堂書店、昭和三十五年〈一九六〇〉）、および「六地蔵めぐり攷」（『仏教と民俗』第一号、昭和三十二年）、「地蔵信仰の習俗について」（同上第三号、昭和三十三年）を発表しているが、かならずしも民俗学的研究ということはできない。星野俊英氏も「都下五日市町における地蔵信仰調査」（『仏教と民俗』第一号）、「千躰地蔵貼りの行事」（同上第三号）などの資料を提供しているのは貴重である。

第四節　仏教芸能

民俗学のあつかう芸能のなかにも仏教に関するものはかなり多い。わたくしの日本仏教民俗学はこれを仏教芸能としての一部門をもうけているが、従来はその仏教性を無視されてきたものでこのなかにはいる民俗芸能がすくなくない。芸能はすべてその発生を祭儀にもち、基層文化のなかでもっとも伝承性のつよい文化であるが、外来のものをとりいれて複合しやすいものでもある。したがって基層文化の研究にも文化変容の研究にも絶好のフィールドということができる。しかも敗戦後の激動期に絶滅に瀕した伝統芸能もすくなくないとはいえ、まだまだ郷土芸能の名で保存される民俗芸能はいたるところに分布している。そのなかには密教的要素をもったものと浄土教的要素をもったものを分析することはあまり困難ではない。しかし従来の研究にはこれをあきらかにした業績はきわめてすくなく、折口信夫氏が『日本芸能史六講』（三教書院、昭和十九年〈一九四四〉、『折口信夫全集』第十八巻所収）に踊念仏と盆踊および小町踊をとりあげ、竹内勝太郎氏が『芸術民俗学研究』（立命館出版部、昭和九年〈一九三四〉）に壬生狂言を融通念仏および大念仏としてとりあげたにとどまるのである。しかし一般の日本芸能史のとりあげる能楽の母胎としての呪師や歌舞伎の母胎としての念仏踊は、種々の複合芸能としてではあるが、多くの民俗的仏教芸能のなかに保存されて現存するのである。これは古代芸能が大寺院に保存され、中世芸能が念仏勧進の唱導にもちいられたので、寺院をはなれた呪師・唱門師や山伏や念仏聖によって民間に伝播された芸能に仏教的要素が残存するのは当然なことであった。これらの芸能は中世と近世に天才の手にかかって芸術にたかめられ、専門の芸能者をうんだが、民間には古い形のままで残留したのである。そして密教的芸能である結界の呪術を演ずる呪師は伎楽と散楽をとりいれながら神楽と田楽に結合し、修正会や花祭や御田祭に修験道や密教の呪言をとなえながら鎮魂と結界の呪的舞踊をおこなった。また、念仏の功徳を融通するために同音合殺する融通念仏は音楽的曲調をもつようになり、舞踊をまじえて大念仏となり、また演劇（狂言）をもくわえる融通大念仏狂言が伝承され、合唱の融通念仏は六斎念仏となって民間に残留した。

このような過程を文献と現存民俗から五来は「融通念仏・大念仏および六斎念仏」（『大谷大学研究年報』第十集、昭和三十二年〈一九五七〉で論証し、また「念仏の芸能化」（『印度学仏教学研究』第七巻第二号、昭和三十四年）において芸能化の契機としての念仏風流と田楽の関係を追求した。そしてこのような念仏芸能が勧進聖に利用されたことも五来は「一遍上人と融通念仏」（『大谷学報』第四十一巻第一号、昭和三十六年）にのべたが、これは原始真宗教団とくに高田派のなかに吸収され、伊勢三日市の原始高田教団の如来寺・太子寺にのこった。これは三日市に現存する民俗行事「おんない」と一身田の厚源寺大念仏記録によって証明されることを、五来は「伊勢三日市の「おんない」と真宗高田派の大念仏」（『高田学報』第四十八集、昭和三十六年）に発表した。わたくしのこれらの推論を可能にしたのは、わたくしみずから探訪した資料によるものが大部分であるが、折口信夫氏によって主宰された『民俗芸術』の報告資料で、たとえば宮武省三氏の「豊前の雨乞踊」（同上第一巻第八号、昭和三年）、井上青花氏の「美濃の雨乞踊」（同上）、東口光治氏の「大和の雨乞踊」（同上）、藤原真佐雄氏の「播州の雨乞踊」（同上）、中道等氏の「津軽と南部の盆踊」（同上第一巻第七号、昭和三年）、山本修之助氏の「佐渡の盆踊」（同上）、能登十六氏の「信濃新野の盆踊」（同上）、北野博美氏の「盆踊と左義長」（同上八号、昭和三年）、西角井正慶氏の「万作芝居の話」（第二巻第二号・三号、昭和四年）、竹下角次郎氏「三州田峯観音の盆踊」（同上第八号、昭和四年）、中道等氏「ないも・おしまこ・墓獅子など」（同上第十号、昭和四年）、南江二郎氏「丹波一ノ宮の風流花踊考」（同上第十号・十一号、昭和四年）、鷲尾三郎氏の「摂津多田神社の南無手踊り」（同上第十一号、昭和四年）、上田稲吉氏の「安芸の虫送り踊り歌詞」（同上第十二号、昭和四年）、斉藤忠氏の「陸前地方のしし踊とけんばい踊と」（第三巻第一号、昭和五年）、石橋権三氏の「肥前松浦山代の大念仏」（同上六号、昭和五年）、「六斎念仏調査記録特集号」（同上第十号、昭和五年）、八瀬村役場の「赦免地踊」（同上第十一号、昭和五年）、津和野弥栄神社社務所の「鷺舞」（同上）、「筑後麻生池神社のはんや舞」（同上第十二号、昭和五年）、小寺融吉氏「地獄極楽の芝居」（第四巻第三号、昭和六年）、西村紫明氏の「地獄変の盆灯籠」（同上第四号、昭和六年）、本田安次氏の「東北の盆踊り七つ」（第五巻第四号、昭和七年）、小島千夫也氏の「大和郡山の盆踊二つ」（同上）、片山・上城・前川氏の「紀州の盆踊三つ」（同上）、佐方渚果氏の「播州坂越浦の盆踊り」（同上）、小寺融吉氏の「壬生狂言の起源と発達」（同上第五号、昭和七年）、長岡我羊氏の「紀州伊都郡花園村の仏の舞」（同上第六号、昭和七年）などは、わたくしの研究に有力な示唆をあたえた。

　そのほか『郷土芸術』と『芸能』も仏教芸能資料を提供しているが、戦後発刊された『芸能復興』（早稲田大学演劇博物館、昭和二十八―三十三年〈一九五三―五八〉）は多くの研究と資料を世におくった。とくに仏教民俗学的に価値のたかいものをあげると、桑山太市氏の「佐渡の花笠踊」（第三号、昭和二十八年）、郡司正勝氏の「かぶきと盆狂言」（第四号、昭和二十八年）、倉林正次氏の「弥勒踊りの一例」（同上）、倉田正邦氏の「伊勢南部のシャゴマ踊」（同上）、西角井正慶氏の「熊野の盆踊」（同上）、同氏の「念仏前期」（第七号、昭和二十九年）、小林胖生氏の「白川と朝鮮の念仏踊」（同上）、倉林正次氏の「小念仏」（同上）、後藤淑氏の「六法の源流について」（第九号、昭和三十一年）、本田安次氏の「盆踊について」（第十号、昭和三十一年）、朝比奈威夫氏の「平家踊」（同上）、田中磐氏の「松本地方の盆々」（同上）、上杉千年氏の「奥遠州有本の盆踊」（同上）、三隅治雄氏の「遠山上村の盆踊」（同上）、西角井正慶氏の「延年の夜」（第十一・十二合併号、昭和三十一年）、本田安次氏の「平泉毛越寺の延年舞」（同上）、三隅治雄氏の「山鹿の芸能」（同上）、丹野正氏の「安久津の延年について」（同上）、本田安次氏の「越後の綾子舞」（第十三号、昭和三十二年）、郡司正勝氏の「御霊信仰・風流・かぶき」（第十四号、昭和三十二年）、後藤淑氏の「綾子舞由来に関する一つの史料」（同上）、中山聖山氏の「隠岐の「れんげの覚帳」」（第十五号、昭和三十二年）、桑山太市氏の「綾子舞の狂言」（第十六号、昭和三十二年）、三隅治雄氏の「嵯峨大念仏狂言」（同上）、本田安次氏の「大償神楽」（第十七号、昭和三十二年）、小暮文氏の「御魂踊」（同上）、後藤淑氏の「田峰の念仏踊と盆踊」（同上）、上杉千年氏の「遠州の大念仏放歌踊」（同上）、熊谷保氏の「道地雛剣舞」（第十九号、昭和三十三年）、桑山太市氏の「山寺の延年舞」（同上）、上杉千年氏の「駿河大河内の盆踊」（同上）、後藤淑氏の

「若狭の倉座猿楽」（同上）などがかぞえられる。

もちろん地方の民俗学や地方史関係の雑誌や教育委員会の出す無形文化財に関する出版物にも仏教芸能の有力な資料があるけれども、それらをあげることは略する。また日本芸能史に関する研究のなかに多くの仏教芸能資料の存することもいうまでもないことで、古代・中世の日本の芸能は仏教に関係のないものはほとんどないといってよい。古代の伎楽や舞楽や散楽も仏事法会におこなわれたものであり、やがて延年舞として混然たる仏教芸能となる。そして大社寺隷属の呪師や田楽法師から猿楽が成立してくるのであるから中世の能楽や狂言もまた仏教芸能の一種とすることができるし、近世にはいって歌舞伎もその初期には念仏踊とその風流化した綾子舞（かぶき踊）を原型とした。したがってわれわれは、伎楽・舞楽・散楽・神楽・田楽・猿楽・狂言・千秋万歳・松囃子・風流などの諸芸能まで、二次的な領域としてくわえなければならない。それゆえすでに日本芸能史のすぐれた研究をのこされた小中村清矩・吉田東伍・高野辰之・能勢朝次・岩橋小弥太・原田亨一・河竹繁俊等の諸氏の業績をも、じゅうぶんにとりいれてきたのである。しかしこれらの文献学派の芸能史には具体的な民俗資料が活用されておらないので、仏教民俗学の立場から是正を要する点がすくなくない。これは早川孝太郎氏の『花祭』のような山村常民の伝承の実証的な記述があらわれただけでも、従来の日本芸能史の欠陥が露呈されたほどである。しかし仏教芸能の範囲を外延的と内包的にわけて、本来の仏教芸能である呪師芸能・行道芸能・浄土教芸能を研究する補助としてその他をあつかうというのがわれわれの立場である。そして仏教が常民にアピールするための仏会荘厳の目的に、また仏教教理を視聴覚にうったえて具体化する目的に、また仏寺の造像・造塔などの勧進に常民を動員する目的に、芸能をどのように利用したかということをあきらかにするとともに、仏教芸能が諸般の芸能をとりいれて複合化し、どのような構造をとったかをあきらかにするのが仏教民俗学のこの分野での目的である。

第三章　日本仏教民俗学の対象と分類

序

以上のべた従来の日本仏教民俗に関する諸研究は、いずれも民族学・人類学・民俗学・日本芸能史・日本文学史・日本宗教史・日本仏教史などの研究途上で偶然的に日本仏教の習俗や信仰にふれたものが多いのであって、はじめから日本仏教民俗学の体系を意図して組織的にとりあげられた研究ではない。そのために問題意識の希薄性や重複や空白など、すくなからざる混乱があったわけである。しかし今後は以上のような諸研究にも正しい位置をあたえながら、その空白をおぎなって、わが国の庶民仏教の歴史と仏教の受容形態をあきらかにしうるような体系を確立しておく必要がある。そのためには日本仏教の民俗現象を語彙的に網羅してこれを一つの方針にしたがって分類し、従来研究されたものはもちろん、まだ研究されていないものもあげて将来の研究対象としなければならないとおもう。そしてこれを一つの表として提示しておけば、この学問の体系が一目して把握できるばかりでなく、個々の特殊問題をあつかうばあいも、全体系的な見直しのなかで問題の本質を見あやまらないようにすることができる。すなわちそれは、われわれの今後の研究にとって航海地図であり羅針盤としてのはたらきをもつものとなるのである。しかしこのような分類のこころみは従来まったくなかったわけではなく、柴田常恵氏と杉浦健一氏によって提出されているので、まずそれを見て、採るべきものはとり、すてるべきものはすてて、最後に私案を提示することにしたい。

第一節　従来の諸学者による日本仏教民俗の分類

すでに昭和七年（一九三二）に出された『郷土史研究講座』（第十三巻、雄山閣）の柴田常恵氏による「仏教土俗」と昭和十一年（一九三六）発行の『仏教考古学講座』（第二巻、臨川書店）の杉浦健一氏による「民間仏教習俗」には、それぞれの立場から仏教民俗の分類表をのせている。

まず柴田常恵氏は「仏教に依って植付けられた風俗・習慣・口碑・俗伝」を仏教土俗とよび、「誕生会・施餓鬼・庚申待または開山忌」や「巡礼・開帳・勧化・晋山」などまで仏教土俗としてあつかうべしと主張したのであるが、その分類表はつぎのようであった。

イ、歳時を基準とするもの

すなわち年中行事で、誕生会（仏生会）・彼岸会・盂蘭盆会・節分会と、不動・聖天・聖徳太子・馬頭観音・子の権現・大黒・毘沙門・弁天・摩利支天などの縁日や開帳をあげる。

ロ、人生を基準とするもの

出産に関して観音や子種地蔵や毘沙門に安産祈願（守札と腹帯をさずかる）することと、変成男子の祈願をする。子育てに関して子育観音・子育地蔵・鬼子母神・子育呑龍などに祈願し、子供の寺入り（弟子入り）、虚空蔵の十三参りなど。結婚に関して良縁をもとめ縁結びを祈願し、そのための婚期の女子の札所巡礼など。死亡に関して葬式・墳墓・周忌供養・塔婆など。

ハ、時期を基準とせざるもの

不時の病気・災難・立身出世に関する祈願として、平癒・火難盗難除けを祈願し、商売繁昌・家内安全・五穀豊穣・現当二世安楽などの祈願、その手段として経文の書写・日参・月参・百度詣・参籠・巡礼・茶断・塩断・断食・水垢離・寒行・寺塔建立・仏像彫作・歌舞音曲等。

ニ、目的を基準とするもの

雷除けの守札、養蚕に馬頭観音や馬鳴菩薩の守札や石像、おなじ仏菩薩の牛馬安全守札、土木・産業・災異・妖怪などによって信仰対象の仏・菩薩・明王・天部等の固定化、戦勝祈願や三界万霊供養、橋供養、順修と逆修等。

ホ、形式を基準とするもの

祈願の形式、禁忌の形式、参詣の形式、講の形式（庚申待や地蔵講）、遊楽の形式（空也念仏や壬生狂言）。

へ、宗派を基準とするもの

天台宗では元三大師や山王や経塚。真言宗では弘法大師・四国八十八ヶ所巡拝・稲荷信仰・五智如来・薬師・不動・毘沙門の信仰。禅宗の江湖会・達磨忌・羅漢会・半僧坊・陀枳尼天・三尺坊・道了薩埵の信仰。浄土宗の法然上人御忌・六阿弥詣・四十八ヶ所詣、太田の呑龍上人信仰。真宗の報恩講・関東二十四輩巡拝・三河三ヶ寺詣。日蓮宗の会式・帝釈・妙見・鬼子母神信仰。

これを一覧してわかるように分類の必然性がなく、かつ重複が多い。また仏教教団もしくは寺院の内側からみた俗信と称すべきものがとりあげられていて、仏教と基層文化との接触、または仏教と常民社会との関係が希薄な点に不満があるといわなければならない。

また杉浦健一氏のばあいは、かなり民族学（ethnology）や民間仏教史としての問題意識ははっきりしているのであるが、かならずしも仏教民俗としての諸現象を網羅しているとはいいがたい。氏は目次で、

一、序説
二、民間流布の歴史的考察
三、民間伝導の地理的並に社会的考察
A、伝導者側の態度
B、民間社会の機構
四、民間仏教習俗各論
A、民間仏教芸能
B、民間仏教文学
C、民間仏教年中行事
D、民間仏教化された呪術的行事

をあげ、「民間伝導の地理的並に社会的考察」において、

A、伝導者側の態度

(1)浄土宗………東北地方のカバカワ（上述のマイリノホトケで六字名号または阿弥陀如来もしくは三尊の絵像掛軸）と東北の伝導者金光坊。東方布教者としての證空とその弟子隆信の彼岸行事（知多半島の八月彼岸中日の虫供養と亡霊済度）、浄土宗と葬送および盆行事。

(2)真　宗………親鸞と高田門徒の関東教化、是信房と無為信の東北教化。了源の近畿教化。この間の村落共同体と講と半僧半俗の毛坊主。

(3)時　宗………民間文芸と芸能による布教。大念仏と亡魂済度、時宗と和泉式部の墓および斎藤実盛の塚。時

宗と虫送り念仏。

⑷臨済宗………臨済宗と普化宗（暮露・薦僧）。

⑸曹洞宗………曹洞宗と薬師・観音信仰。

⑹日蓮宗………日蓮宗と妙見信仰、お題目と団扇太鼓。

⑺天台宗………天台の念仏と空也上人、天台と延年舞。

⑻真言宗………弘法大師信仰と弘法井戸、大師講、山伏と天狗信仰、真言と呪文。

B、民間社会の機構

(Ⅰ)村組織………血縁集団、年齢集団（子供組・若者組・戸主組・老年組）、村組織と念仏講、念仏講と葬式。若者組と念仏芸能。また女性集団（尼講・子安講・十九夜講）と念仏、薩摩地方の内寺（村落共有の仏を安置する俗家）と盆彼岸行事、村落共有の俗道場と浄土真宗、旧家のカバカワと念仏行事、同族集団と株墓、株墓と祝神（氏神）。

(Ⅱ)宗教的漂泊民……山伏、比丘尼、虚無僧、聖、願人、鉦打ち、鉢叩き、鐘鋳勧進、御優婆勧進、針供養、仏餉取、本願。

に分類したが、その内容の説明はじゅうぶんでない。また「民間仏教習俗各論」では、

A、民間仏教芸能

⑴空也念仏……空也踊・踊躍念仏・瓢念仏・鉢叩き・茶筅売り・ささすり。

⑵六斎念仏……浄土宗西山派道空。

⑶大念仏………大原良忍の融通念仏、京都千本引接寺と壬生寺と嵯峨釈迦堂の大念仏狂言。

(4)盆　踊……墓獅子・墓番楽・墓念仏・題目踊から盆踊へ。
(5)豊年踊……万作踊・小念仏・四ッ竹踊と念仏踊。
(6)獅子舞……田楽と御霊会、遊行聖と獅子舞、時宗野辺座の獅子舞念仏踊、鹿《しし》踊と念仏。

B、民間仏教文学

(1)和　讃……浄土宗、真宗、時宗、空也和讃。
(2)説教・説話・縁起……『日本霊異記』以来の説話文学、霊験記、寺院縁起と昔話伝説の型、御伽草子と奥浄瑠璃、門説経、門談義、歌念仏、アホダラ経。

C、民間仏教年中行事

(1)灌仏会と民間の花祭、比叡山の花摘花の塔、立花、天道花、八日華、山遊。
(2)彼　岸……西門念仏、日の伴。
(3)御大師講……大師の年取、小豆粥、大師の衣粥（衣替）。

D、民間仏教化された呪術的行事

(1)百万遍……関東・東北の大珠数まわしと疫病払い、六月の人形送りと百万遍、虫送りと百万遍、百万遍お札。
(2)大般若転読（大般若廻し）……六月の大祓と大般若転読、大般若札と村境、蘇民将来。
(3)修験道……山伏と呪術、法印さんと院号、苦行と切紙伝法、法印神楽、呪文、秘事法門。

以上のような分類はそれぞれの部門をつくしているということができないばかりでなく、葬制をこのなかにいれなければじゅうぶんな民間習俗ということはできないであろう。しかしこの二つの分類によっても仏教民俗学の対象が多岐であることを知ることができる。

以上のような偶然的な思いつきの分類項目の排列にたいして、私案は一般民俗学の研究対象の分類に準拠して、これを日本の仏教民俗の諸現象に適合するよう整理したものである。しかし一般民俗学の分類にも国により、時代により、学者によって大きな相違がある。たとえば、バーン女史（Charlotte Sophia Burne）の『民俗学入門』（*The Handbook of Folklore*, 1914. 岡正雄訳『民俗学概論』岡書院、昭和二年）では、㈠信仰と行事（believes and practices）、㈡慣習（customs）、㈢説話・民謡・俚諺（tales, songs and sayings）にわけ、ジェネップ氏（Arnold van Gennep）の『民俗学』（*Le folklore*, 1924. 後藤興善訳『民俗学入門』郷土研究社、昭和七年）では、㈠物語と伝説、㈡歌謡、㈢信仰と戒律、㈣呪術、㈤儀礼、㈥遊戯と舞踊、㈦民間の聖徒崇拝、㈧家屋と村落、㈨諸種の生活道具、㈩工作道具、⑪工芸、⑫制度、⑬ものの感じ方と自己表現の方法、の各項目をあげている。またカール・クローン氏（Kaarle. L. Krohn, 1863–1933）の『民俗学方法論』（*Die folkloristische Arbeitsmethode*, 1926. 関敬吾訳、岩波書店、昭和十五年）の分類も先人の多くの分類を批判したのち、㈠民間信仰、㈡民間慣習、㈢言語伝承の三項に簡約化している。しかしこれらの分類にもあまり科学性がみとめられず、便宜的なものである。これらにたいして日本民俗学の父である柳田國男氏の『民間伝承論』（共立社、昭和七年、『定本柳田國男集』第二十五巻所収）は、

㈠生活諸相（体碑）――有形文化、生活技術
㈡言語芸術（口碑）――口承文芸、伝説説話
㈢心意現象（心碑）――俗信、趣味愛憎と死後の問題、霊魂、民族心理、呪術・禁忌

という分類をあげているが、言語芸術に大きな比重をもたせているのは古い民俗学の残渣があり、クローン氏や

バーン女史の影響が感じられる。なお、日本学術会議編集の『文学・哲学・史学・文献目録』（昭和三十年）のうち、日本民俗学篇は戦後の関係論文の分類に、

(1)居住、(2)服飾、(3)食習、(4)農耕、(5)山村、(6)漁村、(7)村制、(8)交通、(9)族制、(10)婚姻、(11)産育、(12)葬送、(13)年中行事、(14)神祭、(15)舞踊と競技、(16)民謡、(17)童戯と童詞、(18)言語、(19)謎と諺、(20)昔話、(21)伝説、(22)兆・占・禁・呪、(23)妖怪と憑物、(24)民間療法

をあげているが、すこぶる実際的で便利であるかわりに体系的な必然性がないのである。

これにたいしてサンティーヴ氏（P. Saintyves, 1870–1935）の『民俗学概説』（*Manuel de folklore*, 1936. 山口貞夫訳、創元社、昭和十九年）はもっとも体系的で、人間生活を、

(一)物質生活
(二)精神生活
(三)社会生活

の三部門に大別することによって、民俗学の対象を人間生活の全体にゆきわたらせるように組織したものである。わたくしもこの分類法にしたがって物質生活は人間と物の関係をしめすものとし、精神生活は人間と神（霊）の関係をしめすものとし、社会生活は人間と人間の関係をしめすものとして「仏教と民俗学」（『仏教民俗』第一号、高野山大学歴史研究会、昭和二十七年、本書所収）に試案を発表したことがある。しかしサンティーヴ氏の分類細目は日本の実情に合致しないものがすくなくないので全面的にこれをもちいることはできず、日本仏教民俗学としては別に独自の私案を用意した。しかしサンティーヴ氏の分類の精神生活の部は参考とすべき点が多いので、つぎに簡単にこれをあげることとする。

A、言語――俚語あるいは方言

B、民間知識とその応用

㈠事物および生物についての民間科学

㈡実用の民間冊子（カレンダー、年暦等）

㈢過去と起源に関する学（災害、戦争、豊凶、聖者・偉人・英雄に関する記憶と伝説）

C、民間叡智

㈠民間哲学（霊魂、人生、死、神、精霊、幽霊、永生、輪廻、アニミズム等）

㈡民間社会学と民間道徳

D、美学

㈠民間芸術（衣服・家具の装飾、絵草子、歌謡と音楽）

㈡民間文芸（謎々、唱言、民謡、昔話、寓話、伝説、笑話、民間演劇）

E、神秘

㈰民間呪術と威力探求

㈠巫術（巫者、運命と呪咀、媚薬・医薬・毒薬。動物にたいする呪力。精霊の使役。巫者の変形）

㈡卜占（男女占者。夢遊病者。地下水および財宝発見者）

㈢家族あるいは個人呪術（予兆。農・漁・猟の技術の成功に必要な祈願と儀礼、祈願と保護儀礼、護符と魔除け）

㈣農業呪術

a、歳暦的呪術（元旦の祝福とお年玉、謝肉祭の変装と無礼講、聖燭節の喪章と大蠟燭、四旬節の第一日曜日の松明。五月の元后、復活祭の卵、聖ヨハネ祭の炬火。降誕前夜祭の開始と終了、家庭の降誕祭。降誕祭の薪や樹や夜宴）

b、臨時の祭儀（雨乞、晴天乞、農業儀式）

(乙)民間宗教あるいは神の追求

(一)民間神学――神と精霊

a、神とその擬人態

b、自然の精霊（水・木・石等の精）

c、他界の精霊（天使と悪魔）

d、死者の精霊（煉獄の霊魂。聖者と堕地獄者）

e、他界（天国と地獄。因果応報。寂滅）

(二)民間祭祀

a、葬式後の死者の祭祀（墓の保管。墓参、年忌。幽霊をいかにして宥和するか。先祖をいかにして恩寵的にするか）

b、自然の精霊にたいする祭祀（水源、樹木、岩石への俗信的祭祀。キリスト教儀式）

c、聖者の祭祀（聖者墓地巡礼。聖者の遺骨・画像・彫像への祭祀、伝統的行事）

d、日曜日と宗教的祭祀

(三)人と神の媒介者（王・領主・僧侶の天候や病気への呪力）

(四)民間の宗教冊子（教義問答。巡礼案内書、聖者伝）

以上は精神生活の分類であり、側線をほどこした項目は仏教民俗学と内容的に関係のあるものであるが、サンティーヴ氏は葬式をこのなかにいれなかった。これは葬式を社会生活のなかの通過儀礼（les rites de passage.――出産・養育・成人式・結婚・老人組入・死）にいれ、死後の祭祀（供養）だけを精神生活としたからである。すなわち、

(二)通過儀礼

g、死と納棺（死の前兆。苦悩。湯灌と通夜。窓を閉ざすか。水槽や鏡に蔽いをするか。喪は蜜蜂や家畜にも及ぼすか。棺桶と納棺。棺の中への死者の持物。一文銭など入れるか。家の喪の表示。藁の十字。リボン）

h、葬列（花と花環。死体の運搬。だれによってなされるか。教会あるいは寺院における弔辞。愁歎。墓場では棺の上に土や花やリボンを投げるか。葬式の食事）

となっている。このようなサンティーヴ氏の分類法は、日本仏教民俗学の研究対象を分類するばあいも有益な示唆となるものである。われわれはこの人間生活の三分法のうちで物質生活を一応除外して、仏教民俗を社会生活と精神生活に大別し、農業呪術を年中行事にあて、通過儀礼を葬送習俗にあて、民間文芸を仏教伝承に、民間呪術や民間祭祀を仏教呪術や仏教俗信にあててかんがえることができるとおもう。

第二節　日本仏教民俗学の研究対象分類私案

前節において従来の学者による日本仏教民俗の分類の実例と、これの参考になるサンティーヴ氏の民間宗教の分

類表をあげたが、これらにわたくしのあつめた資料をくわえて取捨したものが、つぎにあげる私案である。まず社会生活の部門に対応する研究対象として、

㈠仏教年中行事（農耕儀礼と歳時習俗）
㈡葬送習俗（通過儀礼と霊魂観念）
㈢仏教講（仏教と常民社会の種々の型）

をあげ、また精神生活部門に対応する研究対象としては、

㈣仏教呪術（仏教呪術と民間呪術・巫術）
㈤仏教芸能（仏教的音楽・舞踊・演劇）
㈥仏教伝承（仏教的説話・伝説・文学）
㈦仏教俗信（仏教的呪禁・禁忌・予兆）

をあげることを妥当とかんがえる。しかしこれは一応の分類であって社会生活のなかに精神生活をふくみ、精神生活のなかに社会生活をふくむことはいうまでもない。

一、仏教年中行事

いうまでもなく年中行事は季節の変化にしたがって播種・培養・収穫の労働をおこなう農耕民族の農耕儀礼からはじまったもので、農耕社会の集団的制度または儀礼として伝承される。現在では家の行事のようになった年中行事も、旧い習俗ほど血縁共同体や地縁共同体の集団的儀礼としておこなわれるのであって、それが共同体の分化にともなって小単位の集団にわかれていったことがわかる。たとえば家々の年棚や仏壇でまつられる正月や盆も、古

くは氏神や村堂のオコナイや施餓鬼であったわけである。また年中行事の社会的労働の折目として休養がおこなわれることであるが、この休養は祭祀をともなうものであることは、年中行事の精神生活の面をしめすものとして注意しなければならない。すなわち、年中行事は社会共通の宗教的理念（祖霊・穀霊・田の神・山の神・地の神・氏神・農神・作神）の表出儀礼である。そこで、仏教がインド・中国・朝鮮から移入した仏教年中行事（斎会）は、常民社会に沈降して農耕生活のなかに融合する段階で、この農耕儀礼の歳時暦にくみこまれていったとするのが民俗学的立場からするわたくしの見解である。このことは、サンティーヴ氏のあげる民間呪術のなかの農業呪術としてあげた歳時暦的呪術の〔元旦の祝福とお年玉〕や〔謝肉祭の変装と無礼講〕から〔クリスマスの薪や樹や夜宴〕などまで、すべてヨーロッパ各地の正月や二月や冬至の農業呪術（農耕儀礼）のキリスト教化されたものであることが証明されているのとおなじことである。そこで、仏教本来のものでなくとも仏教的色彩をおびた年中行事をつぎのようにあげ、これらの研究対象から仏教と常民社会との関係、および仏教が庶民化する歴史をあきらかにすることができるとおもう。

(a) 修正会・修二会

正月と二月の農耕儀礼が仏教化したものであることはすでにわたくしの「仏教儀礼の民俗性」（『仏教民俗』第二号、高野山大学歴史研究会、昭和二十八年、本巻所収）に論証したが、一般に民間ではこれを「おこなひ」とよんでおり、その内容は諸大寺の修正会・修二会の分析要素にぴったり合致する。そして修正会が鏡餅に重点が置かれるのは祖霊祭の意味がつよいからであり、修二会が造花（もちばな、まゆだまもふくむ）に重点が置かれるのは農

鏡餅は祖霊の表象たる穀物（稲）を「たま」の表象たる白く丸いものに形成したものである。

造花は稲の花と稲の穂のシンボルで、かくのごとく花さき、実みのれとの類感呪術をあらわす。〔原稿欄外の註記〕

耕予祝の意味がつよいからである。また潔斎を要求する「おこなひ」は真言院の後七日御修法の「香水加持」などになっている。

——御修法《みしほ》・御斎会・悔過・懺法・オコナヒ・荘厳・大荘厳・荘厳頭・花の頭・お禱《とう》・牛玉加持・香水加持・楊枝加持・堂押・唯押《だだおし》・裸押・裸踊・会陽《えよう》・追儺式・鬼追・鬼走り・鬼燻《ふす》べ・鬼会《おにえ》・鬼祭・花会式・お水取り・どやどや・わらわら・年頭大般若・柴燈護摩

(b)　日待・月待

正月・五月・九月または十一月に夜籠をして物忌する。伊勢や愛宕の信仰が顕著であるが、仏教化のみられるものをここでとりあげる。このような夜籠の物忌は庚申信仰にもおよんでいるが、これも仏教に習合してくる。しかしこれは道教信仰としてあつかうほうがよいであろう。日待・月待の夜籠は「八《や》十《そ》伴緒《とものお》のまどゐ」といわれるように、同族の祖霊祭として規定される。これがやがて日待講・月待講となり、祖霊は大日如来や勢至菩薩におきかえられてしまうのである。

——日待籠《こもり》・日待念仏・日待大般若・天道大日如来・籠堂・行屋・精進屋・天道念仏・二十三夜待・二十六夜待・三夜講・勢至講・二十三夜塔

(c)　節分

立春の前日として正月や小正月とおなじ年取行事がある。これはわが国の古い正月が満月を月初とする小正月から立春にうつり、やがて月朔を元日とする太陰暦となったことの名残りである。この日に追儺のような厄除けの呪術が集中しており、これを仏教化したものに密教の星供がある。

——星祭・星仏祭・星供・星曼荼羅・当年星・本命星・元辰星・厄除け祈禱・追儺・豆撒き・ほうらく割・お化

け・鬼の法楽・鬼さま迎え・厄神送り・厄神の年取

(d) 涅槃会

旧暦二月中旬で農耕のはじまる季節であり、修二会の結願の翌日でもある。餅花煎はそのためであろう。涅槃さんの供物をハナクソというのは、「花供御」のことかとおもわれる。

——常楽会・四座講式・寝釈迦・涅槃粥・ハナクソ団子・餅花煎・嵯峨のお松明・善光寺お会式・天道講・造花見《はなつこみ》・痩馬《やしようま》団子

(e) 彼岸会

旧二月中と旧八月中にあたるが行事の多いのは春彼岸で、農事初めにあたり予祝行事がおこなわれたからであろう。秋彼岸は中秋名月とおなじ初穂祭であろうと推定されている。

——彼岸詣・彼岸念仏・四天王寺西門念仏・四天王寺六時念仏堂融通念仏と踊念仏・日想観・天道念仏・百万遍念仏・新善光寺踊・躍念仏・彼岸籠・彼岸市・彼岸乞食・彼岸団子・日の伴・日天願・七ッ鳥居・八十八ヶ所巡り・三十三ヶ所巡り・六阿弥陀詣・この月は初午もあるので馬頭観音詣がある。

(f) 蓮花会

高雄法花会や東大寺法花会のように旧三月のところが多いが、他の行事とむすんで六月・七月のところもある。鎮花祭をともなうとともに山遊がある。

——経供養・やすらい祭・十三参り・虚空蔵詣・桜会・嵯峨大念仏・壬生大念仏狂言

(g) 花祭

卯月八日の灌仏会は花を中心とする行事がすでに存して、これに灌仏会がむすんだものとおもわれる。この花の行事は農耕の予祝の花と、祖霊を山から招ぎおろして田の神としての加護をもとめる儀礼であったが、同時に成年式と成女式が結合して修験道行事となった。

——灌仏会・仏生会・花御堂・甘茶灌浴・天道花・花の塔・お花の立てからし・花摘・万華会・山遊・夏花・伎楽会

(h)　練供養

四月に多くおこなわれるのは、これがウマレキヨマリの再生の信仰にささえられているからであろうが、農村では練供養のあるなしにかかわらず、「れんぞ」または「れんど」（練道）といって休日とする。

——二十五菩薩練供養・講・引接会・菩薩行道・練道・お面かむり・厄男・念仏踊

(i)　夏祈禱

五月・六月には夏の疫病・病虫害などの災害をさける祈禱が神送りの形でおこなわれ、これが大般若や呪術念仏にむすんだのである。

——大般若転読・大般若村巡り・虫干大般若・獅子舞大般若・仁王般若・季御読経・水浴念仏・四方固念仏・百万遍念仏・辻の珠数繰り・祇園流し・牛頭天王

(j)　虫送り

夏祈禱の一種であるが、秋彼岸におこなうところもある。土用入が多い。

——虫供養・虫祈禱・虫送り念仏・虫供養塚・虫供養札・虫供養塔婆・虫送り大般若・虫送り旗・虫送り人形・実盛人形・藁人形

(k)　雨乞

神事と仏事と二様式があるがともに山上や河畔や神池や龍穴で、火によるものと水によるものとがあり、神霊を宥める形式と神霊を怒らせる形式とがある。これが地蔵石像を池にしずめたり、鐘や五輪塔を淵にしずめたりする行事となる。念仏がこれに結合したのはこれが鎮送の呪文としてもちいられたからで、これに鎮送呪術舞踊がむすんで大念仏となった。そして風流化して種々の念仏踊となる。

——雨乞大般若・雨乞念仏・雨乞踊・念仏踊・掛踊・花笠踊・太鼓踊・南無手踊・臼太鼓踊・ざんざか踊・笹踊・楽打ち・浮立《ふりゅう》・願満踊・鐘沈め・地蔵沈め・五輪沈め・枡洗い・水貰い・火貰い・千把焚き・弁天と蓑笠・龍王と請雨法・孔雀法・護摩法・参籠

(1)　盆行事

盂蘭盆経により夏安居の僧自恣の日というが、典型的な日本の祖霊祭で鎮魂と鎮送の呪術が仏教化し、また芸能化したことはすでにのべた通りである。

——盂蘭盆・地蔵盆・魂祭・七日盆・磨き盆・釜蓋朔日・道作り朔日・魂迎え・迎火・盆棚・精霊棚・水棚・荒棚・盆供・盆花・生身魂・刺鯖・盆礼・盆火・高燈籠・招旗茄子馬・藁馬・餓鬼棚・施餓鬼・施餓鬼旗・三界万霊・切子燈籠・盆燈籠・送り火・大文字・万燈・鈎万燈・火踊・盆くど・盆飯・盆々・盆小屋・辻飯・寺施餓鬼・盆踊・盆念仏・念仏踊・大念仏・六斎念仏・歌念仏・棚念仏・棚経・勧進・掛踊・小町踊・亡者踊・太鼓踊・羯鼓踊・鹿《しし》踊・念仏剣舞《けんばい》・墓獅子・念仏獅子舞・じゃんがら念仏・斎衆念仏・四十八夜念仏・七墓巡り・経木流し・水陸会・燈籠流し・松明上げ・六道詣・六地蔵巡り

(m)　十夜

十夜念仏がおこなわれる十月上・中旬は早期の収穫祭で、田から上がった祖霊がまつられる。このころ、亥の子祭や案山子上げがおこなわれるのはそのためである。

——十夜念仏・十夜説法・十夜法要・十夜別時念仏会・十夜籠り・十夜紐解《ひもとき》・十夜鉦・八丁鉦・六字詰・双盤念仏・鉦講・引声会《いんぜい》・引声念仏・十夜粥・十夜章魚・十夜婆々・十夜柿・十日夜《とうかんや》・亥の子・藁鉄砲・虫供養・念仏講・もぐら追い・大根の年取・案山子上げ

(n)　大師講

霜月の収穫祭が天台大師忌や元三大師信仰・弘法大師信仰・聖徳太子信仰と結合しながら、収穫祭と祖霊祭の観念をつよくのこした民俗行事である。

——天台智者大師忌・霜月大師講・太子講・大師粥・小豆粥・追出粥・大師講吹雪《だいしこうぶき》・ダイシデンボの跡かくし雪・すりこぎかくし・衣粥・智慧粥・三大師・霜月祭・お霜月・お取越・大師風呂・大根祭・みかわり・みかりばあさん・角大師

(o)　歳末仏事

歳末は正月の準備として事始めといわれるが、大晦日から元日にかけて古く魂祭をした習俗が仏教民俗のなかにのこり、歳末・歳旦の祖霊祭は同時に穀霊祭でもあったことが仏教民俗に反映している。各宗とも寒行とか接心とかにむすびつけることをわすれないが、正月の仏事とともによく伝承をのこした年中行事である。

——仏名会・三千仏名・寒行・寒念仏・墓念仏・空也念仏・鉢叩き・歳末別時念仏・茶筅売り・五三昧巡り・七墓巡り・四十八夜念仏・終大師《しまい》・冬至弘法・星仏売・鉦納め・御器《ごき》納め・念仏の口止め・位牌まくり・御魂祭・巳正月・大黒様の年夜・年籠り

二、葬送習俗

すでにのべたように、日本民俗学は日本民族の宗教観念または霊魂観念をあきらかにする民俗資料として葬送習俗をとりあげ、その研究も報告もかなりの数にのぼっている。しかしこれを仏教との関係においてとらえたものはきわめてすくない。しかし現在、仏教寺院が常民と接触する機会は葬送を通してであることが実情であり、寺院の経済的基礎もこれに負うところが大きい。また僧侶の社会的機能も説教による精神的救済や社会事業よりも、常民にとっては葬送儀礼の執行者として発揮される。もちろんすべての宗教は人間の死ときわめて密接な関係があり、教義信仰においても儀礼においても、死をとりあつかわないものはない。とくに古代宗教においては死者崇拝（necrolatry）と死霊崇拝（manism）、または霊鬼崇拝（daemonology）や霊魂崇拝（soul-worship, spiritism）、祖霊崇拝（ancestor-soul-worship, mhnenkultus）がきわめて顕著にあらわれ、同時に霊魂の住む世界としての他界観念（Jenseits-begriff）、すなわち天国や極楽や地獄や煉獄の観念がつよく生きている。したがってこの宗教的欲求にこたえるための教理や呪術や儀礼が、宗教者の重要な任務となるのである。

わが国の古代宗教には死者崇拝や死屍啖食の風習はないが、風葬（鳥葬もふくむ）も水葬もあったと推定される。風葬は中世の説話や絵巻物にあるばかりでなく沖縄に現存し、民俗学的にはうたがいない。仏教とともに火葬がはいり、文武天皇三年（六九九）に僧道昭が火葬されてから、文武、元明、元正の三天皇も火葬され、貴族のあいだにこの葬法がひろまったことは、現に奈良・平安初期の蔵骨器銘文にあきらかである。しかしこれも風葬骨を洗骨して第二次墓（清め墓）に改葬する葬法がすでに存在したので受用されやすかったものであろう。水葬も考古学者のあいだに疑問をもたれているが、民俗学的には存在が推定され、これも中世には補陀落渡海というような仏教的粉飾で残存していたのである。そして平安時代以来の貴族のあいだには、かつて高塚墳墓が流行したのにかわって火葬墳と法華三昧堂や常行三昧堂、または石造層塔や多宝塔を置く形式にかわったが、それでも古代の洗骨と改葬の残存とおもわれる霊場納骨の風がおこってくる。その古い例はすでに延暦二十一年（八〇二）、源有時の骨壺を東山住僧蓮舟法師の私寺屋に納めた『類聚雑例』の記事に見られ、やがて高野納骨がさかんとなった。

このようなわが国の葬法の変遷をあきらかにする鍵は、民俗学の対象とする両墓制・霊場崇拝・霊魂観念・他界観念・鎮魂呪術（霊鬼呪術 Dämonzavber）などの仮説にあるとしなければならない。これらは民族宗教学の諸概念とも共通するもので、未開民族のあいだに存する葬送儀礼や宗教観念も比較しなければならず、また貴族の葬送習俗をしるした古代の文献ももちいなければならないが、これらの仮説をもっとも的確に証明しうる資料は、常民のあいだに遺存する葬送習俗である。元来、古代人・未開人および常民は霊魂への畏怖がつよいために葬送儀礼の伝統を変更しない傾向がある。民俗学のあつかう資料のなかで、葬送習俗ほど伝承性のつよいものは他に存在しないといいうる。神祭などのなかにも霊鬼観念はみられるが、ルドルフ・オットー（Rudolph Otto）の『聖なるもの』（*Das Heilige, über das Irrationale in der Idee des Göttlichen und sein Verhältnis zum Rationalen*, 1917. 山谷省吾訳、岩波書店、昭和四十三年）にのべられた宗教の本質としてのヌミノーゼ（Das Numinose）は、人間に「戦慄すべき秘儀」（Mysterium Jremendum）の感情をおこさせるものであるが、これは「教養の高い階級においてもなお幽霊や化物の話がひきおこす薄気味悪さ」としての霊鬼的畏怖（dämonische Scheu）で、そのもっとも素樸な形態は死者への畏怖なのである。そしてウェスターマーク（E. Westermarck）の『道徳観念の起源と発展』（*The Origin and Development of the Moral Ideas*, 1912）によると、生前はもちろん死後にも愛慕している家族や一般の死者にたいしても霊鬼的畏怖はつよく、これを近づけないようにする鎮魂と攘却の儀礼がおこなわれるという現象は、常民の葬送習俗にきわめて普通におこなわれる。もちろんわたくしはこの畏怖感はヒューマニズムの生長とともに弱まる傾向にあり、家族霊が親しみをもってむかえられるように（盆行事におけるごとく）なるとおもうけれども、共同体全体のもつ畏怖感はこれをとりのぞくことができないので、葬送習俗は原始的形態をかえることなく伝承されたものとおもわれる。このことはすべての宗教現象を社会現象として説明したデュルケイム（E. Durkheim）が『宗教生活の原初形態』（*Les formes elémentaires de la vie religieuse*, 1912. 古野清人訳、刀江書院、大正五年）でのべたように、未開社会ほど死者の弔祭は氏族や部族もしくは集落の集団的行事であり、種々の服喪の習慣が公共的な意味をもっているばかりでなく、洗骨その他の改葬の風習をもっている民族では第二次葬はほとんど部族共同の祭儀となっており、文化民族のあいだでも万霊葬祭の儀式、たとえば寺施餓鬼や慰霊祭・招魂祭のような形としてのこるのである。

すなわち葬送習俗は以上のべたような意味でも、また通過儀礼としても社会性をもつものであり、精神生活（宗教観念）と社会生活（儀礼）との両面から研究されなければならない。そしてこれの仏教との関係は、すでに飛鳥時代から死者のために造像や写経、造寺・造塔がおこなわれ、やがて常民のあいだの二十五三昧講として浸透してゆき、念仏と陀羅尼が鎮魂呪術にもちいられるようになっても、その本質は変化しなかったといえるのである。しかもこの二者の交渉のあいだに変化をうけたのは仏教のほうであって、庶民仏教の実質は日本固有の葬送習俗に適合するよう変改せられたことを、仏教民俗学はあきらかにすることができる。そこで葬送習俗の研究対象を細目的に排列すれば、つぎのようになるであろう。

(a)　葬式

これは死体の処理、すなわち第一次葬を指すが、その限界はむずかしく魂が屋根棟にとどまるといわれる中陰を最大の限界とし、葬式の翌日の仕上げ法要以後を分離魂の祭祀としてつぎの供養の段階にいれてもよい。

――臨終・千巻心経（安楽死祈願）・魂呼ばい・末期の水・死者の善光寺詣・熊野詣・熱田詣・枕飯（庭くど）・一本花・二人使・寺行き・香奠（親族と村人）・忌の飯・ひがわり・年たがえ（耳ふたぎ餅＝同齢習俗）・地貰い・墓掘り・山番・葬具作り・買物・通夜・枕経・十三仏屏風・阿弥陀様掛軸・不動様掛軸・魔除けの刃物・入棺・喪の表示・忌中札・親族の別れ・念仏講の通夜念仏・告別式・庭喪礼・導師迎え・導師宿・勤行と引導・かみそり・一喝・木鍬投げ（禅宗）・六斎念仏・焼香と焼香順・念仏紙・光明真言札・戒名・頭陀袋・杖と笠・人形《ひとがた》・経帷衣・三十三ヶ所納経印・善光寺如来お手判（印文）・矢田寺地蔵菩薩御印文（満米上人冥途御授来）・出棺・出立膳《でたちのぜん》・食い別れ・墓前宴遊（えらぎ）・お伽酒・葬列読上げ・仮門《かりもん》（発心・修行・菩提・涅槃の四門くぐり）・四門額打ち・茶碗破り・跡火・跡札・関札（塞札）・ざるころがし・一束藁・切り火・野辺送り・一つ鉦・葬列（伊勢参り使者・先松明・六道・六文銭・野燈籠・野膳・銘旗・墓碑・四本旗・四花持・孫の杖・笠持ち・導師・天蓋・棺舁《かつ》ぎ・喪主・（供）紙冠（額紙・紙烏帽子・身隠し）・色着（白無垢）・善の綱・泣女（泣婆々）・村見坂（村別れ）・六道辻・道切縄・路次念仏・六地蔵・野葬礼・棺台・蓮台・引導地蔵・廻り場・穴廻り・六道廻り・穴入念仏・釘念仏・土投げ・石噛ませ・六角塔婆・仏木・息つき竹・引っ張り餅・芋埋《いもい》け・極楽縄・極楽莫蓙・後火・一束藁・七本塔婆・七本仏・墓直し・壇築《だんつき》・蒲団石・枕石・仏石・四十九院・霊屋・狼弾き竹・荒垣・ひがくし・もがり・忌垣・野帰り・塩垢離・塩かき様・精進川・塩祓・笠捨て場・笠捨て地蔵・草鞋捨て・野帰り膳・朝参り・水祭・仕上げ法事・杓子塔婆・骨上り・髪納め・餓鬼の弁当・無明橋・願ほどき・水かけ着物・三日干し・洗い晒し・百日晒し・流灌頂・ぼうりょう・初七日・三七日・五七日・七七日・中陰明け・中陰参り・忌明け参り・水向地蔵・杖納め・精進落とし・寺送り・四十九の餅・笠餅・手型足型餅・人形《ひとがた》餅・地蔵流し・千本塔婆流し・巫女の口寄せ

(b) 年回供養

中陰はできるだけはやくきりあげる傾向があり、初七日または三十五日で平常の生活にもどることが多いが、だいたい中陰明けは死霊のもっとも重いけがれがきよめられて祖霊の段階に近づく。そしてそれから百日・一年・三年・七年等の年回供養で祖霊から神霊への昇華の道をたどる。その結果ついた霊（ほとけ）から神格にのぼったときが弔切《とい き》りで、このとき以後、霊魂は仏教の管理をはなれる。すなわち弔切り・弔上《とい あ》げといわれるものであるが、七年・十三年・三十三年・五十年といろいろあるうち、原初的には一年でそのつぎは七年か十三年が古いのであろう。このときはじめて石塔がたてられるのであって、一周忌までに建碑するのは近代のことである。この段階が葬送習俗の「霊魂の処理」にぞくする。

——百か日忌・一周忌・善光寺詣・むかわり・仏おろし（いたこ・みこ・あがた・あずさ）・仏立て・霊場供養・初盆供養・日牌月牌供養・納骨供養・塔婆供養・位牌立て・石塔立て・三年忌・七年忌・十三年忌・三十三年忌・五十年忌・逆修供養・千燈供養・万杯供養・印仏供養・結縁経・千部経供養・万部経供養・三部経供養・法華懺法・常行三昧会・六斎念仏供養・大念仏供養・柿経供養・笹塔婆供養・弔切《とい き》り法要（大般若転読・弔切り塔婆・うれつき塔婆）・光明真言法・土砂加持

(c) 墓地と石塔

墓地がもと単墓制か両墓制かにはまだ論争があるが、両墓制を発見したことは日本民俗学の大きな功績であろう。そしてこの墓制あればこそ、仏教が葬送習俗を通して常民のあいだにふかく根をおろすことができたのである。たしかに第二次墓である詣り墓は、石塔の年代に関するかぎり古くはない。しかしわたくしは石塔の前に木製塔婆の時代がながくつづき、その前に依代である幣や常磐木の枝を立てた時代のあることを主張し、これを立てるべき聖地が霊場として寺院化したことを文献的にも民俗的にも立証しうるとおもう。これが霊場崇拝の仮説である。石塔は仏教考古学の対象とされているが、それは形態上の問題だけで、信仰内容については民俗学の対象となる。

――単墓制と両墓制・第一次墓（身墓・埋め墓・三昧・捨墓《すてばか》・仮墓《かりばか》・投所《なげしょ》・死原《しばら》）・第二次墓（詣り墓・寺墓・浄墓《きよばか》・寄せ墓・引き墓・本墓・上げ墓・取り墓・祭墓・卵塔場・墓所《むしょ》・空墓所《からむしょ》）・第一次墓と推定される地名（姨捨《おばすて》・小初瀬《おはつせ》・隠国《こもりく》・隠《なばり》・名張《なばり》・六十落とし・九十九谷・地獄谷・悪沢《わるざわ》・嫌谷《いやだに》・笠捨・捨身嶽《しゃしんたけ》・籔《やぶ》・やぼさ・もり・にそのもり・花立場・地神《じがみ》・みさき・みさき荒神・墓荒神・山宮・若宮・厄神・鉦打塚・六部塚・お塚・鬼神塚・籔神・今宮・奥津城・棄戸《すたへ》・後生山・蓮台野・化野《あだしの》・えのやま・くさやま）・第二次墓と推定される地名（賽の河原・無明橋・しではら・十王堂・石塔場・奥之院）・納骨所・納骨堂・骨堂・骨かけ墓・法華堂・無常所・無常堂・華台廟・往生院・念仏堂・水向場・無縁墓・子供墓・同族墓・先祖墓・海岸墓・霊場墓・親地蔵・五輪塔・多宝塔・宝篋印塔・板碑・名号碑・逆修塔・地蔵石塔・角塔婆・板塔婆・絵塔婆・笹塔婆・二股塔婆・葉付塔婆・うれつき塔婆・杓子塔婆・松ぼとけ・杉ぼとけ

(d)　擬死再生

エジプトの神話のオシリス（Osiris）が死して復活するとき麦の穂が生え、日本の神話で保食神が死して牛馬・蚕・穀物が発生する再生の信仰は農耕民に共通の宗教理念とされているが、これを儀礼化して生命力を再新し、来世では地獄の苦をまぬかれようとする演技が白山《しらやま》行事である。これの伝承はすでにかすかとなり、三河花祭にともなう神楽の口伝書とその伝承、立山の姥堂における布橋《ぬのはし》大灌頂の伝承、沖縄の神巫《のろ》のイザイホウの行事などにわずかに「うまれきよまり」＝再生浄化＝の儀礼がみられるにすぎないが、折口信夫氏によれば大嘗祭の悠紀・主基の儀もこれであるという。三河花祭の白山行事でいえば、六十一歳の本卦還りの老人は白山《しらやま》とよばれる仮屋に死装束で浄土入りをする。そしてこのとき白山（＝浄土）と舞戸（＝現世）をつなぐ橋がかりが白布の橋で、「経文の橋」とも「無明の橋」ともよばれ、これをわたることによってあの世の人となる。白山のなかでは葬式の死人の食物である枕飯をたべ、鬼の折檻をうける。かくて白山を出るときは再生して別の人格となり、生命力は更新され、来世の苦はふたたびうけぬ決定往生の位がえられる。これが密教化して布橋大灌頂になるが、浄土門では五重相伝がこれの伝統をひき、御蔵門徒の秘事法門も立川流も隠し念仏もこの系統である。また大念仏狂言の餓鬼責めや地獄劇である下総広済寺の鬼来迎《きらいごう》の賽の河原などは、この信仰と儀礼の仏教芸能化したものとして理解され、また迎講（二十五菩薩練供養）の橋がかりも布橋の変化であり、修験道の「谷行《たにこう》」や入定のような死と再生、永生の信仰儀礼もこの点から解釈されねばならない。

――大念仏の布橋《ぬのはし》伝説・大念仏狂言と地獄劇・密室の伝法・相伝・灌頂・大峯山の気抜堂・地獄極楽の絵解《えと》き・橋祭り祭文・白山《はくさん》信仰と鬼・白山《しらやま》割りと再生・朝比奈地獄破りの狂言・地獄巡りと蘇生譚・姥神信仰・十王信仰・他界観念・うまれきよまり

(e)　葬式組

葬送が共同社会全体の宗教行事であることはすでにのべた通りである。古代においてはおそらく氏族（八十伴《やそとも》緒《のお》）の行事であったとおもわれ、一種の同族祭祀であったが、血縁集団の分解とともに地縁集団の行事にかわった。しかし、死穢のおそれが非常につよい平安時代に地縁集団の葬送参加という大転換を可能ならしめたのは、念仏の普及と二十五三昧講の発展であったとおもう。すなわち念仏の呪力は死霊の畏怖を消し、死穢のわざわいを祓うとかんがえられたので、これが鎮魂呪術に利用されて念仏講の葬送参加を可能にしたのであろう。

――葬式講・無常講・死講・講組・株講・新亡講・死亡講・念仏講・庚申念仏講・一結講衆・六斎講・六讃講・鉦講・念仏講の過去帳・陀羅尼講・念仏講の掛軸（十三仏・阿弥陀如来・来迎仏・善光寺仏・聖徳太子）・念仏紙・念仏講の葬式管理（帳場・香奠受・墓掘り・逮夜念仏・棺舁ぎ・山番・葬具作り・棺台貸し）・念仏講の墓地管理

三、仏教講

仏教本来の意味では講は経論の講讃、すなわち講経論義を指し、①仁王講・最勝講・法華八講のような経律論の講経論義から転じて、②涅槃講・文殊講・観音講・地蔵講・大師講・報恩講のような仏菩薩祖師高僧の恩徳を讃嘆する集会、および③陀羅尼講・念仏講・六斎講・鉦講・迎講のような信者の信心行や芸能をともなうレクリエーションの集会などまで発生している。公式の場でおこなわれる講経論義がほんとうに独創的な経典の内容を講義し、またフリーディスカッションの論義をしたのはごく初期のあいだだけで、平安中期ごろからは講讃も問答も形式化し、これを機会に寺内の宴楽社交の場となったのが民俗的な仏教講の起源である。いわば古代の神祭にともなう直会《なおらい》が仏教の姿をとったのである。

もう一つの仏教講の起源は、古代の庶民仏教者（教化僧・化主・歴門仮説の沙弥・優婆塞・聖等）の勧進活動の結果できあがる知識結《ゆい》であろう。上野三古碑の一、山名碑（神亀三年〈七二六〉）では同族と氏人とその部民とが知識をむすんだように、仏教の同信集団も古代社会を反映して封鎖的な血縁集団（同族講）から出発をする。しかしこれが大仏造営や知識寺・知識経の造立・書写となれば、普公教会《カトリック》（ecclesia catholicos）のようにだれでも志あるものは加入できる開放的な普遍講となる。しかし一方、村落社会には血縁集団から移行した地域集団が根強く存在して封鎖的な地域講を存続せしめた。現在の仏教教団は本山講のように全国的に組織された普遍講を目指しながら、村落常民社会の同族講から移行した地域講を下部組織にもたざるをえないのである。ここでわたくしが仏教講と名づけたのは、講は本来仏教の講経から出発しながら神道の講も多数あるので、とくに仏教を冠して区別したものである。

(a) 同族講

民俗的な講の基本は同族講で、これは氏族制度的な古代社会がながくわが国の社会組織にのこったものとして日本社会史の上からも注目され、これがまた中世から近世になると頼母子講のような金融的性格をおびるので日本経済史の課題ともなる。すなわち、同族的共同体意識があらゆる講にながれるのは古代社会の反映といえるのである。同族的な祭祀は氏神祭の形で存し、同族祖霊祭も「かまどごもり」や山宮祭にあらわれているが、これが仏教化したものが先祖講、株講である。

——先祖講・株講・念仏講（庚申念仏講）

(b) 地域講

現在もっとも普通にみられる講はこれである。いわゆる血縁集団的同族社会が地縁集団的地域社会に転換したもので、多くは仏菩薩祖師高僧を中心とするものが多い。そしてその信仰対象の縁日に寺・村堂・講員の宿にあつまり、レクリエーション的共同飲食を目的としている。

——観音講・地蔵講・念仏講（葬式講・無常講・六斎講）・講組・行者講・大師講・尼講・十日講・十九夜講・講本尊・廻り本尊・廻り地蔵・巡遷弁天講

(c) 普遍講

本山の組織する信仰集団で、宗教本来の講である。しかしこれも古い民族宗教的なものが万人講というような形で路傍の竹筒に道行く人の一文一銭の合力をもとめて、それを元手に牛を買えば縁起がよいとか「まん直し」になるというものもある。

――本山講・功徳講・祖師講・金剛講・大師講（本山の）・荘厳講・牛馬万人講

四、仏教呪術

宗教と呪術の関係についてはフレーザー卿のすぐれた見解があるが、サンティーヴ氏は民間呪術を、(1)巫術、(2)卜占、(3)個人呪術、(4)農業呪術に分類した。これはフレーザー卿が呪術の起源をかんがえたのにたいして、サンティーヴ氏はフランスにみられる民俗現象を実際的に分類したのである。しかしフレーザー卿やヴント氏(Wundt)のように宗教心理学的に呪術をかんがえるのは民俗に関するかぎり、あまり妥当ではない。しかし無数に多く存在する呪術を宗教学的に整理しようとすれば、リューバ氏(Leuba)のように、(1)直接呪術、(2)共感呪術、(3)霊鬼呪術、(4)擬科学的呪術ぐらいにわけるのがよいとおもう。このなかで直接呪術は日本ではむしろ「俗信」にいれるほうがよいので、日本仏教民俗学ではこれを「仏教俗信」にいれることとした。擬科学的呪術は民間医療などをのぞいてはあまりないが、共感呪術(Sympathetic magic)と霊鬼呪術(Sorcery, Dämonischezauber)は日本の民俗にはかなり顕著に存在し、これが仏教と結合している。農耕儀礼の共感呪術（感染呪術＝Contagious magic）は修正会・請雨法・変成男子法・懺法悔過・受戒にあらわれている。これにたいして霊鬼呪術はもっとも普遍的で、仏教呪術はほとんどこれである。すなわち日本の古代的霊魂観念は霊鬼的な畏怖がつよく、これを攘却したり鎮送したりする呪術が民間呪術の基本的な型である。この場合、呪術の力をつよめるために外来の宗教がもちいられたわけで、経典による呪術、真言や念仏による呪術、密教修法（古代インドの呪術宗教の仏教的実修）による呪術、などがそれである。そのほかに仏教的な民間呪術としては巫女や霊媒による死者とのコミュニケーションが存在するが、卜占は仏教の修験者がおこなう場合も中国の易や陰陽五行説によるものが多く、とくに仏教呪術としてとりあげるものはない。

(a) 農耕呪術

これにはポジティヴに五穀豊穣を祈願する呪術と、ネガティヴに農作に害のあるものをとりのぞく呪術とがある。すなわち一方は共感呪術となり、一方は霊鬼呪術となるのである。しかしこの両者は表裏をなして、区別しにくいもののあることは否定できない。それで分類は便宜的にして、くわしくは各々の呪術について内容をよく検討してゆく必要がある。

——修正会・修二会・御斎会・請雨法・孔雀明王法・雨乞念仏・虫送り念仏・風念仏・太鼓踊・増益護摩法・大般若転読・季御読経・馬頭観音法

(b) 招福呪術

除災招福は呪術の目的であるから、除災すればおのずから招福されるとかんがえ、本来は除災呪術である護摩法を招福にもちいることがある。護摩札に五穀豊穣・家内安全などと書かれる所以である。しかしその目的には、増益護摩のほかに息災護摩が修せられることがある。また男女の愛や貴人の寵を得んとして鈎召または敬愛護摩がたかれ、出産にあたって男子を得んとする変成男子法などもこのなかにはいる。

——増益護摩法・息災護摩・敬愛護摩・星供・法華八講・毘沙門法・吉祥天法・弁財天法・舎利法・如意輪法・愛染法・観喜天法（聖天供）・伎芸天女念誦法・陀枳尼天法・変成男子法・摩利支天法（戦勝祈願）・巻数

(c)　除災（治病）呪術

除災はつねに招福に先行するが、除災即招福というケースも多いのでこの二つの呪術は区別しがたいことがある。ここでは農耕に関する除災は一応のぞいて、治病・物怪・戦争・呪咀等についての呪術だけをあげる。もっとも魔除けと称してお札をもらったり、それを戸口に貼ったり、修正会の鬼の松明の燃えさしを戸にさしたりという類は俗言のほうへ入れる。

——法華懺法・悔過（薬師悔過・十一面悔過・阿弥陀悔過・吉祥天悔過等）・仏名会・息災護摩法・調伏護摩法・柴燈護摩・仁王会・太元帥法・五大力法・大般若転読（村廻り般若・貸出般若・般若の風・虫干大般若等）・受戒・如法経・鎮宅法・結界法・避蛇法・蟇目鳴弦法・六字河臨法

(d)　鎮送呪術

除災呪術と共通する呪術で、災害の根源を荒れすさぶ祟多き精霊（霊鬼）の仕業とするところから、鎮魂すれば除災されるという論理である。呪術のうちでもっとも基層文化的であり原始性をもっている。しかしそれはヒューマニズムの進展にともなって、精霊はなつかしくもまた恩寵的なものとして意識されるようになると、精霊をむかえて手厚くもてなすことによって招福しようという招福呪術に転換する。それと同時に精霊は他界（常世または夜見の国）に追い儺《やら》われることから転じて、寂光浄土へ送られるという観念に変じてしまうのである。そしてこれはまた逆修としても修せられるようになる。また鎮送呪術が芸能につながることは、鎮送儀礼をおこなう宗教者が神の権化となって（仮面や花笠などに顔をかくして神格化、あるいは霊格化する）邪霊を追い儺う神態《かみわざ》を演ずるということからおこるのであって、呪師芸能も念仏芸能もこの呪術に源を発するのである。

——常行三昧・法華三昧・土砂加持・光明真言法・呪師作法・流灌頂・血盆経・流勧進・千体地蔵流し・千本塔

婆流し・川施餓鬼・水陸会・仏立て・塔婆立て・位牌納め・もり供養（もりの山・仏の山）・不断経・法華千部経・御国忌・万燈会・万華会・水向供養・万部会・来迎会・大念仏・棚経念仏・六斎念仏・念仏踊・盆踊・彼岸念仏・四天王寺西門念仏など

(e) 巫術

シャーマニズムは日本のみならず北方アジアに顕著な宗教現象とされるが、これが仏教と結合した例もすくなくない。神の託宣をする巫女のほかに死霊の口寄せをする巫女があるのはそのためである。古代の庶民宗教家である沙弥・優婆塞・聖が「僧尼令」に禁じられた歴門仮説したのは、巫術によったものが多かったこととおもわれる。修験道にはこの巫術が大きな部分を占めており、いまでも山伏法印の呪術と託宣は常民のあいだでなくてはならないものである。神霊を巫者に憑依させる方法はいろいろあるが、護法飛びはその代表的な残存である。

——みこ・梓みこ・あがたみこ・いちこ（いたこ）・おしら祭文・心経・陀羅尼・生口《いきくち》・死口《しにくち》・口寄せ・護法実・念仏屋・憑物・依《より》祈禱・護法飛び（いのりつけ・犬護法・烏護法・剣護法・護法石）

(f) その他の呪術

これには以上の呪術以外で大法事・大法会・経会などといって、もろもろの祈願をこめる仏教的呪術がある。

——お砂踏み（八十八ヶ所霊場の砂をあつめて踏む）・巡礼・札納め・一切経会・大法事・堂供養・鐘供養・善の綱など

五、仏教芸能

仏教はその宗教的目的を達成するために諸種の芸術を創造したが、これを芸術として鑑賞するのは常民の領域ではない。すなわち仏像や絵画ももとは鑑賞のために製作されたものではなくて、これを本尊または道場の荘厳として宗教儀礼をおこなうのが目的である。常民はただその神秘にうたれて直視するものもなかったであろう。しかしこれが造型芸術でない芸能の領域にはいると、きわめて常民的である。それは宗教者またはそれに準ずるもののおこなう宗教儀礼から出発して、寺院や教会に隷属する芸能者の手にうつって洗練されると能や歌舞伎のような高度の芸術になるが、これを民間唱導者が勧進の方便に伝播するばあいは常民の娯楽的芸能としてとどまり、やがて民俗行事となって残存することになる。しかしこのような民俗的な仏教芸能は素樸であるとともに、その仏教以前の基層文化をよくのこしておるのがつねである。したがって基層文化と仏教の交渉を研究するには、きわめて適当な課題となるものである。

(a)　顕教系芸能

密教と浄土教に関係の希薄なものをかりにこのように分類したのであるが、とくに顕教なるがゆえに特殊な仏教芸能があるという意味ではない。ただ延年は比叡山や興福寺に発達し、厳島や羽黒山・日光・立石寺につたえられ、これらが顕教の寺院であるからここにいれるのであるが、延年は舞楽や散楽と神楽、田楽のような在来の芸能に、稚児舞・曲舞・狂言等のあらゆる芸能の混合としてあるもので、延年独特のものがあるわけではない。また声明・和讃も顕密浄ともにあり、祭文もおなじことである。しかし他に分類することのできないものなので、これを禅宗系芸能の放下や暮露とともにここにおく。

――延年・和讃・祭文・説経・懺法・仏の舞・放下・暮露

(b)　密教系芸能

これはいうまでもなく呪師の芸能である。一般に能楽の呪師が興福寺から出るので顕教系とあやまられがちであるが、これは修正会・修二会に密教の儀軌で結界して悪霊を道場に入らしめないようにする宗教者が、芸能的呪師にとってかわられたのである。平安末期から文献史料がきわめて多いわりに内容があきらかでないが、現在、東大寺・薬師寺・法隆寺などの呪師作法をみれば、文献についての疑問をとくべき残存現象がきわめて多い。とくに民俗化した豊後国東半島の六郷満山（天台宗）にのこる修正会の法呪師《ほずし》は、密教系芸能の貴重な残存としてたかく評価すべきものである。そのほか呪師十三手のうち、もっとも普及した鬼の手は全国的にかなりよくのこっているので、これの採集と記述と研究は日本芸能史に一段の飛躍をもたらすであろう。

——呪師・法呪師・鬼走り・獅子舞・法印神楽・湯立て・棒振り・太刀振り・太刀舞・天伯舞・花祭

(c)　浄土教系芸能

すでにしばしばのべたように、念仏はわが国の基層文化にもっとも結合しやすいものをもっており、鎮送呪術にはいって空也念仏ややすらい花となり、融通念仏で音楽的に洗練されながらも大念仏の狂躁的な舞踊や狂言となって全国津々浦々にのこっている。すなわち音楽・舞踊・演劇という芸能の三つのジャンルをすべてそなえて、宗教性と娯楽性をもちながら現に生きている民俗である。その上、浄土教系芸能には行道という第四のジャンルがあるわけで、そのくわしいことは第二部の「念仏芸能の研究」でのべることとする。

——融通念仏・六斎念仏・空也念仏・大念仏・念仏踊・念仏狂言・歌念仏・念仏風流（剣舞《けんばい》・鹿踊《ししおどり》・かけ踊・放下踊・獅子舞・浮立・盆踊・歌舞伎踊・小町踊）・念仏行道・練供養

(d)　仏教芸能僧

仏教芸能を伝承しつつ唱導したのは下級僧侶であり、半僧半俗の念仏聖や寺院隷属の唱門師（声聞師）であったのであるが、これらは勧進すべき諸大寺からはなれて門付芸人になると賤民化した。そして芸能そのものも住吉踊や願人坊踊のようなきわめて野卑なものになる。しかしこれは日本の勧進の歴史を説く上に無視しえない存在であり、日本芸能史の上からも大切であるから、諸芸能のなかにしばしば姿をあらわす芸能僧の影をとらえ、また伝承や文献をあさって日本仏教民俗学がどうしても解明しなければならない課題である。

——遊僧・呪師・空也僧・唱門師・田楽法師・放下僧・梵論師・薦僧・いたか・盲僧・願人坊・道心坊

六、仏教伝承

サンティーヴ氏は宗教上の言語伝承を精神生活の、民間叡智と民間美学として分類したが、口誦伝承または民間文芸をおもんずるヨーロッパの民俗学の傾向がよく出ている。しかし日本では仏教伝承は普通、仏教説話文学の名で文学としてあつかわれて、民俗学の関与する余地はすくなかった。もちろん、築土鈴寛・永井義憲両氏のようにとくに仏教説話にとりくんだ人々は民俗学への関心をしめしてはいるが、これを民俗学の内側からみるという仕事は、日本仏教民俗学にのこされた課題であるとおもう。折口信夫・岡見正雄の両氏なども説話文学の発想の問題を民俗学的にみた人々であるけれども、基層文化と仏教の交渉ということを直接の課題としてとりあげたものとはいいがたい。いわばそれは文学作品の成立を分析する過程において、ことのついでに仏教民俗にふれるといった態度である。カール・クローン氏もいうように、一民族の基層文化は民間文芸にもっともよく表現されているということはたしかであるが（カレワラやユーカラ、「おもろそうし」等はたしかにそうである）、そこに外来文化という第三のファクターがくわわるばあい、基層文化はどのような影響をうけ、外来文化はどのような変容を民間文芸の上にのこすかということが日本仏教民俗学にとっては大切なのである。またそのような文化接触の接点にあたるのは唱導僧なのであって、われわれは仏教伝承を通して、彼等の意識内容のみならず、その生活や社会までもあきらかにしなければならないのである。従来はあまりにも説話の型の分析にだけ関心をむけて、その背後で実際に物語り、絵解きをし、歌念仏や説経をうたい、念仏踊をおどり、人形を操り、お札や塔婆を売り、勧進銭をあつめるような大念仏会をいとなむ唱導者の姿を把握しなかったのは、正しいとはいえないであろう。これは仏教説話の分析だけからはとうてい出てこないのであって、その伝承のつたえられる環境や、その譜本や口上、絵解きにもちいられた絵巻物の分析と唱導僧（高野聖や善光寺本願や勧進）に関する伝説や言い伝え、廻国僧の碑や供養塔などまで検討する必要がある。

(a)　縁起

これは寺院の創立や本尊の出現に関するものが多く、一見、荒唐無稽として歴史学は史料価値をきわめてひくく評価するものであるが、個々の縁起は信憑性がなくとも、多くの縁起をあつめて、その類型をもとめれば、常民の仏教の理解のしかたや、常民の寺院や本尊への信仰内容、および仏教的粉飾をとった基層文化などがうきあがってくる。

――本尊・霊仏・霊場・堂塔・鐘・高僧・本願となった豪族や山伏や狩人、仙人などに関する説話

(b)　奇蹟

仏教伝承に奇蹟はつきものである。しかしその奇蹟は、弘法大師や親鸞聖人の事績をそれら実在の高僧に投影して歴史化したものが多い。弘法清水・越後七不思議などはその好例である。

――高僧伝説（聖徳太子・役行者・弘法大師・慈覚大師・元三大師・空也上人・親鸞聖人・一遍上人＝遊行上人・祐天上人）・蘇生譚・山伏の法力・験競べ・道場法師

(c)　霊物

高僧伝説をひと皮むけば霊物が姿をあらわす。これは古い神々と霊魂の中間に位するので、恩寵と祟とをかねそなえていることが多い。

――鬼・天狗・変化・化生・護法・識神・幽鬼・餓鬼・物怪

(d)　唱導者

さきにものべた通りで、日本の庶民仏教史の鍵はこの唱導者にあるといえる。

――勧進聖・比丘尼（絵解き・絵巻・絵殿）・山伏・説経僧（談義本・夜談義・勧化）・傀儡師・のぞきからくり（地獄極楽）・地獄変・道の勧進・橋の本願

(e)　仏教的俚諺と仏教的俗語

他力本願とか空念仏、馬の耳に念仏、立往生とか普請など日常語になった仏教用語をあつめて分析すれば、常民の仏教の理解のしかたが生々とつかめるであろう。

七、仏教俗信

フレーザー卿は民間信仰という意味に俗信（superstition）をつかっているが、サンティーヴ氏はこれを「民間祭祀」のうちの「自然の精霊にたいする祭祀」として俗信をあつかっている。しかしわれわれは、フレーザー卿のようにもっとひろい意味に俗信を解するほうが、仏教に関する俗信をあつかうばあいは都合がよい。俗信はもとはしかるべき由緒正しいドグマにささえられた宗教が零落したものと、基層文化の固有信仰が宗教の薄皮をかぶっておる程度のものとがあるわけで、もっとも非合理的な面をふくんでおるだけに研究は困難である。しかしそれは、薄皮をむけば基層文化が露出するという都合のよい面もあるので興味あるテーマということができる。数年前から調査がおこなわれている奈良元興寺極楽坊の聖徳太子像・弘法大師像の胎内と天井裏から発見され、さらに本年、地下から発掘された「中世庶民信仰資料」などもこの部類にはいるべきもので、これをオーソドックスな仏教知識でたちむかっても、まったくの不可解というほかはないものばかりである。それは多少中世の文献史料で処理されるものもあるが、大部分は文献にも記録にも出てきたことのないものばかりである。しかしそれは中世においては記録の必要がないほどに日常茶飯事であった俗信の遺物なのであって、この遺物の解明はすなわち、中世庶民信仰でなくて中世庶民仏教の解明となるであろう。それはしかしここに提示した日本仏教民俗学の仏教俗信だけで解決されるものでなくて、全体系のなかであつかわなければならないことだけははっきりしている。このように俗信の問題は困難であるとともに、またこの学問にとってきわめて重要な鍵としてよこたわっているわけである。

(a) 祈願俗信

これは仏教呪術にはいるべきものがすくなくないが、その祈願の方法がいたって素樸であり、仏教的色彩のあまり濃厚でないもので、いわゆる「願かけ」とか「願ほどき」とかいわれる程度のかるい呪術をとりあげる。そしてそれは現世利益的なものと死者の供養のためのものと二種あるわけであり、また個人のためのものと集団のためのものとの二種もあるわけである。勧進僧は、唱導とともにじつに巧妙にこうした俗信を利用することをわすれなかったものであるらしい。

——千日詣・千度踏み・四万八千日・縁日・断ち物（塩断・茶断・生臭断など）・裸詣・強制祈願・石地蔵への願・石仏や石塔への願・太子信仰・大師信仰・陀羅尼信仰・念仏信仰・略式の千部経・柿経・笹塔婆・小形板五輪・千体地蔵・万杯供養札

(b) 呪禁

まじない（charm, enchantment）にあたるので、祈願的俗信にちかいが、おもにお札やお守り、石や水などで目的を達しようとするものである。

——お札・護符・牛玉宝印・お守袋・面帳・施餓鬼・石塔の破片・薬師や大師の水

(c)　禁忌

いわゆるタブー（taboo）で、それをまもらなければ不幸があると信ずる程度のもの、現在では法律や社会的制裁はふくまれない。この不幸があると信ずる程度も個人によって大きな差があって、平気な人もあるわけである。禁忌は祭や葬式に多いが、とくに葬送にはすべて平常の生活と逆にせねばならないというタブーがある。

——女人禁制・葬制禁忌・墓地禁忌・三年坂・袖もぎ坂

(d)　予兆

幸・不幸は正式には巫者の託宣によって知るわけであるが、烏鳴・狐鳴のような何でもないものをもって予兆と信ずることがある。彗星とおなじような国家的な大事とかんがえられた予兆は、奈良大仏の汗で勘文が出され祈禱がおこなわれた。これは、金属性の仏体の表面では空気中の湿気が露をむすぶことを知らなかったのである。

——本尊の汗・寺の怪音怪火・墓地の異変

以上、日本仏教民俗学の体系としての研究対象の分類をしめしたが、そのどの問題をとりあげても困難なものばかりである。しかしこの方法論によって実地に問題解決にあたる例として、念仏芸能をとりあげてつぎに論ずることとする。

むすび

以上三章にわたって日本仏教民俗学の方法論をのべたのであるが、方法論の問題としてはこのほかに、㈠日本仏教民俗学と隣接諸科学（日本文化史・日本仏教史・日本宗教史・日本社会史・日本文学史・日本民族学・日本民俗学・日本考古学等）との関係、㈡日本仏教民俗学の資料論（古代史料・中世史料・近世史料・現代の民俗資料・民族誌・考古資料等）、㈢現存の仏教民族資料の採集方法《テクニック》、㈣日本仏教民俗学の領域における従来の仮説と仏教民俗資料の解釈法、等の各項についても論じなければならないのであるが、怱々のうちに本論文をまとめたため、これを割愛せざるをえなかった。しかし仏教学・仏教史と民俗学のあいだには従来あまりたいした関係がみとめられなかったのにたいして、この二つの学問領域の接触点に多くの問題がよこたわっていることだけはあきらかにされたとおもう。そしてこの問題の解決は、仏教学・仏教史および民俗学の双方の学問の進展に寄与しうるものであることが了解されたであろうとおもう。

すなわち、㈠従来、民俗学が仏教学の領域ときめこんで放置した諸種の民俗現象をとりあげて民俗学の領域をそれだけ拡大し、㈡日本仏教史が直接史料の不足、または欠如という壁につきあたって不明とされていた各種の庶民仏教史に関するブランクを、常民の伝承した民俗から類推して、とぼしい史料にあたらしいライトをあてて歴史事実を推定する可能性をひらき、㈢その結果としてひろく日本文化史の課題とされる日本文化の本質と構造を基層文化の底から解明することができるようになって、従来、法隆寺や正倉院のような表層文化だけから論じられた日本文化の構造論・本質論を、路傍の石仏・石塔や印仏札や名号札のような民俗資料から論ずることができるようになった結果、美術史が解決できなかった異形の仏像や寺院建築の構造にも説明と解釈があたえられるようになりつつある。かつて和辻哲郎氏は、日本文化の本質を「風土論」と「文化の重層性」をもって明快な論断をこころみたが、われわれはむしろ、「基層文化の不変性」「固有宗教の呪術性」「常民の宗教における霊魂観念・他界観念と鎮魂儀礼」「農耕儀礼と鎮魂儀礼の同一性」「常民の伝承性」などの種々の仮説をもって、いっそう具体的に日本文化の本質と構造を解釈しうると信じている。

また第二部においてこころみるように、従来の日本芸能史から見すてられた存在となっている仏教的な民俗芸能や俗和讃、および盆踊歌と民謡などが、いかに庶民仏教と密接な関係にあるか、したがって日本の古代・中世の庶民仏教を解明する鍵ともなりうると同時に、日本文化の底辺を構成する基層文化としての文化史的意義を見直しうることを強調したいのである。

第二部　念仏芸能の研究

序　言——民俗的芸能としての融通念仏——

わたくしはさきに「民俗的念仏の系譜」(『印度学仏教学研究』第五巻第二号、昭和三十二年) および「念仏の芸能化について (同上第七巻第二号、昭和三十四年) において融通念仏、大念仏、六斎念仏が一連の系譜につながるものであることをのべたが、その論証にはじゅうぶんの例証をあげることができなかった。わたくしはこの問題は日本の庶民仏教史に大きな影響力をもった民俗的念仏と念仏芸能の本質をあきらかにするために重要であるとおもうので、本論ではもう一度この問題を論じ、融通念仏の民俗的念仏芸能化の跡をたどりたいとおもう。そのためにここでは従来あつめられた文献と民俗資料を、かなり自由に提出してその例証としたいのであるが、いままでにわたくしの採集した民俗的念仏資料のうち、ここではとくに和歌山県・奈良県の例をあげるにとどめ、ただ分布の章で全国的事例に簡単にふれることとしたい。

すでにのべたように民俗的念仏とは、浄土真宗や日蓮宗以外の宗派にぞくする檀信徒のあいだに、ひろくおこなわれている念仏的な民俗行事と民俗芸能であるが、これが農耕儀礼や疫癘消除のための年中行事として定期的にもよおされるばあいも、葬送などの社会的儀礼として臨時におこなわれるばあいも、ほとんど寺院と関係なしに実施されてきた。したがってこれが文献にのこされる機会はきわめてまれで、ただ口誦伝承または行為伝承として継受されてきたので、民俗資料からその原形と変化・発展のあとをあきらかにする以外にほとんど手がかりのないもので、仏教民俗学のほかにはこれをあつかうことは不可能な領域である。しかも民俗的念仏の主体となるものは村落または講などの常民共同体であるから、一般に古きを保存する伝承性がつよいので、現存の民俗資料を蒐集・整理・分析・排列すれば、比較的容易に発展の系列を見出すことができる。そしてわれわれはこのような社会的伝承の基盤の上に、空也や良忍や一遍などの突発的であるとともに熱狂的な宗教運動が、日本仏教史上にしばしば展開したものと推定するのである。この三人の庶民仏教家としての念仏聖およびその徒衆が勧進した念仏は呪術的・集団的・行動的である点に共通した特色があるのも、古代的な民族宗教が念仏のすがたをかりて復活してくるのであるから、これが社会儀礼として民俗化し、すすんで芸能化する性格を本来そなえておったわけである。これは源信・源空・親鸞にながれる正統的な専修念仏とまったく異なる点で、その内観的な思弁性や経典に拠証をもつ論理的な哲学体系とは対照的な念仏信仰である。しかしこのような元祖・宗祖のひらいた宗派の信徒であっても、常民であるかぎり民俗的念仏の要素の混入が多かれ少なかれ見出されるのは、さきにのべたように、この念仏が日本民族の基層文化に根ざしている以上はやむをえないのではないかとおもわれる。

さて現存する民俗的念仏は、これを分類すれば鎮魂呪術的念仏・農耕儀礼的念仏・民俗芸能的念仏にわけることができるが、これらを通じてもっとも大きな系統をかたちづくるのが大念仏と六斎念仏である。大念仏と六斎念仏にはそれぞれ地域的な名称と形態の変化があり、なかにはこれが大念仏または六斎念仏の派生的なものと一見しておもわれぬものもある。しかしこれを信仰内容や芸能的構造や伝承する社会構成などに分析して考察すれば、大念仏・六斎念仏にその源流をさかのぼることのできるものが全国的に分布している。そして大念仏と六斎念仏の相似性は、またこの二種の念仏にもう一つの源泉、すなわち融通念仏が存在することを暗示するのである。これは融通念仏というものの従来の概念からすれば、きわめて突飛な結論のようであり、そのためにこそ現存する大念仏と六斎念仏の全国的な蒐集と分析を必要としたのであるが、一つにはこれらの念仏は共通の曲調があり、その曲譜の名称にも類似が多く、しかも念仏曲名や和讃に「融通」があり、またしばしば挿入されるリフレイン「ユーズーネンブツナムアミダブツ」の句があることなどから、その根源を融通念仏に帰せざるをえないのである。もちろん曲調の類似を証明するためには楽譜でしめす必要があるが、これはわたくしのなしうるところではないので、録音によるほかかない。しかし六斎念仏のよく保存されたところでは、曲名和讃をかいた「念仏覚」や「つぼ書」と称する念仏曲調のテンポの長短や発声上の変化を、きわめて不正確ではあるが、概略しるしたものもあって、比較研究の手がかりだけは存在する。いうまでもなく常民のあいだに口から口へとつたえられた曲調であり曲詞であるから、変化と訛りはさけられないけれども、かなり地域的にへだたったところでも共通性があるのは、源泉が一つであり、かつこれを保存したわが国の村落の伝承性がつよかったことをしめすものであろう。すなわちこの種の念仏は、個人の自由意志による信仰ではなくて、共同体の集団儀礼または共同祈願としておこなわれてきたので、念仏講への加入や念仏曲譜の伝習には、かなりつよい共同体の強制力がはたらいたからである。この意味で、この念仏に関する民俗資料の信憑性はかなりたかいものといわなければならない。

なお大念仏および六斎念仏はその分布がほとんど全国的であって、わたくしのかぎられた採集能力ではまだ全部をつくすことができない。今後もっとひろく、またもっと密にさぐれば、はるかに多数のこの系統の念仏を見出す可能性がある。したがってその分布を論ずることは中間報告の域を出ないものであるが、一応の分布をしめしてその伝播の中心を推定することとした。のちにものべるようにこの中心として京都と高野山がかんがえられるが、とくに高野山周辺には融通念仏の原形にもっともちかいと推定される純粋な六斎念仏がのこっている。そして各地の大念仏・六斎念仏はいずれもこれに芸能的要素と装飾的要素、すなわち「風流」をくわえたものが多い。この風流も、もとづくところは神楽・田楽・呪師・散楽・猿楽・延年・歌垣・放下・獅子舞・狂言・民謡・雑芸などであるが、今回はこれにはふれないこととした。しかし従来は大念仏・六斎念仏はこの芸能的要素のみが注意されて、根本にある念仏的要素が無視されている。それゆえ多くの民俗芸能を融通念仏・大念仏・六斎念仏の立場からみなおせば、念仏系の民俗芸能がいかに多いかにおどろくとともに、念仏芸能の日本芸能史に占める分野のひろいのにおどろくのである。しかし今回は芸能史の問題にはあまりふれずに、もっぱらこの念仏と村落社会との関係、その伝播系統、行事内容と曲譜・曲調・曲詞などの問題についてのべるにとどめ、論攷の目標を融通念仏と大念仏・六斎念仏との関係に置くこととした。

第一章　融通念仏と大念仏との関係

日本仏教史のなかで融通念仏の正体ほど疑問につつまれた問題はないのであって、これをもって一宗派をなした融通念仏宗の宗史も『融通大念仏縁起』のほかに、たよるべき史料を多くもたない現状である。もちろんこの縁起は鎌倉末期の正和三年（一三一四）に成立したことのたしかな史料であるから、これを出発点にすることは正しいが、このなかにはすでに歴史としてそのまま信じえない部分がすくなくない。そしてこの念仏の相承にも多くのブランクがあり、またこれをうめようとした作為の跡もみられる。ことに近世初期に平野大念仏寺の融観大通が、一宗を開立するための教義設定と、大念仏寺を本山とするための宗史作製は、ますます融通念仏を不明ならしめた観がある(1)。

しかしこの念仏は融観まではとくに教義と称すべきものをもたなかったし、その相承もまちまちであって、大念仏寺のほかに清凉寺・壬生寺・法金剛院・善光寺・高野山・谷汲山華厳寺・当麻寺・磯長叡福寺・泉涌寺別院戒光寺・石清水(2)・大原・鞍馬寺等にもあったと推定されるから、これを一本の系譜にすることは無理であった。すなわち融通念仏は一つの宗派でも学派でもなく、一種の宗教運動であり、勧進の手段であり、また念仏のうたい方であって、名帳に名をつらねて同志となり、ともに念仏を合唱するものは、その功徳をたがいに融通して現当二世の莫大な利益がえられるとの主張にすぎない。このことは『融通大念仏縁起』（明徳版本）の跋文に(3)、

右本願良忍上人融通念仏根本の帳に任て注するところ也。此本帳は良忍上人、厳賢上人に伝しよりこのかた明応上人、観西上人、尊永上人次第に相承せり。凡本帳にいる人数三千二百八十二人なり。（中略）此等の奇特先蹤を伝聞給はむ道俗、彼念仏をうけ名帳に入給はば、今生には一切の災難をはらひ、後生には必往生をとげ

給はむ事、見証《(現)》右にのするがごとし。一念も疑あるべからず。是を画図にあらはす志は在家の男女に念仏往生の信心を増進せしめむがためなり。仍正和第三暦仲冬上旬候記之。

とあって、匿名の縁起執筆者が正和三年にこれを書いたときには、良忍以後四人の相承者しか知られなかった。そして永徳二年（一三八二）から応永三十年（一四二三）まで四十二年にわたって『融通大念仏縁起』を作製頒布した良鎮や、(4)元亨元年（一三二一）に石清水八幡の夢告によって融通念仏を再興したという法明までのあいだは、まったくのブランクとなっている。しかしこのあいだに、弘安二年（一二七九）には道御（円覚十万上人）が清凉寺で融通大念仏会をはじめたことは、清凉寺本の縁起に、

清凉寺の融通大念仏は道御上人、上宮太子の御告により、良忍上人の遺風を伝て、弘安二年に始行し給ひしより以来、とし久しく退転なし。毎年三月六日より同き十五日にいたるまで、洛中辺土の道俗男女雲のごとくにのぞみ、星のごとくにつらなりて群集す。

とあり、またおなじ道御は正嘉元年（一二五七）に壬生で融通大念仏をはじめたことが『壬生寺縁起』に見え、大金鼓の銘に、

地蔵院　奉鋳顕金鼓一口　正嘉元年丁巳五月二十九日　鋳物師大工大和権守土師宗貞

とあるばかりでなく、この年二月二十八日に壬生地蔵堂が焼けているので（『如是院年代記』）その再興勧進のためにおこなわれたと推定しうる。この正嘉年中（一二五七—五九）にはまた、武蔵国与野郷で別時念仏に融通念仏がおこなわれたことが『融通大念仏縁起』の諸本に見えるが、これは『大念仏寺誌』の神明再授の伝と矛盾することになる。したがって元禄版本はこれを「承安の比」と改竄せざるをえなかったのである。ここに別時念仏に融通念仏がおこなわれたということは、同時に不断念仏にも融通念仏がおこなわれたことを暗示するもので、嵯峨清凉寺

の別時念仏会、四天王寺の歳末別時念仏[5]、石清水の不断念仏[6]、大原の不断念仏[7]、高野山新別所の不断念仏[8]なども、のちにのべるように融通念仏がおこなわれたことを推定することができる。すなわちこの念仏は、別時念仏会や不断念仏会にとなえる「同音の念仏」、すなわち合唱の念仏であったとおもわれる。したがって融通念仏は、芸能化して「大念仏」となるべき必然性をもっていたのである。大念仏はいうまでもなく道俗大衆が多数あつまって合唱舞踊することで、これに演劇がつけば融通大念仏狂言となり、やがて盆踊ともなる。謡曲「隅田川」や「百万」の大念仏は、その合唱のありさまをよくしめしている。文永十一年（一二七四）に一遍は熊野証誠殿の前で「融通念仏すすむるひじり」とよびかけられたが[9]、一遍の念仏の合唱群舞には空也念仏とともに良忍の念仏がはいっておったものといえよう。また融通念仏がかなり早いころにおこなわれた文献として、われわれは『法然上人行状画図』第十七にのべられた、聖覚法印の真如堂融通念仏をあげることができるが、これも「道俗をあつめて」であった。これは法然上人の三回忌追善のために修せられたもので、現今、法然上人御忌に六斎念仏興行があることとなんらかの関連があるかもしれない。すなわち、

上人の第三年の御忌にあたりて、御追善のために、建保二年正月に、法印（聖覚）真如堂にして七箇日のあひだ、道俗をあつめて融通念仏をすゝめられけるに、往生の要枢、安心起行のやう、上人勧化のむねこまごまとのべたまひて

とあって、当時の唱導師たちが結縁者多数をあつめるための手段として融通念仏を興行したのであろう。ということは法会の余興といわぬまでも、一般に魅力のあるしたしみやすい念仏、いわば芸能性をもった合唱念仏であろうとおもわれ、それは民俗資料として現存する大念仏や六斎念仏の面からもじゅうぶん論証されるのである。また長門本『平家物語』巻四の卒都婆流しの条に、

浦人島人集りたる時、念仏をすゝめて同音に申させて、念仏を拍子に乱拍子を舞ひけり。

とあるのも、鎌倉時代の融通大念仏の普及からかんがえて融通念仏であった可能性がつよいとおもわれる。

したがって融通念仏の伝播者は中世に多く活躍した念仏聖または勧進聖であろうと推定され、その普及の功績も俗悪化—芸能化の責もこれら庶民仏教家に帰せられるべきものであった。

中世文学や中世説話集からみて、このような念仏聖は京都付近では大原・嵯峨・東山・白川にあつまり、近畿では高野・熊野・四天王寺・長谷など、遠くは善光寺にもあつまったらしく、それぞれこの念仏の痕跡がたどられるのもそのためであろう。白川では『融通念仏縁起』の異本であるところの「融通念仏勧進状」の開板執筆者「白川老比丘遊仙」が良忍より九代の法流をうけたと称している。(10) また永徳（一三八一—八四）から応永（一三九四—一四二八）にかけて縁起を勧進した良鎮も、知恩院本奥書に「勧進沙門良鎮謹言、此絵百余本勧進興業之志は云云」とあり、根津本奥書にも「勧進沙門良鎮云、此絵百余本すゝめ侍志は云云」とあるように勧進聖であったことはうたがいのないところであるが、『大念仏寺誌』がこの良鎮の伝を作為的にか不作為的にか第六世良鎮（寿永元年〈一一八二〉寂）とあやまったとすれば、やはり嵯峨系の念仏聖とかんがえられるであろう。この良鎮の法系とつたえられる尊鎮上人が泉涌寺別院戒光寺で融通念仏をつたえたというのは、(11) 東山系の念仏聖との関係を暗示するものであり、大念仏寺中興の法明が高野山長福院に止住したという事実は、高野山の念仏聖、すなわち小田原谷の高野聖と関係のあったことをしめすものである。そしてのちにものべるように、高野聖のあいだには高声念仏や踊念仏がおこなわれ、時宗の聖もたくさん住んだのであるから、法明はすでにこの山で融通念仏を知っていたと推定してさしつかえない。そうでなければ現在の融通念仏系六斎念仏の分布の一つの中心に高野山があることは、とうてい説明することができないのである。

そのほか伝説ではあるが、謡曲「百万」の主人公といわれる道御は播州印南野で融通念仏をはじめたとつたえ、野口の教信寺はながく融通念仏の道場として知られた。播州にはこの野口大念仏と北条の酒見念仏と佐田郡の千種念仏の三大念仏が有名であり、同種の念仏がおこなわれた。この教信寺の野口大念仏に七墓巡りのあったことは、近松門左衛門の浄瑠璃「賀古教信七墓廻」からも想像され、現存の六斎念仏に七墓巡りのあることとあわせて、融通念仏と六斎念仏をつなぐ論拠の一つである。

以上のような史料からも知られるように、鎌倉時代から室町時代には融通念仏は融通大念仏、またはたんに大念仏とよばれるのがつねであり、これが合唱と踊念仏をともなったことは、清凉寺本の『融通大念仏縁起』の清凉寺大念仏の図や、観阿弥作の「嵯峨物狂」または「百万」によってもじゅうぶん想像される。すなわち、

ワキ「此頃は嵯峨の大念仏にて候ふ程に、此幼き人をつれ申し念仏に参らばやと存じ候」
シテ「あら悪の念仏の拍子や候。わらは音頭を取り候ふべし。南無阿弥陀仏」
地「南無阿弥陀仏」
シテ「南無阿弥陀仏」
地「南無阿弥陀仏」

と南無阿弥陀仏のかけあいとなるが、これは念仏合唱には拍子曲調のある南無阿弥陀仏の詠唱のあったことを推測せしむるにじゅうぶんである。すなわち、大念仏が念仏合唱であるために当然拍子と曲調がなければならず、また讃美歌のように合唱する大衆が宗教的エクスタシーにはいるような美しいメロディでなければ、とても全国津々浦々に普及しなかったであろう。もちろん大念仏ということばは『拾遺往生伝』の沙門清海伝に、

正暦之初、勧進自他、修七日念仏、所謂超証寺大念仏是也

とあって、良忍以前にも存在し空也の念仏も鎮花祭の念仏も大念仏であったとおもうが、これが一般化したのは融通念仏と結合したのちであった。『法然上人行状画図』第三十にも、

寿永元暦のころ、源平の乱によりて命を都鄙にうしなふもの其数をしらず。こゝに俊乗房無縁の慈悲をたれて、かの後世のくるしみを救はむために、興福寺東大寺より始て、道俗貴賤をすゝめて、七日の大念仏を修しけるに、その比までは人いまだ念仏のいみじきことをしらずして、勧めにかなふものすくなかりければ云云。

とある大念仏もたしかに融通大念仏であったと推定され、俊乗房重源がみずから南無阿弥陀仏となのり、人にも阿弥号をすすめたことには、南無阿弥陀仏をくりかえし詠唱する融通念仏の影響とかんがえられる。何となれば重源が阿弥号をひろめる意楽をおこしたのは、文治二年（一一八六）に良忍の遺跡、大原の勝林院における大原問答に陪席したときのことで、[12] このときの高声念仏は融通念仏であったと推定してあやまりはない。すなわち、

法印（顕真）香炉をとり高声念仏をはじめ行道したまふに、大衆みな同音に念仏を修する事三日三夜、こゑ山谷にみち、ひゞき林野をうごかす。信をおこし縁をむすぶ人おほかりき。[13]

とあり、このときの導師顕真法印はつぎにあるように融通念仏の人であった。すなわち、顕真法印が念仏勧進のために姨の禅尼につかわした消息は「顕真の消息」といって世に流布していたが、その詞に、

一行すなわち一切行なれば、念仏の一行に諸行ことごとくをさまり、一念すなわち無量念なれば、一称弥陀なにの不足かあらむ。

と融通念仏の語句があるばかりでなく、大原問答の翌年の文治三年（一一八七）正月十五日から十二人の念仏衆による不断念仏をはじめたとき、

開白の夜は十二人皆参じ行道して同音の念仏を修するに、毘沙門天王列に立給へりけるを法印まのあたり拝したまひて、良忍上人の融通念仏には鞍馬の毘沙門天王くみしたまひ、あまつさへ諸天善神をすゝめ入給ひけることも思合せられ云云。

とあることからみて、この不断念仏は融通念仏であったことはうたがう余地がない。況や顕真法印がこの不断念仏を相続するために勝林院に五坊を建てて、楞厳院安楽谷をうつして新安楽と号したという飯室の楞厳院安楽谷は、「融通念仏勧進状」の勧進沙門理円の住むところであったのである。(14)

このように大念仏にせよ不断念仏にせよ、同音にとなえる念仏が融通念仏に関係があることは、融通念仏がもともと美しい曲調をもった念仏の詠唱であることを推定せしめるものである。その上、のちにのべるように各地現存の六斎念仏の曲譜には融通念仏のくりかえしや融通の曲名があり、また六斎念仏を融通念仏とよぶところもあることから、六斎念仏は融通念仏の伝統をついだものと推定される。したがって良忍の融通念仏は、すでに合唱に適する美しい曲調をもったものであろうとかんがえてあやまりはないのである。わたくしはもちろん、現存の六斎念仏はもっとも古態を存するものでも、そのまま良忍の作曲になる融通念仏の残存と主張するわけではないが、これにちかい形式のものであろうとだけはかんがえざるをえない。近世でも融通念仏と称する懸念仏、すなわち念仏講の多人数が、鉦をうち節をつけて高声の六字名号をかけあいにとなえたことが『塩尻』などに見え、(15)『四天王寺法事記』でも、四天王寺念仏堂で彼岸の融通念仏があった。また、このように曲調のある念仏の詠唱には「専修念仏の曲」ともよばれたものもあったらしく、永仁三年（一二九五）成立の『野守鏡』はこれを蓮入房の系統から出たものとして、

声明の曲のあらたまりしはじめを尋ぬれば、蓮入房といひし人、くわしく良忍上人の口伝をうけざりし流に

て、ただはかせにまかせて大原の声明を興行せしよりして、上人の妙曲をうしなへり。その子細今の歌のごとく、はかせにまかせ声にまかせて思ふさまに曲をなすによりて、呂の曲は律になり律の曲は呂になりて陰陽たがひ侍りしほどに、専修念仏の曲流布して男女是にこぞりしかば、人皆声明のきゝを遠くして侍りけるに、嫡々相承の妙曲をあらためしゆゑなるべし。それよりしていまにいたるまで専修念仏の曲さかりなれば、正道の仏事をおこなふ人まれなり。

といって非難された。この専修念仏の曲というのも、おそらく南無阿弥陀仏の六字名号のみを節付してとなえる六斎念仏のごときものとかんがえられ、これが永仁のころには蓮入房の作曲のほうがひろくおこなわれたのであろうが、これにたいして良忍の妙曲による念仏詠唱が存在したことを逆に物語っているといえる。従来の解釈のように、良忍の融通念仏をたんに「一人一切人、一切人一人、一行一切行、一切行一行」の円融相即の教理のみで理解することは、良忍の日本声明史ないし日本音楽史上の業績を無視するものである。すなわち良忍の真の価値は、魚山流声明のみならず日本声明の大成者であった点である。しかも良忍の声明は慈覚大師いらいの叡山の声明に通暁したばかりでなく、興福寺の内梵音をのぞくすべての音曲を統一したもので、凝然の『声明源流記』の大原良忍上人伝によれば、

本覚房尾張国人也、本者、叡山東塔阿弥陀坊堂僧也、慈覚大師弘㆓伝声明㆒以後、各達㆓一曲㆒、習学練磨飛㆑名、良忍上人謁㆓彼哲㆒、習聚精研以為㆑一、流伝弘通、即於㆓大原㆒建㆓立来迎院㆒、除㆓興福寺之内梵音㆒、余諸音曲譜練一統、

とあり、また、

至㆓良忍上人㆒、普随㆓諸哲㆒、広値㆓多般㆒、暗㆓練諸曲㆒、貫㆓括多門㆒、

とあって、あらゆる音曲に精通してこれを統一したことをのべている。そのなかには声明のほかに和讃や雅楽もはいっておったらしく、『声明源流記』の頼澄伝には、良忍が頼澄から百石の曲に準じて舎利讃嘆の和讃を習ったことをのせ、大原三千院所蔵の『極楽声歌』も良忍またはその前後の時代の成立とされるが、和讃風の法文歌に雅楽の曲名がつけられている。[16] すなわち良忍は梵漢和の音曲を統一して声明を日本化したものといわれ、宮中でおこなわれた法華懺法の美曲はその代表的な作曲といわれる。すなわち『声明源流記』に、

　慈覚大師、昔伝二弥陀之引声一、良忍上人、近弘二懺法之美曲一

といったのはこれで、これほどの良忍がその融通念仏をひろめるのに音曲の才を発揮しなかったとは、とうていかんがえられない。しかし良忍の時代には日本的発声による今様が流行しておったのであるから、念仏を芸術的にうたいやすくするためには、声明に今様や朗詠調をくわえた作曲をほどこしたであろう。ところが、現存する六斎念仏のもっとも古い形態のものは声明調と朗詠調の混然とした美曲で、これは『声明源流記』にいわゆる、

　宝号作二歌声一、讃頌致二吟詠一、甲音乙音随レ宜歌讃、引声短声任レ時誦詠、

とあるのにあたるものが存在するのである。

　もちろん、良忍が融通念仏を作曲するにあたってその基調をなしたものは、叡山常行堂の引声念仏であろう。引声念仏は『帝王編年記』巻十三、承和十四年（八四七）の条に、

　大蘇山法華三昧、清涼山常行三昧、大師（慈覚）之所レ伝也、解二帰舟纜一赴二野馬台一、於二船上一三尊顕現、伝二成就如是也節一給、或記曰、渋河鳥（辺イ）隋煬帝於二汴河一作二此曲一、慈覚大師引声念仏吹レ笛被レ渡レ之、今曲其音也、

とあり、同書巻十四、寛平六年（八九四）甲寅八月十一日の条に、

常行堂始修二引声念仏一、彼引声念仏者慈覚大師於二大唐清涼山一謁二法道和尚一所二仏給一也、極楽法音也、帰朝之時於二船上一三尊顕現、令レ伝二成就如是也節一給矣、

とあり、『古事談』はこれを引声阿弥陀経の節としており、『真如堂縁起』も、

極楽世界の八功徳池の浪の音に唱ふる曲調を伝て、引声の阿弥陀経を受得したまふ。

としている。そのいずれかは知る由もないが、『拾玉集』百首歌の釈教に、

立杣やなむあみだ仏のこゑ引ば　西にいざなふ秋の夜の月

とあり、『玉葉集』に「常行堂の引声念仏を聴聞して」と詞書のある前大僧正忠源の、

夜もすがら西に心の引声に　かよふ嵐のおとぞ身にしむ

の歌があるから、引声念仏のあったことはうたがう余地がない。また『法然上人行状画図』第三十六にも摂津勝尾寺に引声念仏のあったことをつたえ[17]、四天王寺の引声堂・短声堂では彼岸の中日には融通念仏がおこなわれて[18]、引声念仏と融通念仏の関係を暗示するものがある。

このような念仏の詠唱は浄土真宗にもあったらしく、『改邪鈔』や『最須敬重絵詞』に「多念声明の法燈、倶阿弥陀仏の余流」や「一念の音曲に節拍子を定めた」教達の弟子楽心などの名が見えている[19]。このような念仏に節博士をつけた詠唱の源流は、まず良忍の融通念仏にもとむべきものであり、これがひろく流布したために種々の流派を生じたものとおもうのである。

ところで融通念仏が平安末から鎌倉時代、室町時代にかけて都鄙を風靡したもっとも大きな原因は、大念仏形式による念仏の合唱と、その曲調の芸術性にあるであろう。しかしこれはまた念仏が俗化し、娯楽化し、同時にその地方地方の郷土芸能と結合して変質してゆく契機もこの点にあったのであり、大念仏狂言や大念仏放下踊、念仏踊

（なもで踊）、剣舞《けんばい》、太鼓踊、花笠踊、盆踊等の民俗芸能となっていったのである。われわれは鎌倉・室町時代の融通大念仏の曲調は、もはやそのままきくことはできないが、謡曲「隅田川」や「百万」や「三山」の大念仏と融通念仏では、一種の曲調をもった南無阿弥陀仏のくりかえしとかけあいをきくことができる。ことに「隅田川」の亡霊頓証菩提のために「僧俗をきらはず人数を集め」た大念仏では、鉦鼓をならして「南無や西方極楽世界、三十六万同号同名阿弥陀仏、南無阿弥陀仏、南無阿弥陀仏、南無阿弥陀仏、南無阿弥陀仏」の讃文は、現存する六斎念仏の「しころ」の曲の讃文の一部であることにふかい興味をそそられるのであって、大念仏を媒介として、融通念仏と六斎念仏のむすびつきが暗示されるわけである。

註

（1）　元禄四年（一六九一）、大念仏寺から版刻刊行された元禄版の『融通大念仏縁起』（冊子本）の奥跋は明徳版本の「仍正和第三暦中《仲》冬上旬候記之」の正和を治承にあらためたことはあきらかで、俊直本（至徳元年〈一三八四〉）、来迎寺本（永徳ごろ）、知恩院（永徳二年〈一三八二〉）等の南北朝時代に書写され刊行されたものとまったく矛盾する。また明徳版本の「康応元年十二月八日依良鎮上人所望書之　親王青蓮院宮」も康応を康永にあらため、良鎮を法明にあらためてある。これは『大念仏寺誌』が大念仏寺中興の法明を直系にかぞえる必要上作為をくわえたもので、縁起勧進の良鎮はこの寺に関係がないからである。明徳版本の康応元年（一三八九）にはすでに法明は示寂しておるので、貞治五年（一三六六）以前の類似の年号、康永をとったものであろう。また縁起内容の正嘉疫癘の段の正嘉も承安にあらためるなど、作為の跡歴然たるものがある。これは、融通念仏がばらばらにつたえられたのを一本にしようとしたための矛盾である。

　また寺誌では、天和二年（一六八二）に融観は盧山衣と天台衣の服制の僻執に裁許を請うため江戸に出て幕府にうったえたことがあり、このころ一宗をなす猛運動をしたらしく、元禄元年（一六八八）に幕府の命で平野にかえり、大念仏寺にただしたのはその許可をえたものであろう。しかし京都上賀茂山田家所蔵文書にはつぎのようにあり、元禄八年（一六九五）に香衣許可の勅許を願い出ておるので、形式的にはこのころが開宗の時期ではなかろうか。

口上之覚

一、従先年奉願望候通、融通宗門之末寺大分御座候得共、香衣之僧無御座候故、出世之規模も無之、一宗之僧俗共歎敷存候ニ付、何とぞ　勅許被為成下候様奉願候、就者浄土宗鎮西派者四ヶ惣本寺智恩院支配ニ而末寺之香衣被申上候、又西山派者西山光明寺東山禅林寺両本寺支配ニ而被申上候、然上者融通大念仏宗又各別之一派ニ御座候間、今度一宗派御取立と被為思召、末寺僧侶之香衣蒙
勅許候様ニ拙僧奉願候、已上

元禄八年亥七月廿五日

融通大念仏寺　大通

（2）石清水にあったろうということは法明の神明再授の伝に、良忍の融通念仏の法具・法器が石清水に納められていたということがあるので、神仏習合のとくにつよかった石清水八幡またはその神宮寺護国寺におこなわれていたものとおもう。この推定をつよめるのは延久二年（一〇七〇）に大江匡房の執筆した『石清水不断念仏縁起』に、治暦三年（一〇六七）以降毎年石清水八幡宝前で、叡山西塔院常行堂結集十二口が三か日の不断念仏をおこなったことが見え、これに「択二此地之禅侶一以教二此法之度曲一」とあるのは、叡山常行堂の引声念仏がここにあったことをしめし、引声念仏の日本化された作曲を融通念仏とかんがえるわたくしの説からいえば、当然ここに融通念仏が引声念仏にかわっておこなわれていたろうと推定される。

（3）この跋文は来迎寺本にもあり、俊直本、知恩院本には最後の二行のみある。

（4）この良鎮は融通念仏宗系（「善光寺大勧進融通念仏血脈譜」も「谷汲山融通念仏血脈譜」もおなじ）に第六世とする良鎮とはまったく別人である。『大念仏寺誌』にある第六世良鎮上人伝は何によったものかあきらかでないが、『融通念仏縁起』を六十余州に頒布したとあるところからみれば、永徳・応永の良鎮と混同していることはあきらかである。しかし法明をその弟子とすることは時代的にあきらかに錯誤で、神明再授の伝をつくるために架空的に作為されたものであろう。ただわたくしがこの第六世良鎮上人伝に注意したいのは、念仏聖が平安末期にあつまっ

た高野山の念仏聖と密接な関係のある嵯峨に、融通念仏がおこなわれたとおもわれる点と、良鎮の法兄とされる尊鎮を通じて泉涌寺別院戒光寺にこの念仏がつたえられたことがうかがわれる点である。

(5) 『一遍聖絵』第九。
(6) 註(2)参照。
(7) 『法然上人行状画図』第十四。
(8) 『法然上人行状画図』第四十五、『発心集』巻七、『南無阿弥陀仏作善集』、『重源譲状』等。
(9) 『一遍聖絵』第三。
(10) 「融通念仏勧進状」(奈良県川中精一氏蔵)は文政十一年(一八二八)に詮海が模写したもので、天保十一年(一八四〇)の伊勢松阪来迎寺妙有の版刻もあるが、原本は正和三年(一三一四)の『融通大念仏縁起』より以前の成立と推定される。その勧進沙門は山門楞厳院安楽谷理円であるが、開板の奥書はつぎのようにある。

開板執筆白川老比丘遊仙依㆑稟㆓忍上人九代流㆒故書㆑之、冀彼本誓融㆓我欣求㆒矣、

(11) 『大念仏寺誌』第六世良鎮伝に、

宗系一時中絶せりと雖も法兄尊鎮上人は泉涌寺別院戒光寺に入りてこれを伝へ、念仏の法系は日本国中脈々の中に相伝ふ。壬生寺、法金剛院、清凉寺、善光寺等其最たり。而して遂にこの法系より嵯峨大念仏狂言の始祖たる十万上人を出すに至れり。

とあるのはそのまま信ずることはできないが、泉涌寺と融通念仏の関係だけはかんがえてよいとおもう。

(12) 『法然上人行状画図』第十四に、

かの時大仏の上人俊乗房、又一つの意楽をおこして、我国の道俗、炎魔王宮にひざまづきて名字を問れんとき、仏号を唱へしめんために阿弥陀仏名をつくべしとて、みづから南無阿弥陀仏とぞ号せられける。これ我朝の阿弥陀仏名のはじめ也。

とあり、「かの時」とは大原問答を指す。

(13) 同上画図の同巻。
(14) 同上、『円光大師行状画図翼賛』巻十四によれば、安楽谷は叡桓および源信の久住の地で、念仏三昧の道場であ

り横川へ上る途中の飯室谷の右二町ばかりのところという。大原の新安楽の五坊はいまは絶えてわずかに安楽院一房をのこすのみであるが、勝林院の境内に五坊屋敷というところがあり、基阯を存するとある。

(15)『塩尻』巻六につぎのようにある。

良忍上人は尾州富田の人、晩に融通念仏を勧む、いかなる唱ぞや。予曰、前に或僧に聞し融通念仏とは廻我所唱融会衆人唱又通于我云々、今十念を授受する是融通念仏なり。然れば源空以来浄土宗の唱ふる所も之良忍勧めし所を受て也。鉦を撃和するは空也以来也。今歳夏信州善光寺の仏像我府下（名古屋）に来り朝夕勤行する融通念仏全く是かけ念仏にして十念授受なり。

(16)橋川正氏「大原三千院の極楽声歌について」によると曲名は裹頭楽、甘州、郎君子、廻急、又様、五聖楽破、同急、蘇合急、換頭、慶雲楽、想仏恋、往生急、半帖、万歳楽、倍艫、大平楽破、三台急等があり、全体に譜がほどこされて和讃または法文歌が、雅楽の曲あるいはその変奏曲でうたわれたことが知られ、これは平安または鎌倉初期を下らぬものという。

(17)「摂津国勝尾寺にしばらくすみたまふ。このてらは善仲善算の古跡、勝如上人往生の地なり。上人西の谷に草庵をむすびてすみ給けり。おりふし恒例の引声の念仏ありけるに」とあり、いまも四月二十五日には鉦講念仏（六斎念仏の変形）がおこなわれる。

(18)『円光大師行状画図翼賛』巻五十一に「引声堂弥陀北　短声堂釈迦文殊普賢南　右二堂処々ニ念仏堂ト号スル是也。西門ノ外鳥居ノ内左右ニタテリ。法事記《ニ》云《ク》、声明に引声短声ノ分チアリ。故《ニ》堂ノ名トセリ。夫声明ハ弘法慈覚ノ二大師ヨリ始マルトイヘトモ、今ノ世ニ普クヒロマル事ハ大原ノ良忍上人ヨリ起レリ。融通念仏モ此上人ハシメ給ヘリ。今此《ノ》所ニテモ春秋彼岸ノ中日ニ融通念仏ヲツトムルナリ」とあり、翼賛のできた元禄十六年（一七〇三）ころはこれがあったのであろう。

(19)『改邪鈔』末には「ソレヨリコノカタ、ワガ朝ニ一念多念ノ声明アヒワカレテ、イマニカタノゴトク余塵ヲノコサル。祖師聖人ノ御トキハ、サカリニ多念声明ノ法燈、倶阿弥陀仏ノ余流充満ノコヽロニテ、御坊中ノ禅襟達モ少々コレヲモテアソバレケリ。祖師ノ御意巧トシテハ、マタク念仏ノコハヒキ、イカヤウニ節ハカセヲサダムベシトイフオホセナシ。……マタク聖人ノオホセトシテ、音曲ヲサダメテ称名セヨトイフ御沙汰ナシ。云々」とあって、坂東声をわざとまねて念仏を詠唱したことがうかがわれる。いわゆる坂東念仏であろう。『最須敬重絵詞』六には、「門跡参仕ノイニシヘモ、随分ニ声明ヲタシナミ給ケルガ、隠遁ノ後ハ殊ニ意ヲ、浄土ノ曲調ニ入テ、名ヲ非道ノ秀逸ニエタマヘリ。一念ノ音曲ニ節拍子ヲ定ケルハ教達ナリ。カノ弟子ノ中ニ楽心トキコユルハ上足ナリ。云々」とある。

第二章　融通念仏と六斎念仏との関係

すでにのべたように融通念仏が本来大念仏という合唱形式によって、功徳を自他相互に融通するものであることは、いろいろの点から推定されたが、名帳日課念仏の意味も名帳にはいるものの、念仏は時間と空間をこえた合唱と解釈すればその意義ははっきりする。名帳がしだいに書継されるものであるのは時間をこえる意味であり、遠方の同志がのせられるのは空間をこえる意味である。このような方法で合唱の功徳をいよいよ累積することをねらったのであるが、これは直接の目的としては多人数の勧進・勧化によって社寺復興や造営の資糧をつのる意味があった。また勧進に応ずる人のなかには、過去聖霊の菩提のために融通念仏に加入させようとする要求があったことにもよるであろう。時宗の目録や過去帳はこの名帳をついだものであることは、すでに拙稿「一遍上人と融通念仏」(『大谷学報』第四十一巻第一号、昭和三十六年)にのべた。これは『元亨釈書』良忍伝に、

　廻二我所レ唱融二会衆人一、衆人之唱又通二于我一、是融通念仏也。其功踰二独称二不レ可二勝計一、

とあったり、『融通念仏勧進状』に、

　父母師長妻子朋友の菩提を訪はんと思はん人、同じく亡者の名字を此帳にのせて、其念仏を代に唱へ給ふべし。

とあることによってあきらかであるとおもう。いわばこの念仏は、一種の宗教的署名運動と「うたごえ」運動とみることができる。しかしこれが諸大寺再興の勧進聖によって都鄙に普及され大衆化するにつれて、俗悪化の一途をたどったことはやむをえないことであった。この傾向のはなはだしかった鎌倉末期に、『元亨釈書』はこれを源空の徒の遺派末流のしわざとしているが、(1) これはむしろ浄土宗も時宗も高野聖もふくめた融通大念仏の勧進聖全体の

受くべき非難であったかもしれない。ただ浄土宗は西山派の道空が太鼓念仏風の六斎念仏をはじめているので、師錬はこれを誤解したのであろう。すなわち、

元暦文治之間、源空法師建二専念之宗一、遺派末流或資二于曲調一、抑揚頓挫、流暢哀婉、感二人性一喜二人心一、士女楽聞雑沓駢闐、可レ為二愚化之一端一矣、然流俗益甚、動衒二伎戯一、交二燕宴之末席一、受二盃觴之余瀝一、与二瞽史倡妓一促レ膝互唱、痛哉、真仏秘号蕩為二鄭衛之末韻一、或又撃二鐃磬一打二跳躍一、不レ別二婦女一、喧二噪街巷一、其弊不レ足レ言矣、

とあって、さかんに雑芸をまじえて念仏踊をしたありさまがうかがわれる。そしてこのような念仏に放浪の雑芸的乞食僧、すなわち暮露、梵論字が発生したらしく、『徒然草』百十五段に、

宿河原といふところにてぼろぼろおほく集りて九品の念仏を申しけるに

とある九品の念仏も融通念仏に関係があるらしい。というのは融通念仏宗の本山、平野大念仏寺で三時の課誦にとなえる「宗祖正伝称念仏宝号」または「融通如法念仏」[2]とよばれる念仏が九品の念仏であることからかんがえると、これも融通念仏系の雑芸的念仏ではなかったかと想像される。また浄土宗西山派の法系にぞくする一遍も、三輩九品の念仏を管弦の伴奏でおこなった（『一遍聖絵』巻三）のも注意しなければならない。そしてこの種の遊行僧が諸方に雑芸化した融通念仏をつたえたらしく、三河の奥の盆供養大念仏（六斎念仏）[3]には「暮露」[4]と書いた燈籠をたてることが現におこなわれており、奥三河の放下踊や遠州大念仏の放歌踊も雑芸の徒、放下僧のつたえた大念仏系の芸能であるらしい。

このような傾向にたいして鎌倉末期には改革運動、復古運動がおこったのは当然で、弘安二年（一二七九）に嵯峨清凉寺の融通大念仏をはじめた道御は、法隆寺上宮王院で聖徳太子の御夢告をうけてこれをひろめたというが、

その目的とするところは戒律をまもって念仏をする持斎融通大念仏であった。すなわち法金剛院蔵の円覚上人（道御）自筆肖像といわれる絹本着色の一軸は、彼の示寂からあまりへだたらぬ鎌倉末期の優秀な肖像画で、その賛（称名院殿筆）に、

常勧三持斎与二念仏一、普済二若干之衆生一、世謂二之十万人聖一矣、

とあり、寺伝によれば法金剛院を建治二年（一二七六）に持斎融通大念仏根本道場とした。道御ははじめ東大寺の僧であったが、のち唐招提寺、法隆寺、清凉寺、壬生寺、法金剛院等に住し、応長元年（一三一一）八十九歳で法金剛院に示寂した。しかし彼がはじめから律僧であったかどうかはいささか疑問で、法隆寺新堂院の棟札[5]には「勧進聖人円覚」とあり、また「法金剛院古今伝記」にも、

於二清凉寺一建二地蔵院一、安二置菩薩尊像幷太子尊容一、而後発二回国之志一、

とあって勧進聖であったことが知られる。また肖像画賛に「或移二浄財一修二廃寺一　拯二悲田之貧病一　賑二貝扉之冤囚一」といい、古えの行基菩薩の流れであったとのべるなど、念仏聖・勧進聖であったことはたしかである。ただ凝然の『円照上人行状』下巻に「円覚上人雖レ非二受戒弟子一、化導興隆偏投二照公門下一、仍以二上宮王院一、付レ之令レ興」とあるのは、円照が東大寺戒壇院や八幡善法律寺に住した律僧であるので、その影響をうけたことは事実であろう。しかし受戒弟子ではなかったことからみて真の律僧になったわけではなく、当時の仏教界の傾向として、律を加味しなければ勧進の功をあげにくかったというにすぎない。円照も律僧でありながら東大寺大勧進職（正嘉元年〈一二五七〉より）となり、東大寺以外の諸寺を修造しているが、正嘉元年春の元興寺僧房修造には法華法相戒律を講じている。ともあれ円覚上人道御は、融通大念仏の俗化と芸能化に律を加味して改革運動をおこした一人であることは否定できない。

また、高野山でも鎌倉初期の高野聖の一派である明遍系の蓮花谷聖のあいだに踊念仏があったらしく、また他の一派であった萱堂聖も八葉の峰八つの谷にひびきわたるほど、はげしく鉦をたたき高声念仏して踊る大念仏系の聖であった。この派の聖は法燈国師（心地覚心）に関係があるので禅念仏一致の主張をもっており、踊念仏、高声念仏、不断念仏のほかに狂言もおこなったらしいことは、拙稿「一遍上人と法燈国師」（『印度学仏教学研究』第九巻第二号、昭和三十六年）にのべた。また高野聖の第三の一派は時宗の徒で、これが踊念仏をしたことはいうまでもない。これを『非事吏事歴』[7]は、

抑当山非事吏の創は高祖弘法大師入定後三百十八年、応保二年壬午に至て明遍上人十九歳にて此山に登、蓮花谷に棲息し修懺堂を建て、念仏の行を兼修す。是当山に念仏称名の権輿なり。此時上人の下部八人、髪を剃て其業を勤む。即ち八葉の聖と云ふ。此時尚宗の名を立てず。唯念仏者と云のみ。是非事吏の濫觴なり。其後弘安九（ママ）年壬午法燈国師の弟子覚心老夫、此山に縁あるを以て来て萱原に鉦鼓を叩て念仏す。又一遍上人智真此山に登て念仏す。非事吏等其宗風に染む。此三類の非事吏終に混一して鉦鼓を叩き静場を喧し、或高声念仏踊念仏の異行を企、剰へ諸国に遍歴して空口を負て高野聖と号して吾山の瑕瑾を露し云々。

とのべている。かくて鎌倉時代の高野山は念仏の徒の占拠するところとなり、密教いちじるしくおとろえたので、南北朝時代ごろから改革運動と復古運動がおこり、教学においては宥快・長覚による南山教学の大成があり、山内粛清のためには応永二十年（一四一三）五月二十六日の「五番衆一味契状」[8]となった。これにはまず高野山の念仏盛行のありさまをのべて、

爰近年云二覚心一荒入道、密厳院傍結二萱庵一、偏令二念仏一以来、号二高野聖一、負二空口一、令レ頭二陀諸国一、是則易行得分之作業故、被レ捨二于世一類、挙入二此門一、於二于今一者、寺家大体成二念仏之菴室一、密教為レ滅、可レ不レ歎乎、

といい、つぎに三箇の禁制を出している。

　　条　々

一、高声念仏、金叩、負頭陀、一向可二停止一事

一、踊念仏固可ㇾ止事、萱堂外

一、於二寺辺一新造菴室堅可ㇾ制之事

すなわち大念仏系の高声念仏と鉦鼓と踊念仏を禁じたのである。

　このように鎌倉末期から南北朝時代に京都と高野山に融通大念仏の改革運動がおこったのは注意すべきことで、元亨元年（一三二一）ころの河内における法明の融通念仏中興も、復古運動の一環であったのかもしれない。室町時代にはいっても持律と念仏を結合した戒称二門を標榜する主張が、天台宗から西教寺の真盛上人によっておこされるのも、このような念仏俗化の改革運動としてとらえることができよう。しかし持斎と念仏をむすんだ六斎念仏という名称が、どこで何時からもちいられたかはあきらかでない。ただしこの名称の初見は、わたくしの管見では大和阪合部《さかいべ》（現、奈良県五條市）念仏寺の宝篋印塔の、

　夫六斎念仏
　一結衆此□造立依
　称名之功六道无
　間重苦正西
　方于浄刹□於
　今生者其子

縁者持椿寿
亀鶴齢今一所
栄福者諸人腸
覚王守護命
長禄四年庚辰
南呂廿一日敬白

と大和宇智郡阪合部村待乳峠の西福寺板碑群のなかに、

六斎念仏供養
延徳二年九月十五日

とある碑がもっとも古く、この名称が固定したのは室町初期とみてよいであろう。ただこの板碑について注意したいのは、中世における念仏聖の一中心である高野山は、現在においても六斎念仏分布の一大中心であるが、高野山と密接な関係にある待乳峠にこの碑があるのは意味がふかいといわなければならない。すなわち紀州・大和の国境であり、高野山寺領の境界でもあったこの峠は、高野山蓮花谷の禿法師のもと住んでいたところといわれ、明遍の蓮花三昧院の支配下にあった。『非事吏事歴』によると禿法師は、

彼等の口碑に原大和の待乳峠に住居せり。今に由緒のものあり。弘法大師業病のものを憐愍して阿弥陀仏一軀を彫刻し、念仏の法を授給ひて阿弥号をも許し給ふ。其後同病のもの相集て日夜念仏懺悔して往生を祈りけるに、中頃明遍上人てふ念仏の知識、蓮花谷蓮花三昧院に栖息し給ひければ、彼上人の法化に浴して終に蓮花三昧院の指令に随ひ奉る。（中略）古老伝に昔時大和待乳峠に癩者二人ありて業病を歎き悲む。偶弘法大師行化し此

処に止息し給ひければ、癩者等救療を願ふ。大師憐愍して一人には膏薬の製法を授けて諸人に此を売りて生涯を送るべしと命給ひければ、今に彼所に其伝ありて待乳の膏薬をひさぐ。一人は高野山に召具し給ひて金剛草履を作りて売らしめ給ふ。

とある。そして高野山周辺の紀州・大和の各地に融通節を有する六斎念仏がもっとも濃厚に分布していることは、この念仏の一つの中心として高野山を想定せしめる有力な根拠である。

しかし一般に六斎念仏は空也上人のはじめたものといわれ、『真宗故実伝来鈔』にも、

六斎念仏は空也上人の余流にして于蘭盆のことに非ず。月々六斎の念仏、空也流、誓林流とて二流あり。本式は空也上人所造の和讃に念仏を加へて唱ふ。又良忍上人の融通念仏和讃を加へて念仏す。

とのべられ、京都では空也堂系と誓願寺系の六斎念仏しか知られなかったのである。しかしこの系統の六斎念仏に融通念仏和讃のあることは、良忍上人の融通念仏の流れをくむことを意味するものであろう。おなじく大和平野部の融通念仏宗檀徒のあいだに存する六斎念仏にも融通廻向の一曲があるが、これも無常和讃と来迎和讃の混合した融通念仏和讃である。京都空也堂六斎念仏には十二段念仏の曲名がつたえられ、そのなかにも「融通」の一曲があり、空也堂より免許をうけた京都周辺の六斎念仏および若狭の六斎念仏（六讃ともいう）にその痕跡をのこしている。『空也上人絵詞伝』には六斎念仏の起源をのべて松尾神社との関係を説き、

神これを悦、御前の鰐口と太鼓を布施に上人にあたへ、末世の衆生利益の為に此太鼓をたゝき念仏をすゝめ給ふべし。此報謝には上人念仏あらんかぎりは、影の形にしたがふがごとく守護し申さんと宣ひて内陣へ入せ給ふ。上人歓喜かぎりなし。それより国々在々所々に入て、毎月斎日ごとに太鼓鐘をたゝき念仏唱へ衆生を勧め給ひて、往生する人のある時は太鼓鐘をたゝきて念仏申。有縁無縁の弔をなしたまふなり。是に依て俗呼で六

斎念仏といひ伝へたり。それより毎年松尾御神前において氏子集り六斎念仏を勧め神慮をすゞしめ奉る。明神上人に逢給ひて後、神前に鰐口なし。御湯を進る事なし。神前に太鼓なし。神慮をすゞしめんとおもはゞ、我前にて太鼓鐘をたゝき念仏を唱へよとの御託宣に仍てなり。

というが、これは六斎念仏に神楽と田楽が結合してからの伝承をしるしたものであろう。また六斎念仏と空也の関係はこの念仏が鎮送呪術念仏として、死霊を鎮めるための呪的舞踊をともなったので、踊念仏の祖としての空也との結合ができたものと推定される。もちろん六斎念仏はこれが大念仏の改革運動として発祥したときは、踊念仏のような雑芸や神楽のような芸能を排したわけであるが、これはまた民俗化すればすぐ結合して、現在、京都周辺に多く見る空也堂系六斎念仏のように、田楽の太鼓踊や神楽の獅子舞をまじえた六斎となったものであろう。これは紀州・大和の高野山系の六斎念仏と比較するときその相違が歴然とするのであって、後者のなかにはもと舞踊曲だったとおもわれる「白舞」や「坂東」の曲があるにもかかわらず踊ることなく、純粋な仏教的声楽としての厳粛さと品位をうしなわないのである。しかも京都周辺の空也堂系六斎念仏にも大和・紀州の六斎念仏の曲の一部をたしかにもっており、これに神楽や踊念仏の付加されてゆく過程をしめす中間的なものがあるので、高野山系の六斎念仏から空也堂系の六斎念仏への変化は否定することができないと信ずる。

つぎに六斎念仏の一派に干菜寺系のものがあり、おもに浄土宗関係の檀徒のあいだに依用される。この系統の六斎念仏の本寺は京都元田中の干菜山光福寺、俗称干菜寺で、この派は創始者として春日（現在の烏丸丸太町）の常行院と山城乙訓郡安養谷東善寺に住した道空をあげる。道空は法如上人とも円爾上人ともいわれ、西山證空上人三代の法孫で、文永元年（一二六四）に六斎念仏をはじめ、正和二年（一三一三）に花園天皇から「常行六斎念仏寺」の勅号をたまわったとするのである。この伝承は光福寺に蔵する天和二年（一六八二）奥書の『浄土常修六斎念仏興起』の一巻にくわしくのべられておるが、この縁起を正和三年（一三一四）に道空が弟子空察におくった由の事書は信じられないから、[9]第四世信光のとき永正年間（一五〇四―二一）に後柏原天皇より「六斎念仏総本寺」の勅号をたまわったあたりからが真実であろう。信光はこのころ現在の寺地に斎教院を創設したが、これはさきにのべた大和待乳峠西福寺板碑からおくれること十年ほどである。すなわち、この前後から六斎念仏は京都においてもはなはだしく流行したため、本寺の設定が必要となったのであろう。このときから信光は斎教院光福寺第一世となり第三世空心のとき、文禄二年（一五九三）に六斎念仏に傾倒した豊臣秀吉によって「六斎念仏総本寺干菜山斎教院光福寺」の寺号をゆるされたという。[10]この系統の六斎念仏は「六斎念仏村方帳」に見られる通りかなりひろく分布したが、一部のものをのぞいては儀式的要素と芸能的要素が濃厚である。しかしその念仏詠唱にはやはり高野山系の六斎念仏の曲調の一部がのこっておるのでまったく別物ではなく、高野山系、空也堂系とともに一つの源泉からながれ出たものと推定され、これが融通念仏であったろうとおもわれる。斎教院発祥の原因はよくわからないが、やはり浄土宗内における大念仏俗化にたいする持斎念仏運動のあらわれではないかと想像され、室町時代の戒律と念仏の結合が、ここにもあらわれておるとみることができよう。

この系統の六斎念仏の特色については各論においてのべることとするが、第一の特色は鉦の打ち方で、これが一方では浄土宗寺院につたえられた六斎念仏系の鉦講念仏になるのである。鉦講念仏は京都では真如堂、誓願寺の十夜念仏となり、近江浄厳院の太鼓念仏（楷定念仏）となり、関東では鎌倉光明寺の十夜念仏として関東一円にひろまっており、尾張知多半島では四遍念仏とよばれている。これは、知多半島では半田市成岩の常楽寺（浄土宗）が中心となり六斎念仏の一曲「四遍」を詠唱するからこの名をえたのであろう。鉦講念仏は光明寺十夜縁起によれば叡山常行堂の引声念仏をつたえたものというが、融通念仏と六斎念仏を経てこの念仏にいたったことはうたがいな

いであろう。『円光大師行状画図翼賛』巻二十四によると、

常行堂ノ行法ハ仁寿元年（慈覚大師）諸徒ニ授テ常行三昧ヲ修ス。……此ノ行法ニハ例時ノ阿弥陀経、引声念仏ヲ修セラル。緩縵タル曲調ナリ。……後土御門院明応四年観誉上人ヲ宮中ニ召サレテ行ハル。真如堂ノ徒衆参ジテ唱和ス。此後上人鎌倉光明寺ニ移シ行ハレテヨリ毎年ノ規式トシテ十日十夜ノ常行不断ノ念仏今ニタエズ。十夜縁起

とある。しかしこの念仏の楽器として雲板、大太鼓、双盤をもちいることや、双盤の打ち方、「六字づめ」といわれる念仏の曲調等すべて六斎念仏の「しころ」からの発展で、これをただちに常行堂の引声念仏とすることはできないのである。

六斎念仏は以上のように京都周辺の空也堂系、干菜寺系が一般に知られておるが、これだけをみては、これが融通念仏とのつながりがあることはとうてい想像もつかないであろう。ところがこれをわたくしが高野山系と名づける紀州・大和に分布する六斎念仏と比較すると、これらも融通念仏からの発展であることがあきらかとなるのである。もっとも大和は奈良付近までは京都の影響があって双盤を打つ鉦講念仏があり、高野山系と交錯することを注意しておきたい。そして一々の六斎念仏の内容や形態は各論でのべることとして、高野山系の一般的形態を概観して、これがいかに融通念仏の要素をもつかを指摘しておくこととする。

紀州・大和の六斎念仏は、だいたい真言宗の檀徒の構成する念仏講によって保存されているが、一部は融通念仏宗の檀徒の六斎講によっても保存されている。紀州では高野山周辺の旧高野領の村々、たとえば天野、花園、富貴等であり、大和では五條の周辺に多い。大和盆地の六斎念仏はほとんど融通念仏宗で山間部の山辺郡、生駒郡なども同宗である。しかし融通念仏宗本山および寺院はほとんどこれに関与せず、むしろ真言宗の矢田寺（金剛山寺）

がその本寺とされておるのは注意を要する。これが融通念仏宗団によって管理されておるならば、この宗派の成立と関係があるといいうるかもしれないが、その関係はまったくないばかりか、真言宗側に融通念仏の特色がつよいのは、この念仏が宗派をこえた民俗的念仏として保存されてきたことをしめすものであろう。そしてこの念仏をおこなう念仏講または六斎講は村落組織とつよく結合しており、戸主の強制加入か特定の旧家筋の世襲である。これをおこなう日時は定期的にはだいたい二月の涅槃、春秋二季彼岸、盆（棚念仏と送り念仏）および十夜で、臨時には葬式となっているのが普通である。おこなう場所は講員の家を廻る廻り宿でするばあいと寺や堂でするばあい、墓地や葬家でするばあいとがある。これは普通講を「ケイゲ（経営）る」とよばれる。念仏講にはたいてい講の財産として田畠山林があってその得米で維持され、臨時には盆の棚経や葬式の布施があったが、いまは村からまとめて講に米を支給するところが多くなった。

六斎念仏の曲名は普通四遍、白舞、坂東、総下し、新白舞、真光朗《しころ》の六曲であるが、その名称も訛ってよばれ、文字もまちまちである。これだけの曲が真光朗の鉦打ちやまれに挿入された讃や歌念仏をのぞけば、すべて南無阿弥陀仏の六字に曲譜をつけた念仏の詠唱で、それぞれの曲に百遍ないし百五十遍の念仏がくりかえされる。一つひとつの南無阿弥陀仏には原則として全部異なる曲譜がつけられており、そのヴァリエーションの妙はまことにおどろくばかりである。一節一節のなかにソナタ形式の調和と展開があり、全曲にもソナタ形式の組み合わせがかんがえられている。というのは、六曲のうちでもっともオリジナルな曲は四遍と白舞と坂東と総下しとおもわれるが、それぞれテンポの変化と荘重、軽快、勇壮の調子がある。四遍は四拍子の緩徐調の曲で荘重哀婉の気分がみなぎっており、法会では本尊の前で詠唱され、葬式では棺の前でとなえられる。声明的要素と朗詠調がよく調和された曲で、六斎念仏の性格をもっともよくあらわしている。そしてこのなかに融通節をいれるところがある。四遍は師遍と書くところ、シシン・シオンと訛るところなどがあるが、南無阿弥陀仏四句を一節とすることから名づけられたものとおもう。これの後半に下《おろ》し（通しとも奥ともいう）をつけるばあいはテンポがすこし早くなって、つぎの白舞のモティーフが出る。白舞は三拍子の行進曲風の曲で軽快優美の気分がする。盆の棚経や葬式の門念仏や墓念仏にとなえられ、もとは墓地までの葬送行進曲にもちいられたものであるらしい。これをきけば亡者も極楽へいそぐ気分になるものだといいつたえられている。白舞は白米の字をあてるところが多いが、京都の干菜山光福寺蔵『浄土常修六斎念仏興起』に白毫米とかかれているので、もとは白毫舞であったろう。これは『拾遺往生伝』の良忍伝に「年来修㆓白毫観㆒」とあることから想像して、白毫観をテーマに舞曲、すなわち念仏踊の曲を作曲したものかもしれない。この曲は軽快でとなえやすいのでくずれた六斎念仏のなかにも割合よくのこっており、十繰念仏などといって短くして盆の棚経にとなえるところもある。坂東の曲はおそらく、関東の踊念仏の曲がもととなって作曲されたためにこの名があるのであろう。浄土真宗でも現在、報恩講の結願法要にとなえる坂東念仏に多少、この調子がのこり、体を揺って踊りの身振りをする。(11) とにかく勇壮活発な舞踏曲で、葬式には墓地で埋葬のときとなえられるので、穴入念仏などともいう。おそらく墓穴または塚をめぐって死霊鎮送の呪的舞踊がおこなわれたのを、洗練された舞踏曲に作曲したものとおもう。四遍と白舞の曲にも融通念仏南無阿弥陀仏のリフレインがつくところもあるが、坂東には例外なしに融通節があり、六斎念仏のなかの名所となっている。紀州花園村新子の六斎念仏はそのまま融通念仏とよばれているが、これは坂東一曲だけなのでこのようによばれたのである。この融通節は六斎念仏と融通念仏をむすぶもっともはっきりした証拠で、高野山の勢力範囲にこれがのこっている事実は、これが後世の作為でくわえられたものではなく、六斎念仏には否定しえないまでに本質的な部分であったとかんがえざるをえないのである。すなわち六斎念仏の曲調は良忍当時のままとはいえぬまでも、それにちかい形で六斎念仏のなかにうけつがれており、これを持斎の形でおこなわしめたのが六斎念仏であったと推定しうるであろう。そして高野山系の六斎念仏をきくとき、そこには藤原文化の特色たる宗教性ゆたかなセンチメンタリズムと、優婉哀切を志向する耽美主義の雰囲気を感じとることができるばかりでなく、良忍の声明史上の業績たる声明調に朗詠調をくわえた混然たる調和が感じられる。総下しは四遍、白舞、坂東の「下し」の部分を組曲にしたものであるだけに、もっとも変化にとんだ曲であり、緩急長短の組み合わせの妙を発揮する。そして以上四曲をもってソナタ形式を構成したものと推定されるのである。なお、新白舞（または新坂東）および「しころ」は後世の付加物とかんがえられるが、新白舞は白舞に変化をつけて讃をくわえたものであり、「しころ」は名称の起源は不明であるが、讃と鉦の曲打ちと念仏詠唱をあわせた技巧的なものであるから、新奇と技巧をよろこんだ後世のもので、これが太鼓や双盤をくわえる芸能的六斎念仏に転化する端緒をなしたものであろう。しかしその技巧性もひかえ目のもので、鉦の打ち方の「鉦そそり」や「地廻り」「高まり」と「低まり」など、室町以前の悠長な気分があるといえる。なお六斎念仏全体の念仏詠唱はすべて、一節ごとに一人の調声（調子とも導師ともよばれる）の独唱のあとに、数人もしくは十数人の平《ひら》（脇とも付とも側ともよばれる）が合唱をつけてゆくのであって、調声と平のあいだに懸け合いがおこなわれたり輪唱することもあり、江戸時代に融通念仏を懸け念仏とよんだ理由もここにあったかとおもわれる[12]。

以上のべたように、六斎念仏には融通念仏に関係ある部分がいくつか指摘され、これをもって融通念仏が念仏詠唱をともなうものであったこと、そしてその意味で良忍とふかい関係のあることが理解されるであろう。これは融通念仏が大念仏となって俗化、芸能化したために、その改革運動、復古運動として六斎念仏が発生したとすれば当然かんがえられることで、われわれはすでに不明に帰した融通念仏を、現存民俗資料としての六斎念仏を通してあきらかにする道がひらかれたとおもう。

註

（1）『元亨釈書』音芸志、念仏の条。

（2）この如法念仏は融通念仏宗制定の弥陀所伝融通妙宗課調にある九品念仏であるが、元禄十五年（一七〇二）に融観によって制定され、平野融通念仏宗本山執事貞松院によって印行されたもので、はたしてもと何によったかはあきらかでない。それゆえ、これを良忍作曲のままのこされた融通念仏とかんがえることは不可能であろう。むしろ天台宗の如法念仏作法の八句念仏からとったのではないかとおもわれる。この八句念仏は「正修念仏所謂若立若坐一心称念」とあり、甲念仏八句、乙念仏八句でそれぞれ調声一句に同音七句をとなえる。この形式はおそらく詠唱念仏のもっとも根源的な形とおもわれ、融通念仏、六斎念仏もこれを踏襲して複雑な変化をあたえたもののようである。しかしこれを三輩九品に配し、九句、六句、三句に詠唱するのは別な解釈から出ているとおもわれる。

（3）愛知県北設楽郡設楽町の田峯、松戸、大名倉等にあり、六斎念仏の四遍の一部と白舞の一部（せいがんじ）と歌念仏をとなえる。しかし隣接の鳳来町ではこれと同系の盆念仏を大念仏とよんでおり、これがすこしくずれた形では北設楽郡、南設楽郡一帯に分布している。

（4）『看聞御記』や謡曲や『七十一番職人尽歌合』に出るので、南北朝時代ごろには放浪の芸能者としてあらわれたのであろう。「こきりこ」をもち、水杓と竹笹を腰につけて舞った禅宗系の芸能者とかんがえられているが、『改邪鈔』では念仏系の遁世聖が同様の姿であったことをのべている。すなわち「コレニヨリテ世法ヲ放呵スルスガタトオボシクテ、裳無衣ヲ着シ黒袈裟ヲモチキル歟、ハナハダシカルベカラズ。（中略）当世都鄙ニ流布シテ遁世者ト号スルハ多分一遍房他阿弥陀仏等ノ門人ヲイフ歟」とある。近世では手品、物真似等を大道芸としておこない、非人階級としてあつかわれたが、これが念仏芸能の段階にあるあいだは、地方の農民たちにこの芸能をつたえる文化人としてあつかわれたであろう。

（5）『奈良県史蹟名勝天然記念物調査報告』第五集

新堂院棟上　弘安七年季甲申七月二日

法隆寺新堂院　勧進聖人円覚　大工橘国輝

（6）藤原信実の『今物語』に、

或時に念仏にて祈りて見むとて蓮花谷のひじり三四十人計りめぐりゐて此入道を中にすゑて念仏をせめふせて申したるに

とあり、念仏でめぐって祈りふせることが見える。

(7)『紀伊続風土記』第五集、高野山之部、非事吏事歴。

(8)『高野山宝簡集』三十七巻。

(9)『浄土常修六斎念仏興起』の奥跋に、

余齢を悟り弟子等に爾来六斎念仏術熟を伝れどもいまだ奥旨を伝ず、因茲伝授書を附属して委に空察に授与せしめ、烏莵循環すとゆへども法猶一器写瓶なり、

として年時を、

正和三甲寅天季夏廿一日
六斎念仏開宗法如判
弟子授与　空察江

とあり、信ずることはできない。

(10)右の縁起の書継の形式で、「書切」とし天文年中（一五三二―五五）、天正年中（一五七三―九二）のことを書き、最後に、

天下　秀吉宗心へ戚有りて文禄年中に東川原除地へ光福寺を移し、千菜山と号し、六斎念仏修る輩の支配許す、
在判免状有り、其恩謝として例六月二十五日毎に大斎会執行なり、
今度此寺内へ寺院を建、庭に山水の景（を写）し、内殿に釈迦の木像を寄附す、爰に此寺の記録を披見に
右寺格依レ無二相違一遂二書功一畢
小野牛皮曼荼羅寺
天和二壬戌載二月二日　随心院門跡　大僧正　俊海三十三歳（花押）
六斎念仏惣本寺

光福寺　正慶江

とある。

(11) 坂東念仏は本願寺では蓮如上人が船にゆられながらとなえた念仏と説明しているが、初期真宗教団の法要に関東の踊念仏が混入するのは、むしろ自然であったろう。

(12) 『塩尻』巻六に、融通念仏（善光寺系）を懸け念仏とよんでいる。

第三章　大念仏・六斎念仏の分布

第一節　近畿地方

すでにのべたように、大念仏は良忍の融通念仏以前では空也の念仏が大念仏の範疇にはいるべきものである。空也が踊念仏をしたそのたしかな史料は『一遍聖絵』であるのでうたがう人もあるが、わたくしは空也のころから御霊会がさかんにおこなわれ、御霊会にはかならず鎮魂呪術舞踊が付随するものであることからかんがえて、『一遍聖絵』の伝承はたしかなものであったとおもう（拙稿「農耕儀礼と念仏」『宗教研究』第一六六号、昭和三十六年参照）。すなわち『拾遺往生伝』の沙門清海伝に、

正暦之初、勧進自他、修七日念仏、所謂超証寺大念仏是也

とある正暦（九九〇—九五）のころには、『本朝世紀』によると、今宮の紫野御霊会がはじめられて、「なもへ」という南無阿弥陀仏の訛ったリフレインを有する田歌をうたいながら、笛・太鼓・すりがね（鉦）ではやし、羯鼓を胸につけて乱舞する太鼓踊系の大念仏がおこなわれていたのである。すなわちこの正暦五年（九九四）は空也の示寂の天禄三年（九七二）から二十二年ののちであって、あまりへだたらぬ時代とすることができよう。その上、空也が都鄙に念仏をすすめたという天慶八年（九四五）には志多羅神入京という石清水御霊会がはじめられているので、やはり鎮魂呪術舞踊の存在を推定してよいであろう。すでに前掲論文でのべたように、大念仏は原始形態としては田楽踊と念仏の結合という形ではじめられたのであり、それは楽器の乱打と乱舞であった。その残存形態が現今の今宮やすらい踊（今宮鎮花祭）である。これにたいして良忍の融通念仏以後は、もっと音楽的にととのった大

念仏が成立したわけであって、これが融通大念仏であるといえよう。もちろん空也系の田楽太鼓を胸につけて踊る大念仏はそののちも存続して、羯鼓《かんこ》踊《おどり》、鹿踊《ししおどり》などはその祖として空也を立て、空也の碑を立てて供養することをわすれないのである。すなわち羯鼓踊の多い伊勢や、鹿踊の多い宮城・岩手地方、楽打ちと称する鹿踊類似の太鼓踊のある豊後などに空也の墓や碑の多い所以である。しかしその鹿踊でも中立《なかだち》（音頭取り）がはじめにとなえる念仏は、あきらかに融通念仏系の六斎念仏の白舞の一部であることはたしかで、この念仏の節がまた、仙台地方の民謡「さんさ節」（俗称「さんさ時雨」）のメロディの基をなしている。しかしそれでも融通念仏と無関係な大念仏も存在するのであって、この種のものはとくに田楽的要素をいまに濃厚にのこしている。

いま京都付近で田楽系統の大念仏とおもわれるものの分布をひろってみると、京都では融通念仏をくわえつつも一方では太鼓踊・獅子舞をする念仏芸能としての六斎念仏が、桂・西京極・下津林・吉祥院（東条《ひがしじょう》町・西《にし》条町・北《きたん》条町・南《みなん》条町＝菅原町・石原町）・牛ヶ瀬・郡・徳大寺・川島・梅津・中堂寺・壬生・西院・生田・久世・土川・大籔・上鳥羽・竹田・伏見田町・中島・東九条・西九条などであり、いずれも京都の西部・南部で空也堂系統である。これにたいして京都の北部には西賀茂・田中・聖護院などに干菜寺系統の六斎念仏があり、とくに水尾にはこの系統のすぐれたものがあって、丹波方面へのびる六斎の要をなしている。しかしこの京都北部でも小山・上賀茂・紫野などは空也堂系である。水尾の干菜寺系の六斎は丹波では八木町神田・園部町に分布があり、やがて若狭にのびている。若狭では遠敷郡の山中町瓜生・三宅と小浜市上根来・名田庄村虫鹿野などにある。

これにたいして融通念仏系統の六斎念仏は京都で西京極郡衣手《こおりころもで》町と石見上里（旧、大原野村）にすぐれた伝承があり、壬生や上鳥羽でも年寄のあいだの鉦講念仏というのは融通系である。また桂や久世の六斎も、太鼓踊と獅子舞のほかに廻向のためには「融通」をとなえてこれを神聖視している。また水尾も融通系の詠唱をよくのこし、深泥池も白舞だけを盆棚廻向におこなう。これでみると京都の六斎はおそらくもとはすべて両系統をもっていたのが、若い人達が太鼓踊・獅子舞・六斎に重点を置き、融通系の念仏詠唱を老人にまかせて分化し、一方をうしなったものができたのであろうと推定される。若狭でも融通系は大飯町父子《ちちし》・神崎《こうざき》・広岡・堀などにあり、上中町瓜生も四遍・白舞の融通系をもっている。また融通大念仏が狂言化したものとして壬生・神泉苑（壬生から明治時代に分派）・嵯峨に大念仏狂言があることは、人の知るところである。また八瀬の赦免地踊や花背の花笠踊などは田楽系大念仏であるが、一乗寺・花園などの六斎念仏は絶えて不明となり、松ヶ崎の題目踊は日蓮宗となってからひどくかわってしまったのである。

また京都には真如堂の十夜と誓願寺の十夜に鉦講念仏（八丁鉦）をおこなう鉦講があり、市原にも同様のものがあるが、誓願寺の鉦講は絶えて、近年は洛南の田辺町三山木の鉦講がつとめる。洛南には古い墓地の蓮台石や引導地蔵に「六斎念仏講中」と刻まれたものをしばしば見るが、伝承はあまりないようである。

奈良県では北部に生駒町の乙田・小瀬・小平尾・藤尾に融通系六斎念仏がある。また旧北倭村の上村と高雄に鉦講念仏（八丁鉦）がある。奈良市では大安寺・鹿野苑・西大寺に融通系、鳴川の徳融寺に鉦講（八丁鉦）がある。そして奈良市に編入された旧大柳生村に田楽系の太鼓踊大念仏があり、大和・近江・伊賀・伊勢に境する山中の太鼓踊の代表的なものである。奈良県南部には五條市周辺に多くの融通系があったが、近年は南葛城郡葛城町東佐味・伏見・五條市近内《ちかうち》・居伝《いで》・住川《すがわ》がよい伝承を保存している。そして吉野郡の大塔村には、太鼓踊の篠原踊や惣谷の念仏狂言がめずらしくのこっている。

和歌山県では高野山周辺が融通系六斎念仏の一大中心で、天野村（現、伊都郡かつらぎ町）や花園村梁瀬《やなせ》・新子《あたらし》の六斎念仏の融通節に接したため、わたくしの念仏芸能の研究がはじめられたのである。とくに上天野ではこれを大念仏といい、新子では融通念仏とよんでいるのは大きな暗示であった。部分的伝承のあるところは南垣内・峯手・上湯川・富貴（上筒香・下筒香）にある。和歌山県の南部には、高野山系とおなじ融通系の六斎念仏が日高郡由良町興国寺門前と中村によくのこっている。これは高野山金剛三昧院で禅と念仏をすすめ、萱堂系の高野聖の祖とされた法燈国師心地覚心の退隠の地であったためであろう（拙稿「一遍上人と法燈国師」『印度学仏教学研究』第九巻第二号、昭和三十六年参照）。そしてこれには融通系のほかに、火踊とよばれる念仏踊も付随している。空也のつたえたものという田楽系の踊念仏は由良の南の御坊市小竹《しの》八幡宮祭礼にあり、「けほん踊」（戯瓢踊）とよばれる。正徳四年（一七一四）の墨書のある大瓢箪をかついで踊るもので、共通性は岩手県花巻市葛の台傘踊（ひさごをもつ）にもとめることができよう。

滋賀県では雨乞踊としての太鼓踊が分布しておるが、これが大念仏系のものであることは心棒（頂に瓢箪をつけた花傘燈籠）または花傘と称する風流傘にうかがわれ、また踊り子の胸につける太鼓も花笠も大念仏のものである。念仏を詠唱することはうしなわれているが、すべての道具立てが常陸新治郡八郷《やさと》町真家《まいえ》の御霊《みたま》踊や花巻市葛の大念仏によく似ているので、大念仏であることはうたがいがない。近江の太鼓踊と鼓踊で有名なものは坂田郡山東町大原で、早くから無形文化財指定をうけている。甲賀郡甲賀町油日神社の奉納踊（大踊と小踊）も「ぼんでん踊」・笹踊・花笠踊などで大小の区別はあるが、大念仏系の太鼓踊である。おなじ踊りは同郡土山町黒川の花笠踊と「けんけと踊」、信楽町字故の太鼓踊、同岩室の太鼓踊と花笠踊、同多羅尾・雲井の太鼓踊、栗太郡栗東町金勝《こんぜ》と御園の太鼓踊、伊香郡木之本町伊香具・高月町古保利・東浅井郡湖北町速水等の太鼓踊がある。また六斎念仏は湖西の朽木村にあり、能家・古屋・小入谷《おにうだに》・木地山などが知られている。寺院関係では安土浄厳院に有名な楷定《かいじょう》念仏があり、十夜念仏としておこなわれる。京都真如堂や奈良鳴川の徳融寺などの十夜念仏は、八丁鉦で双盤だけの演奏に念仏とかけごえをまじえるが、ここでは雲板と双盤と大太鼓の合奏に念仏をあわせる。現在、伝承者は浄厳院末寺の僧侶であるがもとは俗人であったらしく、伝説では信長の安土入城をむかえた「開城念仏」とあやまりつたえている。しかし浄厳院の初代は信長に信任されて栗太郡栗東町（旧、金勝村）東坂の阿弥陀寺（応永二十年〈一四一三〉隆堯開基の悟真庵）からまねかれた明感上人で、金勝にあった太鼓念仏を浄厳院にうつしたものという。金勝の東坂の老人のあいだにもわずかに伝承されているが、もっともよくこの太鼓念仏を保存しているのは金勝の上砥山浄西寺門徒である。ここでは鉦講念仏といい、鎌倉光明寺の十夜念仏のようにやはり雲板・双盤・大太鼓をもちいる。順序は、①散念仏（四遍にあたる）、②陀引《だびき》、③仏引《ぶびき》、④蓮華くずし、⑤六字詰、と拍子も念仏もしだいに早くなり、しまいに器楽の合奏だけになる。十夜と御忌《ぎよき》（四月二十五日）にだけとなえ、葬式などには百万遍念仏である。また寺院関係の念仏芸能として木部の錦織寺の田植念仏がある。一月九日より十六日までの報恩講に中主町小田・日枝、竜王町橋本、八日市小西・平木・江頭・野田等の末寺門徒が奉仕し、結願の十六日に地元木部の直門徒が奉仕する。親鸞聖人が藤塚で五月の田植歌をききながら念仏（和讃）をつくったとつたえるのは、田楽（一月の予祝田楽と田植時の囃し田楽とあるが）と念仏の結合した芸能であることを証するものであるが、いまは声明の発声でとなえる和讃と念仏にすぎない。いま元禄年間（一六八八―一七〇四）の譜本があり、このころ僧侶の手がはいったとみられる。上管念仏と下管念仏の二部にわかれ、念仏四遍をとなえてから「本願信ずる人はみな、摂取不捨の利益にて、無上覚をばさとるなり」、つぎに念仏八遍して「本願力にあひぬれば、むなしくすぐる人ぞなき、功徳の宝海みちみちて、煩悩の濁水へだてなし」で念仏四遍、「光明遍照十方世界、念仏衆生摂取不捨」で念仏八遍という具合に進行する。つぎに近江八幡市内には「八幡宮廻り念仏」がある。天正四年（一五七六）子五月の由来書があり、十三か村で一幅ずつの阿弥陀如来像をもち、毎月十五日ごとに村々を順次廻り宿で講をいとなむ。五月十五日と春秋二季彼岸中日には八幡宮で和讃念仏して神楽を奏する定めであった。明応のころ仏光寺から如来像十三幅と現世利益和讃を下され、十三仏講ともいっている。

大阪府下では、はやくから文化財指定をうけた田楽系大念仏に鼓踊がある。泉北郡泉ヶ丘町、岸和田市塔・原などにあり、和泉市南横山父鬼、堺市上神谷《にわだに》に笹踊ともいうがおなじものがある。大阪市住吉大社の住吉踊が、橋本町の願人坊の念仏踊（百戯述略）として江戸時代に流行したことは有名なことである。また平野大念仏寺（融通念仏宗総本山）には万部会に二十五菩薩練供養があり、この行道に禅門講の踊念仏が参加するが、これは大阪府・奈良県の各地からくるものである。

兵庫県では豊岡市田結《たい》に六斎念仏の一部である四遍をのこした斎衆《とき》念仏があり、村巡りの念仏と海岸で入日を西に拝して送る鎮送念仏をいまにおこなっている。また、空也念仏と称する空也堂系の六斎念仏（焼香念仏または鉦鼓念仏ともいう）が豊岡市周辺（とくに下鶴井・森津・庄境・梶原・日撫《ひなで》など）にあり、玄武洞の対岸の二見では大念仏といっておこなわれていたが、わたくしの調査した昭和二十六年（一九五一）にはすでに絶えていた。空也念仏の集落は孝明・明治・大正の各天皇の御大葬に、御棺前で空也堂極楽院住職導師のもとに焼香念仏を土足でつとめた誇りをもっている。城崎郡竹野町轟には太鼓踊があり蓮花寺の盆の施餓鬼につとめるが、歌詞・曲調ともに室町時代の伝承をのこしたものとして特筆しうる。これで室町時代の小歌が大念仏と結合し、これと小歌について いた白拍子舞とが一つになって、出雲お国系の歌舞伎踊ができたという推定がなりたつ。現今お国歌舞伎が念仏踊からきたといわれ、『歌舞伎草紙』などにも書かれながら念仏踊の実態は不明とされているが、この疑問をとく鍵はこの太鼓踊と新潟県乙谷の綾子舞や富山県の小町踊、もしくは富山県五箇山の「こきりこ踊」や東北地方の「こきりこ」にあるとしなければならない。轟の太鼓踊よりも、もっと太鼓踊らしい神事奉納踊を但馬地方では「ざんざか踊」といい、美方郡三椒村、養父郡八鹿町・大屋町などにある。但馬の美方郡射添村には四十八夜念仏があり、猪追《ししおい》念仏ともいわれるが節はうしなった。その南の小代村には歌念仏があり西渡村には念仏踊があるが、だいたい盆踊程度になっている。摂津の川辺郡多田村多田院の多田神社には花笠踊系の「南無手踊《なもで》」があるが、これが「南無阿弥陀仏」をとなえたからの名称であることは高知市朝倉神社の「南無手踊」その他の例からもあきらかであるが、神社ではこれを否定している。また神戸市須磨区板宿町には真言宗勝福寺下に六斎念仏があり、

釈迦の入日は西に入る　弥勒の朝日はまだ出でぬ　その間の長夜の闇きをば　照させたまえ弥陀ほとけ

という『梁塵秘抄』雑法文歌の替え歌らしい歌念仏をつたえており、京都水尾の六斎念仏と共通する。また加古川の野口教信寺に融通大念仏があり野口念仏とよばれ、北条町酒見寺の融通大念仏が酒見念仏とよばれ、佐用郡千種村千種の千種念仏とともに播磨の三大念仏として領主の保護があったというが、いまは形式だけである。また淡路の三原郡三原町（旧、八木村）大久保の盆踊は大久保踊といわれ、浄瑠璃の「菅原伝授手習鑑」を棒踊の型で演ずるめずらしいもので、大念仏の歌舞伎踊化ということができる。

三重県では太鼓踊系の大念仏として羯鼓《かんこ》踊が津市の周辺（高茶屋の本郷・矢野の香良州・木造等）と度会郡小俣町・阿山郡阿山村馬場などにあり、精霊踊を中心として「くどき」の踊りもする。これの原型をなすとおもわれるのは、高田派本山の塔頭寺院厚源寺の大念仏と原始高田教団の遺跡である鈴鹿市三日市の如来寺・太子寺にのこる「おんない」という民俗行事である（本論第二部第五章参照）。また志摩のほうでは、国府村の盆念仏が大念仏の形態をよくのこしたものである。そのほか伊賀の阿山郡長田村西蓮寺に、二十五菩薩練供養の行道念仏がある。

第二節　中部地方

中部地方ではもっともよく知られたものに静岡県の遠州大念仏が浜松を中心として二十六か所ぐらいにのこり、毎年七月十五日に浜松市名残町犀ヶ崖宗円堂に集合して大念仏会をいとなむ。これは三方ヶ原の戦で、徳川方の布橋の計にかかって崖から墜死した武田方の亡霊の祟を鎮めるために、宗円という道心者が家康の命ではじめたとの伝承があり、笛と太鼓と双盤で念仏と和讃をとなえ、「ひん燈籠」を先頭に新仏の棚や村の聖地へ大念仏行道をおこなう。このときの和讃は「大念仏の歌枕」と「ほうか」(放下とも法歌とも放歌とも書く)にわかれ、歌枕は新仏の身分(男女老壮幼)によってそれぞれ適当な文句を選択してとなえ、「ほうか」のほうは「はねこみ」(勇壮な跳躍舞踊)の「出《で》」と「ねり」と「そそり」の三段階にわけて祝儀の文句をうたう。その上、新仏の家での布施馳走にあずかれば、これに「おひねり」とか「お茶返し」の歌をうたうが、これはたいてい文句がながい「くどき」である。この大念仏の構成は、おそらくもっともティピカルなものということができよう。すなわち、(1)道行、(2)念仏、(3)歌枕、(4)ほうか、(5)おひねりの五段は、鎮送の行道と鎮魂呪術舞踊が念仏(念仏と歌枕)と田楽躍(はねこみとほうか)から成り、これが娯楽的盆踊化(おひねり)する過程をしめしている。そしてこの系統の大念仏は、遠州・三河・信州にわたってひろく分布しているのである。しかしわたくしはこの分布圏の中心が遠江ないし浜松の宗円堂にあると推定するものではない。むしろ和讃の歌詞からいえば、『閑吟集』や『室町小歌集』に見えるような中世的雰囲気は三河の大念仏歌枕や「ほうか」にあるとおもわれ、これらは中世に遊行廻国の念仏聖によって伝播されたものが、それぞれの地域によって変化しながら、奥三河の山村と南信州の山間部に比較的古い形態が残存したのであろう。しかもちょうどこの大念仏の分布圏はまた全国有数の田楽の分布圏でもあり、いわゆる民俗芸能の宝庫といわれ、このような大念仏の残存しやすい土地柄であった。そして信・三・遠の三国の境に位する遠州磐田郡水窪《みさくぼ》町有本や田楽で有名な西浦《にしうれ》集落には、大念仏系の盆踊と虫送り念仏がよくのこっている。ここでは五方念仏・六字念仏・釘念仏・血の池念仏・賽の河原念仏・ひじり踊・後生踊などがのこっているが、六字念仏は近畿地方の六斎念仏で、融通和讃として詠唱するものの一部であることは興味ふかい。また「五方念仏」は金剛界五仏をよみこんであるので、「ひじり踊」とともに高野聖の関係ではないかとおもう。

つぎに愛知県では尾張で知多半島の半田市成岩《ならわ》に四遍念仏があり、あきらかに六斎念仏の四遍の曲が残存したものである。その二十七通りの和讃のなかに誓願寺・融通があることは、融通念仏とのつながりをあきらかにしめしている。そして曲調もよく古態を存するものといえる。またこのあたりには虫供養念仏と称する大念仏が数か村連合で毎年おこなわれ、とくに阿久比町と大野町が有名である。これはもと虫送り念仏であったことはたしかで、百万遍念仏と「せめ念仏」（「なげ念仏」ともいう）と廻向念仏を詠唱するが、その大廻向に「融通百万遍大念仏の御廻向」ととなえることは注意を要する。

三河では豊橋市に編入された旧石巻村嵩山《すせ》（藤藪・中村・湯巻・市場各集落）と金田に大念仏がある。これらは文化十年（一八一三）の屋代弘賢による『諸国風俗問状』なる幕府の民俗アンケートにたいする「三河吉田領風俗問状答」にも、「八名郡嵩山村・金田村・渥美郡牟呂村・杉山郡百々村等は放下と云事あり」と書かれてあるもので、念仏本も文政五年（一八二二）、嘉永四年（一八五一）などがあり、享保六年（一七二一）の「嵩山村庄屋文書」にも出ている。⑴出立ち式、⑵道行、⑶打込み、⑷念仏、⑸歌枕（和讃）、⑹法歌（宝歌ともあり）、⑺大踊、⑻ささら踊、とよくそろったもので、戦後中絶したが近ごろ復興された。江戸時代に「放下」と書かれながら行列の先頭に立つ切子燈籠には、「大念仏」の透かし彫りがある。そしてここでは「やなぎ」と称する割竹に切紙（依代の幣とおもわれる）をつけて背に負う風流がある点に、美濃の谷汲踊や掛踊、東北の鹿《しし》踊、但馬の「ざんざか踊」、越前の池河内《いけのこうち》太鼓踊、大和大柳生の太鼓踊、摂津多田院の南無手踊などとの共通性をもとめることができる。しかし「風俗問状答」にある牟呂（豊橋市）、百々（田原町）にはいまは大念仏はなく、渥美半島突端、伊良湖岬の日出《ひじ》（伊良湖村）に近ごろまで大念仏があった。

南設楽《したら》郡はまた大念仏放下踊の分布の多いところで、たんに大念仏というのは鳳来町大輪《おおわ》・愛郷《あいさと》・大林、新城市の市川などで、笠と蓑（または茣蓙）を身につける点で、隣の田峯《だみね》（設楽町）と共通する。大輪大念仏は一つの系統のティピカルな例となるもので、蒿山大念仏のような風流がまったくない。⑴道行《みちゆき》（笛は二上りとしゃぎり）、⑵数え歌（少女の手踊で小町踊や綾子舞の原型になるもの）、⑶跳ね込み（観音道行・新車の笛拍子）、⑷輪踊（はげしい跳ね躍で「とうささぎ」、四ッ拍子、金輪十六、岡崎などの笛拍子で「かえり拍子」で大跳躍し、「大拍子」で燈籠振りあり）、⑸大念仏（荘重な念仏で六斎念仏の四遍の節の一部）、⑹歌枕（和讃で新仏の身分により選ぶので「とり歌」ともいう）、⑺輪踊、⑻盆踊、⑼きりおろし（四遍の一部をとった念仏）、⑽引庭（十六拍子・岡崎等の笛拍子）という順序で、風流をしいてさがせば少女の数え歌と盆踊だけである。大念仏のなかで「誓願寺」という一節があるのは奥三河の大念仏の特色であるが、これが京都の誓願寺（もと時宗、いまは浄土宗）と関係があるかどうか不明であるが、高野聖のなかには誓願寺系のものもあったらしく、その高野の出張所として誓願院があった。そしてこの大輪系の大念仏は北設楽郡内いたるところに分布し、設楽町田峯・田内・松戸・大名倉・大桑・宇《う》連《れ》・八ッ橋・田口にあり、とくに田峯と田内と松戸の念仏伝承がすぐれている。これは南設楽方面の大念仏や放下踊より古い大念仏の残留とみとめてさしつかえない。北設楽郡の東部にあたる東栄町には古戸《ふっと》・下粟代《あわしろ》・上粟代・小林（かけ踊とよぶ）・布川《ふかわ》・柿野《かぎの》・中在家《なかんぜき》・三瀬《みつせ》にあり、足込《あしこめ》（六遍がえし念仏＝かけ踊ともいう）には放下踊の大団扇がのこっているが、いまはおこなわれない。郡の北部の豊根村では三沢《みさわ》に大念仏がある。これらの大念仏では切子燈籠に「暮露《ぼろ》」とかくものがあり、また道行が墓地または路傍の石塔や石地蔵や辻などの聖地から新仏の家まで百八松明《ひゃくはちたいまつ》をともして練り込み、引庭も聖地まで道行して送る。切子燈籠（祖霊の依代）はたいていその翌日焼かれるところに、鎮送儀礼の本質的なものをのこしている。

つぎに奥三河の放下踊の分布をみると、南設楽の新城市大海《おうみ》に有名な放下がある。放下もまた大念仏の風流化したものであるから、当然、大念仏放下踊とよぶべきであるが、多くの研究者はこれを別物とかんがえている。放下の風流は背に負う大団扇で、蒿山大念仏の「やなぎ」にあたる。団扇そのものも大念仏に本質的なもので、おそらく悪霊をおいはらう呪具であったろうとおもう。「うちわ」の語源は「打ち葉」か「打ち羽」であったはずで、目に見えぬ霊をはたはたとあおぎ出す呪力ありと信じられたのであろう。扇も「おぐ」（招）の変化という説もあるが、やはり「あおぐ」（煽ぐ）もので攘却である。これの構成は、(1)道中囃子《どうちゅうばやし》（十六拍子）、(2)道行、(3)門がかり（門がかり拍子で「よいとこ」「岡崎」「てんとん」の三種）、(4)お念仏（これが大念仏にあたる。四遍の一部）、(5)歌枕（和讃）、(6)放下（出・ねり・そそりの三段に変化して踊る。宝歌とよばれる和讃あり）、(7)お茶返し（祇園囃子と「おひねり踊」）となり、「おひねり踊」は「くどき」である。踊り手四人のうち一人は「やなぎ」を負い、他の三人が大団扇を背負う。「やなぎ」を負う者は「ささら」（杁《えんぶり》）を持つので指揮者であるとともに道化役であり、他の踊念仏の願人坊にあたる役とおもわれる。この大海放下とおなじものは鳳来町の源氏・一色・布里・塩瀬の各集落にある。また新城市信玄原に「火踊《ひおんどり》」とよぶ松明を持って念仏をとなえながら踊る念仏踊があり、紀州由良興国寺の六斎念仏火踊と共通する。また八名郡山吉田村多利野に「ろくせい」とよぶ念仏がある。おそらく六斎の訛りであろうがこの集落が山伏村であるところから、山伏と六斎の関係もかんがえなければならない。すなわち、山梨県南都留郡中野村平野の六斎念仏が山伏系だからである。

三河から信州側にはいると下伊那郡天龍村向方《むかがた》に大念仏があり、これから一里上れば有名な雪祭（田楽）のある阿南町（旧、旦開《あさげ》村）新野《にいの》で、ここにはやくから文化財指定をうけた「新野の盆踊」がある。これもいたずらにありふれた輪踊で踊りあかすことばかりが注目されているが、その中心は太鼓踊系の大念仏にあり、明方ちかくナンマンダーボとはやしながら足拍子をとって鉦太鼓で大村の村境まで押してゆき、新仏の燈籠を山刀で切りすて、散米して空砲を打つというはっきりした新精霊にたいする鎮送攘却の儀礼をおこなう。このとき山伏の家筋の者が九字を切り念仏をとなえるのは、山伏の呪術がはいっているためとみられる。一般に鎮送されるのは新精霊のおともをして祭をうけにくる無縁の餓鬼とかんがえられているが、原初的な霊魂観念からすれば、新精霊そのものが穢れて祟りの多い亡霊（ghost）にほかならなかったのである。新野とおなじ太鼓踊の大念仏は阿南町（旧、和合村）の和合にあり、盆念仏とも「念仏行列・盆踊」ともよばれている。信州ではそのほか、一遍上人の旧蹟といわれる「佐久の伴野《ともの》」の地、南佐久郡野沢町跡部の西方寺に踊念仏があったが近年絶え、北佐久郡（現、小諸市）平原の十念寺の二十五菩薩練供養も中絶している。ただ須坂市の野辺（旧、高甫《たかほ》村）に彼岸中日の獅子舞念仏踊があり、江戸時代の遊行派の信州六座の免許の念仏座の一であった（拙稿「念仏の芸能化について」『印度学仏教学研究』第七巻第二号〈昭和三十四年〉参照）。伝承では善光寺の妻堂衆（時宗）と関係があったというが、座というところをみれば、獅子舞をもって他村への念仏勧進をおこなったものとおもわれる。そしておそらく勧進の免許は善光寺から得て、善光寺のために勧進したのであろう。現在天台宗になったのも、善光寺大勧進の配下として妻堂衆とともに伝宗したものと推定される。念仏と獅子舞の関係はいうまでもなく古代の伎楽獅子以来、鎮魂的呪力をみとめられた獅子と鎮魂呪術念仏の結合であり、京都の六斎念仏のもっとも重要視する芸能が獅子舞であったり、青森県八戸地方の墓獅子の例をひくまでもなく、現存の獅子舞にはかなり濃厚に念仏踊の色彩をのこしている。とくに一人立ちの獅子舞である東北地方の鹿踊《しし》（獅子頭が空也上人の伝承の関係で鹿の角をつけたが、実際には獅子頭である）や越後獅子（いわゆる角兵衛獅子）は大念仏の性格がつよく、たとえば群馬県利根郡藤原の獅子舞や栃木県塩原の獅子舞などの歌や拍子や服装は、大念仏そのものである。とくに「この獅子は悪魔払いの獅子なれば、嵐するとも作にさわらず」などは、獅子の鎮魂が農耕儀礼（田楽）にむすんでいることをしめし、獅子が大念仏と結合する契機をうかがうに重要である。平安末に京都では祇園御霊会に田楽と獅子舞が出るが（『中右記』『年中行事絵巻』『洛陽田楽記』）、この御霊会はやがて壬生の大念仏と結合して、綾傘《あやがさ》鉾や笠鷺《かささぎ》鉾の風流山鉾となって明治初年におよんでいる。おそらく紫野御霊会（今宮鎮花祭）の念仏と鬼の結合が「かけ踊」系の大念仏に見られるように、獅子舞系の大念仏は、獅子と念仏の結合として成立したのであろう。というのは、鬼の面は伎楽面では獅子と金剛力士の面からみちびきだされたもので、その根本はおなじものだからであり、鬼面はおもに呪師系の芸能でよくもちいられて鬼走のような鎮魂呪術をおこなったが、修験道の聖によって管理され伝播された大念仏には当然、結合しやすかったとおもわれる。

岐阜県では揖斐郡谷汲村の大洞にある谷汲踊が著名な大念仏で、五色の切紙をつけた九尺ほどの「やなぎ」の風流の大きさ華やかさは、目をうばうばかりである。『揖斐郡誌』（岐阜県揖斐郡教育委員会編、大正十三年）では谷汲村には深坂に、宮地村では般若畑・願成寺宮地に、小島村では上野に、坂内村では坂本にあったとあるが、いまは大洞以外では見られない。これらはいずれも雨乞踊としてあげられたものであるが、盆踊としてあげられた大念仏は徳山村徳山・春日村美束・久瀬村横山などに、津汲踊としては久瀬村東津汲にあったとされており、その普及のありさまがしのばれる。郡上郡では奥明方村の寒水と白鳥町中津屋・万場に「かき踊」と称する「かけ踊」系の大念仏があり、獅子も鬼も天狗も出る。

福井県では若狭に六斎念仏が多く分布しており、融通念仏系の六斎として大飯郡大飯町大島（若狭大島）・同父《ちち》子《し》・神崎《こうざき》・広岡・堀等にあり、高浜町和田にも同様の六斎がある。現在の伝承では父子がすぐれているが、「にその杜」で有名な若狭大島には多くの「念仏覚」がのこっていて、最近まで正しい伝承があったことを知りうる。曲目は、⑴「しせん」（四遍）、⑵白舞、⑶六斎、⑷みたまであるが、ここの六斎という曲は、他の地方の「しころ」と「融通」にあたることは注意すべきことである。すなわち融通念仏と六斎念仏の過渡的な段階を、ここにのこしているとみるべきであろう。そしておなじ若狭でも、遠敷《おにゅう》郡上中町の瓜生と三宅および名田庄村の六斎念仏の「六斎」は「しころ」の変形した太鼓の曲打（踊り打）で、京都市内の六斎念仏（曲打六斎）や丹波八木町神田の六斎と共通する。

さて、若狭大島の六斎念仏の「六斎」は、①打出し鉦のつぎに、②「願弟子等　臨命終時　心不顚倒　心不錯乱　心不失念　身心無諸苦痛　身心快楽　如入禅定　聖衆現前　乗仏本願　上品往生　阿弥陀仏国　到彼国已　得六神通　入十方界　救摂苦衆生　虚空法界尽　我願亦如是　発願已　至心帰命阿弥陀仏」の発願文を訛りの多い発音でとなえてから、③「しころ」の鉦と太鼓の「打ち囃し」があって、これを「大乱《おおみだれ》」とよんでいる。つぎに、④念仏五回で、⑤「光明遍照十方世界　念仏衆生摂取不捨」をとなえてから、いわゆる「融通和讃」を詠唱するが、ここではこれを「来迎和讃」とよんでいるが、ひじょうに簡単になっており、そのなかに京都水尾六斎や神戸板宿六斎でみた「釈迦の入日は西に入る、弥勒の朝日はまだ出ぬ、其の間の常夜の闇きをば　阿弥陀の光で照らし給ふ」を入れている。そしてその間に念仏と大乱をはさんで、⑥廻向文となる。これはひじょうに京都水尾六斎にちかいもので、これだけととのった六斎念仏は地方にはめずらしいといわなければならない。つぎに「しせん」は五番までに「下し」をつけ、いわゆる「六繰り念仏」になっている。「白舞」は宮留区に十四番あり河村区では十二番であるが、一番ごとに名称がある。すなわち、①なもん、②なむ、③おんをいだ、④なむ、⑤なむつ（このあとに「高野のぼり」の和讃を入れる）、⑥ナムツ、⑦なむつ、⑧あいだ、⑨なもん、⑩なむつ、⑪ナムツ、⑫なも阿弥陀、となっており、いずれも最初の一句の発声をその段の名称としたのである。つぎに和讃（歌念仏）が五種あって、これらを白舞のなかに随時挿入してうたっている。それは、①高野のぼり、②高野山奥之院、③仏名（七仏薬師・長谷観音・当麻曼荼羅・矢田地蔵）、④二十五菩薩、⑤極楽東門、であるが、このつぎに「ゆうづうねんぶつなむあみだ」を四回くりかえして念仏で終わる。全体的に融通念仏の色彩がつよくのこっており、水尾六斎（したがって京都西賀茂六斎にもある）の太鼓の踊り打はないけれども、ここでは別に盆の十五日に神社と寺院の前で「神事踊」を六斎講が中心になってする。これが「かけ踊」となったものである。講員二十二人で棚経、葬式をつとめ、また墓地の管理権をもつなど、すべて六斎念仏の古い形をのこしている。これにちかいものが父子《ちちし》にもあり、若狭西部はめずらしい六斎の残存地帯であるということができる。また敦賀市に編入されている滋賀県境の山村、旧東郷村池河内に太鼓踊があるが、これは近江の太鼓踊（雨乞踊）の延長である。また越前側では大野郡の白山麓の山村上打波《かみうちなみ》（大野市に編入）に太鼓踊系の大念仏としての「かんこ踊」と笠踊があり、坂井郡川西村糸崎寺に「仏の舞」がある。「仏の舞」は和歌山県伊都郡花園村のものは舞があり、静岡県磐田郡水窪《みさくぼ》町西浦所能の有名な西浦《にしうれ》田楽では大観音の行道のみであるが、越前糸崎寺の仏の舞は舞楽の型をのこすめずらしいものである。現在、舞楽「菩薩」は四天王寺舞楽（雅亮会）にのこるのみで、これも六菩薩の行道で、舞と称すべきものはない。また秋田県角鹿郡八幡平村小豆沢《あずきざわ》大日堂の五大尊舞も行道である。しかし『教訓抄』（天福元年〈一二三三〉、狛近真著）には舞があったが近来絶えたとされているので、もとあったことはあきらかであるから、糸崎寺の仏の舞は注意されねばならない。そしてこれらは二十五菩薩練供養の発生形態という点から、大念仏に関係があるとおもわれる。すなわち『一遍聖絵』では伊予大三島で大念仏の大行道のことがあり、菩薩行道があったことはうたがいないからである。

石川県は越前・越中・越後とともに真宗伝播にしたがって衰滅したものかとおもわれるが、念仏関係の芸能はまことにさびしい。かろうじて石川郡白峰村に「かんこ踊」があるのは、越前の上打波とおなじ山村の条件によってのこったもので、もとは平野部にもあったと推定せしめる貴重な残存である。

富山県では富山市の「さんさい踊」と八尾町の「おはら踊」（これは綾子舞の「小原木《おはらぎ》節」のように、小町娘が狂言小歌をうたったことから出た名であろう）が旧盆の小町踊で、踊念仏が少女の風流踊になったものである。石動《いするぎ》町綾子の願念坊踊は山形県長井市伊佐沢の念仏踊や京都六斎念仏（壬生と閻魔堂前町にのみのこる）にある願人坊や道心坊の踊りにあたるもので、念仏芸能の伝播者の姿がこのような形で芸能のなかにのこったのである。住吉踊も江戸時代までは願人坊踊であり、関東の小念仏踊や万作踊なども泡斎坊のような願人の大道芸であった。すなわち大念仏の零落の姿をここにみるわけである。また越中五箇山の平村下梨には「こきりこ踊」があり、放下僧系統の小町踊である。

新潟県では刈羽郡里姫村（旧、鵜川村）女谷の綾子舞が近来芸能史の上で注目をあびてきた念仏踊で、本田安次氏等によって紹介されてお国歌舞伎の念仏踊を解明する鍵として脚光をあびている（『芸能復興』第十三号「越後の綾子舞」〈昭和三十二年〉・十四号「鷺流狂言の復活」〈昭和三十二年〉、『ひだびと』第九年第九号・十号「越後の綾子舞」一・二〈昭和十六年〉）。やはり念仏踊が小町踊化したもので、狂言小歌（若菜）に出る「小原静原芹生の里、おぼろの清水に影は八瀬の里人（下略）」を小原木節としたり、尾州徳川家蔵『歌舞伎草子絵巻』の因幡踊をのこし、また謡曲「放下僧」の「面白の花の都や、筆に書くとも及ばじ、東には祇園清水、落ち来る滝の音羽の嵐……臨川堰の川波、川柳は水にもまる〵、しだり柳は風にもまる〵、ふくら雀は竹にもまる〵」をのこしており、たしかに古態ではあるが念仏と称すべき部分は何もない。伝承は北面武士武太夫とか七条の巫女文子《あや》または上杉房能の妻綾子（もと白拍子）のつたえたものとするが、わたくしは戦国時代の白拍子の小歌踊が大念仏のなかにはいった「ヤヤコオドリ」であろうとおもう。すなわち『多聞院日記』（天正十年〈一五八二〉五月十八日）に「於二若宮拝屋一加賀・国、八才・十一才ノ童、ヤヽ子ヲトリト云法楽在之、カヽヲトリトモ云、一段イタヰケニ面白云々各群集了」とあり、これをえがいた京都大学蔵の『お国かぶき草紙』の念仏踊の条には、女装の着衣に(加)(賀)の紋があり、男装の着衣の裾には「光明遍照南無阿弥陀仏」の染抜きがある。したがってこのころはまだ、念仏を囃子にして踊ったものであろう。また西蒲原郡月潟村から出てとくに江戸で人気を博した角兵衛獅子または越後獅子は一人立ちの獅子頭をかむって軽業芸をしたが、これが東北地方の鹿踊と京都の六斎念仏の獅子舞の中間にあることは否定できない。この村では明治以後、獅子舞に出ることを恥じてかくしたらしいが、『西蒲原郡誌』（西蒲原郡教育会編、明治四十年）では源九郎判官義経の文治元年（一一八五）の獅子舞免許状なるものを所持していたという。これは角兵衛が義経の武運長久祈願のために米山薬師の宝前で獅子舞をしたといっているので、米山薬師との関係があるのかもしれない。郡誌にいう「古記」に、「元来神社仏閣造営などの料の為にすること、さのみ乞丐の類にはあらざりしが、近ごろは諸国遍歴して家業の一助とす」とあるように念仏勧進の大道芸、門付芸への零落とみてよいであろう。佐渡の「相川音頭」はいま民謡化しているが、これが念仏踊系の盆踊であったことは相川神社の奉納絵馬が現在、相川鉱山事務所の陳列館に所蔵されており、京都の燈籠踊（八瀬の赦免地踊・松ヶ崎題目踊）とおなじ風流がえがかれておるのでこの推定はあやまりがない。その歌詞・拍子ともに平曲の流をひく「くどき」である。また佐渡の小木港には「小獅子舞」があり、一人立ちで宮歌・寺歌を和讃調でうたい、その歌には放下の一部がふくまれている。またこれは北陸ではきわめてめずらしい例であるが、柏崎市安田地区では葬式の棺が家を出るとき「四遍念仏」をとなえ、露路念仏ともいう。その節はまったくくずれているが、この名称がのこったことは、このあたりにもかつて六斎念仏が分布したことを推定せしめるものである。ただ露路念仏というのは普通「白舞」の曲なので、この名称にはおもいちがいがあったとおもう。

つぎの山梨県はその東南隅におどろくべき念仏芸能を保存している。すなわち南都留郡中野村平野の六斎念仏で、富士五湖の山中湖畔に位する集落に山伏系の六斎念仏がのこっている。『民俗芸術』はこの六斎念仏のためにわざわざ特集号（第三巻第十号、昭和五年十月）を出し、「六斎念仏調査記録号」としている。この六斎念仏という名称の北限は、享保十五年（一七三〇）に没した光闍定西という廻国の六部山伏がつたえたもので、隣の道志村にもつたえられたという。この念仏の先達を「ほうがん」というのは関東の天道念仏のように「本願」の意で、善光寺に関係があるとおもう。この「ほうがん」が刀をふるって「五方固め」「三大経」「神寄せ」「三拝九拝」など、密教の印をむすんで作法がある。念仏はそのあいだに「千代巻」（称名）十二遍・古歌《こか》（和讃）・御名讃《みなざん》（家ほめ）がとなえられるにすぎない。またこの六斎念仏の特色は病家へまねかれて平癒祈禱をすることで、一方また盆の新仏の棚廻りもするのである。四遍・白舞・坂東などの曲名はないが、「ぶっきり」というのが「しころ」にあたるようである。また西八代郡六郷町山田に一人立ちの神楽獅子があるが、その狂言獅子の歌詞・拍子はやはり念仏系の「くどき」で、(1)天留天姫《てるてひめ》、(2)梅川忠兵衛、(3)和唐内、(4)恵比須《えびす》万歳、など近世の「俄」がはいって滑稽化してはおるが、和讃調である。

第三節　関東地方

関東は原始真宗教団が成立した地盤に民俗的念仏がすでに存したことはうたがう余地がないが、これを証明する文献はほとんどこれを見出すことができない。常陸真壁の敬仏房という念仏者が高野の明遍の弟子におって、東国や奥州を遊行廻国したことが『一言芳談』や『沙石集』や『蓮門宗派』などに見えるが、これも明遍系の高野聖であったとすれば真言念仏をまじえた融通念仏であったとおもわれ、明遍や高野聖と善光寺の関係をかんがえれば、善光寺につながる念仏聖ではなかったかとおもう。善光寺信仰（善光寺如来と聖徳太子の信仰）が高田専修寺の真仏や顕智の背景にあったこと、そして真正のような大念仏衆が真仏の弟子にあったことは、原始真宗教団のなかに善光寺的な融通大念仏が夾雑していたことをしめすなによりの証拠である（本論第二部第五章参照）。このような異質的念仏者の並存と混在は、つねに真宗関東教団を動揺のうちにおいたのであった。これは鹿島行方の有念無念の念仏沙汰とか、明法房・善乗房の異義とかが、当時建長（一二四九―五六）、正嘉（一二五七―五九）のころ関東にあった善鸞や然阿良忠の影響によるものとの説もあるが、そのような異義はむしろ、関東にすでに存在した民俗的な呪術念仏との習合によって生じたものとかんがえなければならない。しかもこのような呪術念仏の代表的なものが天道念仏である。天道念仏は彼岸念仏としていまも常陸下野下総石城の諸地方におこなわれ、弘法大師のはじめたものとの縁起をもっている。天棚（日天・月天をまつる）を行屋の庭にたてて、そのまわりを鉦と太鼓をたたきながら和讃をとなえながら踊って行道するのであるが、東本願寺報恩講御満座日中の坂東念仏もこれに源をもつものであろうとおもう。『江戸名所図会』下総船橋駅の部に出る「天道念仏踊之図」は、四十九院の忌垣をまわし四門（発心・修行・菩提・涅槃）の額をかかげて三尊をまつる立派なものであるが、和讃はいずれも俗和讃のみである。ただ天道念仏を主宰する念仏講の先達は「ほうがんさま」とよばれ、法眼とか法願とかの文字をあてているが、これが「本願」であったことはあやまりないものと信ずる。というのは、常陸では「ほうがん」たちのあつまる大念仏会が年一回、どこかしかるべき寺を借りておこなわれるが、このときは善光寺大勧進の発行する「融通大念仏日課勤行」にしたがって大念仏がおこなわれるからで、もと時宗の妻堂衆も天台宗になって大勧進にぞくするまでは、大本願支配下にあったのである。また関東の念仏芸能で一般的なのは、小念仏とよばれる万作踊である。これは芝居もおこなうので万作芝居ともいうが、手踊とも中山節とも「おいとこ節」「そうだい節」ともよばれ関東一円に分布する。広大寺和尚・細田川・白桝粉屋など念仏狂言の零落をしめすものであろう。もちろん念仏踊が豊年踊として踊られるばあい、「豊年だ万作だ」とはやすことは自然で、ここに万作踊の名が出る。関西の住吉踊とともに願人坊の参加があったであろうけれども、明治・大正時代には「よかよか飴屋節」とよばれ、いまはもっぱら素人芸として祭や祝儀や寺参りにおこなわれる。彼岸のあいだ関東では村の講中や同業者の講中が隊伍を組んで、下総西国や秩父西国または阪東西国とよばれる霊場巡りをするが、そこには天道念仏の棚や小念仏の舞台をもうけて、参詣者の自由な演出にまかせている。明治以後の宴席に流行した「かっぽれ」が小念仏から出たことはよく知られているが、これが融通念仏や大念仏の末裔であることはおどろくべき事実といわねばならない。しかしこの両端の中間に踊念仏・壬生狂言・泡斎念仏（葛西念仏）・天道念仏・住吉踊をいれれば、きわめてスムースに接続するのである。住吉踊も阿波踊も気狂い踊の名があるが、泡斎念仏は『東海道名所記』も『嬉遊笑覧』も「狂人の如し」といっている。現今とくに文化財として有名な小念仏は茨城県水海道市・稲敷郡江戸崎町、万作踊としては埼玉県比企郡川島村・入間郡古谷村・川口市善光寺、千葉県市川市中山、念仏踊としては埼玉県越ヶ谷町・東松山市野本、千葉県海上町岩井などである。また飴屋踊の名で神奈川県三浦市菊名・同市上宮田に保存されている。

つぎに茨城県には新治郡八郷《やさと》町真家に、御霊《みたま》踊とよばれるすぐれた伝承の踊念仏がある。応仁の乱のころ旅僧によってつたえられたといい、念仏踊とも盆踊ともいう。「七月」「二の谷」「十六拍子」の三曲であるがいずれも大念仏の和讃で、一句ごとに「なむあみだ」をリフレインとして詠唱し、最後に白舞調の念仏詠歌が「ソーレ」というかけ声をいれながら勇壮におこなわれる。囃し方の青年は鉦・笛・念仏太鼓ではやし、しゃぐまに編木《びんざさら》を持つ中踊が踊る。その外輪は多数の女子が花笠と団扇で踊るのは、念仏踊が小町踊になるプロセスを現実にしめしたものといえよう。風流傘は「やなぎ」とも「ほろ」ともよばれ、万燈の上にひげ竹の花傘と金幣をのせる。万燈には「霊魂供養」と書かれている。「七月」の和讃は「七月は物のあわれな月なれば（なむあみだ三回）、野にも山にも立つぞ油火（なむあみだ三回）、寺々の香の煙が（なむあみだ三回）、天にのぼりて雲となるらん（なむあみだ三回）」、「二の谷」は「これより南の二の谷に（なむあみだ三回）、外輪をそろへて橋をかけ（なむあみだ三回）、仏のかけたる橋なれば（なむあみだ三回）、念仏なくては渡られぬ（なむあみだ三回）」等である。ここにちかい西茨城郡南川根村安居《あご》の妙行院檀徒にも踊りはないが同様の歌念仏がのこっているので、この種の大念仏はもっと分布していたものであろう。また水戸市薬王院は、関東一円の空也僧取締を免許されていたことが新治郡志士庫《ししこ》村宍倉《ししくら》の空也堂（空也の墓とつたえる墳あり）文書で知られ、このような念仏を空也僧が伝播したこともかんがえられる。

栃木県ではさきにのべた塩原の獅子舞のような大念仏系の獅子舞の分布が塩谷郡内にみられ、関白流と文挾流の二流にわかれて伝承している。栗山村野内・塩谷村船生・玉生村玉生などいずれもお盆に踊るが、河内郡羽黒村関白は七月七日におこない、ここの関白獅子から関白流の流名が生じたという。栃木県の民俗的念仏でわすれられないものは、日光の釘念仏である。これは現今、六斎念仏の坂東のなかにはいって流布しているが、現在、日光輪王寺三仏堂で授与しているけれども、じつは明治四年（一八七一）廃寺になった別所寂光寺から出されたものである。『釘抜念仏縁起』の絵巻には「文明十三年六月、弟子沙門謹識」とあるから、すでに室町中期には成立して六斎念仏のなかにはいったものとおもう。しかも現在は和讃として地獄の責苦をうたい、これを救う念仏札の功力を説くことになっているが、この札一枚で四十九万称の功徳ありとし、この札を棺の中にいれる慣習があった。これは別所寂光寺の本願覚源上人が、地獄から蘇生して閻魔大王との約束で念仏札を持った亡者を上人が請け取ることにしたもので、矢田寺の満米上人の地蔵御印文や善光寺如来のお手判にあたるものである。

群馬県でも利根郡水上町藤原のような一人立ちの大念仏系の獅子舞が多く、ささら獅子とか黒熊流・青木流・円周流・桃野流・鹿島流・信清流・下り葉流などの流派を称している。碓氷郡松井田町横川の横川獅子・同所五科小竹の小竹獅子・同所高梨子の荒熊獅子など著名である。またこの地方には八木節とよばれる盆踊があり、埼玉県内のものとともに、樽を太鼓にして打つのは東北地方の「じゃんがら念仏」の伝統である。

埼玉県も大念仏系獅子舞の多いところで、川越市の「ささら獅子舞」は二人立ちであるが大念仏系であり、秩父郡大滝村三峰の一人立ち獅子舞は舞台の四方に四本花という花笠をかむった簓持を配し、そのなかで大夫獅子と雄獅子・雌獅子が太鼓を胸にささげて舞う。また南埼玉郡鷲宮村中妻の千勝神社の獅子舞が、三人の獅子と四人の簓持（「おかじし」という）が中央に万燈花傘を立てて舞うのは、大念仏の風流傘をのこしたものである。また深谷市（旧、八基村）の血洗島の獅子舞は、風流傘（京都のやすらいとおなじ）を立て、花笠をかむった「さかき」と「花」（簓を持たない）の役者のあいだで「ほうがん」「くろ」「めじし」の三頭の一人立ち獅子が舞う。「ほうがん」は他の大夫獅子にあたる指揮者であるが、これを「ほうがん」とよんだのは天道念仏の「ほうがん」とおなじで、本願ではないかとおもう。そして曲目と曲目のあいだに棒の手がはいり、二人の棒使いの少年が棒をうちあう型は中国地方の岡山県真庭郡落合町吉の念仏踊をはじめ西国に多く、やはり悪魔払いの意味であって、祖霊鎮送の呪術であったろうとおもう。南埼玉郡武里村の弥勒踊は関東から伊豆の海岸地帯に分布し、由来の判然とせぬ芸能であるが、いわゆる「世直し」の踊りともいわれて、めでたい文句をうたいながら狂躁的な踊りをする。その囃子が「やったり〳〵」とはやすので「やったり踊」ともよばれる。武里村のは毎年七月十五日の深夜に練り込み踊、扇子踊などをして、あまり念仏踊の要素はないようにみえるが、扇子踊の囃子詞は「南無阿弥陀仏、南無阿弥陀仏ブツメ陀仏」「弥陀様浄土、南無阿弥陀仏ブツメ陀仏」「往生極楽南無阿弥陀仏ブツメ陀仏」「ソンリャイ、ヤッタリナ、ヤッタリ、ヤッタリ、ヤッタリナ」で、完全に大念仏の一流であることが知られる。

千葉県では海上郡海上町岩井に六斎念仏系の念仏踊があり、また念仏狂言風の茶番狂言がある。君津郡大佐和町の一人立ちの七月一日の獅子舞は羯鼓踊といい、安房郡の浜田村・江見町・鴨川町・長狭町・富山町などすべて盆に踊るもので、「かっこ」または「かっこ踊」とよばれる。佐倉市坂戸の西福寺では、十夜念仏に踊躍念仏がおこなわれる。しかし千葉県の念仏芸能でもっとも特色のあるのは、匝瑳郡光町（旧、南条村）虫生の広済寺につたわる鬼来迎《きらいごう》（鬼舞）である。すなわち盆の十六日に、壬生狂言の狂言堂にあたる鬼堂で地獄を主題とする狂言をおこなうもので、壬生狂言の古態をしめすものとおもわれる。壬生狂言もその原型は閻魔庁・餓鬼責・餓鬼角力・賽の河原などの地獄物で、地蔵菩薩の利生をかたる唱導劇として当然であった。宝永の『花洛細見図』にはこのほか餓鬼罪人もあるが、これは鬼来迎の鬮《くじ》罪人にあたるものであろう。鬼来迎にはそのほか、壬生狂言がうしなったとおもわれる朝比奈・八尾地蔵・餌差十王などがある。朝比奈は能狂言にものこり、本来は「朝比奈地獄破り」といわれるもので、八尾地蔵も亡者が地獄の釜を蹴やぶり、餌差十王も餌差が閻魔十王をたぶらかして逃げるなど滑稽化している。このような狂言の図は南北朝時代には盆燈籠に張られていたとみえ、『看聞御記』には朝比奈門破の造物の燈籠が出ている。いま広済寺にはこの狂言だけであるが、もとは二十五菩薩の来迎会があわせておこなわれたらしく（『本朝俗諺志』）、また鬼の舞もあったらしい。『香取郡誌』では小御門村冬父《とぶ》の迎接寺に、「寺の古礼に鬼舞と称する一種の舞あり。……赤鬼青鬼等に扮して幽冥界の戯状を演ず」とあり、『利根川図誌』巻四にも『佐倉風土記』を引いてこの寺の鬼の舞と、『鹿島日記』を引いて下小堀村の浄福寺の鬼の舞をしるしている。しかしこれらの寺では鬼面と十王絵、熊谷蓮生房の名号だけを開帳して由来を物語るだけとなっておるが、元来この狂言や舞そのものが唱導の方便であったとおもう。しかも橋がかりや舞台の死出の山を鬼が亡者を追いまわすのは、三河花祭の白山行事の例で類推されるように、原型は白山の「うまれきよまり」（擬死再生《ぎしさいせい》）にあったとしなければならないであろう。現在、鬼来迎でも亡者になって釜入すれば病気がなおるといい、参詣人は赤ん坊を抱いて舞台にあがり、登場した鬼婆に一寸抱いてもらえば虫が切れるなどといって狂言が中絶するのも、白山行事の名残りであろう。

東京都では世田谷区奥沢町浄真寺（九品仏）には二十五菩薩練供養があり菩薩行道に念仏があるが、とくに菩薩の舞や踊念仏はない。しかし奥沢や駒沢には十夜念仏の鉦講があってさかんにとなえたらしいが、いまはこれらの鉦講も鎌倉光明寺の十夜に参加するだけとなっている。ただ、流人によってつたえられたという伊豆新島本村で盆の十四・十五日に踊る祝儀踊（大踊）といわれる盆踊が大念仏で、住吉踊や、やすらい踊風の風流傘を「かさぼうろく」として立て、和讃調の「くどき」をうたいながら踊るもので、「かさぼうろく」は傘鉾のことであろう。折口信夫氏も念仏者がここにつたえたものであろうとし、また伊勢踊の要素がつよいとのべている（『民俗芸術』第二巻第六号、昭和四年）。この踊りにはまた、柄の長い鎌を中央に立てるのも鎮魂たることをしめしている。大念仏系の獅子舞は東京都の三多摩地方に多いが、豊島区赤塚徳丸の獅子舞も一人立ち三頭の獅子に四人の花笠をならべて、和讃風の歌にあわせて舞う。とくに「この寺の香の煙は細けれど、天に昇りて黒煙となるらん」は北野神社の別当寺である安楽寺（真言宗）の庭で舞うときの歌というが、いまは神事だけとなって寺へは行かない。

神奈川県でも大念仏系の獅子舞が都築郡山内村石川と高座郡大沢村大島・津久井郡鳥屋村などにあり、いずれも伎楽獅子系の天狗・山の神・鬼などをしたがえ、また口取り（蠅追いの名がある）に先導される。大島には天文十一年（一五四二）の「日本獅子舞来由」があるが、これでは東北の鹿踊のように空也上人の因縁は出さないけれども、万燈花傘の風流傘を立て和讃調の歌をうたい、天狗が簓杖を持つなど、東北地方の大念仏の特色をよくそなえている。また鎌倉市光明寺の十夜には鎌倉・逗子・横須賀・三崎等の鉦講が参加するが、もとは東京近郊の農村からも参加した。この鉦講念仏は、だいたい京都の真如堂の鉦講念仏、近江各地の太鼓念仏や「六字づめ」とおなじである。おなじ寺院にぞくするものとして、藤沢市の遊行寺（清浄光寺）に念仏踊がある。寺では踊躍念仏といい、毎月の一遍忌日（二十二日）と二月二十七日の二祖忌と八月十四日（すすき念仏）と十一月下旬の別時会におこなうが、十一月の別時はもと歳末別時で一遍がさかんに踊念仏をし、空也僧が五三昧巡りをしたときである。そしていまは御滅燈《ごめつとう》という神秘な儀式として、時宗僧侶にたいする一種の伝法がおこなわれるなかで踊念仏があるが、遊行寺本堂をすっかりとざして燈明を消し、真の闇のなかでおこなわれる行事だけに、秘事法門的な民俗性と、「うまれきよまり」的な原始宗教性があるといえるであろう。

第四節　東北地方

東北地方はわが国の基層文化がもっともよく残存した地域として、文化的には後進性をかこたれているが、民俗学的研究にはもっともよいフィールドになっている。したがって念仏芸能の分布も濃厚で、しかも素樸なものが多いのである。

福島県は「じゃんがら念仏踊」が多く、津軽の「じゃんがら念仏」や長崎県平戸市の「じゃんがら」（自安我楽）と対照的である。これは京都の六斎念仏、若狭の六斎に似たもので、そろいの浴衣に白はちまき、腰太鼓（念仏の文字を書く）と鉦を持った十数人が踊る磐城平市《たいら》あたりがその中心である。四ッ倉町上仁井田生まれの祐天上人がはじめたものともいうが、もちろん太鼓踊系の大念仏のうち風流化のすすまない段階の残存で、各集落は毎月の念仏講（月念仏）に座敷念仏をとなえ、盆に踊るのを立念仏といってわけるのも、大和の生駒や紀州天野村あたりの居念仏と立念仏の区別をのこしたものであろう。踊りもはじめ合掌右廻りに「ソレナーハー・ハーハイ・モーホーホイ」という六斎念仏のくずれた名号を詠唱し、そのあとで盆踊歌風の卑俗な立念仏踊歌（歌祭文・祝い歌・獅子舞歌）をうたって踊る。最後に急調子の「しころ」風の鉦太鼓のうちあわせで、「ソラ、ソラ、ソラ」のかけ声で踊り狂うのである。また須賀川地方では石川郡玉川村南須釜の花笠念仏踊が小町踊風の少女の花笠踊で、「くどき」の合の手に南無阿弥陀仏ではやす祭文風の歌念仏である。盆に東福寺と大安寺で踊って新盆の棚をまわる。伴奏は踊り子の手に持った二本の綾竹をうちあわせるもので、東北の小町踊一般の「こきりこ」である。

白河地方にも歌祭文の念仏踊があり、白河郡小田川村根田では安珍念仏とよばれ、西白川郡泉崎村では「こんとう念仏」とよばれる。安珍念仏は、なにゆえか安珍の霊をなぐさめるといって二月二十七日におこなう。調声を親節《おやふし》といい、合唱の平《ひら》を「しへん」とよぶのは、六斎念仏の四遍が記憶にのこっているのであろう。親節には「五遍」「おたか」「そそり」「草刈」「下総」「かどつけ」などの節があり、歌祭文は石童丸や安宅関・信太の森・小栗判官などの段物二十八種である。そして福島県下の念仏芸能の中心は会津の大念仏踊で、これは河沼郡河東村冬木沢の八葉寺が空也の墓といわれるために、空也念仏としてひろまったように信じられているが、空也念仏がはいったのはあまり古くないようにおもわれる。すなわち京都の空也堂の鉢叩き念仏がそのまま八葉寺にあるが、これはもはや、かつての十二段念仏（融通・八教・節八教・四恩・襲《かさね》・閉《しころ》・上座・下座・坂東三昧・飛観音・十王・訛《なまり》）をうしなって、空也和讃と融通念仏和讃をとなえながら「なもうだ・なもうだ」と踊る焼香念仏だけである。会津大念仏はこの鉢叩き念仏（供養念仏という）のまわりを老幼男女がとりかこんで、台にのせた念仏太鼓をうちながら踊る。「でん」と太鼓をたたいて「ソレ」とはやすので、「でんそれ」ともいう。この念仏の管理者は会津若松市の融通寺で、会津融通念仏摂取講がおこなうことになっている。そして『新編会津風土記』ではこれは大念仏とはいわずに、融通寺の融通念仏といっている。獅子舞も大念仏系が多く、会津若松市本滝沢や北滝沢および大沼郡一帯では彼岸獅子とよばれる。また大沼郡の獅子は八戸の墓獅子のように、盆に墓前で踊るので「墓おどり獅子舞」ともいう。また安達郡小浜町の獅子舞は太神楽とよばれるが、東北の鹿踊と関東の獅子舞の中間にあるもので、いずれも大念仏の獅子である。また会津若松には、歌念仏がお座敷のさわぎ歌と踊りになった玄如節踊がある。

宮城県は岩手県とともに大念仏の鹿踊と剣舞の本場である。鹿踊は一人立ちの獅子であるが、さきにものべたように、空也上人がはじめたという伝承から鹿になったのである。大念仏の風流には鬼面をかむるものと獅子面をかむるものがあるが、これは伎楽行道の影響をうけたからであろう。これが「しゃぐま」にかわると、京都今宮のやすらい踊の鬼、または壬生六斎念仏や壬生大念仏狂言の鬼の棒振りとなる。岩手県にも鹿供養塔が多いが、宮城県でも鹿供養碑や牡角郡・鹿折村・鹿長嶺・鹿ヶ沢・鹿喰峠などの地名があるのは、大念仏鹿踊を伝播した空也僧の活躍を想像させるものである。この芸能は江戸初期に仙台公の保護をうけ、金津流と行山流にわかれたが、行山流は仙台公の紋をゆるされて前幕に染め抜いてある。踊りは大念仏の庭入を入羽《いりは》（入端）といい、案山子踊・鹿の子踊・墓踊・女鹿隠しなどが代表的なもので、墓踊はあってもいまは墓で踊らない。女鹿隠しは雄鹿が霧にかくされた雌鹿をしたってさがし出すさまを舞踊劇風にしたものであるが、大念仏の燈籠の模様に鹿に紅葉の図柄をつけるところが多いのと関係があるらしく、うしなわれた霊を恋うるという大念仏の気持ちをあらわしたものではないかとおもう。鹿踊の記録で有名なのは花巻市の菊地家の由来書であるが、宮城県でも柴田郡川崎村本砂金《もといさご》の沼田周治氏蔵のものがあり、「鹿踊伝受扣則之次第事　一、三国伝来絵形《えぎやう》之事　一、縁起由来之事一巻　一、御血脈之次第一巻」とあり、宝亀十年（七七九）・弘仁元年（八一〇）・嘉祥（八四八―五一）・天慶（九三八―四七）などの書写年代があるが、もちろん偽作たることはうたがいない。その歌に「極楽はいづくの果と思ひしに　十方浄土を花とかがやく」があるのは貴重である。仙台領の鹿踊は、伊達家の分家が伊予宇和島に封ぜられたときうつしたものが現在、「八ッ鹿踊」として宇和島に保存されている。

岩手県は法印神楽と獅子舞・鹿踊・剣舞の多いことは全国に冠たるものがある。鹿踊についてはすでにのべた花巻鹿踊の庭元・菊地氏の「鹿踊由来書」では空也上人と鹿の関係を説いているが、その供養碑にも名号をしるしたものがある（江刺町鶴羽衣の供養碑）。しかしその建立年代は、寛文十二年（一六七二）九月十二日付の北上市更木の「鹿供養塔」をさかのぼるものは発見されない。剣舞はとくに念仏（ひき念仏と早念仏とあり）の詠唱があって、鬼の仮面をつけた踊り手が剣をふるって舞うのが基本型であるが、とくに念仏剣舞と称するものもある。たとえば紫波郡都南村大ヶ生の高江柄念仏剣舞、同村永井と平代森の念仏剣舞や、胆沢郡胆沢村南都田《なつだ》の南都田念仏剣舞などはそれである。南都田念仏剣舞の伝承では大同三年（八〇八）、羽黒山の善光院の法印が荒沢で鬼渡大明神の堂にこもって念仏修行中に、二人の老翁があらわれてこの舞をさずけたとなっているが、役行者創始という組もあり、羽黒山伏系の念仏芸能であることはうたがいないであろう。踊りの次第は、①念仏、②カツカタ、③豊年の舞、④扇の舞、⑤悪魔退散の舞、⑥宝剣の舞、⑦いかもの、⑧膳舞で、いずれも剣をふるって悪魔払いの反閇《へんばい》をふむところから、「けんばい」の名が生じたとおもわれる。

また、この剣舞が亡魂供養という伝承をもつところもすくなくない。たとえば、平泉の衣川剣舞は平泉でほろびた義経主従の亡魂をなぐさめるといい、「阿修羅の踊」ともいって「光明遍照十方世界……南無阿弥陀仏」をとなえて踊る。また大船渡市の板用《いたよう》剣舞は、平宗盛以下、壇之浦の平家の亡魂を供養すると称して、それらに似せた面をかむって踊る。しかし、つねに大念仏のたどる道として、風流化が子供や女子の芸にうつって雛子《ひなこ》剣舞というにいたれば、念仏的要素はおのずからうすらいでゆくのである。またこの地方には念仏踊と称するものがあり、盆の施餓鬼と盆棚参りに行道する。その念仏と和讃は一般の大念仏とおなじで、「家ほめ」「寺ほめ」から「くどき」和讃となる。「くどき」には「古はぎ和讃」「五ッ子和讃」「梅若和讃」があるが、おもしろいことに気仙郡住田町世田米の本町念仏には、礼念仏に「此の所に念仏修行ありときき　あしき事をば御免下され」、かえし「いざや同行日もつまる。早く宿屋へ帰るべし」とあって、遊行のものの念仏和讃だったことが想像される。そのほか大念仏のあるのは花巻市湯口豊津、同市葛源明、稗貫郡石鳥谷町南寺林で、念仏踊のあるのは紫波郡紫波町大吠森、花巻市湯本大畑で、気仙郡横田村では剣舞の念仏和讃を大念仏とよんでいる。また花巻市葛の源明集落にある大念仏は一名台傘踊ともいい、田楽法師の頭にのせる島台飾りの風流笠のように、楼閣（浄楼）の造物をのせた大風流傘を頭にのせて踊り場の両端に二人立ち、中央には音頭方（年寄、紋付羽織）が鉦（双盤）と大太鼓と笛で拍子をとり念仏を出す。この念仏は四遍調であるがきわめて簡単である。音頭方のまわりを花笠の小町娘が円陣で踊るが、その手に「ひさご」と称する藁製の瓢簞を持つのは空也念仏の余流をひくからであろう。また紫波郡紫波町片寄に十二神念仏舞があり、十二座神楽の奏楽にあわせて念仏をとなえるめずらしい念仏踊である。

山形県では長井市上伊佐沢に有名な伊佐沢念仏踊がある。いまは念仏踊ということをさけて「平和踊」「昭和踊」「大和踊」などと称しているが、老人は念仏踊といいその保存に熱心である。この念仏踊はもはや念仏や和讃はなくなってしまったが、囃子に「みつおくり」(序)、「いれは」(入庭)、「しん句」(急調子)などがあり、美濃の白鳥町中津屋の嘉喜踊(かけ踊)に「てんてこ」という拍子を「三つ拍子」というのにあたる。しかしこれが念仏踊としての特色をもつとすれば、それは道心坊という僧形の道化者が出ることと四ッ竹(こきりこ)をあやつることにあり、道心坊または願人坊は、京都六斎念仏の壬生と閻魔堂前町のものでも道化踊をする。これは泡斎念仏の泡斎や住吉踊の願人坊、筑後八女郡星野村麻生池神社浮立の新発意などにあたり、大念仏の伝播者とかんがえられる。山形県内では山形市鈴川町高原・同市半郷に願人踊があるのも、大念仏はきえて願人の道化踊だけがのこったのである。また同様の念仏踊は西置賜郡白鷹町滝野、東置賜郡川西町東大塚にあり、東村山郡中山町土橋では聖霊菩提踊と称している。踊りそのものは割合簡単で、福島県安達地方(白沢村白岩・二本松町・田村郡西田村)の七福神踊や相馬郡鹿島町の宝歳《ほうさい》踊(泡斎念仏踊か)に似ているが、もっとも主要なものは行道(道送り)で、大名行列のように毛槍(鳥毛という)をふり挾箱(奴振りという)をかつぎ、花笠の小町娘(腰元という)の行列があるる。そして踊るときは「まとい」と称する造花万燈の風流傘を立てて輪になる。この地にこの踊りがはいったのは永禄年間(一五五八—七〇)に上伊佐沢玉林寺が落慶供養したときといい、きわめて類似している茨城県新治郡八郷町真字の、御霊踊の応仁年間(一四六七—六九)という伝承とかなりちかいことになる。しかしこれが室町時代のままでのこったというのではなく、念仏踊としての念仏和讃をうしなう一方では、歌舞伎踊的な要素を付加したわけで、伝承では慶長年間(一五九六—一六一五)の肝煎八郎右衛門なる者が近世的な変改をくわえたとつたえる。また、東村山郡天童町の仏向寺は時宗の一向派の天童派本山であったので、踊躍念仏がある。

秋田県では、北秋田郡阿仁町萱草の盆十四日から十六日まで町をまわる獅子舞が大念仏系である。伊佐沢とおなじく四、五十人の大名行列で墓地・寺の庭で踊ってから家々の棚をまわる。これを「ぶっこみ」という。獅子は一人立ち三頭で、雄獅子二頭と雌獅子一頭である。雄勝郡西馬音内《にしもない》町の盆踊は「がんけ踊」とも亡者踊ともいわれ、踊り手が亡者に扮するように覆面する。これは大念仏の花笠や菅笠が顔をかくして精霊に扮することが変化したもので、仮装ではなかったわけである。起源は最上氏にほろぼされた小野寺氏の亡霊をなぐさめるというが、一般的な鎮魂としてこの踊りがあったのであろう。また鹿角郡花輪町にも町踊と称して盆の十三日より十六日まで覆面輪踊をするのは、おなじ意味である。山本郡藤里村藤琴には、関東に多い大念仏くずれの道化踊である万作踊がのこっている。おなじような甚句「大の作」という民謡で盆踊をする。「大の作」はいうまでもなく「大の阪ぶし」で、念仏系の東北民謡である。菅江真澄の『ひなの一ふし』に、「毛布の郡いまいふ鹿角錦木堆の辺盆踊大の阪ぶし」として歌詞をあげている。すなわち「こゝは大の阪、ヲヤイテヤ七まがり、中のナァ曲り目でノヲ、ヲ、、日をヤィ暮らすヲヤサキサイノソレヤヤィ」、また「おもかげの来ては枕をしとゝ打つ、打つと思ふたら夢ぢゃもの」をあげ、当時、東北地方に流行したことをしるしている。これは大念仏が一方では万作踊や小念仏のような狂躁的な俗謡にくずれるのにたいして、亡き魂をしのぶ心情を恋歌に托する民謡を生んだことをしめし、「さんさ時雨」などはその後者の例である。

青森県は辺境の地として多くの基層文化の残留をみるが、念仏芸能においても一段と古風な大念仏をのこした。「ないもないも」もその一で八戸市湊町白銀にあり、旧盆十四日の夜、「大念仏」と書いた高張提燈を先頭に行列して寺や墓地をまわるが、上地の寺（銀浪山福昌寺）が曹洞宗なので幟だけは「南無本師釈迦牟尼仏」と書いてある。もと隣の鮫《さめ》や階上《はしかみ》村にもあったというが、いまはここ一か所だけである。唱え言も「ヨーえーいなァーい」

「なァむゥあァァみィだァー」「ォーゥがァあみだァ」をくりかえすだけである。大念仏・六斎念仏のまったく辺境的残留であった。これにたいして大念仏の和讃法歌は「おしまこ」という民謡くどき的盆踊歌がうたわれ、また大念仏獅子舞が「墓獅子」という形でのこったのである。獅子が墓前で舞うときの和讃は、「極楽の末木の枝に何がなる　南無阿弥陀仏の六つの字がなる　南無阿弥陀仏の六つの字がなる」や、「東方は薬師の浄土の玉の御構や　君はひらかで誰がひらこう　西方は弥陀の浄土の玉の御構や　君はひらかで誰がひらこう。南方は観音菩薩の（中略）北方は釈迦の浄土の（中略）中央は大日大悲の（下略）」というような、密教の五仏（南方は観音でなく宝生であるが）の曼荼羅をうたう修験道的な大念仏和讃がうたわれる。また古い大念仏に結合していたらしい舞楽の要素ものこしていて、盆のあいだに「けいばい」（鶏舞の字をあてる）といって鶏頭形の鳥甲をかむって槍・薙刀・剣などをうちあわせながら踊りまわり、そのあいだに墓念仏を申しながら墓前でも踊るのである。この墓念仏も三河や遠州の大念仏とおなじ「七月は物の哀れな月なれや　野にも山にもかぶら火《（油火）》焚くもの　なむあみだ」である。すなわち、大念仏の多くの要素がばらばらな形でここに残留した姿をみることができる。そして「おしまこ踊」とその変形たる「十二足踊」はよく和讃調をのこした盆踊歌で「なにゃとやれ　なにゃとなされたちゃい　なにゃとやしれ　寺のちかくの三本柳に何はなる　昔の念仏の後生の実」という、寺や仏をよんだものがひじょうに多いのである。青森県も津軽側は割合はやく鎌倉はじめに念仏がはいったところであるが、ここには津軽じゃんがら踊がある。木魚と音頭をとるところなど、「じゃんがら念仏踊」の変化とおもわれる。また津軽には中津軽郡清水村悪戸を中心とする一人立ち獅子舞が分布し、その歌からみて大念仏獅子舞たることはたしかである。

第五節　中国地方

中国路ではっきり念仏踊と称しているのはあまりないが、岡山県真庭郡落合町吉村の法福寺（真言宗）で、盆の十六日に精霊供養のためにおこなわれる念仏踊は貴重な例である。すなわち、鎮送呪術には「足踏」（だだをふむ）と「払除」（はらいのける）と「衝打」（うちあてる）があるが、この念仏踊では中心に大傘を立ててその下に導師（区長）が立ち、十三仏、法福寺本尊、弘法大師、法福寺観音、寺尾薬師、当村辻堂二十二か所を順次よみあげて「……のために」というごとに踊りが一庭ずつおこなわれる。この踊りを「とぶ」というのは、はげしい跳躍と足踏みがあるからで、この踊り子は胸に大きな太鼓をつけている。別に長さ六尺の棒の両端に切紙の「ぼんでん」をつけた「さいはらい」を持った二人が、これを水車のようにふりまわしながらうちあてる棒振りをする。すなわち払除と衝打をおこなうのである。この踊りのあいだを、中立にあたる音頭取りが小さな「さいはい」（采配）をふりながらかけ声をかける。導師は村の聖地の神仏のための念仏踊が一通りすむと、申し込みの新仏の戒名をよみあげて、一庭ずつの踊りをうながす。この念仏踊は「吉村念仏」の名で、近村からも新仏や先祖代々のために念仏申し込みがあつまるのである。念仏はただ「なむあーみーだーぼーっーソコヂャイ」をくりかえしながら踊るのであって、特別な節はない。空也念仏系でも融通念仏系でもないので、棒振系とよぶべきであろう。

ところで、この隣村の久米郡大垪和《はが》村から竹内流の棒術が出ているが、棒術とこの棒振の念仏踊とのあいだには、なにか関係があるようにおもわれる。なおこの念仏踊の中休みのあいだ、おなじ寺の境内で一般の盆踊がおこなわれる。岡山県ではほかに、大念仏系の盆踊として真庭郡の奥の八束村・川上村・中和村にある大宮踊がある。輪踊の中央にすえて音頭をとる太鼓が大念仏の太鼓であり、頬被や菅笠で仮装するのも、もと大念仏の時代に花笠の垂《しで》で顔をかくして精霊に扮した名残りである。また、この盆踊の仮装の持ち物や腰に下げる道具に杵・すりこぎ・すりばちなど性的な表現が多いのは、田楽や田遊の「かまけ」が大念仏に跡をとどめている証拠であろう。また岡山県には二十五菩薩の練供養が多く、邑久郡牛窓町千手の弘法寺のは如法経行道供養と称して念仏には関係がないようにいわれているが、法然の誕生地、久米郡久米南町誕生寺（四月十九日）や、法然修学の地、勝田郡那義町の菩提寺（旧三月十八日）の練供養は、念仏行道としておこなわれる。岡山県の海岸地帯には大念仏系と推定される太刀踊が分布している。邑久郡牛窓町綾浦（御霊社祭典）・同町粟利郷（旧、長浜村の八幡宮祭典）の太刀踊がそれの代表的なもので、同町紺浦（疫神社祭典）の唐子踊もこれの変形である。これの特色は、御霊社や疫神社や八幡宮放生会（この地帯は石清水領佐井田庄）など鎮送的祭典におこなわれ、楽器に大太鼓と「かんこ」（羯鼓）と鉦と鼓をもちい、太刀（木刀）と薙刀のうちあわせがあることで、棒振系の大念仏と名づくべきものである。棒振系大念仏が西国筋に多いのは、なにか他の文化的要素がはたらいているのかもしれない。しかし信州新野の雪祭（田楽）にも天狗（じつは鬼）の踊りで太郎鬼と次郎鬼と三郎鬼が斧と槌をうちあわせる技があり、このちかくの遠山郷下栗の「かけ踊」でも幡振・棒振があり、淡路島三原町大久保の盆踊にも机や文箱をうちあわせる踊りがあるから、かならずしも西国筋特有とはいえないが、九州に棒踊の多いことは事実である。また岡山県内では西大寺の修正会（俗称、会陽《えよう》）に心経行道中、牛玉杖を×形にうちあわせることがあって、九州国東半島の修正会（俗称、鬼会《おによ》）の法呪師《ほずし》の踊りに香水棒（けずりかけ）を×形にうちあうことと共通するのも、西国筋の棒振と関係があろうとおもう。とにかく牛窓町の太刀踊のばあいも踊りにはいる前から太刀と薙刀をぶっちがいに置き、これを歌と囃子にあわせてうちあわせるのである。この歌の意味は『邑久郡史』下巻（邑久郡史刊行会・昭和二十九年）に引く池田家文書の「南園紳書」でも不明であるといい、粟利郷の太刀踊の歌が「花取りは七日の精進（以下不明)」とか、「奥山のシャンコ御山のツツジ二枝、一枝はヤーシャーの土産、一枝は吾が為」と判断できる程度である。しかし鉦も京都の六斎念仏の「祇園囃子」とおなじ二挺鉦をもちいるのは、六斎の影響をうけた小町踊と稚児踊とかんがえざるをえないのである。また小田郡神島村の白石島は古風な盆行事のよくのこった島であるが、源平合戦の水島の戦の戦死者をこの島の弘法山に埋めたとの伝説があって、その亡霊供養の大念仏系の盆踊をする。男の子は鎧武者に扮して「ぼんでん」を持つのは水島合戦にかけた風流で、女子は振袖の小町踊であるが、いずれも花笠のかわりに菅笠をかむり、団扇や扇子を持つ。踊り歌は和讃くどきで、賽の河原・石童丸・七回忌・坊主おとし・和唐内・那須の与一・梅づくし・山田の露・丹波与作・お半長兵衛・お夏清十郎・おさん茂兵衛などである。盆踊としては弘法山開龍寺の庭や墓地の地蔵堂前の共同水祭の精霊棚の前であったが、いまは港の砂浜でおこない、新仏の棚の前で供養踊もし、また雨乞踊としても踊る。

鳥取県には旧盆におこなわれる傘踊が鳥取市や岩美郡宇倍野村などにあり、美々しい女装で極彩色の傘を器用にまわす曲芸的演技のために無形文化財になったので、念仏に関係があるなどとはだれもかんがえていない。しかしこの傘は棒振系の大念仏の棒が、一方の「ぼんでん」に花傘をむすびつければこの傘になるのであって、その振り方、回し方はすべて大念仏の棒振である。またその伝説によると、江戸末期の旱魃に農夫五郎作が三日三晩傘を持って踊りくるって雨乞踊をして効あったが、彼は過労のため死んだのでその亡霊の供養踊であるというのも大念仏の伝承の型である。もともと大念仏の雨乞踊そのものがここにあって、五郎作が棒と花傘(風流笠)を結合した傘踊に改作したというのが、この伝説の真相であろう。したがって現今の傘踊の曲目も大念仏の「くどき」で、因幡大津絵くずし、お半長右衛門踊、のり節などがあり、傘を持たない手踊に祭文踊、式三番叟がある。いろいろあとからくわわったものもあるが、われわれは大念仏の分布をかんがえる上で、因幡にもこれがあったことを見のがすわけにはゆかないのである。なお、傘の発祥については雨乞には蓑と笠または傘を持って祈禱や行列をすることがあり、傘を持って曲芸をする芸能に伊勢神楽があり、この傘踊の成立にはそのようなものの側面的影響もかんがえなければならないであろう。

また東伯郡東郷町（旧、松崎町）には二十五菩薩練供養がある。すなわち、九品山大伝寺の旧三月十四・十五日の九品会式で施餓鬼・練供養・流灌頂の三部より成る。この寺の縁起では、大和の当麻寺から二十五菩薩を勧請したというので当麻寺の形式で練供養がおこなわれるが、これに流灌頂がついているのは注意すべきもので、供養の水塔婆や施餓鬼幡（戒名をかく）や古い位牌などを舟につみ、信者一同が曳いて東郷池にながす儀式である。近ごろでは池を穢すので焼却するが、もともと浅津村には墓がなくて火葬骨灰を東郷池にながしていた葬送習俗の反映したものとかんがえれば、水葬の残存形態ともいえる。すなわち伯耆・但馬・因幡・出雲・石見などは海岸墓の発達がいちじるしく、青谷岬には嘉慶三年（一三八九）の銘のある「普陀落塔」があって（田中新次郎『因伯の年中行事』稲葉書房、昭和三十一年）補陀落渡海（水葬）の存在したことを裏づけるばかりでなく、出雲国造も菱根の池に水葬されるならわしであったといわれ、この推定はかならずしも無理ではない。このような習俗と二十五菩薩練供養の結合の必然性はないようにみえるが、白山行事の橋がかりや布橋大灌頂の布橋が「うまれきよまり」の儀式となる以前は、死者を葬地へおくる鎮送行道であったことをかんがえる一つの資料であることは注意してよいとおもう。

島根県では、きわめて衰退した大念仏として簸川郡大社町日御碕龍の「みんどう」がある。しかし土地でもこれを念仏に関係があるとおもう人はほとんどないようで、賽の神の広場で念仏講の老人と子供たちがあつまり、一人が「なーみーんどー」といえば一同が「やあ」とはやす程度である。しかしその鉦といい笠（普通の夏帽子の鍔に紙手《しで》をさげる）といい、賽の神といい、これらがもと念仏で鎮送した名残りであったことがうかがわれる。おそらくもとは、鉦を打って町巡りをしてここにいたったものであろう。また飯石郡東須佐村宮内の須佐神社で切明神事といっている七月十五日の行事も、花笠の踊り子が鉦太鼓で風流の花傘をめぐりながら踊る「やすらい祭」系の念仏踊である。あとで風流傘の花をうばいとるのは、施餓鬼の施餓鬼幡のうばいとりとおなじ農耕儀礼（これを田に立てれば虫がつかない）の意味から神事となって、念仏がわすれられたのである。すなわち京都今宮の「やすらい祭」のように、御霊会的鎮送儀礼（虫送りもこのなかにはいる）は、大念仏でも神事化する一つの例とみることができよう。同様の神事が西出雲では現在も念仏踊と称されている由、折口信夫氏は書いておられるが（『民俗芸術』第二巻第六号）、わたくしはその例を知らない。また石見の大田市の八幡宮古伝神事といわれるもののうち、社儀《しやぎ》里子《りこ》神事は大念仏行道の残存とおもわれる。すなわちこの道行は大念仏の道行囃子にあたる「しゃぎり」で、これをうつ「しゃぎり子」は菅笠に飾り襷で長い撥を持つ。また風流傘にあたるのは大幟負幟《おいのぼり》で、そのかざりに「みだれ」という多数の細竹の枝垂れた、いわゆる「やなぎ」または鳥毛をたれる。これに高野聖と称する造物十二台を出すのは別当寺円応寺（真言宗）の関係だというが、やはり大念仏の伝播者の伝承されたものというべきであろう。同市の旧国幣小社物部神社にも雨乞踊と称する念仏踊があることをみると、この推定はあやまりないであろう。

また念仏踊として注意すべきものは鹿足郡津和野町弥栄神社の鷺舞で、現在、京都の八坂神社ではほろびた祇園会の傘鉾の舞がここにのこっている。ただ、京都にあった傘鉾は笠鷺鉾ともいわれ、その踊りは鬼の棒振であったが、ここでは鬼の棒振は形のみで、べつに鷺の造物をかむって踊るようになったのがちがうのである。それを知らずに数年前から京都の八坂神社が、復活すると称して津和野の鷺舞をうつしたのはあやまりである。大橋図書館蔵の『祇園会山鉾之次第』によると、山鉾由来に「昔は笠（傘）鉾斗なるよし、赤がしらかつぎたる人先に立、たいこかねにて囃たてたる事にて、やすらい祭の格にてありたるよし、其余風今に伝はり笠（傘）ぼこ二本あり」とある。その傘鉾二本というのは、四条西洞院西入町の通称・四条傘と綾小路室町西入町の通称・綾傘鉾であり、どちらも「ぼうふりの芸あり、役人壬生村より出勤の例なり」とあって、壬生の融通大念仏狂言、したがって壬生六斎念仏の棒振が出たわけである。この六斎念仏の鉦の囃子が祇園囃子のコンチキチンになったのであって、今宮御霊会が念仏踊であった以上に、祇園御霊会は大念仏がつよく支配していた。どちらの鉾も元治禁門の変の火災で焼けたが、綾傘のみ復活して明治十五年（一八八二）ごろまでつづいたが、いまは綾傘鉾町に鬼の棒振の衣装や棒や鉦をのこして絶えている。これがいま、津和野で一部新趣向がくわわったとはいえのこっているのである。

広島県では山口県と共通の南条踊が大念仏である。石見境の山県郡大朝町の宮之庄八幡や龍山八幡の虫送りにおこなわれ、吉川元春が伯耆羽衣石山城主・南条元続をほろぼすときにこの踊りに化けて敵城へ兵をいれたので、南条家の亡魂供養のためにはじめたという伝説は大念仏に共通のものである。風流傘はないが、輪踊の真ん中でお盆前の暑さというのに薪をもやすのが、燈籠の原始形態（迎え火・送り火）にあたるのであろう。歌は庭ほめ歌や口説《くどき》風の和讃であるが、「歌をかけよう〳〵」という掛踊の文句があり、棒のうちあわせはないかわりに大きな軍配団扇をふる。また甲奴郡上下町小堀の賀茂神社にある小切子踊も大念仏系の雨乞踊で、「こきりこ」をもった小町踊で花笠をかむり、入庭・忍び踊・大念仏踊・小歌など播磨地方の雨乞踊と共通している。ここの真棒打というのは和泉の雨乞踊（鼓踊）では新発知といわれ、近江では心棒とよばれる。これとおなじ「こきりこ踊」は、三原市八幡町では「花の踊」の名でおこなわれる。また山県郡千代田町本地では本地花笠踊があり、豊年踊と南条踊をあわせおこなう。また沼隈郡各地には雨乞踊と虫送りをかねた「はね踊」があり、近ごろは沼隈踊とよばれている。元和五年（一六一九）、福山藩入部の水野日向守が士気を鼓舞するために、鉦鼓を新調して与えたとつたえ、大胴（大太鼓）を片手に下げて打ち、入鼓（小太鼓）は胸に下げて打つ。数組の「かけ」踊で各組の先頭で団扇と棒を持つ者を鬼というのは、もと棒振の鬼面をかけたいからであろう。すなわち「やすらい」踊系の大念仏であろう。撥のあつかいに曲があって散楽的である。踊りは勇壮な跳躍と足踏みで、「はね」踊の名がある。

山口県でも岩国市が南条踊の本場で十月十二日に、長門市深川町湯本で九月十日に、大津郡日置村日置八幡で十一月二十日より二十三日までおこなわれる。南条踊は普通、武装で仮装するが、花笠をかむればそのまま花笠踊となって腰輪踊ともよばれている。美弥郡秋芳町堅田の厳島神社や大津郡三隅町（鉦打ち花笠踊ともいう）にある。三隅町ではべつに盆の八月十四日に歌舞伎踊の志賀団七踊というのをおこない、淡路の大久保踊のように薙刀と鎖鎌をうちあわせる。また熊毛郡熊毛町熊毛神社の諌鼓踊は七年ごとにおこなわれる太鼓踊系の大念仏であり、山口市八坂神社の鷺舞は津和野へうつったという。念仏踊をはっきり公称したのは美弥郡秋吉町（旧、別府村）の下嘉万の念仏踊であるが、いまは絶えた。また大島郡の久賀町には「みんどー」という虫送り念仏があり、村中を行列して海岸へおくる行事をし、その称名念仏が訛って「みんどー」になった。

最後に山口県の郷土芸能の代表のようになっているのが下関市長府町忌宮神社の数方庭《すほうでん》で、もとは「すうほうデン」のかけ声があったのであろうが、いまは「うーせい」または「おおせい」のかけ声である。もとは剣・鉾槍などを持って踊ったらしいが、現在のところ男は大幟、女は切燈籠を下げて踊る。歌垣の遺風をのこす「かけ踊」で、囃子は太鼓・小鼓・笛・鉦である。この神社は仲哀天皇を豊浦（長府）に殯斂したので、その御霊をなぐさめるためといいつたえる。

第六節　四国地方

徳島県の阿波踊が、大阪の住吉踊や関東の万作踊などとおなじ系列の念仏踊のくずれた「ぞめき」踊、道化踊であることはいうまでもない。江戸時代末期の頽廃文化の所産であろうが、いまも盆の八月十三日から十五日のあいだだけおこなわれるところに念仏的性格をのこしている。しかし阿波は真言宗の絶対的勢力圏であるため、念仏行事はきわめて希薄である。三好郡内に念仏踊があるときいたが未調査である。美馬郡の祖父山の神代踊（旧八月十三日）も念仏踊の傾向がうかがわれるが、まだ断定するまでにいたっていない。

香川県も弘法大師誕生の地として真言宗の勢力は大きいが、善通寺が念仏を許容しているので念仏芸能がわりあいに多い。善通寺は親鸞聖人堂があって、丸亀の秘事法門の徒によって維持されているといわれる。また一遍もここをおとずれているので時宗もあるほどである。また香川郡には仏生山法然寺があって、法然と親鸞の像をまつるなど念仏有縁の地である。ここで全国的に知られた念仏踊は、綾歌郡綾南町の滝宮天満宮の念仏踊である。大念仏が神社でおこなわれることはけっしてめずらしいことではなく、祇園や八幡のように御霊社、疫神社の性格のある神社では、この傾向がいっそういちじるしい。天満宮ももちろん菅原道真が配所に薨じて御霊化したと信じられていたので、大念仏がおこなわれる素地はあるが、これが数か郷の寄合かけ踊の大規模なものであったため、神仏分離後の神主も念仏踊を境内で許容せざるをえなかったのであろう。一時は「皇国万歳南万田宇《なんまんでんう》」と幟に書いたが、いまは「南無阿弥陀仏」である。この踊りは雨乞踊といわれているが、旧七月二十五日はかならず滝宮天満宮の境内で踊るので、綾歌・仲多度二郡二十二か村が北村組、七ヶ村組、坂本組、北條組にわかれてそれぞれ三組ずつ組み合わせの順番をつくって、三年に一回ずつ参加するようになっている。三組は、はじめ個々に踊るが、最後は三組合同の「かけ踊」になる。踊り手は花笠に袢であるが、下知役《げんじ》は陣笠・錦袴に陣羽織で日月を表裏に書いた団扇を持つ。踊り手は花笠をかむって太鼓を胸につけた「小踊り」の少年と、「中踊り」という花菅笠（菅笠の縁に赤青の切紙を下げる）に袢をきて鉦を持つ中老とが、下知役の団扇の上下にしたがって「なっぽいどうや」と合唱しながら跳躍足踏みの踊りをする。すなわち三歩前へ跳んで一歩足踏みしながら円陣になって輪踊をする。とくに下知役は、この踊り手の間をぬって右に左に活発に踊る。囃子は風流傘（傘）・長刀振（二人）・大太刀持（大打者という。二十四人）・法螺貝吹（十人）・笛吹（二十人くらい）・鼓打のほかに、願成就という役があって軍配団扇に「願成就」「南無阿弥陀仏」と書いたものを持ってコンダクターの役をする。またほかに念仏申しが三十人くらい立つ。踊りは「入羽《いれは》」「中踊り」「あげ羽」の三段ある。ここで出す吉兆の笹には、ちょうど大阪の住吉大社とおなじく藁製の笠に紙人形《ひとがた》を五、六個下げたものがついており、滝宮念仏踊、五穀成就と刷った札が下がっている。

高知県では高知市の朝倉神社に念仏踊があり、現在は神社の例祭に子供たちによっておこなわれるにすぎないが、江戸時代の図がのこっているのを見ると、花笠で羯鼓を胸につけた少年三人と鉦打ち少年三人を中踊りにして、大人は羽織に扇子を持って外輪をつくり、べつに棒（両端に五色の切紙をつけ、棒はだんだら巻きにする）をうちあう女装の者二人がある。役人の前で上覧踊をする図もあり、譜には「チャールウーリャー（七度返す）、ナァムァーミダァーングー（同上）、ナーンモンデーカンコヲカァー（同上）、カンコヲーカンコヲカー（同上）」とあり、節は単調であるが坂東のくずれとおもわれる。そのほか土佐郡一宮村の土佐神社（旧、国幣中社）の古記に、慶長二十年（一六一五）ごろの伊勢踊の記事があることが宮地直一氏によって紹介されたが（『民俗芸術』第四巻第五号、昭和六年）、これでは全国的に伊勢踊の名で大念仏が普及したことが知られる。すなわち、伊勢の神木が伊勢宮川から引き出されて村送り・国送りとして諸国を曳かれてゆくさきざきでこれがおこなわれたのであって、このときはじめて大念仏がはいったのか、すでに存した大念仏に伊勢踊の歌詞がついたのかはあきらかでない。しかし、このような形で芸能が全国に普及するという一つの型をしめしたものとして興味がある。すなわち、神木には傘鉾一本と御枝一本、御弓二挺、御鑓三本、御長刀三本の道具がそえられていた。傘鉾は白丁に捧持されていたというが、これが風流化しないときは神霊の依代として神聖視されたにちがいない。そして祝儀歌がうたわれはしたが、傘鉾の鎮送的機能からかんがえて、この伊勢踊の節も踊りも、大念仏から系譜を引いたものであったことはうたがいないであろう。

つぎに、土佐の高岡郡檮原《ゆすはら》に小踊がある。このあたりは池川神楽や津野神楽など有名な神楽があって念仏芸能は希薄とかんがえられていたが、調査の結果、飯母・川西地・太郎川・本村等にある小踊は大念仏であることがあきらかとなった。すなわちこれは、関ヶ原役に不遇の死をとげた長宗我部親忠（津野孝山公）の霊をなぐさめるためと称して、旧八月二十九日の津野祭に吉祥寺において、(1)庭掃（花採踊）、(2)念仏、(3)小踊、(4)狂言という順序でおこなわれる。踊り子が銅鈸子（手拍子）を持ち腰旗をつけるのは、一般の大念仏で背に「ぼんでん」や「やなぎ」「しない」など、御幣の風流化されたものにあたり、西国筋では長府の数方庭や長崎県平戸のじゃんがら（自安我楽）のように、大幟や旗差物となることが多い。檮原の腰旗には中央に「㊀孝山寺殿雪庭宗箏大居士」と書き、組の名と音頭取りの姓名をしるしている。念仏にはべつに節がないが、小踊は室町時代の小歌を和讃調でうたう小歌踊で、歌舞伎踊や綾子舞への過渡的な念仏踊である。このことはべつに大念仏行道の「ねう」（遶）があることによって証明されるが、幸いにこの村に明治十六年（一八八三）に檮原村大蔵谷《おぞうたに》の明神為吉氏の写した『三番叟遶重宝記』があり、「遶之由来は、往古此里の領主たる津野氏滅亡の後ち予が先祖は津野家譜代の家臣、感涙の余り毎年八月二十九日招魂之儀式あり、曰く本村、飯母《いげ》、大蔵谷、後別当、川西路、太郎川、神在原、川口八組集合元大念仏修業、川口、後別当、神在居、三組より庭仏之芸あり、本村、飯母、太郎川、川西路小踊あり、其中端へ大蔵谷邃を出し津野氏の由来を謡に綴り、児童を集めて邃営ました。（下略）」とあり、吉祥寺の庭にねりこんで三番叟と大黒舞を舞うのである。三番叟の「あどの太夫」の足の踏み様も、「中にて一遍踏扇子を上げ、エイ〳〵の拍子にて下《し》もへ進み一遍踏、上《か》みへ昇一遍踏、中へ戻り一遍踏、アイヤヲヲハ〳〵〳〵の声にて返る」というように、細かな踏み方の説明がある。しかしこの踊りを津野氏の亡魂供養にむすぶのはむしろあとからの解釈で、本来は怨霊の祟りによると信じられた疫病や稲虫を鎮送する大念仏であったはずで、これがその土地土地の歴史や伝説で種々の伝承と形態をうみ出すのである。したがって、高岡郡仁淀村別枝秋葉神社の「練り」といわれる大名行列と武者踊、および太刀踊も、大念仏行道とはね踊を秋葉神社の火難・盗難除けの祈禱にむすびつけたものがあり、土佐市（旧、高岡郡高岡町）蓮池の西宮八幡宮祭礼の太刀踊や、室戸市室津河内、室津八幡の室戸太刀踊、安芸郡吉良川町八幡宮の女猿楽にともなう太刀踊なども、いずれも大念仏はね踊の風流化である。また太鼓踊系の大念仏として、高岡郡（現、須崎市）浦ノ内に鼓踊と室戸市の「しっとうとろ踊」がある。また、長岡郡東豊永村下土居には六斎念仏系の四遍念仏がのこっており、六斎念仏の分布の南限として注意される。

愛媛県は一遍の生地として、その遺跡も松山市道後の奥谷宝厳寺、同畑寺町の繁多寺、久万町菅生の岩屋寺などがあり、修験道四大霊場の一である石鎚山は、登山のかけ声にいまも「なむまいだんぼ」をのこしているほど念仏有縁の地であるにかかわらず、大念仏としての獅子舞は、宇和島に仙台の伊達家の分家が封ぜられたとき、仙台領からうつされた鹿踊の八ッ鹿踊と五ッ鹿踊が、宇和島市・東宇和郡内各地に分布するにすぎない。また、喜多郡内では笹踊系の雨乞踊を念仏踊ともいい、盆の施餓鬼にも太鼓踊を念仏踊としておこなう。これが歌舞伎化したものは団七踊とも「やあと女踊」ともいって、盆踊として踊る。また東宇和郡黒瀬川村では、高野の東光寺と川津の西光寺に旧盆七月二日と六日に念仏楽をもよおす。この村は旧高川村で土佐の檮原村と境を接するが、この大念仏はまったく九州の楽打ち（念仏楽）系統で、伊予と豊前・豊後ないしは日向との文化交流がかんがえられる。ただ、この村の少女が綾棒（こきりこ）をうちあわす「花とり踊」だけは檮原の大念仏の庭払と共通で、これとおなじものが同郡野村町岡成と南宇和郡一本松村増田にある。この喜多郡の念仏踊は堂や寺の庭で念仏講（念仏楽連中）がおこなうもので、調声（頭鉦《かしらがね》）の「ォーおーなーもーめーどー」につづいて、側（胴取）が太鼓をうちながら「フンおーなーもーめーどォーおーなーもーめーど　アーあーなーもーめーど　ふーなーもーめーど　ホーほーなーもーめーど　エーえーなーもーめーど　ハーはーなーもーめーど」と四遍調をとなえ、つぎに「くずし鉦」を急調子でうち、最後に「なーももで〳〵」と坂東調にとなえて踊る。

第七節　九州地方

九州では棒踊がきわめてひろく分布していることをすでにのべたが、念仏踊としての性格をもっともよくのこしているのは、福岡県豊前側の企救《きく》郡・京都《みやこ》郡・築上郡から大分県豊後側の宇佐郡・東国東郡・西国東郡にわたってひろく分布する楽打ちである。これらはその地名をとって何々楽とよばれるが、とくに有名なものをあげれば、小倉市（旧、企救郡）曽根町沼の沼楽、同石田町上石田の石田楽、小倉市中谷（旧、中谷村）字道原《どうばる》の道原楽、筑上郡椎田町高塚の高塚楽打ち、大分県側の東国東郡武蔵町大字吉弘字美婦の吉弘楽などである。いまもっとも典型的な吉弘楽をあげると、旧六月十三日の楽庭八幡宮の楽祭に虫送り大念仏としておこなわれ、(1)本頭《ほんがしら》（音頭一人・鉦二人・笛三人・念仏申し二人・端楽《はしがく》十五人）、(2)中頭《なかど》（音頭一人・鉦二人）、(3)末（音頭一人・鉦二人・笛三人・念仏申し二人・端楽十五人）の三組四十九人が正常な定員である。踊るのは音頭と端楽で、烏帽子や陣笠に腰蓑・手甲・脚絆・草鞋で太鼓を胸にかけ、背には先端に大御幣のついた旗差物を背負う。すなわち太鼓踊、羯鼓踊系の大念仏で、近畿・中部・東北の「ぼんでん」や「しない」にあたるものが旗や幟にかわった一例である。鉦打ちだけが鳥甲をかむるのが暗示的で、これが楽といわれるように舞楽の混入をみた大念仏ということができよう。一般に豊前・豊後の楽は宇佐八幡の神楽の影響があるようにいわれているが、これはむしろ宇佐の舞楽とかんがえるべきである。豊後ではこのほかに楽打ちといわれるものが国東半島全域に分布しておったらしく、楽庭の地名がいたるところにあるが、現に形だけをのこしているのは東国東郡国東町（旧、富来町）大字堅来《かたく》字鳴《なる》だけで、明治以後までおこなったのは東国東郡安岐町両子、同国見町大字赤根字一円坊、西国東郡真玉町下黒土、豊後高田市田染《たしぶ》真木である。『豊後速見郡史』（速見郡教育会・大正十四年）ではこれを農村楽とよび、田楽の一種なるべしとか宇佐より流入せるがごとしと記し、往古同楽に狂言ありといっているが、これを大念仏とはみとめていないのである。事実、東・西国東の地は天台二十八か寺に支配された六郷満山といわれる天台文化圏をなしたところで、修正会（鬼会《おによ》）の法呪師《ほずし》のような古代芸能をよく保存したところである。したがって念仏芸能の存在をうたがう学者もあるが、仁安三年（一一六八）の「六郷二十八山本寺目録」と建武四年（一三三七）の「六郷山本中末寺次第并四至等注文案」（『大分県史料』〈大分県立教育研究所・昭和二十七―三十七年〉所載、宇佐八幡文書）によると、大念仏が各寺の年中行事のなかに見出されるのであって清浄光寺は念仏三昧所があった。すなわち後山石屋と記される金剛寺では「一夏九旬不断供花三ヶ夜大念仏自九月十三日至十五日勤也」とか、吉水寺（現、霊亀寺）では「二季彼岸大念仏」、辻小野寺（金剛寺末寺）と大谷寺（金剛寺末寺）でも二季彼岸大念仏と不断供花があったことが見えている。その他、屋山寺、長岩屋（現、天念寺）、夷岩屋（現、霊仙寺）、西方寺（現、清浄光寺）、両子仙（現、両子寺）など、いずれも一夏九旬不断供花の結願に三か日夜大念仏がもよおされている。

このような大念仏が南北町時代に現在のような武者を模した風流にかわったのは、南北朝という時世をかんがえないわけにはゆかないのである。すなわち吉弘楽の由来として、大友氏の分家として南北町時代から国東吉弘城主となった吉弘氏の始祖正賢が霊夢によってこの舞楽を案出し、吉弘楽庭八幡宮に戦勝を祈願したという。しかしその後、吉弘氏の滅亡とともに中絶したのを元禄時代の大虫害がその亡霊の祟りとかんがえて、亡霊鎮送と稲虫駆除のために再興したというのである。

さてこの大念仏の念仏のとなえ方は、「念仏申し」二人が輪の中央で、「おーあーみーどー」「あんなー、あーみーどー」「あんなー　あっぱー　あーみーどー」「あんなー　あっぱー　あーみーどー」「あんなーァ　むーあーみーどーォーィ」「あんなー　あっぱー　あーみーどー」「あんなー　あっぱー　あーみーどー」を鉦の伴奏で高唱するが、これは六斎念仏の四遍のくずれたもので、岩手県花巻市葛の大念仏などとも共通し、香川県綾南町滝宮天満宮の念仏踊もこの系列にはいる。また真玉町黒土では「なーむーあみだぶつ　なっぱみどい」ととなえたという。すなわち滝宮の「なむあみどー　なっぱいどーや」にあたる「あんなーあっぱーあーみーどー」は、この吉弘楽の主題的発声ということになる。だいたい大念仏では風流化がすすめばすすむほど「念仏申し」の部分が風流に喰われてしまうのであるが、これには二つの経路があって、一つは声楽的に歌念仏から小歌や「くどき」の方向へ、他は器楽的または舞踊的に伴奏楽器をうちならし、これにあわせて跳躍的な「はねおどり」をするのである。豊前・豊後の楽打ちは後者であって、前者の軟派的・和事的であるにたいして硬派的・荒事的で勇壮活発の一語につきる。九州ではこの荒事的大念仏が多いのは、風土的な気質が影響しているのであろう。なお豊前側では太鼓打ち（踊り手）は腰蓑をつけて太鼓を胸にかけ、背には旗差物を三本背負う。また香川の滝宮で下知役というのにあたるものに、沼楽や道原楽では「団扇つかい」がある。団扇は日月のついた大団扇であるものと「願解」と書いたものとがある。すなわち雨乞や虫送りの御礼踊の意で、大念仏に「がんけ踊」の名があるのはこの意味からきたものであろう。また沼楽の次第は、⑴入庭《いりは》、⑵から拍子、⑶ちゃりや、⑷片撥《ばち》、⑸まんだ《（ざ）》いらく、⑹飛込、⑺ひとちょちょちょい、⑻ちんかたかたこしろー、⑼よせ、となっているが、「から拍子」は平泉毛越寺の延年舞の唐拍子にあたるらしく、「まんだいらく」は万歳楽でともに舞楽的要素をしめしている。また吉弘楽では「てんだらまんだら」が万歳楽にあたるものとおもわれる。なお腰蓑をつける大念仏はほかに例をみないが、舞楽では蘇莫者《そまくしや》が蓑をつけるのでその影響とすれば、蘇莫者が四天王寺舞楽特有の曲目と称しているだけにおもしろいとおもうが、これはもちろん断定すべき段階ではない。

福岡県豊前市山田町四郎丸の楽は感応楽といわれるが、これも舞楽感城楽のことではないかとおもう。また筑上郡横竹村狭間の楽は天狗拍子といわれるのも、舞楽の拍子に関係があるらしい。つぎに筑後側の八女郡星野村の麻生池神社に「はんや舞」がある。「風流反哉《はんや》」とも書かれるように、本来、大念仏風流であったもので楽打ちのような羯鼓打ちもあるが、小歌踊的要素がかなりつよい。すなわち鹿児島民謡「はんや節」のような急調子のさわぎ歌ではないが、「はんやはー」のかけ声が小歌の一句ごとにつくので「はんや舞」の名があるわけで、優美な室町小歌の正統をつぐものではないかとおもう。昭和三年（一九二八）、御大典の大嘗祭の主基地方風俗歌に採られたのも故なしとしない。九月十八日（もと八月十八日）の祭典に奉納されるが役割は、⑴音頭二人、⑵「しんぼう」一人、⑶羽熊二人、⑷連《むらじ》三人または四人で、「しんぼう」と連のうちの鉦打ちは袈裟をつる。もと念仏僧によっておこなわれた名残りで、他の大念仏では新発知とも心棒とも下知役ともいわれる。とくにこれが放浪の聖とおもわれるのは、袈裟をつけて頭巾をいただき、唐傘をすぼめてこれを手拭いで括って左肩にかつぐということで、これはたんなる道化とばかりいえない。一説には土穴円禅寺の僧ともいう。手には日月のはいった柄の長い唐団扇を持って踊り子（羽熊と連）を招いて舞台にあげ、列を整え、また踊りをやめさせるが、みずからは舞わない。羽熊大太鼓打では羽熊（しゃぐま）をかざったところは「やすらい祭」の鬼のようであるが、庭上の大太鼓をいろいろの動作で打つ役である。これにたいして連が羽熊をかむって小太鼓を打つもの二人、僧形で鉦を打つもの一人で乱舞する。このほか囃子方が歌をうたうのである。『反哉歌舞集』を見るとここの歌詞はかなり古風なもので、地唄風の小歌であり、たとえば「思の増す」「松にも」「迫《せ》めて見る日」「一と目が恋」など古風な恋歌が多く、全部で四十一番ある。また大分県西国東郡草地村の盆踊は旧七月の盆十五日に新仏の棚をまわる供養踊であるが「くどき」としてすぐれており、鶴崎市の鶴崎踊とともに大分県の代表的盆踊である。鶴崎踊も、もとは無縁仏と新仏の供養を原則としていたが、同様の供養盆踊は福岡県の鞍手郡勝野村御徳にあり、勝野供養踊として知られている。

佐賀県の大念仏は浮立《ふりゅう》がもっとも有名で小城・杵島・藤津の各郡にあるが、浮立はいうまでもなく風流の宛字で大念仏風流の意である。浮立の文字をあてたために鍋島氏と立花氏の戦に鬼面をつけた太鼓・鉦（双盤）を打って敵を浮足立たしめたなどという伝説までつくられてしまったが、面浮立はその伝説をなるほどとおもわせるほど勇壮で、悪霊にたいしても浮足立たせる鎮送攘却の効があったであろう。このあたりでは浮立の種々の形態を面浮立（鬼面またはまれに翁面をつける）・獅子浮立・太鼓浮立・鉦浮立・踊浮立（舞浮立）・行立浮立などと名づけているが、これは、大念仏の種々の型をならべているようでおもしろい。すなわち面浮立は鬼面（現在はしゃぐま）をつけて太鼓を打つ「やすらい踊」系でもっとも古く、祇園御霊会の獅子舞が念仏と結合した風流獅子が獅子浮立であり、大念仏行道（鎮送行道）が行立浮立で、大念仏の基本型の三種がここにみられる。これが白拍子舞や小歌踊とむすんだのが踊浮立・舞浮立である。また、太鼓と鉦（双盤）の囃子だけを独立させたのが太鼓浮立・鉦浮立であるが、そのどれにも「道行ばやー」がついていて、これを道浮立とよんでいる。これには松囃子の結合もあるようで、『大乗院寺社雑事記』の永禄のころに毎年盆の夜中念仏・念仏拍物《はやしもの》の横行がのべられているが、この浮立をみれば尋尊僧正ならずともその喧しさに恐れ入るであろう。また佐賀県では小町踊化した浮立を銭太鼓といい、派手な長襦袢に花襷姿の女子がタンバリン型の銭太鼓を持って踊るのは、おそらく西洋文化の影響が明治以後の念仏芸能にあらわれたものとおもう。もちろん日本にも神楽の鈴や鈴鏡のように鈴をたくさんつけたものはあるが、これとのつながりは困難な楽器である。しかし佐賀の人々がこれを念仏とむすんでかんがえないのは、もはや念仏詠唱がまったくうしなわれ、その謡物も神歌や狂言小歌や小謡風のものばかりである上、その時期が盆や彼岸をはなれて、田植祝から十月・十一月の「お九日《くんち》」まで祭礼や雨乞に随時おこなわれることにもある。すなわち神踊化しているのであって、兵庫県氷上郡春日町の大念仏のように風流神踊と称すべきものであろう。また浮立の囃子には鉦の打ち方で「四方礼」「小鉦のかすり」「大鉦かすり」「まくり」「ほうがんどう」「ふりゅう」が知られているが、小城郡芦刈村中満の面浮立は「かんたん」「みつがさね」「道行」「ちりん〳〵ずし」「とおりがかり」「しんぶる」「ちっこう」「ちょくはやし」「ほうがんどうくずれ」「かみのまえ」などがあり、京都真如堂や鎌倉光明寺の十夜鉦講念仏の鉦打ちとも関係があるようにおもわれる。また長崎県との境の伊万里市（旧、西松浦郡山代町）西分には、「松浦大念仏」「山代大念仏」と称する大念仏がある。『西松浦郡誌』（西松浦郡、大正十年）によると西分の黒川家（現在は吉田家にあり）に『大念仏秘法伝記』というものがあり、これに念仏唱方として「ナンモーオ（右足に踏む）ホーオイ（左足に踏む）デーエー（右足）ホイ　ホイ（左足）ナンモーオ（右足）ホーオイ（左足）デーエー（右足）ホイ　ホァー（左足）ナーアム（右足）アーミイ（左足）ダーアー（右足）ホイ　ヤー（左足）ラーアップ（右足）パーアミダィ（左足）」とある。風流傘にあたるのが幌竹で、二丈くらいの高さで先端を白布でつつみ「やなぎ」はない。花笠にあたるのを幌といい、径四尺くらい竹の輪に白布をかけて南無阿弥陀仏と年月日を書いたもので、踊り子がかむり羯鼓を胸につける。鉦打ちは陣笠である。そしてこの行列は「大念仏道行」の囃子で青幡神社に練り込み、念仏申しと狂言があったがいまはうしなわれた。その曲目を『秘法伝記』が「猿。山端。大太鼓等あり」と書いているところをみると、壬生狂言の系統であったことが想像される。これは現在、神踊として青幡神社の祭礼（十月九日）におこなわれ、もと浮立村楽が付随したというから、佐賀県内の浮立はこの主体となる大念仏の念仏申しや狂言が脱落して、風流踊と風流道行が残存したということがわかるのである。元来、佐賀県は佐賀市に近い嘉瀬之庄が念仏聖、とくに高野聖のあつまるところであることは、『平家物語』の俊寛有王の話からもあきらかであると柳田國男氏ものべており（「口承文芸史考」、『定本柳田國男集』第六巻所収）、念仏芸能が多いことはじゅうぶん理由のあることとおもわれる。

長崎県も佐賀県とおなじく念仏芸能の多いところであるが、もっとも有名な北松浦郡平戸島の自安和楽《じあんがら》はいまでは盆踊と豊年踊としてだけ踊られるが、福島県のじゃんがら念仏とおなじ大念仏行道である。すなわち、毎年旧七月十八日（いまは八月十五日または十八日）に亀岡神社へ練り込んで「穂長ら穂実出え」とうたいながら太鼓踊をする。しかしこの唱え言は「ホーなーかーゥ　ホーみーだーェ」で、佐賀県の山代大念仏の念仏申しがもう一段くずれたものであることは容易に想像できることである。その装束も太鼓踊系大念仏共通の、花笠に腰太鼓で笛と鉦の伴奏がある。行列に大幡を立てるのはもちろん風流傘の変化である。その伝説も元亀三年（一五七二）七月十八日に対馬の宗采女が壱岐を攻めたとき、この鉦を敵襲とまちがえて自刃したのを記念する、というのは亡魂供養大念仏の伝説の型にはまっている。一種の行立浮立であるが長崎県内では大村市付近、東彼杵郡内に多くの浮立がある。また五島列島の北、北松浦郡宇久島神浦村一帯に盆と雨乞の墓念仏があるのは、青森県八戸市の墓獅子とともに辺陬にのこった共通現象として注意すべきものであり、大念仏の分布のひろさをしめすものである。

熊本県では鹿本郡の山鹿市付近に念仏芸能が多く、万行踊とよばれる雨乞踊が有名である。宗方町にあるのを宗方万行といい、蓑と笠をつけた男女が団扇と瓢簞を持ち、太鼓と鉦の伴奏で踊る。しかし念仏そのものは脱落してしまった。この山鹿市にはやはり有名な山鹿燈籠があり、旧盆の七月十六日に山鹿神社に奉納されるのは、もと京都赦免地踊のような燈籠踊があったことをしめしており、いまはただ燈籠の風流のみが発達して、これをかむって踊ることがなくなったのである。京都丹波の佐伯燈籠もこのような退化した念仏踊であるが、この現象はすでに室町時代におこっており、『言継卿記』でみると永禄のころの盆には燈籠かざりのみならず、貴族のあいだの燈籠の贈答がさかんである。また熊本県では棒振系の大念仏が棒踊となってひろく分布している。とくに上益城郡矢部町目丸の花棒踊、同郡甲佐町坂谷の花棒踊などは女子が花笠をかむって棒振をし、雨乞踊としている。また太鼓踊は人吉盆地の球磨郡に多く、山江村山田甲浦・別府・西川内・下松が有名で武装の武者の太鼓踊である。とくに五家荘では太古踊とも念仏踊ともいい、盆と八朔と彼岸に踊る。熊本市に近い飽託郡飽田村の雨乞踊は太鼓踊と棒踊がともにあって、これが本来の大念仏である。おなじものは同郡奥古閑村にもある。またおもしろいことに八代市の八代神社の祭礼は獅子舞で知られているが、その行列は大念仏行道を神事化したものである。行列に喇叭吹きやチャルメラ吹きが中国風の服装で出るので中国渡来の祭典のようにいわれているが、獅子の前に立って先導する「玉ふり」とよばれる小童は舞楽や伎楽の獅子では獅子曳または獅子児といわれるもので、しばしば舞楽服の裲襠《りょうとう》をつけるので中国服（唐児服）とまちがえられ、やがてほんとうの中国服になってしまう例がしばしばある。それよりも鉦打ちや太鼓打ちや山鉾を注意すれば、これが獅子舞系大念仏の変化であることを容易に知ることができる。

鹿児島県は旧藩時代の尚武政策が棒踊を奨励したので、大念仏はわすれられて棒踊はいたるところでおこなわれている。日置郡上伊集院町春山直木や同飯手牟・下谷口・上根方、同吹上町、川内市宮内町新田神社、肝属郡東串良町、曽於郡輝北町などが有名である。これにたいして太鼓踊も日置郡・薩摩郡・姶良郡・鹿児島郡などのいたるところにある。伊集院町徳重のものは徳重大太鼓踊とか大バラ太鼓踊とかいって、勇壮をもって有名である。また伊佐郡菱刈町荒内の太鼓踊はその打ち方が三種あって、三段打ち合わせとよばれる。しかし鹿児島県・宮崎県は島津藩政時代に念仏禁制の土地であったため、念仏申しはのこっていない。

宮崎県も太鼓踊はよくのこっており、その装束・持物・行列・小歌など他の太鼓踊系大念仏となにひとつ相違がないのに、右の事情で念仏はのこっていない。日向で有名なのは児湯郡西都町・同郡上穂北村や西臼杵郡上野村上野および東臼杵郡椎葉村不土野などの臼太鼓踊で、大きな太鼓を胸につけるからその名があるが、そのもっとも大きな特色は高さ一丈余の三本柱の幟を背負うことで、この幟は三段ないし四段に総のような紙手《しで》と幌を下げ、頂上に三本の旗を立てて重さ五貫余もあるといわれる。大念仏に精霊の依代としての「ぼんでん」を負うことが、「やなぎ」「しない」、団扇、幟などと風流化したうちで最大のものといえるのである。またこの県内では歌舞伎踊化した団七踊が西臼杵郡高千穂町に、山法師踊が椎葉村大河内にあり、大念仏風流は日本のこの南の果てまでくまなく分布していることを知る。

なお、琉球にも江戸初期に念仏者《にんぶっちゃ》によってつたえられた念仏芸能が存在することが知られているが、いまはこれにふれないこととする。

第四章　近畿地方における大念仏・六斎念仏の諸形態

第一節　奈良県北部

近畿地方はわが国中世文化の中心であり、また念仏文化の発祥地でもあっただけに民間に残留した民俗的念仏も多く、その形態にも注意すべきものがすくなくない。大念仏については大和河内には融通念仏宗の寺院が多く分布し、その本山は大念仏寺であり末寺にも六斎寺（斑鳩町龍田）があるから、大念仏や六斎念仏があったであろうが、現在はその檀徒のあいだに六斎念仏がわずかに残存しているにすぎない。ただ、大念仏寺の日課勤行に宗祖良忍上人正伝と称する融通如法念仏があるが、これは三輩九品に鉦を打ちわける九品念仏で、大和の融通念仏宗の寺院でおこなわれている。しかし大和南部と紀州には高野山系の六斎念仏が多数のこっていて、研究にきわめて好適である。奈良市付近は高野山系の六斎念仏と浄土宗系の鉦講念仏と空也堂系の隔夜念仏等が混じているが、奈良市に編入された旧大安寺村には高野山系の六斎念仏がかなりよく保存されている。また奈良市西九条・佐紀東町・紀寺町・瓦町・藤之木町にも簡単な六斎念仏がのこっており、奈良市鳴川町徳融寺と生駒上村には鉦講念仏（八丁鉦）がある。生駒町の乙田と小瀬にも六斎念仏があるが、乙田にはよく保存されている。郡山市付近では東安堵にかなりよく保存されたものがあるが、その他、西安堵・市場・三橋・柏木・長安寺・額田部・岡崎・今国府・横田・小林・北之庄・下永等には最近までおこなわれていたにもかかわらず、いまはほとんど廃滅した。山辺郡では都介野村白石と萱森にある。したがって奈良県北部の代表として乙田六斎念仏、大安寺六斎念仏、東安堵六斎念仏、萱森六斎念仏をあげることとする。

一、乙田六斎念仏

生駒山東麓にはいたるところに六斎念仏があったことは、六斎念仏講衆によって建てられた三尊種字板碑または名号板碑が多いことにうかがわれるが、その年号は弘治より慶長にわたっている。たとえば生駒町（旧、南生駒村）小平尾《こびらお》の宝幢寺には、弘治二年（一五五六）十一月十五日の弥陀三尊種字と名号をきざんだ板碑があり六斎講中四十九人が刻されており、同町椣原《しではら》惣墓の火葬場には天正三年（一五七五）九月二十四日の地蔵石仏の光背に、六斎念仏供養衆十八人を録している。またおなじ藤尾石仏寺の弥陀三尊種字板碑は、永禄元年（一五五八）十月十五日の年記と夜念仏一結衆十五人と居念仏二十五人をきざんでおり、奈良県金石年表によると、旧北生駒村（字名不明）には永禄十一年（一五六八）三月二十三日の名号板碑に六斎夜念仏一結衆二十七人と居念仏九人の名があり、旧南生駒村西一分には、天文十二年（一五四三）十一月五日の十三仏種字板碑に念仏人衆とあるのも六斎念仏であろう。また奈良市に編入された五条町西方院共同墓地（唐招提寺にちかい）には、弘治二年（一五五六）六月一日の名号板碑に五条六斎中として二十二人の名をあげ聖中としるしている。また旧北倭村上村の谷の庄福満寺には鉦講念仏（八丁鉦）が現存し、この講中が本尊とした石仏二体（一体は室町中期の地蔵立像、一体は「庄の堂」にあったのでションドサンとよばれる室町末期の石像）がある。

いまのべようとする旧南生駒村乙田の石福寺には、弥陀三尊種字と名号をもった天正四年（一五七六）十月十五日と慶長四年（一五九九）二月□日の二基の板碑があって、それぞれ六斎念仏人衆四十二人および六斎念仏講中の銘があり、べつに慶長七年（一六〇二）以下三基の十三仏板碑がある。したがって乙田の六斎念仏は、生駒南麓で由緒正しい貴重な残存資料ということができるであろう。現在、伝承者は中畑吉三郎氏（八十歳）、中川友七氏（六十七歳）、上島伊平治氏（六十六歳）、馬場浅治郎氏（五十六歳）、坂田平七氏（五十五歳、以上の年齢は昭和三十四年〈一九五九〉現在である）の五名があり、講本尊として江戸期の山越弥陀掛軸と過去帳掛軸（中央に南無三界万霊とあり）を共有している。この山越弥陀掛軸は村の念仏山に降ってきた十一尊天得如来といっているが、これはこの集落が融通念仏宗になってからできた伝承であろう。講のおこなわれる日は、⑴正月十八日、⑵春秋二季彼岸中日、⑶盆の九日（現在は八月九日）と十五日、十六日、⑷地蔵盆（現在は八月二十四日）のほかに、葬式にはかならずつとめる。盆の十五日は夕方から新仏の棚をまわるので「水向の棚まいり」といい新白舞をとなえる。十六日は「燈籠送り」の念仏で新仏の家族は全部新精霊棚の燈籠を持って石福寺にあつまり、本堂で六斎念仏がある。このとき「じうた」という仏の身分に合った歌念仏をとなえたが、いまは伝承者がいないので適当な曲をとなえるという。本堂での六斎がすむと一同墓地へ行って、迎え地蔵の前で六斎をとなえながら燈籠を焼く。すなわち鎮送の念仏であることはあきらかである。また地蔵盆には六斎念仏をとなえながら村の聖地をまわる鎮送がおこなわれるが、その聖地というのは、⑴村の入口の辻の地蔵、⑵村中の歯痛地蔵、⑶向かい側の歯痛地蔵、⑷小山の子安地蔵、⑸城ヶ峯のお大師さん、⑹墓地の六地蔵の六か所である。このときとなえる念仏は「中おろし」三段（白舞二くり、四遍六くり、坂東二くり）ずつで簡単な念仏である。この村巡りの鎮送は京都の五三昧巡り、大阪の七墓巡り、その他各地の七墓巡りとおなじ意味であるが、また村の外の七墓巡りも昔はあって、火葬墓（ムセヤ）だけ、南生駒・菜畑・平群上庄・法隆寺などまわったという。

乙田の講中の伝承する曲目は十三曲（十三段または十三座という）で、念仏本には十段だけあるが「中おろし」三段は書いてない。その曲目は、⑴四遍、⑵白舞、⑶新白舞、⑷坂東、⑸新坂東、⑹暁、⑺大融通、⑻小融通、⑼「おろし」、⑽「しころ」である。「しころ」と新坂東は隣村の小瀬・小平尾とともに伝承をうしなったので、念仏本にあっても演奏できない。念仏本はなかなかの達筆でくわしく書いたものがあり、その表紙は、

明治廿五年辰七月再写
六斎念仏讃後進資助鐘集
乙田　辻野浅五郎

とある。だいたいこの念仏は盆の前六月三十日から師匠の家で稽古にはいり、十五歳以上の若衆組の義務として暗誦せねばならなかったが、明治ごろにはそれが不可能になったのでこのような念仏本ができたものであろう。

さて、「しころ」は『後進資助鐘集』によれば、全員が鉦を七五三にたたきながらリズムをきざんでいるところへ、参加者が一人ずつ順番に「しころ和讃」をのせてうたうもので、いわば鉦と讃のかけあいのおもしろさを発揮する曲である。この鉦の打ち方は、(1)地、(2)たか（高）、(3)鉦がわり、(4)治兵衛ぐり、(5)茂兵衛ぐり、(6)与介ぐり、とテンポと強弱が変化してゆくが、人名はその名の名人がおったところから名づけられたものという。前の讃から後の讃にうつるときが微妙な変化のあるところで、「わたしぐり」から「うけとりぐり」となり、「一ことづめ」で後の讃（これを「入ぶし」という）が発声される。「しころ」にはまずはじめに発願の讃がある。すなわち、

南無西方極楽世界、三十六万億百十一万九千五百、同名同言そふごんたごん、金色光明は大慈大悲のアン引阿弥陀アンぶゥ南ァ無阿弥陀アン仏ッ（鉦打）ナン設我得仏、十方衆生、至心信楽、欲生我国、乃至十念、若不生者、不取正覚

のつぎに鉦が「わたしぐり」「うけとりぐり」「一ことづめ」をうって、「入ぶし」にバトンをわたす。「入ぶし」は、

1、ほけ経の五の巻のよふ文に　一者不得さ梵天　二者帝釈　三者魔王　四者転輪聖王　五者仏身　云何女身即得成仏　ゆうづうねんぶつう

2、阿字十方三世仏　弥字一切諸菩薩　陀字八万諸正行　皆是阿弥陀仏　ゆうづうねんぶつ

3、昔在霊山妙法花　今在西方阿弥陀　濁世末代妙観音　三世利益同一体　ゆうづうねんぶつ

このつぎにはその仏の身分・性別に適した「入ぶし」を自由に挿入するのであって、女の仏であれば「女人の後世には逆修をめされの……」をいれる。この「入ぶし」はつぎのようなものがある。

◎仏は衆生をかなしみたまえば　衆生は仏をたのまぬ時には縁なき衆生なり

◎いざや友だち善光寺へまいろよ　善光寺にまいりて罪ほろぼそよ

◎念仏六字の其のまた中にも　十万恒河沙のァ　諸仏如来の　光明なすなり

◎仏の御名にも　次第がござるよ　七九薬師　長谷の観音　当麻の曼荼羅　十王じたい　矢田の地蔵

◎女人後世には逆修をめされの　逆修をめさりよば十三仏よの　二十五の菩薩はくゎげん（管弦）のめされて
手に手を合はして迎いに御座るよ

◎さてもたっとや有がたの事やな　念仏方字は文字すくなけれど　くどくの多さよ

◎不動もじゅんげい　童子もまいろよ　六字の名号いただきそろえて　あるいは山川けだものまでも　又は恒
河のうろくずまでも　此念仏の功力によりて　みな成仏なる

◎さとりすくなひ友《（輩）》がら死すれば　六道におもむき　おんす《（牛頭）》めんす《（馬頭）》の阿房羅刹めに、呵責をせられて　地獄の
奥の苦しみのがるよ

これらの和讃は京都付近の六斎念仏でもみられるが、「しころ」の曲そのものが室町時代以後に鉦打ちのおもしろさからできたものとおもわれ、京都では空也堂に十二段念仏のなかに「四恩」「八教」「節八教」などとならべられておりながら、曲そのものはつたわっておらない。これのあるのはいまのところ、大和南部の東佐味六斎と京都

右京区西京極衣手町六斎、同右京区石見上里町（旧、大原野村）の六斎だけであるから珍重すべきものであろう。「暁」の曲はきわめてありふれた節の和讃で、内容は時宗の浄業和讃に似たところもあるが、六字の功徳をのべるところは、和讃雑集の念仏和讃や真言念仏系の本願決疑和讃に共通するものがある。また法華経や般若経を称讃するのは融通念仏の立場にも合致するので、これが浄土宗や浄土真宗および時宗の徒の手になったものでないことはたしかであろう。

阿弥陀如来は大光明をはなって　念仏の行者をてらせ給ふ　有がたやな中念仏の功力にて　願のまゝに導けば西にこそ苔すみ(墨)染のけさもあり　心にかけぬ日もなきや　暁後夜に西見れば　紫雲たなびく其中に　仏の三尊見え給ふ　釈迦は弘誓の船にめす　文殊普賢は艫に召す　地蔵菩薩は楫に召す　六字の帆柱押し立てて　法華経八巻《やまき》を帆にかけて　補陀落世界へおもむけば　摩訶般若の風吹きて　掲諦々々の浪も立つ　釈迦と弥陀との誓願は　東西ふたつの岸に立つ　水火のにがみももらさじと　たがいに御願《ごぐわん》はたて給ふ　弥陀の本地をたづぬるに　天もや星も月も日も　是も阿弥陀のへんげ（変化）なり　地にては水も草も木も　是も仏の御形なり夜の六時《むとき》も六字なり　昼の六時も六字なり　一ね(年)ん中の月もまた　是も二へんの六字なり　心に阿弥陀を念ずれば　都率天の雲に乗る　釈迦の大恩山高し　弥陀の御願は(な)海深し　如かい如せつの恩徳は　われらいかでか報ずべき

　入ぶし

(声調)南無地蔵菩薩〳〵ァーなーんばーいだー　なーむあーいみだんぶ　なーばーみだんぶッ
　ほとけのしだいをかたるぞ　おききやれ

(地)一ふどう二釈迦三に文殊四普賢　なーむあーみだんぶつ　なーむあーみだー　アーなーむばーいだーァ

アー　なーむあーみだーんぶーっーうー

（声調）五に地蔵六弥勒

（地）七やくし八観音九勢至に十阿弥陀・阿閦・大日・虚空蔵よ　なーむあーみだー　アーなーむあアーいだー
なむあーみだーアーだーんぶつ

（声調）高野へのぼりて奥之院まいれば

（地）右や左の高そとばよオーハーみな国々のなみだなるもの　なーむーあーみだーアーなーんばーいだー　な
まいみだーんぶーつ

（声調）夢かや夢かよの

（地）一期は夢よの　なむあみだぶつのこり事にめされよ　なーむあーみだー　アーなーんばーいだー　なーま
みだーんぶーつ　なーまーみだー　なーんばいだー　なーまいみだーアアーなーんばーいだーんぶーつー
なーんばーいだーアーンアーなーんばーいだーアーなばいだーアーアーアーなんばいだーんぶーウーウーつー
ウーなーむーなーんばいだーアーアーンアなーんばいだーんぶー　なーむあーいだー　なーむあいみだーんぶ
なーむあいみだーんぶ　なーむあーいだーアーなーむあいみ　なーむばいだー　なーむあーいみだーんぶー
なーむあーいだーんアーなーんばーいだー　なーむあーいみー　なーなーむぁいだーアーイだーん　なーむ
あーいだーアーなーむあいみだーんぶー　なーむあーいみだ　んぶなーむあーいだーアーなーアンアーなーむ
あーいみーアーなーむあいみだーんぶ　オーなーむあーいだー　なーむあーいだー　なーんばーいだーイダー
なむだアーアーアーイだ　なんばーいだー　なーむなーむあーいみーだー　なーんばーい　なーんばーいだー
んぶー　なーんばーいだーんぶ　なーんばーいだー　なーむあーみだー（次第に早調子となる）　あーみだーん

あーみだんぶ　なーむあみだーんぶ　願以此功徳　平等施一切　同発菩提心　往生安楽国

以上の演奏は約十七分を要する。この曲も他にあまりないめずらしいもので、この講中では重んずる念仏である。すなわち重要な年中行事（講本尊をかける年五回の座）にとなえる五段の念仏、(1)四遍、(2)白舞、(3)坂東、(4)暁、(5)「おろし」のなかの一曲である。そして新白舞と大融通・小融通の三曲は、盆の新棚の「水向の棚まいり」にだけ申す念仏となっている。

四遍は「二十五くりの念仏」といわれるが、いまは全部の演奏はできない。なかに十三仏の讃、

十三仏よの　二十五の菩薩はかげん（管弦）のめされて　手に手を合わせて　むかえにござるよ　なむあみだんぶ　なむあみだんぶつ　なむあみだ

がはいるのはあまり他所に例をみない。

つぎに「融通」の曲が大小にわかれたのはめずらしいが、大融通が従来からの融通念仏和讃であるのにたいして、あとから小融通の和讃ができたものであろう。ともに和讃のあとに融通節と称する「融通念仏南無阿弥陀」のくりかえしがある。これを乙田六斎では「六くり念仏」という。すなわち、

（声調）ゆうづーねんぶつなーむあーいみだー　ゆうづねんぶつーなーむあーみだーんぶッー

（地）ゆうづねんぶつなーむあーいだーアアーンあー

アーゆうづーねんぶつなーむあーいみだー　ゆうづねんぶつーなーむあーみだーんぶッー

（声調）ゆうづねんぶつなーむあーいだーアアーンあー

アーンオーなーむあーいみだーんぶーつー　ゆうづうねーんぶーつー　なあーむあーいみだ

（地）オーンゆうづうねーんぶーつー　なーむあーみだー　ゆうづうねーんぶつなーむあーみだー　ゆうづう

ねーんぶつなーむあーみだー

（声調）アーンアンオーなーむばーいだー　アーンアーゆうづうねんぶつー　なーむあーいだーんぶー

（地）アーンオーなーんばーいだーアーンアーアーンアゆうづうねんぶつーなーむあーいだー

（声調）アーンアーゆうづうねんぶつ　なーむあーいみだー　アーイゆうづうねんぶつーないーむあーいみだーンぶつーゆうづねーんぶーつーなーむあーいみだーアーンアー

（地）アーンアーゆうづうねんぶつー（以下、調声に同じ）

（声調）アーンなーむあーいみだーんぶつーゆうづうねーんぶーつー　なーむあーいだー

（地）（調声に同じ）

（声調）アーンアーゆうづうねーんぶーつーゥなーむあーいみーだー　オーゆうづうねーんぶつーゥなーむあーいみだーンアーゆうづねんぶつーゥなーむあーいみだー

（地）（調声に同じ）

また小融通は覚超作とつたえられる「弥陀如来和讃」や「浄業和讃」の「六道讃」（時宗三祖上人作）や「無常和讃」などを合糅したものらしく、六道の苦と融通念仏の功力を強調した俗和讃である。

一ち度生れて娑婆へ来て　元の悪所へ帰るには　後生ねがはでくやしやな　閻魔大王筆とりて　閻魔帳につけられて　今は思へどかなはずや　われと飛のる火の車　人をにくめば身をにくむ　立つる腹も身から立つ　また入る腹も身へぞ入る。鬼とて他所にはなけれども　心の鬼が身を責むる。浮世は僅か仮の宿　来世は長の棲家なり　ただ何事もふりすてゝ　後生を本《ほん》とねがふべし　念仏《ねぶつ》にへだてはなけれ共　融通念仏の功力には　一遍申せば畜生道の苦をのがる　二へん申せば餓鬼道地獄の苦をのがる　三べん申せば三悪道の苦をのがる

る　四へん申せば修羅道地獄の苦をのがるる　五へん申せば五迷罪のつみ消て　六ぺん申せば六道六辻もまよはずや　七へん申せば死出の山路の苦をのがるる　八へん申せば八万地獄の苦をのがるる　九へん申せば九品の浄土へ参るなれば　十ぺん申せば弥陀の御前へまいりては　こがね蓮花にのり居給ふ　弥陀の功力は有がたや　融通念仏南無阿弥陀仏（以下、融通節）

東に薬師のお立あれば　南に観音お立あり　西は阿弥陀の浄土なれば　北に釈迦のお立あり　中には大日如来なれ共　四方浄土は極楽なり　融通念仏南無阿弥陀仏

融通念仏を日に十ぺん申せば　閻浮檀金の黄金をもって　一丈の釈迦如来を鋳たてまつりて　其目に供養をのぶるよりも　なをも功力がつよければ　寂滅無常の罪消えてすぐに浄土へまいる　融通念仏南無阿弥陀仏

このなかには密教の胎蔵界五仏の思想もあり、これは山伏系の神楽と田楽である三河の花祭に「花そだて祭文」（古真立および下津具）、または「花のほんげん祭文」（古戸）とよばれる祭文や「湯立の口伝」（下津具）などにもみえ、修験道の傾向がうかがわれる。おそらく融通念仏が中世にそのような山伏、聖によって伝播された名残りをしめすものであろう。

つぎに、新白舞は念仏本によればつぎの順序となっており、ところどころに簡単な譜の書き入れがある。

一、もんだんぶん

二、なむあぁいだあぁんが

三、中ばり

四、高

五、きばり高

六、なんばひだ　地念仏
七、二タくり目と同じく
八、入ぶし　なむ不動釈迦文殊普賢地蔵弥勒薬師観音勢至阿弥陀阿閦大日虚空蔵ぼさつ
九、二タくり目と同じ事
十、中ばり
十一、暁後夜回向のくり

つぎに、新坂東は念仏本によればたいそう変化にとんだものであったことがわかるが、いまは演奏できない。東安堵六斎にも新坂東の曲はあるが、きわめて簡単なものである。

一、あんあん引南無あいみたあん引あんあ引なむあいみだあんぶ
二、高
三、あーなむあーんあいみだあんあー
四、本ばんどう回向のくり半分也
五、与治郎ぐり
六、高
七、地念仏
八、ひとことづめ
九、ゆうづ念仏
十、入ぶし

たけ十丈のこがねほとけを一万三千仏十度つくりて十度供養をめされしよりも南無阿弥陀仏の功力がまさるよ

十一、地也　つんなふ引南無あいみだん仏　ゆうづ念仏南無阿　いだあーん引ア

十二、南無なんばいだあんあー引なんばいだんぶつなむあーいだあーん引ア

十三、はくまい　なばいみ……

十四、なんばいだ　善七ぐり

十五、あーんあーいだ　あーんァア

十六、高、あみだがえし

十七、地也　なんばいだ引なむあいみだんぶつ、なむあーいだんァ

十八、与治郎ぐり　回向

以上は新坂東の調声の唱え方で、つぎに平の合唱のうたい方がある。

新ばんどうの平

一、地也　あんな引（ハル）むあーいみだあーいみだ　あーんぶうつ（鉦）なむあいみだあーんぶう引んう引つ弓
なむあいみだんぶう　なむあいみだあーんぶつなむあーみだあーん引あー引　な入むあーんあいみだあーん
引あーあ引　なむあいみだんぶつ　なむあーいだんが

二、高　あーな入むあーん引あいみだあーん引あー引あいみ引だあん引あーなむあーん引　あいみだあんああー
引　なむあいみだん仏　跡次第あり

三、地也　あーなむああん引あいみだあんあー　なむあいみだ仏　跡次第あり

四、本坂東の回向のくり半分也　跡はあーな入むあいみだあんぶつ　なむああいだん引ア

五、与治郎ぐり　跡　なむあいみだんぶつなむあーいだんア

六、高　あーなむあーんあいみ引だあん引あー　なむ下ー引あーあいみだんぶ　なむあいみだ引だあん仏　跡
常のごとく

七、地念仏也　ア南無阿ーいだん　あーあなむあいみだハルふつ入　なむあいみだんぶつ　跡常のごとく

八、ひとことづめ　アーな入むあーんあい入みんだ　あーなむなむあーんあいみだあんぶ　なむあーいだアア
なむあいみだあんぶんぶつ

九、ゆう通を三べんかへす也

十、入ぶし

十一、地也　あんおう引なむあいみだんぶつ　是は調声通り也

十二、地也　なむ引なんばいだんあハルあーあなんばいだんあなんばいだあ＼　跡常の如く

十三、なばいみ也　なんばいだあん引　あーなんばいだ　あーアーなむあいみだんぶつ　跡常のごとし

十四、善七ぐり　跡常のごとし

十五、調声に同じ　跡れいの通り

十六、高　アーなむあんあいみだあん引あ入なむあ引いみだんぶ　なむあ引あいだん引　アーなむあーいだ
あんあーなむあーだん引　あーなむあーんあいみだハルぶつ　なむあいみだんぶつ　なむあいみだんぶつ
なむあーいだあんア

十七、地也　なんばいだ引なむあいみだんぶつ　なむあーいだんあ　なんばいたあ引あーハルあハルなんば

いだあー入なむあいみだんぶつ　なむあーいだあー

十八、調声に同じ　　跡はたいてい本坂東回向と同じ

二、大安寺六斎念仏

ここは融通念仏宗の融福寺檀徒であるが、東西二組の六斎念仏講がある。東組は楠木浅治郎氏（八十八歳）、中島友三氏（七十五歳）以下十人、西組は木村才治郎氏（八十一歳）、大西惣吉氏（七十八歳、以上の年齢は昭和三十一年〈一九五六〉現在である）以下九人の講員があり中老以上である。その伝承する曲はシシン（四遍）、白舞、坂東、総下し、融通の五曲であるが、融通は一般に融通和讃といわれるものである。しかし総下しをつたえるところは、ここのほかに二か所しかないので貴重である。念仏の節付もかなり正確で、奈良県南部の葛城郡東佐味や高野山麓の天野村ともよく共通する。これは大安寺六斎が高野山系につながることを暗示するものであるが、大安寺村が融通念仏宗になったのは元禄以後のことで、それ以前は真言宗であり、元禄以前からこの念仏が存在したことは鉦の銘でもあきらかなのである。また盆の棚念仏にとなえる坂東の歌念仏には「高野のぼり」があることも、高野山系であることを暗示する。これは奈良県北部の六斎念仏の本寺が真言宗の矢田寺（金剛山寺）であったことと関係があろう。鉦の銘の古いものには、㈠慶安元年（一六四八）、㈡承応二年（一六五三）、㈢万治二年（一六五九）、㈣寛文十二年（一六七二）、㈤天明七年（一七八七）等があるが、[1]元禄以前のものが多いところからこの念仏は融通念仏宗成立以前から存在したことがあきらかで、想像すれば六斎念仏のある村が融通念仏に吸収されたのでないかとおもわれる。なお寛文十二年の鉦の銘に寄進者となっている上田勝兵衛は、大和四十八組の六斎講中に五丁ずつの念仏鉦を寄進したものといわれ、当時大和には四十八組の六斎があったのである。

この念仏講の記録には、大和六斎念仏講中が本寺とあおぐ矢田寺の免許状がある。しかし文化十四年（一八一七）以前のものが見出せないのは、何か事情があるのかもしれない。すなわち文化十四年、嘉永三年（一八五〇）、万延元年（一八六〇）、明治二年（一八六九）、明治二十三年（一八九〇）、大正九年（一九二〇）のものまであり、ほぼ同文である。一例をあげれば、

六斎念仏許状

夫当山本尊地蔵大菩薩者、二仏中間之導師六導能化抜苦与楽之大慈悲尊也、斯六斎念仏者表六波羅蜜現当二世之大功徳也、仰願者一心於本尊前唱念仏、現世者見災延命当来者仏果何疑矣不可有之、依而祈請如件

文化十四丁丑歳八月十二日

格式之通上鑼受納所　矢田山金剛山寺

別当　北僧坊　㊞

大安寺村念仏講中(2)

この念仏講が定期的に六斎念仏を奉唱する日時は春秋彼岸と盆の三回であるが、もとは涅槃と十夜にもおこなった。春彼岸入りの日には東西別々に講員の当番を宿として五曲全部をとなえ、秋彼岸中日には寺と墓地で東西両組一緒にシシン（四遍）に白舞、坂東をとなえる。なにゆえかこの講は秋彼岸をとくに重んずる風がある。盆には七日から九日まで東西別々にそれぞれの村中の新仏の棚をまわって棚念仏をつとめる。このときは白舞（頭一段と尻三段に省略）と坂東（頭二段と尻二段に省略）(3)をとなえ、十三日夕方には東西合同で大安寺墓地で迎え念仏を、十五日夕方には送り念仏をともに坂東でとなえる。大安寺墓地は行基のはじめたと信じられる格の高い墓地で石鳥居

を有するが、念仏は送り場の側の行基菩薩の碑の前でとなえるのである。しかし盆のもっとも重なる行事は村中をまわる棚念仏のほうで、十四日の晩に東西両組それぞれ四、五人一組の二班にわかれて村中の盆棚全部をまわる。これを「棚の内まいり」というが、近ごろは戸数がふえて東組百戸、西組百二十戸ほどなので、午前中からまわらねばならぬほどである。念仏は白舞の頭一段と尻三段、坂東の頭二段と尻二段であり、一戸五分くらいを要する。このとき坂東の歌念仏（三段と四段）の十三仏の名号に「高野のぼり」をくわえるのであるが、この文句も訛りがあるらしく意味がとれない。(4)

　高野へのぼりて奥の院まいれば
　右や左のかたすそ《(たかそとば)》なるらん
　みなこれ《(くにぐにの)》ござるは　ごらいくつ《(なみだなるらん)》なさるる
　ナマイダー　ナンマイダー　ナムアーイダー

また、この念仏講は盆に「七墓巡り」と「矢田のぼり」をしたことは注意されねばならない。矢田のぼりは毎年ではなく、大和南部の六斎講の「高野のぼり」にあたるようで、「矢田のぼり」の前は「高野のぼり」だったろうとおもう。これが矢田寺の免許状が文化（一八〇四―一八）以前に見出せない理由かもしれないのである。「矢田のぼり」には地蔵尊の前で六斎を奉唱して免許状をうけた。これは六斎講が他村へ出て布施をうけることがあったので鑑札の意味で必要があったらしいが、このために念仏の曲譜も自己流をいれずに割合よく保存されたのではないかとおもう。矢田寺はいうまでもなく大和一円の納骨所として有名で、日本総菩提所である高野山にたいする地方的霊場であり、六斎念仏免許のみならず北僧坊は生花の免許もしていたのである。また「七墓巡り」は京都の空也僧の五三昧または七墓巡り、浄瑠璃「賀古教信七墓廻」にあるように大阪の「七墓巡り」などがよく知られているが、大和の六斎念仏講の伝承にもかなり多い。これは六斎念仏の鎮送呪術的性格をよくしめすもので注意せねばならないが、「七墓巡り」は石鳥居のある墓地七か所の中央の五輪塔の前でこの念仏をあげるといい、これは行基墓（行基のはじめた三昧の伝承のあるもの）に関係があるらしい。しかし『奈良県宇智郡誌』（宇智郡役所、大正十三年）によると、野原村（現、五條市野原村）の墓は「最初墓」の一で弘法大師が一郡に七墓ずつ加持してあいた墓であるとされ、ここにも高野山につながる伝承が見出されるのである。大安寺ではしかしもう五十年くらい前まで毎年おこなわれただけで絶えており、老人の記憶で大安寺墓地、辰市墓地、北之庄墓地などで方々の六斎講と鉢合わせしたことや、墓守にお礼の金一封をわたしたことなどが聞かれるだけである。しかしこの伝統は現在、念仏講（詠歌講）の老婆たちが盆月のあいだに石鳥居のある七墓を巡って、線香と御詠歌和讃をあげる民俗として大和、河内の各地にのこっている。

またこの講は毎月の念仏講を講員の廻り宿でおこなうが、これが月の十五日に念仏講をいとなんだ名残りであろう。いまは日は一定せず、適当な日にあつまり共同の食事をとる。その費用は戦前までは五、六反の寄進田の年貢米でまかなわれたが、いまは盆の棚念仏と葬式の布施によっている。このときは念仏は五曲全部を奉唱し、六斎講の過去帳（講員と寄進者の戒名をかいた掛軸）を床の間にかける。

つぎに臨時の念仏奉唱として葬式がある。葬式全般の世話はいまは村の農業協同組合がおこなうようになっておるが、もとは葬儀も墓地も六斎講の管理であった。通夜には老人の詠歌和讃と百万遍念仏であるが、葬式当日はシシン、白舞、坂東、総下し、融通の五曲全部を正式に奉唱し、そのあいだ一回休憩があるだけである。また出棺には出鉦を講員が打ってシシンをとなえ、墓についてから白舞の頭一段と尻二段をとなえる。これは三十五日の忌明け法事のときも同様である。葬式はすべて東西両組別々におこない、不幸のあった家から講に通知があれば月当番がすぐ鉦を打って知らせ、講員は田からでもすぐあつまって葬式の相談をした。また他村から葬式の依頼があれば念仏をとなえに行ったが、よくたのまれたのは奈良の町家からであったという。寛文十二年（一六七二）の五丁鉦の寄進も、そのような縁故からかもしれない。

つぎにこの六斎講と墓地の関係は密接で、墓地の管理権はすべて講がにぎっていた。最近まで盆彼岸の墓地の草刈りや輿（棺台）の貸出しから修繕まで講の仕事であった。(5) この講の記録に寛政十二年（一八〇〇）の墓地管理に関する文書があり、その支配は興福寺大乗院門跡からあおいでいる。(6) また文化五年（一八〇八）の「こしふせ（輿布施）覚書」があり、六斎講が輿の貸与として布施をうけていたことをうかがわしめる。(7) また慶応三年（一八六七）四月に、念仏講に田地が寄進された文書もある。(8)

なお大安寺六斎念仏の講員となる家はだいたい旧家で、家筋がきまっておったという。しかし寛政十二年の文書では東方の講中で二十二人の名が見られるから、だいたい村の土着の農民をほとんど包含しておったのではないかとおもわれる。もっとも六斎念仏の講員の数を二十二人とする例は大和・紀州に多いので、何か意味があったのかもしれない。現在の東西十九戸の講員は親のあとは長男がこれに代わるので、その家筋はだいたい固定しているようである。

三、東安堵六斎念仏

奈良盆地の中央部には東安堵六斎念仏がある。つい近ごろまで奈良県生駒郡安堵村には東安堵と西安堵と岡崎に六斎念仏があったが、いまは東安堵のみが春秋彼岸と盆と十夜に大宝寺（融通念仏宗）にあつまってこれをつづけている。この付近の大和郡山市小泉市場（旧、片桐村）、同横田（旧、治道村）、同小林（旧、片桐村）、本多村今国府、平端村長安寺、同額田部、川西村下永等にも戦前はあったが鉦の供出で絶え、横田のばあいは警察の干渉でやめたという。額田部だけが盆に形ばかりの念仏をとなえ、岡崎には六斎講のみあって念仏はうしなわれてしまったが、葬式の管理だけはつづけている状態である。このなかにあって東安堵だけはシセン（四遍）、白舞、新坂東、融通の四曲をのこしている。白舞は割合よくのこっているがシセンは簡単であり、新坂東は坂東の歌念仏が発達して十三仏の歌（ほとけのしだいをかたるよ以下）と二十五菩薩来迎和讃の一部をとなえ、簡単ながら融通節がついている。融通は大安寺や乙田とおなじく融通和讃に融通節があり、(9)ここの六斎念仏は歌念仏へのつよい傾斜をしめしている。

ここの六斎念仏の創始者または中興者として長次郎なる人物の名が記憶されており、その墓と称する小五輪が大宝寺境内の富本氏（陶芸家の富本憲吉氏の実家）の株墓の隅にある。毎年、六斎講は盆にこの長次郎墓へ詣ることになっているので、個人の墓地内では都合がわるいといって、講の墓地に明治四十五年（一九一二）にべつに長次郎の墓をたててまつっている。その生存年代は大宝寺が享保十三年（一七二八）に建立されたとき、その家が寺の隅にあったというから、このときをさかのぼることあまり古くはないらしい。ことによると六斎念仏の長次郎の庵が融通念仏宗の寺に発展したのかもしれない。長次郎は六斎念仏に熱心であったのでその田畠を講に寄進し、明治にはいってからこれを売った金百円の利子で講をいとなんできたという。講員は現在十一人あるが、希望者のみの加入なので増減があり一定しない。毎月輪番であつまり会食して念仏をあげる。そのときかける本尊は中央に三界万霊と書き、その周囲に過去の講員の戒名または俗名を書いた掛軸である。講をいとなむ日は一月は五日から七日の間で新年宴会程度、二月は涅槃の二月十五日、三月は彼岸中日で五日間くらい練習がある。四月は十五日の法隆寺聖霊会、五月は平野大念仏寺の万部会、六月、七月は休みで、八月の盆には十三日に墓詣り盆仏、十四日に盆棚詣り、九月は秋の彼岸の中日、十月の十夜は十一月におこない、十二月十七日は長次郎の命日で供養の念仏がある。盆棚詣りは檀徒廻りともいい、十四日の朝六時ごろ大宝寺にあつまり、仏前で念仏をあげてから講員二組にわかれて、新仏のある家もない家も全部大宝寺檀中百二十軒をまわる。服装は普段着（帷衣）で、前に鉦を下げ輪袈裟をかけ白足袋をはく。となえるのは新坂東である。また盆の十七日に「七墓巡り」をおこなう。その場所は安堵、結崎、額田部（長安寺とほか一か所）、郡山（丸山と二木）、奈良（二か所）の七か所の墓であるが奈良は一定していない。奈良で慰労の食事をしてかえる。念仏はそれぞれ六地蔵の前で新坂東一繰りだけをとなえる。七墓巡りの墓はムセヤといわれる火葬場のあるところというから、精進墓すなわち詣り墓だったのかもしれない。このちかくの村でも二、三十年前までは皆「七墓巡り」をしていたという。

葬式には棺の前でシセン、白舞、新坂東、融通廻向の全部、庭で新坂東、途中の地蔵の前で新坂東二繰りほど、墓では焼香のとき新坂東全部をとなえる。このあたりは単墓制土葬なので、百か日までにケコツ（毛髪）と餓鬼の弁当をもって矢田寺へ納骨にゆく風がある。講の財産は戦前まで長次郎寄進の田畠を処分した預金があり、また村から初穂をあつめていたが、その代わりとして村から十円（当時、米六斗にあたる）の補助があった。盆の棚念仏の布施は一戸三十円ないし百円くらい、葬式の布施は役僧並みで仕上げ念仏も布施をもらう。

ここの六斎念仏のシセンは十七節あり、白舞は十二節と七節は新坂東とおなじであるが平《ひら》は異なる。十節目にアマエ節（小児が親にあまえるような発声）が若干ある。新坂東は九節で廻向文がつくが、曲調は坂東とおなじで歌念仏があり、融通節がついている。(10)

四、萱森六斎念仏

奈良盆地の東部山地もよく六斎念仏を保存したところで、奈良市の東南鹿野苑あたりにもその痕跡がのこっているが、有名なのは天理市の北方山中にある山辺郡都祁《つげ》村（旧、都介野）白石のものと、桜井市に編入された旧磯城郡上之郷村萱森《かやもり》（初瀬の奥）のもので、ともに融通念仏宗白石興善寺の檀徒である。伝承者は萱森念仏講とも六斎衆ともいわれる村民で、現在、奥田正徳氏（六十四歳）、與喜本義一氏（六十七歳）、梶田伊太郎氏（六十九歳）、乾勲氏（六十三歳）、西垣浅治郎氏（七十七歳）、福田優氏（四十七歳）の六名に奥田甚治郎氏（八十二歳）が顧問である。調声を導師といい、その他を「つれ念仏」または「たちこ」という。他所で「平《ひら》」とか「側」とかいうものにあたるが、江戸以前の板碑や記録に六斎衆（もとは青壮年のもの）を立念仏といい、六斎衆を辞して年寄株になった錬達者（六斎衆の念仏伝承を監督指導する）を居念仏といったので、立講の意であろう。

伝承する曲目は四遍と坂東の二曲のみで、白舞は曲名のみ記憶されておるが演奏はできない。四遍は十番まで伝承されており、その発声の一句によって名称がついている（ただし一番、二番にはない）。

一、（声調）①あみーだーあんぶーウウ　②なーむあーみだーんぶー　③なむあーみだあーんぶー　④なーむあーみどー

（平）①オーなーむあーみだーアーアンアン　②なーむあーみだーあんぶ　③なーむあーいみだーんぶーつー　④なむあーみだーんぶー

二、（声調）①オーなーむあーみだーアン　②なーむあーみだーんぶ　③なむあーみだーんぶー　④なーむあーみどー

（平）①オーなーむあーみだーアーアンアン　②なーむあーみだーんぶ　③なーむあーみだーんぶつー　④なー

むあーみだーんぶ

三、〔らんがい〕……（らはだの方言ならん）

（声調）①オーなーむあーみら《だ》ーんがーい　②なーむあーみだーんぶ　③なーむあーみーだーァー　④なむあーみどー

（平）①オーなーむあーァーみだー　②なーむあーみだーんぶー　③なむあーァーみだー　④なむあーみだあんぶー　（鉦止め）

四、〔はむあみ〕（一ッ鉦）

（声調）①ハーむあーみだーぶつなむあみど　②なむあみだーァぶ　③なむあみだーぶッなむあーみどー　④なむあみだーんぶー

（平）①あみだーァーなんまいだー　②なむあーあみだーァー　③なむあーみだーぶつなむあみどー　④なむあーあみ

五、〔なーむつ〕

（声調）①ナーむつなーむあーみだーぶつなむだーぶつ　②なむあみだーんぶなむあみどー　③なむあみだーあぶなむあみだーぶつ　④なむあみどーなむあみだーあんぶ

（平）①あみだーあーなんまいーだー　②なむあーみだーあーなむあーみだー　③なむあみだーぶつ　④なむあーみどーなむあーみ

六、〔だーいだーい〕

（声調）①だーいだーあいなーむあーみ　②だーいだーいなむどーなむあーみだーぶ　③なむあみだーぶつな

むあーみどー　④なむあみだーあんぶ

（平）①あみだーあーなんまいだー　②なむあーみだーあー　③なむあーみだーぶつ　④なむあーあみどーなむあーみ

七、〔はーむつ〕

（声調）①はーむつなーあむあみだーぶつなーむだーぶつ　②なむあみだーんぶなむあみどー　③なむあみだーあぶなむあみだーぶつ　④なむあーあみどーなむあみだーんぶ

（平）①あみだーあーなんまいだー　②なむあーみだーあー　③なむあーみだーぶつ　④なむあーみどーなむあーみ

八、〔はーい〕

（声調）①はーあいだーぶつなむあみだんぶー　②なーむだーぶつなむあみだーぶ　③なむあーみどーおーなむあーみどー　④なむあみだーあんぶー

（平）①あみだーあんなんまいだー　②なむあーみだー　③なむあみだーぶつ　④なむあーみどーなむあーみ

九、〔たか〕

（声調）①なーむなむあーあーみだーいだー　②なむあみだー　③なむあみだあんぶ

（平）①なむあーみだー　②なむあーみだーぶつ　③なむあーみ

十、〔一《ひと》ことわり〕　九番の④句目は十番の調声がとってとなえるので一句を割る意味とおもわれ、乙田の〔一ことづめ〕にあたる

（声調）④なむあーみだー　①なむあみだーぶつなんまいどー　②なんまいどーなむどー　③なむあーみどーなんまいどー　（鉦止め）　④なむどーなんまいどー

（平）④なむあーみだー　①なむあみだーぶつなんまいどー　②なんまいどーなむどー　③なむあーみどーなんまいどー　（鉦止め）④なむどーなんまいどー

すなわち四遍の曲名が南無阿弥陀仏を四遍ずつ組み合わせて一種のソナタ形式をなし、これに高低、長短、発語、間投語、掛け声などをつけてヴァリエーションをつくっていることがよく理解される。しかし曲節の調子は相当にくずれて、高野山周辺の闊達優美な四遍にくらべれば、むしろ白舞の調子とおもわれるテンポである。そして元来、四遍は九番と「下し」九番から成り、白舞は十番から成ることからみると、白舞が四遍に混じたものと判断され、白舞の曲をこの講がうしなった理由もほぼわかるようである。

つぎに坂東の曲は非常に簡単で三番より成り、他の地方の十九番からみればいちじるしく短い。この三番が他の何番にあたるかは不明であるが、二番と三番に「ゆうづうねんぶつ」があるところからみれば、紀州天野六斎では坂東九番か十五番にあたるであろう。

一、（声調）おーおなあーむあーみだーあーあーあーあーなむああみーどー　なーむあああみだあーんぶ　おーおーなむあーあみだあんーぶ　おおーおなむあみどー

二、（平）調声に同じ

（声調）おーなあむあーあああみーら《だ》んがい　あーみいーだーああー　なむあーみいとーおー　なむああみだー　あんぶー　おおなむああみだあんぶ　おおなむあみどー　おおなむああみだあー　なむあみだー　おお　ゆうづうねんぶつなあむああみだー

三、（声調）むーうああんがいだー　ああなむあみだあー　あーあなむだんぶつ　ゆうづうねんぶつなーむあみだー　おおなむああみだーぶつ　なむああみだー

この講が六斎念仏を興行する年中行事は、⑴八月十四日・十五日の盆行事、⑵春秋彼岸の中日、⑶八月八日の盆の「鉦そろえ」（盆念仏の練習）、⑷七月十四日と九月七日で涅槃と十夜はない。盆には十四日に萱森集落二十六戸の盆棚をまわって四遍坂東をとなえ、十五日夜は新盆の棚をおがむ。彼岸中日と盆の八日の「鉦そろえ」は集落の集会所（薬師像を安置す）でおこなうが、もと薬師堂があったときはそこでした。また七月十四日と九月七日は小西家・藤原家の先祖供養のためと称して、講員の家を廻り宿で講をいとなむ。これは両家の先祖が講に金一封を寄進したためであるが、両家とも村に現住しないので講演の家を宿とするのである。十夜も、もとは白石興善寺の十夜につとめたがいまは参加せず、興善寺十夜には白石の念仏講だけがつとめている。なお村の葬式には、葬列の先に立って供をし念仏をとなえて墓へおくる。

講の本尊に融通念仏の本尊である十一尊仏画像（天得如来といい、良忍上人感得の弥陀と十聖衆の像）をもっているのはこの宗旨にあわせたものであるが、その銘に、

時文政三庚辰棯十月十五日
和州式上郡萱森村　六斎念仏講中

とあり、この講が主体となっていたことが知られる。また他の六斎講とおなじく講員の過去帳（掛軸）をもっており、これをかけて講をするのは二十五三昧講以来の伝統とみてよいであろう。講には講員はもと黒の毛繻子の羽織と袴であつまったというが、いまは普通の羽織袴の礼装で、これに興善寺より下賜された輪袈裟をつける。

講の財産は昔、萱森村西本氏より寄進の念仏講山があって、その収入で講の費用をまかなったが、明治年間に売却し、いまは盆の棚廻りの布施と葬式の布施ですべてまかなわれる。

第二節　奈良県南部

以上のような奈良県北部の六斎念仏にたいして南部にはもっと整った六斎念仏があるが、これは高野山系のものである。奈良県南部の五條市付近には真言宗檀徒のあいだにひろく六斎念仏がおこなわれていたが、現在は五條市岡・近内・居伝《いで》・出屋敷・小和《おわ》・住川《すがわ》・葛城村東佐味・伏見等にのこるのみである。しかし終戦前後までおこなわれていたのは五條市北山・久留野・葛城村高天《たかま》等である。高天はこのあたりでの六斎念仏の中心だったらしく、高天念仏としてきこえていたがいまは亡びた。しかし近内・東佐味の六斎は紀州天野、奈良市大安寺とならんでもっともよく保存されたものの一つであり、高野山系の六斎念仏として融通念仏とのつながりをしめす重要な民俗的念仏である。

一、近内六斎念仏

奈良県五條市（旧、北宇智村）近内は真言宗で地福寺の檀徒である。講の本尊阿弥陀如来画像には、

元禄七甲戌年七月十四日　近内念仏講中求之

とあり、元禄時代にはすでに存在しておったことがあきらかである。これは隣り集落住川の六斎念仏位牌過去帳に、元禄十五年（一七〇二）四月十五日とあるのとほぼおなじである。講員はもと二十二人であったが現在は並井久吉氏（八十四歳）以下十三人で、希望者の加入となっている。しかしだいたい世襲しておるのが普通で、並井氏は文化元年（一八〇四）二月二十九日の位牌のある祖父の代からはいっておるという[11]。したがって、概して旧家のみで構成されている。並井氏の記憶するかぎりでは、戸主層の壮年者が多かったが義務加入ではなかったという。

この念仏講のつたえる曲目は四遍、白舞、坂東、真光朗《しころ》の四曲であるが、並井氏の師匠辻本升治郎氏や長谷川久治郎氏のころまでは新白舞と総下しがあり、その「つぼ書」ものこっていた。練習はずいぶんはげしいもので、師匠から叱られて二十二人の講員が減少した。また大正年代に講の年寄株で村の先覚者であった玉井氏が、時代に合う簡単なものにといって新白舞と総下しを止めたという。この念仏講の年中行事として講をおこなうのは春秋彼岸と盆と十夜の四回で、涅槃はない。彼岸と十夜には村の福徳寺（真言宗高野山派、無住で地福寺の兼務）にあつまり、白舞と坂東をとなえ、参詣の村人にもお斎を出す。この米は村で各戸からあつめて講中にわたすのである。盆には七日から十四日まで毎夜、福徳寺と天城寺（同上無住）で白舞と坂東をとなえ、十四日の朝から二組にわかれて村内全部の盆棚をまわって棚経をする。このときは白舞と坂東の「六遍繰り」(12)である。ただし新仏の棚には坂東をもう一回余分に廻向する。十五日の夜は「送り念仏」を墓のちかくで道に立ってとなえるが、これも白舞と坂東である。彼岸、十夜、盆とも夜は講宿にあつまって四遍をとなえてお斎をいただく。盆の七墓巡りはいまはないが、もとは河内の八尾の墓までも行った。これは格の高い「ほんとう」の墓にまいるためだというから、大安寺六斎などの「鳥居のある」墓とか「行基菩薩のひらいた」墓などとおなじであるかもしれない。

この念仏講も村の葬式にはかならず出なければならないが、葬式の世話をすることはない。しかし講の当番が葬式のできたことを知らせる寄せ鉦をたたくとすぐあつまるというから、もとは葬儀に発言権があったものとおもう。葬式当日は棺の前で四遍、白舞、坂東の三曲を全部通して奉唱する。この布施はその都度もらわぬかわり、村からまとめて年間米七斗と金千円がわたされる。これは貧富の差による布施の大小をなくすためにおこったという。しかしもともと六斎講は村のものという観念はどこでもあり、村を代表して祖霊鎮送をおこなうものであるから、村布施のほうが古い形式ではないかとおもう。またこの六斎は、他村からの依頼で大きな葬式に念仏をつとめることがあった。これを「近内の念仏をもらう」と言い、五条や牧野へよく出た。このようなばあいは前夜から練習をつんでおかねばならなかったが、近内村中のものが六斎についてゆけば全部御馳走になれるので、一戸あたり二、三人もつれて行ったことがあるという。これはそれほど大きな葬式でなければ雇われなかったからであろう。またいまは絶えたが、年中行事として旧六月二十四日の「虫とむらい」(虫送り念仏)があって村内を念仏してまわった。

講の収入は寄進された田地の年貢とさきにのべた村布施、および盆の棚経の布施五、六千円であるが、講の田は戦後開放されてない。講帳を見るとつぎのようにある。

土地寄附者《ママ》

寺田村　森　藤平妻かめの

北宇智村大字近内共有地但し近内念仏講地

字鎌田　　田一畝十二歩

字〃　　田五畝十七歩

字〃　　田三畝九歩

字〃　　田六畝十八歩

計一反六畝二十五歩　三石四斗米

この小作料米二石　　　作人　赤松　定吉

その他の寄附者

梶谷佐治郎　　　施主　梶谷千浪女

（中　略）

計五畝十九歩　この小作料六斗三升

作人　西尾安太郎

田中　熊市

右土地近内念仏講へ供養のため寄附

近内六斎念仏の四遍は六遍繰りが八番、通しが八番で十六番あり、これに「申しまる」というやや急調の念仏を最後につける。もっとも厳粛な念仏には六遍繰りと「通し」のほかに、六・七・八番をくりかえして「申しまる」をつける。調声が奉唱中にこの念仏は「通す」ことを平に知らせるためには、六遍繰りの六番節を「ひねる」といって変化をつける。なかなか細かい技巧であるが六番節は「張りぶし」といって声をはり上げ、通しの八番節は「踊りぶし」といって念仏踊の調子がある。白舞は六遍繰り五番、通し八番あり、通しのばあいは八番節のつぎに四番と五番をくりかえして「申しまる」をつける。また通す合図には四番節と五番節をひねる。坂東は六遍繰り八番、通し十一番で五・六・七・八番までをくりかえして「申しまる」をつける。通す合図のひねりは五番節である。この六遍繰りの五番節は一名「ぶんぶぶし」といわれ、ナームアーミダーンブのブ、のくりかえしが目立つのでこの名がある。またあまり良い節なので五百文の褒美をもらった「五百ぶし」ともいう名所である。通しの一番節（普通九番という）、六番節（普通十四番）、七番節（普通十五番）、十一番節（普通十九番）には融通念仏南無阿弥陀のくりかえしがある。もし盆の棚経で六遍繰りだけで通しを省くときは、この融通節は六遍繰りのほうへ引き上げてとなえられる。すなわち、六遍繰りにも通しにも坂東は融通節がなければならぬのが注意すべき点である。また坂東の通しの八番節は歌念仏であるが、訛りがあって意味がとれない。

さーても尊とや　ありがたの事やぞ
念仏六字は　ごじそくなれど
功徳の多さよ　南無阿弥陀ン仏

通しの九番節（普通十七番）は一名「あまえぶし」といって、幼児が片言で親に甘えるような発声をする。ナェバェーミダーをくりかえすのであるが、阿弥陀如来に甘える意味よりも、この作曲がヴァリエーションにいかに苦心したかをしめすものであろう。通しの十番節は一名「はしのこぶし」といい梯子をのぼるように音をきざむことから出ており、アレグロ・ヴィヴァーチェ風の勇壮なはね方をするので一層舞踊曲の感じが出るのである。

真光朗《しころ》は京都市近郊に二、三あるが、だいたい奈良県南部の六斎念仏の特色で鉦打ちの技巧の妙を発揮するものである。はじめ金光明六斎功徳経と阿弥陀経から一句ずつとった讃をとなえ、そのあと念仏があってから鉦打ちだけになり、「たかまる」「ひくまる」「七ツ鐘」「打ち込み鐘」など四種の鉦の打ち方で念仏のしめやかさを急に陽気にする。もちろんこれは六斎念仏になってからの付加特にちがいないが、これに太鼓をくわえ、笛をいれると京都付近の曲打ち六斎になるのであって、六斎念仏芸能化の発端をなすものといえる。この真光朗が高野山と京都の中間に分布していることは興味ふかいといわねばならぬ。真光朗の曲名の起源は不明で、空也堂十二段念仏の閉《しころ》がこれにあたるとおもうが、この名の出所もまったくわからないのである。

第三節　和歌山県

高野山周辺に何故六斎念仏が多いかはすでにのべたが、高野山が平安末期から鎌倉時代にかけてわが国念仏の一中心であったことは事実で、この念仏の管理者は高野聖であった。高野聖は隠遁の念仏三昧と廻国の念仏勧進の二つの生活形態があった。その流派に明遍の蓮花谷聖と覚心の萱堂聖、および踊念仏の時宗聖があったが、結局、時宗聖によって統一されたらしい。『一遍聖絵』によれば一遍上人が高野山にのぼったのは文永十一年（一二七四）で、この年に一遍は熊野で「融通念仏すゝむるひじり」とよばれたのであるから、融通念仏の影響をこの山にのこしたのは当然であろう。また後にのぼった時宗の徒のなかにも、時宗の行儀として融通念仏的なものがあったであろうし、またこの山の念仏聖に影響力の大きかった新別所専修往生院の創立者、俊乗房重源の不断念仏に、融通念仏または大念仏的な色彩のみられることはすでにのべた通りである。一遍が高野山へのぼった動機もこの山に念仏がさかんであったからであって、聖絵に、

天王寺より高野山へ参給へり。此山は（中略）又六字名号の印板をとゞめて五濁常設の本尊としたまへり。是によりてかの三地薩埵（弘法大師）の垂迹の地をとびらひ、九品浄土同生の縁をむすばん為にはるかに分入たまひけるにこそ。

とのべ、高野浄土信仰と弘法大師六字名号の印板があったことをしるしているが、この名号印板は、近世まで高野聖の廻国勧化にもちいられたものであった。鎌倉末期に融通念仏中興の祖法明上人がこの山にのぼり修行時代を長福院に止住したことは、この山の念仏のなかに融通念仏的なものの混入を暗示するものであろう。慶長年間（一五九六―一六一五）の「頼慶勧化牒」に「六字称名は明遍より起り鉦鼓を鳴し声を出すは一遍より始る」とある一遍の鉦鼓と高声の念仏にも、融通念仏の念仏詠唱が想像されるのである。しかし南北朝時代の高野山教学復古運動と念仏圧迫、慶長・元和ころの遍照光院頼慶による念仏の真言帰入運動のために、高野山上には念仏の跡を絶ったが、その影響は周辺の寺領内にのこり、交通不便な村に大念仏または六斎念仏の形で残存したものと推定される。すなわち高野山周辺には天野村上天野の大念仏と下天野の六斎念仏、花園村峯手の六斎念仏と新子《あたらし》の融通念仏、高

野町上湯川および花坂の六斎念仏、富貴村上・中・下筒香と富貴の六斎念仏、河根村古沢の六斎念仏があり、大和の五條市周辺には岡・北山・久留野・小和・近内・住川・居伝・東佐味等の六斎念仏がもっとも古い形としてのこっている。つぎにその代表的なものをのべてみよう[13]。

一、天野大念仏、および六斎念仏

和歌山県伊都郡天野村（現、見好村）は高野山ともっとも関係のふかい村で、高野山の地主神、天野丹生津比売神社の所在地である。『御手印縁起』によると弘法大師は一猟師の導きで高野山にはいり、丹生津比売大神の神領万許町を寺領として高野山を開創したという。そのため高野山の天野神社崇敬は比叡山の山王日吉神社よりもふかく、神宮寺として曼荼羅院や大庵室、山王院等の伽藍を建て、天野八講以下の大法会をおこし、供僧をおいて奉仕せしめた。また冬期の寒冷を避けるために高野山僧はこの村に里坊をかまえて止住し、中世の半僧半俗の念仏聖たちも女人禁制結界外のこの地に妻子をたくわえていたようである[14]。また高野参拝路もこの地をよぎる尾根道がもっともながくもちいられたから、山僧のみならず参拝者の足溜となり、門前町あるいは宗教的村落としてさかえた。近世には高野山の寺領となり花王院・弥勒院等が地頭としてこの地を支配し、六斎念仏もこの地頭寺院の監督下に置かれた。このような歴史からみてこの村が高野山の文化的影響をうけるのは当然であり、この地の民俗には高野山の沈降文化の残留がすくなくないのである。したがって中世高野の念仏が残存する可能性はもっともつよいわけであるが、現在ここには大念仏講と六斎念仏講があって、念仏の曲譜も声明調のつよい古い型がのこっている。また念仏に関する記録もかなり多く、ここの六斎念仏が高野山の管理下に置かれたこともわかるから、ここの六斎念仏が変化、衰退しにくかった大きな原因を知ることができる。

上天野は天野神社の近くにあり、もとは神主、宮仕、供僧など神社関係者のみで農民はなかったが、明治以後、ほとんど全部帰農し百姓になっている。ここの大念仏講は下天野の農民のみによる六斎念仏講に相当するもので、全戸が加入していたが、いまは希望者のみ五人（阪本・芝崎・小川・表谷・東山の諸氏）である。つぎにあげる丹生相見家（二ノ祝）の蔵する大念仏免許の文書は、丹生相見のみは一向に死穢をきらう家であるから、大念仏勤仕を免除する意味の地頭坊の許可状で、その他はおそらく、惣神主家（一ノ祝）をのぞいて全戸大念仏講に加入しておったものと推定される。

　　大念仏免許

（袖裏）享保十四年己酉七月大念仏之儀ニ付三ヶ村及双論、依之村中不残罷出相勤候様に被仰付候節、各別ニ
　相見江被仰下候書付、山王堂相勤義不出証文、

　覚

一、上天野村之内三ヶ村大念仏講之儀、近年諸事猥ニ相成候ニ付、往古之通銘々罷出厳密ニ相勤候様ニ申渡候之処、其元茂古来より出不来、殊更死穢一向相嫌家ニ候之間、自分以後も山王堂江罷出相勤申義致用捨候様ニ被願出之候、依之今般願之通令了智（ママ）候、

已上

　　心南院納所［来南］

享保十四年酉十一月十五日

　　丹生相見

この大念仏講は講員の家を廻り宿として二月十五日の涅槃の日と盆の十四日に涅槃図をかけて念仏をとなえるが、念仏の節はなく、いわゆる団子念仏である。もとは優秀な地獄極楽図があったが四十年前に売られて江戸初期

の涅槃図をのこすのみで、講としては廃亡一歩手前の状態である。(15)

講の当日は光明真言、釈迦真言、不動真言、十三仏名と団子念仏をとなえ、終わって酒肴が出る。この講は葬式につとめぬのが特色で、もとは山王堂でつとめたらしい。『丹生宮御鎮座由緒並社地伽藍名所記』（天保三壬辰十一月冬至執筆十矢上之坊遥見）によれば、

七月七日ヨリ十五日ニ至テ白川(河)法皇ノ勅願ニ依テ村内之俗人大念仏トテ阿弥陀経読誦ス。其時小野篁自筆十王ノ絵像大幅祭ル。又念仏ヲドリト云事アリ。

十月晦日念仏会トテ行人幷社僧立合ニテ法事在リ。是又禅定法皇ノ勅願ナリ。

とあり、もと念仏踊のあったこともあきらかである。(16) しかし現在では上天野の小字ごとに斎講《とっこう》なるものがあり、念仏講の代理として葬式をつとめ、正月二十日の鉦はじめ、春秋彼岸中日、盆、師走十三日の鉦おさめに集落があつまって節のない団子念仏をとなえ、葬式用の光明真言曼荼羅、十三仏、大師像、膳箱、鉦、打敷、仏具、経帳衣、茣蓙、過去帳を所有する。また瀕死の病人のためには十巻心経と秘鍵をよみ、村内の戸主の死亡には初七日までに弔講をするなど、斎講は六斎念仏の衰退形態とおもわれる。

つぎに下天野の六斎念仏講は、社人供僧たちの大念仏講にたいして、農民の念仏講である点に特色がある。もと下天野入垣内から出た二十二人の講衆によって構成されておったことは、「下天野六斎講帳」の第一条につぎの定書があることから知られる。

下天野六斎講念仏　四遍　白昧　幡幢
西峯東峯茶尾引土垣内　八挺
下居細原垣内　七挺

谷口尾花垣内　　　　　　七挺
延命寺親鐘　　　　　　　一挺
　　　　計二十三挺

覚

一、下天野村地頭六ヶ院様蔵下組庄屋之内、社領庄屋、花王院庄屋、清浄心院庄屋、弥勒院庄屋右四人者六斎講中取締トして毎歳五ヶ度斎経営之節、延命寺へ出席候事、是ヲ居念仏衆中ト相唱、其余打鐘持参廿二人之衆を立念仏衆ト相唱、万事願事或寄付筋或者争論等出来候節者、立念仏中より居念仏衆江伺出、居念仏中之差図ニ任、進退可有之事、

すなわち監督役の庄屋筋四人の居念仏衆にたいして、実際に念仏するのは立念仏衆二十二人で鉦も二十三挺であった。また延命寺の親鐘（双盤）は念仏講の寄せ鐘で、これらの鉦はすべて高野山地頭寺院から下賜されたものであった。文久二年（一八六二）の「六斎講記録」によると、

奉訪処之六斎講者往古高野山御地頭ヨリ打鐘廿二挺被下置、于今無怠慢毎歳五度之回向経営等相勤申所如件、

　于時文久二戌之年二月改

とあって、この念仏が高野山の管理下にあったことが知られる。

講員はもと戸主の壮年層であって三十歳から四十歳までのなかから順番に念仏頭が加入させ、それにつれて年寄が引退したといい、青年の六斎ではなく戸主層の六斎であった。いまもこの数にはかわりはないが、念仏そのものの伝承者は四、五名にすぎなくなっている。これは念仏の習得が非常にむずかしいからであるが、昔はその練習も厳重であって「下天野六斎講帳」の第二条には、

一、念仏稽古之儀者立念仏之内高弟或者年老之人より新入未熟之者へ循々致教授候事、猶又三年目或者五年目ニハ必惣稽古可有之候、其節者居念仏中江願出、居念仏中より村役人申出シ、村役人之差図ニ任セ下天野村中惣ならし、或立念仏居念仏中之家別ならし、或延命寺ニおいて幾日之間稽古等、右者其時之臨機宜取斗可申事、

尤惣ならし中間ならし等之節者、下天野村中より助勢扶持トして家並ニ米一升づつ差出候事、

とあり、村役人居念仏衆の監督と村全体の助勢のなかで念仏の伝習はおこなわれてきたのである。しかし現在の伝承者は谷口萬右衛門氏(七十五歳)、同伝市氏(四十一歳)、堂阪平四郎氏(六十三歳)、田和明治氏(五十六歳)、北遠太郎氏(五十五歳、以上の年齢は昭和三十一年現在である)くらいとなっている。またここにも集落(垣内)ごとに斎講があり集落ごとの葬式をとりおこなうが、その念仏は節のない団子念仏である。おそらくこれは六斎講の下部組織で、集落ごとの行事は斎講、村全体の行事は六斎講がうけもったものとおもわれる。

この念仏講が念仏をとなえるのは二月十五日の涅槃、春秋二季彼岸の中日、盆、十夜の五回で、旧七月十四日の盆棚廻向に村まわりをするほかは、菩提寺の延命寺にあつまって庫裡でとなえた(17)。講のありさまについては下天野六斎講帳にくわしく、現在もほぼ同様におこなわれている(18)。そしてそれぞれの講の費用は、文久二年(一八六二)の六斎講記録にくわしく記されている。このうちもっとも大役はやはり盆で、七日から十三日まで延命寺で念仏したり、七日に寺の庭に高燈籠(八朔まであげておく)を立てて念仏廻向したり、新仏の盆棚(ソンジョダナ=精霊棚(19))を十一日、十二日につくったりした。十四日には午前から午後まで二組にわかれて下天野全部の盆棚の念仏廻向(棚経)をしたが、いまは新仏の棚だけ十三日、十四日のうちに廻向する。盆の棚経は三段通りといって総下し、白舞、坂東である。盆の布施は新入講員の念仏練習(ナラシ)につかわれ、ナラシは延命寺の庫裡が焼けてか

らは当番の庭（カド）に花蓆をしいてしたが、いまは座敷に上ってする。

またこの六斎講は臨時のつとめとして葬式に念仏をあげる。僧侶の引導がすんで理趣経をあげているあいだに四遍と総下しをとなえ、墓に棺を埋めるときに白舞と坂東をとなえる。白舞は門念仏にもとなえられ、これをきけば亡者も極楽へいそぐ気持ちになるという。

六斎講の収入は盆と葬式の布施、および六斎講に寄進された祠堂金の利子（月一分で貸付ける）で、もとは六畝の六斎田の年貢もあった。これを年行事のまかないで年五回の講を経営する。しかしもとは地頭の高野山からの寄進米もあって、延宝八年（一六八〇）の古文書（松本明夫氏蔵）には、

寄附状之事

一、就下天野念仏近年及退転候、為以来相続今度八木五石令寄附之畢、然上者以此五石米慥成処ニ預置之、此支分ニ而今迄如有来毎年二季之彼岸七月以上三度之念仏講永代無断絶相勤之可被申者也、猶委別紙有之、

于時延宝八庚申年極月廿一日　　心南院宥誉

下天野六斎念仏講中

とあり、「下天野六カ院地頭蔵下庄屋中間黒箱有書目録」にも高野山寺院からの寄進覚がある。[20]このような寄進はこの六斎念仏と高野とのつながりを証明するものであるが、村人の伝承としても六斎の師匠は高野山から来たといい、その時代は大和に朝廷があったころ大和から来た人であるという。南北朝時代はちょうど大念仏が六斎念仏に移行する時代でもあったから、この伝承にはやや真実性があるといえよう。そのほか黒箱には宝暦十一年（一七六一）、文化三年（一八〇六）、文化六年（一八〇九）、天保五年（一八三四）、嘉永六年（一八五三）の寄進目録があ

り、これに見合う古文書（松本明夫氏蔵）ものこっている。このようにして寄進された講財産は村中へ貸付けられ、年二割ないし一割二分の利子をとった古文書（松本明夫氏蔵）が、寛政元年（一七八九）、文化十年（一八一三）、天保四年（一八三三）、弘化三年（一八四五）の証文としてのこっている。また黒箱目録には延宝八年（一六八〇）から文久元年（一八六一）にいたる十三日の貸付米証文覚がある。

最後に下天野六斎念仏の特色は、その曲譜がもっとも古い形でのこされておるということである。曲目は四遍、白舞、坂東、総下しの四曲であるが、古い声明的要素がもっともよくのこった六斎念仏として、融通念仏とのつながりをおもわせる。しかも新しい六斎ほど歌念仏と民俗芸能的要素が多くなるが、これはそれがまったくない。ただ坂東の九番に、融通念仏南無阿弥陀仏を四回くりかえす融通節があるのが唯一の詞である。この点からもこれが融通念仏にもっともちかい古い形態とかんがえられるから、是非保存すべきものとおもう。またこの念仏講は一般に「つぼ書」とよばれる念仏譜本を昭和六年（一九三一）に折本として印刷し、講員の練習に資しているが、その内容の説明は省略する。

二、花園村六斎念仏

和歌山県伊都郡花園村は高野山の南にあり有田川の上流谷合に細長くのびた村で、平安時代以来、高野山とのつながりによって存立してきたため、高野山文化の残留がきわめて多い。この村の梁瀬《やなせ》に「峯手御念仏《おねんぶつ》」とも「六斎念仏」ともよばれるものと、新子《あたらし》に「御念仏」とも「融通念仏」ともよばれるものがあり、南垣内には「角兵衛念仏」とよばれる六斎念仏がある。峯手には師遍《しへん》（四遍）十六番、白舞八番と釘念仏和讃がある。師遍の第十六番は「御影向節」とも「おどり節」ともよばれ、白舞の第八番の返しも御影向節である。念仏譜本がのこっているが、正確に詠唱できる人はほとんどなくなった。盆の十四日に寺の堂で先祖代々の廻向一座と新仏廻向一座をとなえてから、新仏の盆棚をまわった。新子の御念仏は坂東のみで、これを「融通念仏」というのは七番、九番、十番に融通念仏南無阿弥陀仏のくりかえしがあるからであろう。全部で十六番（十六節）あってそれぞれに名称がある。一番、二番、七番、十五番は本調子といい、四番は「シズカ」、八番は「ナマリ」、九番は「融通前」、十番は「融通返し」、十一番は「ナゲキ」、十二番は「オンアミダ」、十三番は「高調子」、十四番は「大ワスレ」、十六番は「ヒジリ」である。八番と九番の間に歌念仏がはいるが、盆には「ほとけの上にも次第がござるよ」で霊仏をよみ、葬式には「夢かよ」をいれる。

夢かよ　夢かよ　一期は夢かよ

極楽の土産に何をもたしよ

南無阿弥陀仏の六字の名号

となえてまいろうよ　南無阿弥陀仏々々々々々

ここにも南無阿弥陀仏の声の長短と鉦をいれるところとをしめした簡単な譜本がある。念仏詠唱は盆と葬式のみで戸主全体の加入である。文書はほとんどないが大永六年（一五二六）の念仏講日記があり、二十五戸の講員が列記され、これがおそらく全戸数であろうが、全部百文の寄進であるところに講員の平等な負担で七月十五日の講がいとなまれたことを知るとともに、ここの念仏講がけっして近世のものでないことをしめす史料である。

念仏講日記之事　　新村中

七月十五日念仏講之事

百文　サカカイト　　百文　トウモト

百文　ヲウヱイ　　百文　ニシ

（中略）

大永六年七月　日

また南垣内にも坂東があって十九番である。ここでは十二番、十四番、十八番に融通念仏南無阿弥陀の融通節があり、十二番に「薬師之入節」がある。

よにん（女人か）の後生には　薬師をめさるる　薬師のほぞんは十三仏　二十五の菩薩は手に手を合せて　迎いにござるよ　南無阿弥陀々々々々

また団子念仏は七遍ずつ三度くりかえす。ここにも念仏本があり、また観音堂には念仏由来書之事という享和三年（一八〇三）の額板がある。[21] これは享和元年（一八〇一）より三年まで、有中村（花園村の内）から師匠をまねいて念仏を練習したことを記したもので講中十三人、四十四歳より十四歳まであり、青年・壮年層であったことが知られる。

三、上湯川六斎講、および花坂六斎講

これはともに高野町に編入されたが山麓の村で、六斎念仏の詠唱はもうない。上湯川では現在、盆や葬式、年忌の念仏をつとめる団体を念仏講といい、その世話方を「六斎頭」というところから、これが六斎念仏講であったことを知るのである。すなわちこの念仏講は、盆の十四日に村中の盆棚を廻向してまわるが、その方式は心経、光明真言、十三仏、お念仏などである。垣内の葬式には年長の六斎頭に告げると、頭は念仏講員（これを六斎ともよぶ）をあつめハコサシ（棺作り）、フシンド（穴掘り）、高野買物などを交代でつとめさせる。これが六斎念仏講の

本来のつとめであったらしく、天野の斎講や但馬城崎の田結《たい》（現、豊岡市）の斎衆などとおなじ機能である。すなわちここでは、念仏詠唱の節はうしなったが機能はのこったのである。

花坂《はなざか》では戦前まで念仏講が六斎念仏をとなえた。しかし念仏鉦の供出で絶えたのである。四遍、白舞、坂東の三曲があった。この村の戸主全部が講員で、葬式の世話方や出棺の門念仏をし、盆の十四日には家ごとにこの念仏をとなえてまわったという。この村には弘法大師三十三昧の一といわれる古い埋め墓が高野山大門口の登道にあり、天野村からモチコシで埋めに来たほど有名な三昧である。これにたいして村の大師堂と十王堂（弘法大師作の十王像あり）の周囲にムセ（詣り墓）があり典型的な両墓制であるが、六斎念仏は埋め墓のほうにたいしておこなわれた。

四、筒香六斎念仏

高野山周辺の六斎念仏の一に、高野町（旧、伊都郡富貴村）の上・中・下筒香の六斎念仏がある。ここは高野山学侶方の寺領であり、また冬期の高野山僧の避寒地の一であったので高野山の文化がよく残存したのである。

下筒香は現在は絶えたが、もと「おど念仏」といったとつたえるのは「踊念仏」の意であろう。しかしそれは節まわしのいちばんむずかしい念仏であったというから、六斎念仏の四遍ではなかったかとも想像される。盆には七日から十四日まで毎晩中筒香の寺（いまは無住で村共有の堂）でとなえたし、七墓巡りもあったという。

上筒香には現在、白舞と坂東がのこっており、坂東のはじめに融通節がある。念仏講は青年団で、お盆には十三日の夜、寺で「総廻向」し、十四日に村中の盆棚をまわる。葬式には「六斎をもらう」と称して、念仏講に布施を出して詠唱をたのむのである。鉦に元禄二年（一六八九）五月十三日の銘がある。

中筒香がいちばんよくのこっていて四遍、白舞、坂東の基本三曲と、この三曲を短くちぢめた組曲として「六返下《ろっぺんおろ》し」という曲がある。すなわち総下《そうおろ》しの略で棚廻りなどにとなえるものである。しかし四遍、白舞、坂東を正式にとなえれば、それぞれ二十一節ずつあるのであるから葬式のほかには全曲詠唱はむずかしいのである。四遍は村人も「あわれな曲」とかんがえており、優雅で哀婉なメランコリックさをみとめており、とくにその五番節は哀調な節まわしであるとしている。念仏講は青年の義務であり、講の費用はすべて村の負担である。「七ッ墓」ということばがあるので、七墓巡りはあったと推定される。

五、富貴六斎念仏

富貴は旧富貴村の東富貴と西富貴で、ともに節はくずれている。それで青年団と寺僧とが、いわゆる「がり〱念仏」という節のくずれた六斎念仏をする。青年団すなわち念仏講は盆の七日から十四日までの念仏と、葬式にはかならず六斎をやらなければならない。七日から十二日まで練習で、十三日と十四日が「もらい念仏」、すなわち新仏の棚と戦死者の盆棚をまわる。ここでも「六斎をもらう」ということばがのこっており、六斎を仏の供養の最高のものとする意識がある。そして六斎へのお布施は親戚中で出すというのが全国的な傾向である。七墓巡りがのこっていて、七日から十四日まで毎晩巡るのは、但馬の斎衆念仏や四十八夜念仏とおなじく、村の聖地を巡って邪霊を鎮送した名残りとかんがえられる。七墓というのは、現在は九か所の聖地がふくまれているのはその証拠であろう。墓はナシモト墓と塙手墓と寺墓の三か所しかないが、いずれも大墓とよばれる共同墓地である。念仏の節の名称は四遍、白舞、坂東、下しの四曲あり、「光明遍照十方世界」の融通廻向を俗に「世界念仏」とよんでいる。

六、紀州由良町興国寺門前六斎念仏

由良の地は有名な法燈国師心地覚心の退隠したところで、このあたりでは「開山さん」といって興国寺を崇め、盆の十五日の施餓鬼とその夜の燈籠焼に「送り念仏」をする。京都の大文字の火に向かって「送り念仏」をするとおなじ意識で、このとき全町の盆燈籠（新仏から三年仏まで）が焼かれ、同時に火踊をする。これは手松明をもって念仏踊をすることである。曲は四遍、あらたま、じふだらく、六斎の四曲に歌念仏の六道念仏（六道和讃）、融通念仏（融通和讃）、せんがんじ（誓願寺和讃）、小きよ、かけ念仏などがある。四遍を「本くどき」とよぶのはおもしろいことで、これに十四節の変化がある。

ここには門前のほかに中村にも六斎念仏があり、もとはもっとひろくおこなわれたらしい。わたくしはここの六斎は高野からうつされたものと推定しているが、これは法燈国師が高野の念仏聖である高野聖との密接な関係からかんがえて当然のこととしなければならない（拙稿「一遍上人と法燈国師」『印度学仏教学研究』第九巻第二号、昭和三十六年参照）。

註

（1）一、慶安元年子八月廿日　施主長右衛門天王越後守□□　大和国添上郡大安寺村為妙林禅尼

二、承応二己九月十二日　奉寄進為妙慶禅尼菩提　施主和州添上郡大安寺村法明比丘尼敬白　堀川住天下一筑後大椽作

三、万治二己亥年二月　日　施主妙祐　和州添上郡大安寺村江為妙空寿清妙円春慶也　天下一大和大椽氏次作

四、寛文十二子壬　南都上田勝兵衛保重　奉寄進鼓鐘五丁之内　和州大安寺村念仏講中　為六親法界往生極楽

諸行無常是生滅法　生滅々已寂滅為楽

五、天明七未年六月廿一日　大安寺村茂兵衛　西六斎講中　為常屋休無信士

（なお年号のないものに「施主北ノ町染兵衛和州添上郡大安寺村六斎講中」もある）

（2）嘉永三年（一八五〇）以後の上銭半通受納所は別当北僧坊と宿坊満米堂または念仏院となっており、上銭を半分ずつ受け取ったものとおもわれる。

（3）各曲の一節を一段といい、はじめをカシラといい、終わりをシリという。

（4）大安寺六斎のバンドウは三段と四段とが十三仏の歌念仏で、五、六、七、八、九段が融通念仏である。十三仏の詞は、

ほとけのしだいをかたるよ　きかれよ
一不動　二釈迦　三文殊　四普賢
ナンマイダー〳〵ナンマイダンブツハー
五地蔵　六弥勒　七薬師　八観音　九勢至　十阿弥陀　阿閦　大日　虚空蔵
ナンマイダー〳〵ナンマイダンブ

（5）墓地の草刈はいまは青年会の仕事で、そのかわり各戸からあつめる墓地掃除料は青年会の主な財源である。輿の管理も村の農業協同組合の手にうつり、六斎講は念仏のみとなった。

（6）この文書は表紙に「当村墓所焼香場覚帳　寛政十二庚申歳八月吉良日　大安寺邑東方　六斎念仏講中」とある横帳で、

乍恐御願奉申上候
一、当村墓所、往古ハ焼香場有之処朽倒候得共、困窮之村方に候得ば長く再建も不仕其侭相成罷有候、然る所葬送之節は導師を始一統共濡候上、野辺之営も出来難迷惑仕候ニ付、念仏講之者共持寄候而雨除之ため二間ニ三間の物仮建ニ仕焼香場ニ形取建置申度奉存候故、乍恐御願奉申上候、何卒御憐愍を以右願之通り御聞届被為下候ハヽ難有奉存候、以上

大安寺村六斎念仏講中
寛政十二申
三月廿一日
惣代　惣　助
同　弥　七

御寺務　　　　　　　　　　　　　　庄屋　善右衛門
　大乗院御門跡様　　　　　　　　　年寄　長次郎
　　御奉行様

など毎年の輿布施を二月十五日に精算して一部を墓守にもわたしている。輿は村内のみならず他村へも貸したようである。二月十五日とあるのは、この講が涅槃の講をやっていたことを物語る。

(7)「こしふせ覚書」には、

卯年こしふせ　辰二月十五日　西方　一、四百五拾文受取　内五拾文ハ藤四郎渡し　一、五月八日北室町こしかし　せんべ屋大吉（以下略）

(8) 慶応三丁卯四月　日　念仏講田地施主弥兵衛　東組

東西四間　南北十四間　畑十九坪　新畑地　五十六坪　合七十五坪四合地　此米三斗

(9) 融通廻向ともいい、講員の「覚書」ではつぎのようである。「光明遍照　十方世界　念仏衆生　摂取不捨の光明は　念ずるところを照し給ふ　観音勢至の来迎は　声を尋ねて迎え給ふ　日々不断の称名は　上むねのれんげを開くなり　踊躍歓喜の涙には猛火のほのほも消えぬべし　一念弥陀の功力には　上無量の罪も消滅し　現世はむいの楽をうけ　後生は浄土に往生し　上諸行無常の鐘の声　生死のねむりを覚すなり　是生滅法の春の花　四万蓮壱さきにおい　生滅滅已の秋の月　平等利益の光なり　上寂滅為楽の玉のゆか　浄土へ詣るも実証なり　ぼんのぶこくも弥陀ともに　さんどくしそをの冥利なり　上三界車の輪の如く　めぐりて三途の苦をおくる　上は有頂の雲の上　下は奈落の底までも　光明あまねく遍じては　黒闇地獄も照し給ふ　上扨て願くは弥陀如来　我等を捨ることなかれ　極重悪人弥陀ぢへん　唯称弥陀得生極楽　ひとへに阿弥陀を念ずるならば　安楽国に往生する　融通念仏なむあみだあんぶつ　なあむあァイだァんぶつ　ハァ融通念仏なあァ　いだァァ　融通念仏なむあァ　いだァァ（右ひらかやし）ハァァ融通念仏なまいだァァ　なむあいだんぶつ　なむあみだぶつ　なんまいだ　なんまいだんぶ
願以此功徳　平等施一切　同発菩提心　往生安楽国」

(10) この歌念仏は訛りが多くてよくききとれぬが、七節目は「ムーなァァむゥあァァあみいだァァ（平）オーにしやか

さんしやか三にもう四しやはてんにん五しやふししよがんもんぶつ速得成就なんまいだァなんまいだァ」で、八節目は「ムーによにんの後生は薬師をめさるる　やくしをめさるる　十三仏と二十五の菩薩は　かげにもなさるる手に手をあはせて　むかひにござる　なんまいだァ　ハァなんまいだァ　なんまいだんぶつ」である。また西安堵の新坂東には「極楽の土産に何あげよう」の歌念仏があった。またいま国府と小林には青年の鉦講念仏があり、団子念仏を彼岸と盆と十夜にやっていた。念仏は打出し念仏、なげ念仏、ぶがけ、だがけ、なむほい、鉦の打上げ（はてがね）の六段にわかれていた。十夜にはにぎやかであった。またこのあたりには、六、七十年前に踊念仏が他所からきて新盆の家をまわった。カンナクズを赤くそめた御幣を立て鉦太鼓にあわせて踊ったが、どこからきたかはあきらかでないという。

(11)　この位牌は「文化元年二月二十九日　阿闍梨宥詮、先祖代々総法界　雲月道寒信士　念仏講中　藤四郎」とあり、これが一時絶えていた念仏を再興したという。文化元年（一八〇四）で六十四歳であるから、再興の時期はほぼ想像がつく。

(12)　「六遍繰り」とは四遍ならば八番までで後の八番を省く。白舞は五番までで後の八番を省く。坂東は八番までで後の十一番を省く。これを「阿弥陀返し」というところもあり、全部となえることを「通す」という。

(13)　五條市周辺は大和側ではあるが高野山領と境を接し、すべての寺院が真言宗であり高野山文化圏にはいる地帯である。ことにこのあたりは高野山僧が冬期の寒冷を避けるために下山止住する里坊が多く、五條市の講御堂（現、律宗）や吉祥寺などはその代表的里坊であった。

(14)　西行の『山家集』や『撰集抄』『発心集』に聖の妻子がここに住んだことが見え、尾山篤二郎氏も西行歌集（『和歌評釈選集』非凡閣、昭和十年）の註に「天野とは室生とともに一名女人高野の称がある。高野の結界は女人禁制故に尼僧達又は落人の妻女は此処天野に集ったのである」とのべており、西行妻子の墓もある。

(15)　古い涅槃図は当時の金で千円に売れたといい、その金で伊都銀行の株を買い、その利子で山林八反歩を買ったのが講の財産である。涅槃図のほかに天蓋・幡・香炉・鈴・独鈷・仏器もあったがすべて散逸した。現在の涅槃図の箱書にはつぎのようにある。

御本尊箱　天野大念仏講主中

承応参甲午七月十四日

寄進施主　　勘十郎

(16) 同書の「年中行事之次第」にも「十月晦日念仏会ト号、山王堂ニテ行人僧天野社僧立合ニテ勤行アリ。此日法眼輿ニ乗リ出勤ス」とある。

(17) 延命寺の庫裡はいま焼失してないが、もとは十二帖敷の六斎の間があったという。

(18) 一、二八日彼岸七日之間、七月八日より十三日夜迄立念仏中延命寺へ出席廻向可致之事

一、二八日彼岸中日ニ者八ッ時より出席致、廻向相済次第年行事中より斎差出夕飯候事

一、二月十五日涅槃講、十月十五日十夜講、右両度八ッ時より延命寺へ出席廻向相済斎飯候事

一、七月七日昼飯後立念仏中延命寺へ出席、立燈籠相立廻向相済後酒二升年行事より差出候事

一、七月十四日立念仏中二ッニ別、一組者下居村より相始、一組者東峯村より相始、家並ニ廻向候事、昼前一度昼後一度小休支度候、中飯者銘々自宅ニテ致之、中飯相済次第延命寺ニ打寄酒一樽相催、其後昼前之通二組ニ割、家並ニ廻向相勤候事

一、七月十五日四ッ時より延命寺へ出席、廻向相済次第斎飯候事

一、十一月十六日夕七時より年行司中延命寺へ出席、来年之年行司を相招キ、夕飯差出万事引渡候事

ただし現在は霜月十六日講はおこなわれていない。

(19) この村のソンジョダナはきわめて特色あるもので、廊下の隅に檜葉ですっかり囲った三尺四方の室をつくり、その中の棚に新仏の位牌をかざり、その正面にだけ五寸四方くらいの窓を開く。もう一つの形式は庭先に三本または四本の竹で棚をつくって新竹の梯子をかけ、三界万霊の経木塔婆をかざるもので、これをタナバタサンともよび七日につくるところもある。

(20) 延宝八申年

一、米五石　　心南院

為春秋彼岸七月十五日経営廻向

宝暦十年

一、銀五百目　　願誉西林

一、米一石　　花王院

（21）

一、念仏由来書之事

享和元酉ノ年より亥年迄三年メニ成就致ス講中拾三人

一、師匠　有中村マヘ孫右衛門

一、　サコ四十四歳　重右衛門

（中略）

岡十四歳　仲之助

（裏面）師匠宿　二十七日間　新五郎

同　十七日間　丈五郎

師匠初メ頼　喜蔵

享和三発亥年九月吉日題記す　南村中

第五章　伊勢三日市の「おんない」行事と真宗高田派の大念仏

一

原始真宗教団のなかで真仏・顕智を中心とする高田専修寺教団が特別の地位を占めるものであることは、真宗史の上でうたがう余地のないものである。したがって原始真宗教団の実態をあきらかにするためには、高田派の性格を解明する必要があることも異論はないであろう。しかし高田派は室町中期に真慧が専修寺を伊勢一身田にうつして以来、その原始性をすてて本願寺的な教団へと脱皮したため、関東時代の性格が不明に帰した傾向がある。下野においてはもちろん、三河や越前でもその信仰の夾雑性がうかがわれるが、文献の上からは、はっきりこれをしめすものがすくない。しかしこうした教団の伝統は本山の政策や学僧の教学の転換とは無関係に常民のあいだに伝承保持され、民俗行事の端々に残存するものである。

このような観点からわたくしは、ふるく顕智が教基をすえたとつたえられ、しかも鎌倉時代の作とみとめられる顕智と善然の木像を蔵する伊勢三日市の如来寺と太子寺の「おんない」とよぶ念仏行事をとりあげ、ここから原始高田教団の性格をのぞこうとこころみた。いうまでもなく如来寺と太子寺は如来堂、太子堂ともよばれ、これを寺地の奥正面に並置する諸堂配置は、原始高田教団としてきわめて自然である。また太子寺に安置する善然の像は鎌倉末期の優秀な肖像彫刻として重要文化財に指定されており、如来寺安置の顕智像は補修のために文化財指定をうけていないけれども善然像と同時代作たることはうたがいがない。また三日市の地は古い東海道の道筋にあたるといわれており、市神の社をのこす中世の市場の跡で、空也や時宗の踊念仏で勧化のおこなわれるまことにふさわしい土地柄である。このような環境のなかで伝承される「おんない」とよぶ念仏行事が、常民の手でおこなわれるために、そして唱え言や和讃に不明な点が多いために研究者の注意をひかなかったのは遺憾というほかはない。わたくしはこのような問題こそ仏教民俗学の手にゆだねられねばならぬ課題としてこれをとりあげ、この学問の作業例としてこれをつぎにのべたい。

さてこの行事は、毎年八月四日（旧七月四日）に顕智忌として旧三日市村人の四日講が、東西二組にわかれて念仏和讃をとなえながら村巡りをする民俗で、一般には「おんない」または「おんない念仏」とよばれる。これに「恩愛会」とか「御身無」の文字を宛てたのは、教理や伝承の上からかんがえられたものであろうが、すこしく無理な宛字である。御身無は顕智が、七月四日に三日市如来堂の日中法要中に姿をくらまして行方不明になったのをさがす儀式であるという伝説からきたもので、下野高田の専修寺にもこれとおなじ伝説をもつ「顕智待」が旧七月一日におこなわれることから、この伝説がそのまま歴史事実でないことはもちろんであるが、この伝承こそ、この民俗的念仏行事の謎をとく一つの鍵である。現在の「おんない」は要するに、一種の念仏和讃の詠唱と行道であって舞踊はない。詠唱は清水智乗氏によって整理された歌詞（『高田学報』第十二集）があり、昭和三十五年（一九六〇）八月に東西両組の『おむない念仏』本が印刷された。これの底本、校合本となったのは、享保十三年（一七二八）の『御身内念仏』と安政二年（一八五五）の『御身無念仏本』で、そのだいたいの構成は、はじめに、

弥ン 陀ァ、

南無阿弥陀　南無阿弥陀ァ、ン仏ッ　南無阿弥陀ァ弥ン陀ァ

南下無阿ン弥ン陀南ァ

りんりんすゥウけ　でで下もよろづ上めでたや

と称名念仏を節付でうたって、それぞれ村の聖地の和讃とその返歌に前とおなじ「弥ン陀ァ」以下の称名念仏をつける歌念仏の形式をとるものであるが、その歌詞は常磐井氏も注意されたように、各地の盆踊歌や獅子踊歌に類歌が多い。しかもこの盆踊歌や獅子踊歌はわたくしの見るところでは、大念仏または念仏踊とよばれる民俗芸能の範疇にぞくするものばかりであることは注意を要する。なお、「りんりん」は鈴の音、「でで」は太鼓の音であろうとの説がある。これが歌の文句のなかに混じたのであろう。そして念仏踊には寺や社や家を祝福する寿詞（ほぎことば）がはいるので、「よろずめでたや」はそれの断片であろう。

またこの歌詞本の末には、「父をとむらう」「母をとむらう」「一ッ家ノ父」「一ッ家の母」「思ひ子」などの和讃があるのは大念仏につきもので、葬式や初盆の精霊棚の前でこれが詠唱された時代があったことをしめしており、顕智忌だけのものでないことはあきらかであろう。その意味で伊勢には大念仏の一形態として羯鼓《かんこ》踊や楽《がく》打ちがあるが、「おんない」はこれとおなじ系統にぞくするものということができよう。そしてこの詠唱の称名念仏の部分はきわめて退化した姿をしめしており、これが「ミンダー」という六字名号の途中からとなえはじめるのは、「四遍」という六斎念仏の曲譜の一部の残存である。[1] たとえば出雲の大社町日御碕で盆の十五日に帽子や菅笠のまわりに切紙の垂（サイハイ）をつけて、荒神堂の前で太鼓と鉦の拍子にあわせて「ミーンドー　ヤー」のはやしで踊る「みんどう」とよばれる行事がある。これなども大念仏の称名念仏の部分が退化して「ミンダー」と踊りだけが残留し、これを民俗行事の名称とした一例である。ところが「おんない」という名称も大念仏の称名念仏の一部から出ているとおもわれるのであって、伊勢の対岸にあたる尾張知多半島の半田市成岩の「四遍念仏」では大口（調声）の、

なむあみだんぼッ　なむあみだあーあー

なむあみだんぼッ　なむあーみーだ（だより小口がつける）

の詠唱に小口（脇または平）の合唱が、

オンあいみだあーあ　なむあみだあーあ

なむあみだんぼッ　なむあみだーォー（上）

と付けるのを一繰りとして七繰りくりかえし、ついで「中オロシ」となって白舞調になる。これに二十七種の和讃がついて歌念仏の形式をとっているが、小口の付に「オン」という発語的発声があり、「アミダー」と節をますために「アーイミダー」とするので、「オンアイ」の発声となる。(2) おそらくこの発声が小口の合唱の最初にくるので印象的であったため、この大念仏の俗称となったのであろうが、いまはこの部分さえ脱落してしまったので、その意味が不明となっていろいろの文字が宛てられたと推定される。

この「おんない」や「みんどう」のように、民俗行事には囃子や掛声や音響をそのまま名称とする例は、けっしてめずらしいものではない。たとえば京都嵯峨の釈迦堂の大念仏は「ははみた念仏」ともよばれ、これをはじめた円覚十万上人道御が幼少のとき生別した母に会いたさのあまり、「ははみたや〳〵」ととなえたからと説明されているが、これも大念仏や六斎念仏の称名念仏に「ハハー」の発語的発声があり、これに「アーミダンブ」が付いて「ハハーアーミダンブ」となったのである。例をあげれば尾張半田市成岩の四遍念仏では、「中おろし」（第一楽章にあたる「四遍」の後半に、第二楽章にあたる「白舞」の調子を出してヴァリエーションをつけたもの。序破急でいえば破にあたる）の六段目に、

（大口）なむあみだ　ははみだ　ははうほ　なむあみだんぼッ　（小口）なむあああみだ　あーお　なむあみだんぼッ

とあり、「うなり」（第三楽章の「坂東」のヴァリエーションをつけたもの。急にあたる）の一段目に、

なむあみだ　ハハー　ハハー　ハハなむあみだんぼッ

がある。民謡のうたい出しに「ハハー」や「ナー」の発語的発声があるように、大念仏、六斎念仏の詠唱にも「アン」「アアン」「オー」「オン」「オーン」「ナー」「ナーッ」「ナップ」「モー」「ドン」「ハハー」「ホーン」「ン」「ンドー」などがはいって変化をつけている。そのほかの大念仏の俗称には摂津多田院の多田神社に「南無手踊」、高知市朝倉の朝倉神社にも「南無手踊」があって「ナモーデ」の囃子が名称となり、周防大島の「なむでん」は「ナムアミダブ」の称名に太鼓の音がはいるので、この名称を得たらしい。東北地方の「じゃんがら念仏」、肥前平戸市の「じゃんがら」も大念仏の念仏踊であるが、これが鉦と太鼓（古くは樽を打つ）の擬音的名称であることはいうまでもない。以上のような諸例によって「おんない」の名称が、大念仏の詠唱からきたことがほぼあきらかであろうが、その内容をみればいっそうはっきりするのである。

二

三日市の「おんない」は、これをおこなう主体となっていた七里講という村々の念仏講の連合集団が一身田専修寺の勢力下にはいったとき、および七里講が解体して三日市村人だけでおこなうようになった江戸時代末期とに、大きな変化をうけたであろう。したがってその行事内容と伝承が合致しない点や、どうしても不明な点ができてしまったのである。しかし、このような民俗行事は本来不合理な性格のものであるから、これをいくつかの要素に分析して、各要素を類似の他の民俗行事と比較類推し、これを一つの体系や仮説で解釈することによって、その原型や意義、本質をあきらかにすることができる。その意味で「おんない」を名称・行道・服装・道具・歌詞・伝承な

どからその本質をあきらかにし、これと浄土真宗高田派との関係を追求したい。

「おんない」の名称についてはすでにこれが大念仏の念仏詠唱から出たことを推論したが、行道もまた大念仏に必須の条件である。これは本来、大念仏が祖霊または怨霊の鎮送を目的としたものであったため、その依代としての燈籠・花傘・風流笠を先頭に、霊に扮装した踊り手が行列を組んで村の聖地や祭壇（精霊棚）を巡って、鉦太鼓の伴奏で鎮送呪詞としての念仏を詠唱し、鎮送舞踊としての念仏踊をおどり、やがて海や河や村境や橋のたもと、道の辻などにおいて霊を送り出す儀礼をおこなうという形式をとるのが普通である。これは、わが国の民族的宗教観念では神にまで昇華する以前の霊は祖霊でも怨霊でもひとしく恐怖的存在で、これを荒れさせぬように宥和し、鎮めて共同体の外に送り出す（または攘却する）儀礼が共同体の安全のために必要だったからである。そして農作物をあらす害虫や旱魃もこの霊のしわざとかんがえられたから、おなじ儀礼が虫送りや雨乞にもおこなわれ、これが大念仏としての太鼓踊や念仏踊となったのである。

たとえば祖霊鎮送の大念仏としては遠州大念仏や伊勢の羯鼓踊、三河の大念仏と放下、信州和合の念仏踊、新野の盆踊や野辺の獅子舞念仏踊、野沢踊念仏、近畿各地の六斎念仏、奥州八戸付近の墓獅子や「ないもないも」[3]とよばれる大念仏、磐城のじゃんがら念仏踊、羽後西馬音内《にしもない》の亡者踊、東北各地の剣舞・鹿踊などがある。雨乞の大念仏としては、近江・大和の太鼓踊、薩摩の太鼓踊、日向の臼太鼓、肥後山鹿の万行踊、肥前の浮立とじゃんがら、讃岐滝宮の念仏踊、播磨のザンザカ踊、和泉の鼓踊などがよく知られている。虫送りはたいてい「南無阿弥陀仏」の幟を立て鉦太鼓で田圃をまわって村境や海・河へながしに行くが、これをとくに大念仏の形でのこしたものに、伊勢の対岸、知多半島大野町や阿久比町の虫供養がある。これは百万遍念仏とせめ念仏（なげという）と廻向念仏をするが、その大廻向三番に、此虫供養大念仏の御功徳によりて、草木国土悉皆成仏、並に鳥畜類魚類等に至る迄、無量無辺の法楽を受け、速に仏果を成ぜしめんが為に、融通百万遍大念仏の御回向を敬ひ拝し奉る。

とあって大念仏の一形態である。

このような大念仏の形態に「おんない」がきわめて類似していることはいうまでもない。とくに傘鉾を立て、提燈を持ち、菅笠をかむり、もとは蓑さえつけて、鉦と太鼓で称名念仏と和讃をとなえながら、如来堂・太子堂をはじめ両堂門前・観音堂（もと観音寺）・十王堂・熊野寺（西組は太郎兵衛前[4]）・氏神・市神（西組は源八前）などの神社寺院をはじめ、橋口・橋上（久右衛門前ともいう）・佐五兵衛前[5]・半助前[6]などの村の聖地とかんがえられるところで念仏和讃をとなえてまわる行道形式は、大念仏以外のなにものでもない。おそらく一ッ橋というのは顕智を見うしなったところでなくて、祖霊または怨霊鎮送の場所であろう。

大念仏の聖地巡拝は、註(2)にしめした半田市成岩の四遍念仏でも石塔・石像・辻堂・神社などを巡拝し、註(3)の八戸市の「ないもないも」では聖地を砂森と人形沢の墓地とする。また三河田峯の大念仏（「盆供養念仏」ともいう）では、七月十六日の「餓鬼送り念仏」に地神・塞の神・おしゃぐし・川のたわの地の神・庚申祠と六―七歳以下で死んだ子供の新仏の棚をまわって念仏和讃をとなえる。また、三河鳳来町大輪の大念仏では無住の村堂光輪寺（聖徳太子と弘法大師をまつる）で、「うね畑の仏」や「がらん様」鳥沢観音のために念仏をあげて新仏の棚まわりをするが、もとはこれらの聖地をまわったものとおもわれる。また近畿地方の六斎念仏には七墓巡りという聖地巡拝がある。これは京都の空也僧が、空也の失踪した日という十一月十三日から大晦日まで四十八夜念仏を修行するあいだ、毎日五墓または七墓を巡ることにもあらわれている。大阪にもこれがあったらしく、近松の浄瑠璃「賀古教信七墓廻」には、千日前や梅田などの七墓を巡ることが書かれている。大和の六斎念仏講は石鳥居のある墓地（行基開創という伝承をもつ古い墓地）を七か所まわり、最後は高野登りをして大師廟前で念仏をあげるという。

以上のような大念仏に共通した聖地巡拝と祖霊鎮送の行道が、三日市のばあいはすべて顕智の事蹟に結合したために、㈠顕智が参詣のために立ち寄った如来堂・太子堂の前、㈡太子堂で説教して出発し、十間ばかり来て御堂のほうをふりかえった石段のあたり、㈢顕智と四人の名主がはじめて面会した東道場の前、㈣顕智が出発してやがて姿の見えなくなった一ッ橋、㈤一ッ橋から東西にわかれてさがして両組が集合した佐五兵衛屋敷前という風にあてられ、氏神や市神・熊野寺・観音堂・十王堂などは、この説明からはのぞかれるにいたったのである。

また大念仏の笠は白紙や五色の紙を垂らした花笠が多く、霊魂に扮するために顔をかくすのである。また東北の剣舞・鹿踊のように面をかむってまったく顔をかくすものもある。そして三河田峯や大輪の大念仏のように莫蓙を背負うのは蓑のかわりであることはあきらかで、『日本書紀』「神代巻」に追いやらわれる素戔嗚尊（祖霊神）が笠蓑を着て衆神に宿を乞うた話があり、「世に笠蓑を着、以て他人の屋の内に入ることを諱む」というように、これが霊の姿であったことは葬送の習俗にもうかがわれる。伊勢の羯鼓踊にも腰蓑をつけるところがあり、五島列島の盆の念仏踊も棕梠の葉の腰蓑をつける。このようにもとは蓑をつけたということにも「おんない」の大念仏であった証拠はあるが、これも顕智とむすんで、当時、雨がふっていたので蓑笠つけてさがしたという伝承になったのである。

ただここで問題になるのは踊りがあったかどうかということであるが、下野高田では「顕智踊」の名をつたえており、上人をさがす格好をするというのも、一つの踊りの型とかんがえてよいであろう。これは真慧以後の高田派の純粋化の影響をうけたために、踊りをうしなったと解釈すべきものである。

つぎに傘鉾は「おんない」の大きな特色であるが、これも大念仏に共通の道具で霊魂の依代である。大念仏の鎮送儀礼には田楽（田の神祭）の混入がみられるが、花傘や傘鉾はその一である。もとは造花などをつけたものであろうが、盛岡市や花巻市葛の大念仏は台傘踊ともいわれるように、この傘鉾を中心として踊る。そして傘の上には三層の楼閣形の燈籠をのせて火をいれるが、これを浄土になぞらえて浄楼とよぶのである。伊豆新島の盆踊に「傘ぼうろく」という傘鉾が中心に立てられるのもこれで、傘の縁に幕を垂らし、内側に布切れ、髪の毛、鈴、鏡、鋏などをつりさげる。これが住吉の願人坊の念仏踊であった住吉踊になると、紙の人形（ひとがた）をたくさん下げる傘鉾となり、「おんない」の傘鉾とおなじになる。これとまったくおなじ傘鉾は、美濃の郡上地方各地の掛踊（神事祭典と雨乞におこなわれる掛念仏の変形）に立てられるのである。そしてこのもっとも原初的なものは、田歌を「なもへ」という念仏のリフレインで囃す京都今宮の「やすらい」（鎮花祭）の花傘に見られる。

つぎに歌詞については常磐井氏の詳細な御論考に蛇足をくわえると、東組如来堂の和讃、

◎ごくらくの庭の植木に何がなる
　南無阿弥陀仏の六つの字がなる

は三河田峯の大念仏、八戸市の墓獅子（獅子舞大念仏）ばかりでなく、遠州大念仏には共通した和讃である。すなわち老人の魂祭に、

　極楽の玉の簾をまきあげて
弥陀の姿をおがむありがたさ
（返し）極楽のつぼの植木に何がなる
　南無阿弥陀仏の六字こそなる(7)

とあり、東組両堂門前の和讃に、

◎白鷺が寺の並木に巣をかけて
　鷺もろともに寺ぞさかゆる

には三河田峯の大念仏の類歌のほかに、おなじ設楽町田口本町の大念仏歌枕に、

白鷺が峰の小松に巣をかけて
巣をばとられて何とするらん

また三河新城市大海の大念仏放下（法歌）に、

白鷺がこれのお宮に巣をかけて
おそれながらもお宮住みよし
すみよくば森ふみちらさで　遊べ白鷺

また岩手県気仙郡横田村の鹿踊の寺門前の歌に、

白鷺は門の笠木に巣をかけて
真の闇にも月とかがやく

つぎに、東組市神の和讃に、

◎市神の忌垣の内の姫小松
　松諸共に地下ぞ栄ゆる

には田峯の大念仏の類歌のほかに、三河鳳来町字源氏の大念仏放下歌枕、氏神様に、

神すだれ神のみ垣に松植えて

松もろともに氏子繁昌
つぎに、西組太子堂の和讃、
◎みわたせば玉で延べたる御座所
黄金まじりのまばの葉で葺く
は、いわゆる「堂ほめ」の歌で類歌は大念仏にきわめて多いのであるが、これと東組の橋口（せこ）の和讃の、
◎このせこの花が一枝ほしけれど
及びなければこれで眺むる
とは一組となって類歌がある。すなわち三河新城市市川大念仏の歌枕の堂（子安観音と阿弥陀如来をまつり、いまは徳蔵寺に移祀）に、
朝日さす夕日かがやくこの堂は
黄金づくりか仏まします
（返し）あの花を折りて一枝ほしけれど
及びなければこれで眺むる　仏南無阿弥陀
があり、おなじ大海の大念仏放下の堂の歌枕に、
朝日さす夕日かがやくこの堂は
黄金づくりの仏まします
（返し）卯の花を折りて一枝ほしけれど
及びなければこれで眺むる

があり、伊勢羯鼓踊の精霊踊本の御寺踊に、

（中なげ）御寺へ参りて御門のかかりを見物すれば

御門は白金扉は黄金

（きり）　えびさしかんぬき皆黄金

か、

の「寺ほめ」がある。これを豊橋市蒿山大念仏の「夜念仏歌謡覚」によると、「朝日さす夕日輝く」の堂ほめのほ

御寺へ参りて山門見れば　山門柱は白金黄金　扉は合せて皆黄金

という「門ほめ」も見られる。また西組半助前の和讃の夜念仏の類歌は三河大海大念仏放下の「憂い」の歌枕に、

ありがたや千部万部のお経より

これにまします我が夜念仏

があることを注意したい。

つぎに「おんない」の歌詞の後の部分は、大念仏が葬式と盆の新仏供養にもちいられるきわめて一般的なもので、「おんない」も七月四日までの新亡供養をこの和讃でしている。そしてこれは顕智上人とまったく関係はないのである。たとえば東組の「母をとむらう」（享保本は「はゝ子」）の、

◎わが親の旅の衣を縫う折は

針目も糸目も涙なりけり

は三河鳳来町源氏の大念仏放下歌枕に、

親様の野辺の送りの其の時は　後に残るのは枕ばかりや子供が旅立ち衣を縫う時は糸目針目が涙なるらん

とあり、三河設楽町田口本町「盆念仏集」では、

親様の旅の出立の旅衣

糸目針目はなみだなるらん

がある。また東組の「思ひ子」の、

◎さかさまや弔ふべき親を弔ひもせで

親に弔はるゝ天のおそれや

は三河新城市大海の大念仏放下の「憂い」に、

さかさまや弔うべき親を弔いもせで

親に弔わるゝ親木つらさよ

に相当する。また東組の「父をとむらう」（享保本では「ちゝ子」）の、

◎わが親の旅の出立を見てやれば

もじのころもにすげのさしがさ

は遠州大念仏では、

（親様）おや様は今年はじめてソリャ死出の山　六じのころもにすげのからかさ

とあり、三河新城市市川大念仏歌枕では、

わが親の野辺の送りのその時は

エエもじの衣に菅のからかさ

がある。

以上のほか、種々論ずべき点はすくなくないが、三日市の「おんない」が大念仏の一種であることはうたがいない。

大念仏は集団的な念仏行道と詠唱舞踊からなる民俗的鎮送儀礼で、空也の念仏踊はその原初的なものであった。これを芸術として洗練された芸能に高めたのは大原の良忍で、それからの大念仏は融通大念仏となった。鎌倉時代の勧進僧は、文学的な唱導とともにこの芸能をもって、大衆を信仰と作善に動員しえたのである。そして鎌倉末期には狂言をもくわえるにいたって、音楽・舞踊・演劇の芸能三要素をととのえた。このような芸能的勧進は諸大寺の造営にも利用され、勧進聖のはたらきでこの大念仏は民俗化したのである。したがって大念仏は空也のように人のあつまる市でもよおされることが多く、三日市はちょうどそのような条件も具備しておったわけである。そして三日市での大念仏勧進の結果できあがったのが如来堂・太子堂とかんがえられるのであって、善光寺如来と聖徳太子信仰をはこんだ勧進聖は、当然東国の念仏者でなければならない。すなわち、鎌倉時代にもっとも活躍した高野聖は弥陀信仰と弘法大師信仰を、善光寺聖は弥陀信仰と太子信仰をはこんであるいたからである。

三

以上の推論のように、真宗高田派の根本的な信仰形態を保持する三日市の「おんない」が大念仏の性格をもつとすれば、当然高田派と大念仏の関係が問題となるであろう。そしてこれはまた、原始真宗教団の本質の問題にもかかわりをもつことになる。

わたくしは高田派教団の信仰形態は真慧以前と以後に截然とわけられるものとおもうのであるが、三日市の如来堂・太子堂を中心とする信仰は、原始高田教団の信仰を保持したものとかんがえる。それは原始真宗教団の信仰夾雑性を一人で背負ったような複雑さをもつ原始高田教団の、モデルケースといってもよいものであろう。伊勢にうつった真慧はこのような夾雑性にあきたらず、浄土真宗信仰の純粋化をはかり、異義を排除しようとしたことは『顕正流義鈔』や『真慧上人御定』にあきらかである。したがって三日市諸坊や七里講との衝突があったことは、「七里講記録」やその代弁者であった厚源寺の文書からもじゅうぶん察せられる。これは三日市門徒が顕智以来の高田派の相承を自負していたのにたいして、真慧は『顕正流義鈔』でこれを自力の邪義ときめつけ、『真慧上人御定』では「ツクヅク当門流ノ坊主衆ノ覚悟ヲミルニ、利養狂惑ノ見ニ任シテ、流祖聖人ノオキテヲソムキ、自由ノ悪見ニヨテ、末弟等ヲ虚妄シ、ミダリガハシク法意ヲカスムル条イハレナキ次第ナリ」とし、また「世間ニモ舞マイノ猿楽ノ振舞ヲイタシテ舞マイノタヨリトセントオモヒ、世間ノ猿楽ノ舞マイノ振舞ヲイタシテ猿楽ノタヨリトセントオモハンガゴトシ。コレ不可ナリ」といったのは、大念仏の踊りなどをした三日市門徒にもふりむけられた非難とおぼしく、やがて「おんない」が念仏踊をうしなう因由となったかとおもわれる。しかもこの大念仏などの雑行は浄土宗西山義の余流とみていたらしいことは注意すべきで、西山流からは道空の六斎念仏が出ているので、たしかに大念仏があったとおもわれる。すなわち「当流ノ門人ノ中ニ、アルヒハ西山西谷ノ法義ヲ学デ当法流ノ助成トシ、アルヒハ鎮西長楽ノ余流ヲクンデ一向専修ノタヨリト存ズルトモガラコレアリ。コレオソラクハ流祖ノ御内証ニソムキ、自由ノ義ヲ興行セント存ズル所為ナリ」といったのはこれであろう。そこで真慧は、三日市門徒のなかへ名号や野袈裟を下付することによって一身田専修寺の直参門徒とし、三日市諸坊と在地門徒とのあいだを離間する切りくずしをおこなったらしい。この真慧の攻勢にたいして三日市諸坊は、「直参は地獄へ落ちる」などと中傷して反抗した。これを『真慧上人御定』は「真参ノトモガラ地獄ニオツベキヨシ申シアヒ候。マコトニイハレザル仔細ニ候。タダシ直参ノヤカラニオイテモ、信心決定ノモノハカナラズ極楽ニ往生ス。信心ナキトモガラハ結縁トナルベク候」とのべたのであろう。

しかし真慧のこのような観察は、法義や伽藍や諸行事の上で、真仏・顕智をとび越して親鸞に直結した本願寺化の結果であって、いかに夾雑性があるにしても、如来堂・太子堂を中心として門前の諸院坊が一山を形成する三日市が、原始高田教団の伝統をのこしたものであることは否定できない。ところで大念仏なるものが原始高田教団に存在したとすれば、この三日市の「おんない」は顕智または善然の時代までさかのぼりうるわけである。そこで『本願寺文書』(七)の専修寺系図を見ると、

真仏次男

信性　結城領内居住

結城殿朝光のムコ也、頼朝ノ子真仏寺アリ、専修寺ト申

称名寺ハ朝光立給候

大念仏衆之体也

真正　此仁帰参イソへ結願寺異兄也

実如様御代法名下被

とあることが注意される。ここに「大念仏衆之体也」とあるのはおそらく真正にかかるものであろうが、とにもかくにもこの教団に大念仏衆が混入していた事実はみとめなければなるまい。そして真仏・顕智の教化のあとには下野高田ばかりでなく、桑子妙源寺や矢作上宮寺のように如来堂と太子堂をまつるものが多く、源海の法系にあたる了源が元応二年(一三二〇)八月に草した『勧進帳』にも、

勧進沙門空性房啓白　コトニ十分檀那ノ助成ヲカウフリテ山城ノ国山科ノホトリニオイテ一宇ノ小堂ヲ建立シ

テ、弥陀如来ナラヒニ聖徳太子ノ尊容ヲ安置シタテマツリ、念仏三昧ヲ勤行シテ有縁無縁ノ幽霊ヲトフラハントコフ子細ノ状

としるしているが、彼はすでに安置の精舎もないときから、「有縁ノ古像ヲエテ」弥陀尊形を所持渇仰し、そのうえ「太子ノ聖容」をあらたに彫刻せしめて所持帰敬していた。このように阿弥陀如来と聖徳太子の像を所持帰敬するというのは善光寺の勧進聖をおもわすものであるが、この善光寺は、また聖徳太子信仰と関係のふかい融通念仏の血脈をつたえるから、大念仏があったこともたしかである[8]。一遍も善光寺と四天王寺にふかい因縁のある念仏聖であるが、これも「融通念仏すゝむる聖」であった。また了源は『改邪鈔』に邪義としてあげられた名帳・絵系図をもちいたが、これも融通念仏勧進の名帳とその絵巻物化されたものとかんがえられる。

いうまでもなく大念仏は鎌倉時代には融通大念仏という形でおこなわれたもので、清凉寺本『融通大念仏縁起』に、

清凉寺の融通大念仏は道御（円覚十万上人）上宮太子の御霊告により、良忍上人の遺風を伝へて弘安二年に始行し給ひしより以来とし久しく退転なし

とあり、法金剛院の「融通念仏血脈」も上宮聖徳太子を祖とするから、壬生寺もこれとおなじである。ここで融通大念仏を聖徳太子の夢告とすることは注意を要する点で、磯長の太子廟には良忍の分骨をうつした墓があり、また空海の「上宮太子廟参拝記文」（叡福寺蔵で『一遍聖絵』に「高野大師御記」として引用）に空海がうけたという念仏の夢告も、高野聖の融通念仏であったろう。もちろん、四天王寺に融通念仏のあったことはたしかで、善光寺の阿弥陀如来と四天王寺の聖徳太子のあいだに、約諾または問答があったという伝承（『法然上人行状画図』第十六、『塵添壒嚢鈔』巻十七）も、この両者の融通大念仏の勧進聖によって構成されたとおもわれる。

元来、大念仏は『拾遺往生伝』の清海伝によれば「正暦之初、勧進自他、修七日念仏、所謂超証寺大念仏是也」とあり、『諸寺縁起集』超昇寺の部にも同様に見えるので、良忍以前からあった行道と舞踊をともなう合唱（同音）の高声念仏であったが、良忍以後は美しく洗練された曲調の融通大念仏になった。それゆえ『法然上人行状画図』（第三十）に見える東大寺大勧進の俊乗房重源の興行した大仏殿前の七日の大念仏も、彼が文治二年（一一八六）の大原問答での融通念仏（行道と高声念仏）に参加したことからみて当然、融通大念仏であった。したがって平安末から鎌倉時代にかけての勧進聖は大衆を誘引する方便として、多分に芸能性をもった融通大念仏を興行したのである。現存の『融通大念仏縁起』や「血脈譜」からみれば、嵯峨清凉寺・法金剛院（したがって壬生寺）・善光寺・谷汲山華厳寺・当麻寺・泉涌寺・石清水などが中心で、大原・高野・四天王寺にあったこともたしかである。また「融通念仏すゝむる聖」であった一遍の経廻した全国の霊仏霊社もこの念仏があったと推定され、『一遍聖絵』（巻十）によると、正応二年（一二八九）二月九日に伊予大三島で、

一遍上人参詣して桜会の日、大行道にたち[11]大念仏を申

とあり、弘安二年（一二七九）に一遍が善光寺へもうでたとき、信州伴野の市庭（「聖絵」は佐久郡小里切里）で踊念仏をはじめたとするのは、善光寺流の融通大念仏が踊ることを特色としたのに影響されたとみなければならない。[9] すなわち一遍の踊念仏も大念仏の一種であって、『愚闇記』などに原始高田教団の一流たる越前大町門徒のあいだに踊念仏があったということは、時宗の混入があったとかんがえられるにしても、この教団の下野における発祥時代に、さきにあげた顕智の兄弟弟子に真正のような「大念仏衆」があったことと無関係ではないであろう。

ところで関東地方に現在も多く分布する「天道念仏」という踊念仏は、弘法大師によってはじめられたという伝承をもっているが、弘法大師に念仏思想があったというかんがえ方は太子廟の夢告という「上宮太子廟参拝記文」

や、これを引用した『一遍聖絵』に見えるばかりでなく、明遍の夢告という「弘法大師念仏法語」にものべられている。これらは鎌倉・室町の両時代に勧進廻国をした高野聖の仮託の書であったことはうたがいないとしても、山上で踊念仏がさかんにおこなわれたのは、時宗よりも融通大念仏のそれであったと推定される。(10) しかもこの高野聖の念仏思想は真言念仏または秘密念仏といわれるもので、東国の天道念仏はともかくとして、秘事法門にきわめてちかい内容をもっていた。しかしこれは直接高野聖によって伝播されたのではなく、高野聖と交流のあった善光寺聖によって東国にひろめられたものとおもう。したがってこのような念仏思想は善光寺信仰ときわめて親縁関係にあった高田派のなかに、大念仏衆とともに混在する可能性はまったくないとはいえないのである。もちろんある社会、ある宗教団体が活力にあふれて健全であるときには、種々の異端や反対勢力の対立をふくみつつこれを止揚して統一された状態にあるので、そのような異端の混入はむしろこの教団のダイナミックな発展の力となったであろう。それはともかくとして、この高田派には大町如道の秘事法門を立証する文献が、山田文昭氏によって越前の法雲寺と浄勝寺から採訪され紹介された。すなわち「真慧上人より真智上人に伝えられた十箇の秘事」(『真宗史の研究』破塵閣書房、昭和九年、のち法藏館より昭和四十五年に復刊)でこれを真慧・真智に擬することはもちろん、仮託であろうが、「息位即身成仏大事」といい、「衆生本有名号即身成仏大事乃至十念大事」などあきらかに秘密念仏である。しかしこのような文献が越前では高田派にぞくした寺院に所蔵されたということは、高野聖につながりをもつ東国の大念仏が原始高田教団にあたえた影響として、史学的価値を無視することはできないとおもう。

四

以上のような推定を傍証するもう一つの例として、一身田高田本山の門前にある同派寺院厚源寺の大念仏がある。この厚源寺は三日市門徒や七里講と密接な関係があり、七里講に下した真慧の「御書」も厚源寺に草本が保存されていたほどである。(11) これはおそらく、厚源寺の前身たる三昧聖の道場が真慧来勢以前から一身田に存在したので、いわば原始高田教団の旧勢力にぞくする寺院であったためであろう。したがって真慧来勢以前においては、厚源寺の大念仏も三日市の「おんない」もおなじものであったはずである。まず「厚源寺過去帳」をみると、

第一世浄祐大徳　真慧上人北勢峯・原・吉尾在住ノ時ニ帰依ス。後奄芸郡一身田ニ招請ス。故ニ地下ノ下津氏ノ草庵ヲ建立シテ上ル。其地ハ当村浄祐三昧ナリ。当坊ハ其時滅罪ノ道場ナリ。

とあって、厚源寺が真慧の草庵をいとなんだ三昧を管理していたことを物語る。そして浄祐が真慧に帰依して新生高田教団に包摂されたのちも、その大念仏をもちつづけたのである。厚源寺の大念仏は最近絶えてその装束・道具をのこすにすぎないのであるが、さいわいに寛延三年（一七五〇）の「大念仏由来之事」があるので、その江戸時代の伝承と内容をうかがうことができる。この写本は奥書に、

于時寛延庚午仲春仏生日

勢州安芸郡一身田高田山南林厚源寺恵輪謹述

とあり、三部経や日蔵経・般舟讃・法然伝などをひろく渉猟して、極力浄土真宗の教理にあわせた大念仏の解説をしているのであるが、疫癘除滅・治国安民・五穀成就・後世菩提という現世利益を目的とする大念仏をジャスティファイするには、かなりの苦心をはらっている。

これによると厚源寺大念仏は往古の六郷、すなわち久保田・一身田・平野・白塚・中山・粉川の禁裡御領で疫疾流行して死者が多かったとき、勅命によって六郷の村人が修行したものであるが、そのとき六丁の鉦鼓をたまわり、そのうち一丁は元禄年中（一六八八—一七〇四）まで、平野村の分が部田村の在家に保存されていたという。

その始行の時代はあきらかでないが、元禄年間にのこった鉦も使用にたえなくなっていたというから江戸以前であることは察せられ、融通大念仏や百万遍念仏とおなじく、疫癘退散と横死者慰霊のために修せられたものであろう。もっとも疫癘退散は祟りをなす怨霊を鎮めるという鎮魂呪術としておこなわれるもので、俊乗房重源が大仏殿前で源平合戦の物故者のために七日の大念仏を興行したことや、謡曲「隅田川」の大念仏のように非業の死者のためにおこなわれたものが、やがて魂祭の年中行事である盆にのみおこなわれるようになったのである。すなわち、厚源寺大念仏も三日市「おんない」もともに盆におこなわれたものが、「顕智忌」という高田派の信仰化のために三日市のみ七月四日にくりあげられ、厚源寺はもとのまま七月十四日に修せられていたとかんがえられる。

　また厚源寺大念仏では太鼓・鉦鼓・法螺・法剣・法幢を使用し、花笠をつけて踊躍した。

　仏果円満の証の太鼓・鉦鼓・螺・法剣・法幢を建て、魔王の敵を責滅、一切衆生に八万四千の法門を示し……今の大念仏もそのごとく弘願称名の太鼓・鉦鼓・螺を扣きならし吹ならして衆生煩悩の怨敵を動転させ、報恩謝徳の法幢を建て、専修一行の法剣を執て妄想転倒の大敵を滅し

と教理的解釈をくわえているが、法幢というのは大経の「扣㆓法鼓㆒吹㆓法螺㆒執㆓法剣㆒建㆓法幢㆒震㆓法雷㆒耀㆓法電㆒澍㆓法雨㆒云々」という文にあわせたもので、これを三日市の「おんない」や一般の大念仏からかんがえると、行列や踊りの中心に立てる大花傘・風流傘・傘鉾・天蓋・ぼんてん・白玉などといわれるものを指したのであろう。また法剣は現在の「おんない」にはないが、東北地方の大念仏の一形態である剣舞（けんばい、念仏剣舞ともいう）のように、剣をふって踊ることがあったものとおもわれる。

　問、この法会に太鼓を叩き華笠を頂き踊躍する義何ぞや。答、浄土の有様なり。大経曰、一切天人衆踊躍大歓喜と説。また蓮華初開の相を示すなり。初て華のひらけし時、未曾有のおもひをし踊り悦ぶありさまなり。浄

土の曼荼羅には俗に白子八躰という童子八人おの〳〵楽器を持てうちならし踊る絵相あり。是なり。また問。扇子をひろげ念仏を唱へ踊るは何ぞや。答。これは蓮華初開の時、新生の往生人を安慰せんがために観音勢至歌舞の躰をあらはしたまふ有様なり。……しかれば、この大念仏の一会は浄土快楽の相を表するなり。必しも狂言綺語のたはむれごとに非。

と浄土教的解釈のうちに当時の踊りのありさまをしのばせる。

しかしこのような大念仏の起源については、私見としては霊鬼鎮魂または鎮送呪術としての念仏が、田の神をまつる田楽と結合した形であるとおもうので、その装束や道具には田楽的要素がつよい[12]。すなわち鉦鼓・法螺・法剣などは霊鬼鎮魂の呪具であり、太鼓（羯鼓または田鼓）・花傘・傘鉾などは田楽の道具である。また恵輪は『法然上人伝』を引いて、

農夫がすきをふむ、念仏をもて田うたとし、織女がいとをひく、念仏をもてたてぬきとす

とのべているのも、高田本山の鎮守大梵天宮に古い田歌ののこっている田楽と、この大念仏の関係をいわんとしたのかもしれない。そして大念仏の花傘や傘鉾は田楽における田の神（それは民俗学の仮説では祖霊や山の神と同体とされるものであるが）の依代とされるもので、この傘鉾に「おんない」では人形（ひとがた）をたくさんつるすのは、住吉踊の花傘とおなじく、依代たることをもっとも具体的にしめしたものといえる。このような例は大念仏と田楽の結合した美濃の郡上郡白鳥町や奥明方村の掛踊にも見られるが、近畿地方では十日戎の飾り物とされるのは、その都会化であり玩具化である。

五

以上のべたように三日市の「おんない」も厚源寺の大念仏も、伊勢における原始高田教団の残存形態をしめすものとすれば、「おんない」を顕智に付会する意義はじゅうぶんあるものとかんがえられる。すなわち顕智の伊勢布教は、文献に見えないからというだけで否定しさるべきものでなく、なぜ文献にのこらなかったかということもかんがえてみるべきであろう。そしてこれは、拡大された高田派の現状における顕智の信仰上の地位ではかるべきでなく、当時の念仏勧進者の一般的社会的地位から判断する必要がある。これは、多くの法然門下の念仏者や親鸞についてもいえることではないかとおもう。

顕智の三河における三年間の布教が『三河念仏相承日記』としてのこされたのはきわめて幸福な偶然であって、すべてのばあいに記録がのこるとはいいえない。三河では「御わき」のような顕智の息女がおったので比較的ながい滞留であったらしいが、伊勢三日市では「おんない」の伝承によれば、ほんの一会の説法があったのみでいずくともなく去ったという。これこそもっともありうべき廻国勧進者の姿ではなかろうか。高野聖も宿借聖（訛って夜道怪）といわれながら一宿以上はしなかったし、空也僧は一宿以上一か所にとどまることができないので二か所の堂を一夜ごとに移動したため、隔夜聖（訛ってカッケさん）とよばれた。「おんない」が顕智忌といわれながら実際の示寂の日でなく旅立った日とするのは、空也堂の空也忌とおなじであって、源為憲の『空也誄』にはっきりと「□□□十一月空也上人没于東山西光寺。嗚呼哀哉」とあるのに、空也堂では十一月十三日を空也の旅に出て行方不明になった日として忌斎をいとなみ、空也念仏と称して空也和讃や踊念仏をおこない、また六斎念仏講が集合して、さかんに焼香念仏（または鉦鼓念仏）を興行してきた。しかしこの十一月十三日は、この日から空也僧（鉢叩き）が四十八夜念仏（十二月大晦日まで四十八夜）の行入りをする日であるから、「おんない」の七月四日もかならずしも忌日とすることはできないかもしれない。[13] とにかく没日をあきらかにしないのは廻国遊行者の常であるから、顕智も空也的な念仏聖として、旅に生き旅に死する遊行勧進に生涯をおくったものであろう。

この時代には半僧半俗の念仏勧進者を聖と称することは普通であり、『三河念仏相承日記』に「顕智聖」または「顕智ひじり」「故聖」などと書かれたのは、「念仏を勧進」とあることとともに顕智の宗教的地位を物語るものである。しかもその勧進のしかたには、『三河念仏相承日記』に「そのほか御居住のあいだに念仏に入人数名姓事」として三十二人の名をあげたのは、日課念仏百遍がないだけで、融通念仏の「名帳」をおもわすものがある。また三河の同行をつれて高田詣をするという点に、善光寺聖は善光寺詣を、高野聖は高野詣を、伊勢の御師は伊勢参宮を、熊野の御師、先達は熊野詣を誘引先達したとおなじ勧進のしかたをみるであろう。これらの聖・先達はまた念仏という無形の信心だけをすすめるのでなく、有形の資糧・資縁を募り、本寺本社の経済を維持するとともにみずからの生活を維持するのである。そして了源が善光寺如来と聖徳太子の像を「所持帰敬」したように、ポータブルな本寺本社の仏像分霊を笈におさめて、有縁の地にその堂祠を建てた例は多い。このばあい、その聖自身がこの堂や庵に居住することもあるが、その弟子を住ましめてつぎの目的地に去ることもある。三日市の如来堂・太子堂の成立にはこのような背景がかんがえられ、おそらく善然が顕智のあとをうけて、ここを根拠に伊勢の各地に親鸞の念仏と善光寺系の大念仏をひろめたのではなかろうか。

顕智が各種の伝承からすぐれた旅行者であったことは、このような勧進聖とかんがえることによって解決され、京都・三河のみならず、伊勢・越前・越後にまで足跡をのこす理由はじゅうぶんにありうる。『沙石集』（巻九）や『一言芳談』で有名な高野聖・常州真壁の敬仏房も、ちょうどこのころ明遍の弟子として高野・大原に住むとともに、遠く奥州修行もしている。このような高野聖には十穀聖ともいわれるような穀断者があり、善光寺聖のなかにも「善光寺之十穀」(『言継卿記』天文元年〈一五三二〉五月六日条)がある。顕智が茸を断ったのを親鸞より禁ぜられたためとする『御一代聞書』を信ずれば問題はないが、古代的宗教者の中世的仏教化された聖には、しばしばこのような禁忌がつよかったことも見のがせないであろう。

しかし顕智のばあい他の勧進聖と本質的に異なる点は、外相は一般通途の俗聖であっても、内証においてはみずからの念仏行にしっかりした教理的裏付けをもとめ、内観的な信仰の確立をはかったところにある。この求道者としての顕智が、真宗史の表面にあらわれ、専修念仏の一義をもとめて親鸞に親炙した姿であるとおもう。しかもその外相は、どこまでも太子信仰をふくめた善光寺信仰の勧進聖であったとしなければならず、これが真慧以前の原始高田教団の伝統であったとかんがえるのである。それはちょうど『法然上人行状画図』や『一言芳談』に見える専修念仏の徒についてもいえることで、法然門下の勧進義といわれた俊乗房重源の門流や道心義とよばれた明遍の門流はもちろん、清水の大勧進印蔵、嵯峨清凉寺の勧進聖念阿弥陀仏(往生院の念仏房)、四天王寺瓦堂の本願空阿弥陀仏、賀茂の河原堂の本願出雲上人など、外相はあくまでもその所属の本寺本社の造営資縁の勧進にあった。そしてこれらの勧進に能声の上人をあつめて如法念仏をおこなうのは、融通念仏や大念仏を勧進の方便とした証拠である。ことに鎮西派の然阿良忠は美作・安芸を念仏勧進すること十年のうえ、東国経廻二十九年のあいだに、各地の善光寺如来堂に立ち寄っているのは、すくなくも東国での念仏勧進が善光寺信仰の波にのることが、もっとも効果的であることをしめすものであろう。親鸞の越後と関東をむすぶ路線もまさしくこれであって、その門下に善光寺聖の勢力がつよかったとしてもなんら不思議ではない。

なお、「おんない」の伝承に顕智の行方不明をさがす行儀とするのは、これが歴史事実であるとするよりは日本文学や芸能の発想にかかわる問題で、よるべなくただよえる霊魂をさがしもとめて、これを鎮め送る鎮送儀礼からきており、神隠しに合った子供を「鉦太鼓でさがす」のも鎮送の大念仏の転化にすぎない。これを謡曲の世界にみれば「百万」や「隅田川」のような狂女物となり、東遊では求子の舞となる。そして「百万」にも「隅田川」にも大念仏がついてまわるのは、顕智をさがす「おんない」とかんがえあわせて、興味ある問題としなければならないであろう。

註

（1）四遍については拙稿「融通念仏・大念仏および六斎念仏」（『大谷大学研究年報』第十集、昭和三十二年）にくわしくのべたが、たとえばこれを紀州伊都郡天野村下天野六斎念仏講の譜本によると、その一段目の一番に、

なあーむぅぅあーあ　ああ　ああ　ああ　あーい
みぃーんだあ　ああ　ああ　ああ　あ　あんぶうう

となり、三河新城市大海の大念仏放下では、

△みンだーハーアアイ
なーアむあーアみだーアンぶ
なーアむあーアみだーアンぶ
ぶつ　なーァむあーァみだーアンぶ
ぶつ　みンだンなーァむあーァみだー
△あーァみだーハーアアイ
なーァむあーアみだアンぶ
ぶつ　なーァあーァみだーアンぶ

を三度くりかえして廻向文となり、

△なァまみだァぶッなァまみだー（がん）

にしー　くどくーびようどうせ　いっさい　ほつぼだいしん　おうじようあん

に念仏三返をとなえて終わる。信州阿南町和合の念仏踊も新野の盆踊とともに大念仏の一種であるが、「庭入り」の道行と、鉦太鼓ささらの伴奏で乱舞したのち仏前に整列して念仏するが、これも「みぃーんだァぶッ」である。

（2）半田市成岩の四遍念仏は浄土宗常楽寺を中心に、北村組・西成岩組・板山組の念仏若衆が盆の一日から十五日まで毎晩、新精霊の盆棚をまわり、また七日からは二年目・三年目の盆棚もまわる。とくに七日・十三日・十四日・十五日の四日は笠をかむり袴をつけ、脇差をさし草履ばきで念仏若衆や中老の家をまわり、十五日は聖地と常楽寺で歌念仏をあげる。聖地はもと六斎日ごとに四遍念仏廻向したもので、宝篋印塔前、古瀬の地蔵前、天王瀬戸の弥勒菩薩前、札の辻の辻堂前、秋葉山の前、南鳥出山の観音堂前であって、「おんない」の村巡りに似ている。しかも歌念仏は称名念仏を四遍の節で七繰り、中オロシを白舞の節で七繰りで、なかに十三仏名がある。これに二十七通りの和讃集があり、誓願寺・融通・滝之水・弘誓・大場法・鉦念仏・御香縁起・悪助・身売姫・賽の河原・不生女・剃髪・実田四郎・熊野路・十王和讃・坂東・七ッ子・西王母・熱田縁起・地獄巡り・弥陀和讃・御輪砕・血盆経・富士和讃・野辺の讃・花若・部呂などで、別本には後夜・みどり子・なかの文などがあって典型的な大念仏であり、念仏の曲譜は六斎念仏調である。和讃はむしろ伊勢の羯鼓踊と共通性が多いが、「おんない」も、もとはこのような構成をもっていたとおもわれる。

なお紀州天野村下天野六斎念仏でも「四遍」の譜本には一段目の二番が、

なああむぅぅおおぅぅああ　あーいみいーんだあ　ああ　ああ　ああ　ああーあんぶぅぅ

とあって「オーンアーイ」にちかく、五段目の一番は、

おお　おー　おんなーあん　むうう　ああ　あいみい　いんだん

とあるのも「オーンアイ」に変化しやすい発声である。

（3）八戸市の「ないもないも」は、盆の十四日の夜に「大念仏」と書いた旗を先頭に、「南無本師釈迦牟尼仏」の幟（これは村の檀那寺の福昌寺が禅宗になったための変化）を立てた行列をくんで宿から砂森へ行って火を焚き、人形沢の墓地をまわってから新仏（一年から三年まで）の棚をおがんでまわり、最後に寺へ行くが、その詠唱は、

ようえいなーい　なあむうああみだー　おうがあみだあ

をくりかえす。しかしもとはもっと長い称名念仏詠唱があって、「ないもあいみだあ」というような発声が「ないもないも」の俗称を生んだものとおもう。「おんない」ときわめて類似の大念仏である。

（4）熊野寺は現行の「おむない念仏」本では熊野路となっているが、享保本の「熊の寺」をとるべきものである。ここでの和讃「熊野路や九十九関を通り来て　せかばせかりょか関の一関」の歌意からすれば、熊野道者のやすむ辻堂のようなものではなかったかとおもう。おそらく九十九王子などがまつられていたのであろう。現在、路傍でこの和讃をとなえるが、もとはここに堂があったという。

（5）佐五兵衛前で念仏和讃をとなえるのはここが顕智上人をさがしたとき、一ッ橋から東西にわかれてさがしたが見つからないので、最後にここにあつまって相談したからという。しかしわたくしのきいたところでは、ここに大榎があったというから、なにかまつられた跡とかんがえねばならない。石地蔵や五輪などがあったのではないかとおもう。とにかく聖地である。行道の提燈をここでつけたという伝承があることからみると、三河の大念仏などで念仏衆の行列が新仏の家へはいる（これを「いりは」とか「はねこみ」とかいう）出発点が提燈に火をいれるところであり、墓地・辻堂または石地蔵・五輪などのまつられたところであるのとおなじである。

（6）半助前は西組のみがつとめるところでいまは何もないが、歌意からすると、半助の居屋敷となる前は念仏の道場などがあったのではないか。というのは「ささがにの糸より細き細道で、旅の念仏に逢うぞうれしや」と、その返歌の「夜念仏、さきの行合い多生の縁、そこに留まれ歌を一節」とあるのは路傍の念仏道場の感がある。ちなみに夜念仏は大念仏の別名とされており、謡曲「隅田川」では梅若丸の亡霊のために「此在所に大念仏を申す事の候ふ間僧俗を嫌はず人数を集め候」とあって、「既に月出で河風も、はや更け過ぐる夜念仏の、時節なればと面々に、鉦鼓を鳴らし勧むれば」とうたわれる。大念仏の怨霊鎮送は真夜中におこなわれるものであったらしい。のちにのべるような顕智・善然のごとき念仏勧進聖は、そのような路傍の道場で勧進したとおもわれる。

（7）六字をよんだものは多くの大念仏や六斎念仏に六字の讃というものがあるが、三河設楽町松戸の大念仏では浄土和讃、寺和讃、長者和讃の「くどき」として、

極楽の門の扉にや何がなる

南無阿弥陀仏の六字こそなる

がもちいられている。

（8）「善光寺大勧進融通念仏血脈譜」は、

西方極楽教主阿弥陀如来—良忍上人直授元祖聖応大師—厳賢上人—明応上人—観西上人—尊永上人—良鎮上人

—経淵上人—天海大僧正—律淵上人—声淵上人—……

となっており、法金剛院の「融通大念仏血脈」と異なる。すなわち、

上宮聖徳太子—円覚（道御）—本如—賢乗—浄雲—賢悟—顕一—承道親王—法深親王—覚道親王……（下略）

そして善光寺大勧進は明治時代になってからも「融通念仏日課勤行次第」を在家に頒布し、関東地方の善光寺講中の世話人（これをホウガンというのは本願のことで、善光寺如来信仰の勧進者の意であろう）はいまでももちいている。『吾妻鏡』（建長五年〈一二五三〉四月二十六日）には勧進上人観養坊の名が見え、信州佐久郡大井荘落合の新善光寺鐘銘（弘安二〈一二七九〉巳卯八月十五日）には、大勧進法阿弥陀仏と勧進説法者の念阿・道空の名が見える。この銘文によると法阿弥陀仏は建長元年（一二四九）に不断念仏もはじめているので、建長の阿弥号からかんがえても融通念仏の徒であるらしい。また『吾妻鏡』（寛元四年〈一二四六〉三月十四日）の善光寺供養には勧進上人親基があげられ、これも延応元年〈一二三九〉七月十五日の不断念所料所に関係があるらしく、『実隆公記』（永正五年〈一五〇八〉五月十一日）の前立新仏を造立した弘聖菩薩や『言継卿記』（天文元年〈一五三二〉五月六—十一日）の善光寺勧進帳染筆依頼にきた善光寺十穀も、十穀聖が俊乗房重源の末徒であるかぎり融通念仏につながりがある。事実、高野聖にも十穀とよばれる勧進聖があり、『長興宿禰記』（文明九年〈一四七七〉六月二十六日）のように、誓願寺造営には「勧進坊主号十穀沙門興行也、勧進帳一条禅閤御作也」とあるから、融通大念仏を興行したものであろう。また甲斐善光寺の棟札（永禄七年〈一五六四〉七月十六日）に勧進沙門浄雲は「善光寺流浪沙門似形沙門心懺愧々々」と書いたことなど、中世における善光寺聖の活躍をしめすものである。

（9）一遍の踊念仏については、拙稿「一遍上人と高野・熊野および踊念仏」（日本絵巻物全集第十巻『一遍聖絵』）を参照。

（10）応永二十年〈一四一三〉五月二十六日「高野山五番衆一味契状」に高声念仏・踊念仏がさかんで、これを禁止し

た事情がのべられているが、大念仏系とかんがえられる萱堂聖のみ禁止されなかった。そしてこの系統から、平野大念仏寺の融通念仏中興上人である法明が出たのである。しかし室町時代にはいると、高野聖の念仏はすっかり時宗化してしまった。くわしくは拙稿「室町時代における高野聖の世俗的活動」(『大谷学報』第三十九巻第四号、昭和三十五年)参照。

(11) この真慧上人御書とその草本を七里講に譲った厚源寺恵輪の奥書は真岡慶心氏の「北勢に於ける専修寺門徒の消長」(『高田学報』第十四輯)に掲載。

(12) 念仏踊と田楽の関係については、前掲拙稿「一遍上人と高野・熊野および踊念仏」参照。

(13) 但馬地方の四十八夜念仏は六月七日から七月二十四日(地蔵盆)までであり、九夜念仏は七月十六日から七月二十四日まで村の聖地を巡る大念仏の一種である。これからかんがえると、七月四日というのは七月二十四日までの三七・二十一日の別時念仏の入の日ともかんがえられる。下野高田の顕智待を七月一日とするのは、民俗的には盆の入の日であり、燈籠揚げの日であり、盆の六斎念仏をはじめる日である。

結論

以上をもって本論文の筆を擱くにあたり、これだけの内容をもって論題の「日本仏教民俗学」の主張に価するとはかんがえないのであるが、怱々の執筆のため、ここで打ち切らざるをえないのはまことに遺憾である。われわれの学問が実証科学としての歴史学の領域内にあるかぎり、その学問的主張はあくまでも、具体的な問題を具体的な資料をもってしめしうるものでなければならない。方法論は、その研究実績の後からこれを体系づけるというのがほんとうなのである。しかし本論文は、これをわずかに第二部の「念仏芸能の研究」のみをもってしめすにとどまった。しかしわたくしはつぎのような諸問題について従来論文を準備してきたのであって、今後これらを発表することによって「日本仏教民俗学」の主張をつよめてゆくよう努力したいとおもう。すなわちその問題というのは、

㈠念仏芸能の研究
㈡呪師芸能の研究
㈢修正会・修二会の研究
㈣葬送習俗と霊場崇拝の研究
㈤仏教講の変遷に関する研究
㈥中世庶民信仰資料の研究
㈦仏教年中行事の研究（盆行事の研究・彼岸行事の研究・蓮華会の研究・霜月大師講の研究・農耕儀礼と仏教）

(八)御霊会と芸能に関する研究
(九)仏教伝承の研究（勧進と唱導・唱導と芸能・弘法大師伝説等の研究）

等を準備したのであるが、時日の都合で以上の念仏芸能の研究だけにとどめたのである。しかしこれらは本論文の出版の際にできるかぎり付加してゆきたいとおもう。そしてこれが完結したときはじめてわたくしの主張は実証されるわけで、現在の段階では論証不十分のそしりは甘受しなければならない。ただわたくしは本論文をもって「日本仏教民俗学」の学問領域の存在とその方法を提示し、人類文化と民族文化の研究にあたり、このような基層文化からあきらかにする道を民俗学がひらいた以上は、これを日本仏教文化の研究の上に適用することは当然であると主張するのである。その結果、従来の教理的研究や哲学的研究や歴史的研究で究明されなかった日本仏教の文化現象が解明されれば、仏教学全体の前進にも役立つであろうとおもう。

じつに仏教がわが国にはいってはたした役割は偉大である。われわれの民族の精神生活・文化生活はこれによってそだてられ、はぐくまれて今日にいたり、同時に無数の文化財をもってこのせまい粟散辺土を荘厳しているのである。したがってわれわれの歴史から仏教をのぞいたならば、何ものこらないといっても過言でない。すなわち日本文化史は絵画・彫刻・建築等を通じて仏教美術や仏教芸能や仏教文学等をのぞいたならば、ほとんど成り立ちえないのであり、社会史も仏教講による地域社会の結合と寺院を中心とする協同的コミュニティの形成をかんがえなければ、ただ支配―被支配・搾取―被搾取の関係だけで、日本の古代・中世・近世の社会を正しく把握することは困難である。

このような日本文化と日本社会の上にはたした仏教の大きな役割をわたくしはみとめながら、それでは仏教は何も文化の存在しない土地、また文化を創造する能力のない民族のなかにはいって、白紙の上にインド・中国以来の仏教文化の花をうつしえたのだろうか――という素樸な疑問をわたくしはもつのである。われわれは法隆寺の仏像や建築にガンダーラや雲岡の美術の影をみとめることに躊躇しない。これはアジアをつなぐ偉大な文化伝播の軌跡である。しかし法隆寺の仏像が、ガンダーラや雲岡と異なることも、また否定しがたい事実であろう。いつでも外来文化は、はなやかな姿で異邦にはいってくるので、低文化国は高文化国に文化的征服をうけたと断定される。しかし事実はその外来文化はいつのまにやら変容してしまうとともに、その異国的などぎついかがやきをうしなったとき、その国の民衆のものになるのである。このように外来文化を無言のうちに変容してゆく歴史の力――ゴータイン（Gothein）のいわゆる歴史における「働く力」（Wirkende Kräfte）は何か。これが歴史観の究極の問題であり、またわれわれの人生観・世界観の究極の問題でもある。ゴータインが『文化史の諸問題』（*Die Aufgabe der Kulturgeschichhe*, 1889）を書いたときは、神の神秘的な配慮、すなわち神意（Provideng）という教会的な歴史観にたいして、それは人間的なもの（Die Menschheit）の力であると主張せねばならない時代であったが、われわれはもっと具体的に常民（Volk）、または庶民（Masse）ということばにおきかえることができるとおもう。すなわち常民のもつ基層文化とその伝承性をかんがえることによって、日本文化史の現実的な理解ができ、したがって日本仏教史の具体的な解釈ができるのではないかとおもう。

以上のような主張にたいしていささか忸怩たる論文であるが、日本仏教民俗学の提唱はまた、わたくしの歴史観から出たものであることをのべて結語といたしたいとおもう。

Ⅲ　仏教民俗学の回顧

仏教民俗学のあゆみ

一

昭和五十年（一九七五）をむかえて、明治ばかりでなく、大正も遠くなりにけりの感がふかいが、私は仏教民俗学の発祥を、大正三年（一九一四）三月の柳田國男翁の「毛坊主考」（『定本柳田國男集』第九巻所収）におかなければならないとかんがえている。この論文は大正三年三月から同四年二月まで『郷土研究』に、十二回にわたって掲載されたものである。

民間の仏教についての関心は、昭和五十年の現在でもそうつよいとはいえない。仏教関係の論文や説話や読物、あるいは放送などを見てもそれはよくわかる。私はこれを民間仏教は水や空気みたいなもので、あまり身辺にありふれているために、気がつかないのだとおもう。

現代という時代は異常な「状況」でないと人々の関心をひかない。服装や行動、思想、いずれも一ひねりも二ひねりも、ひねったものでないと、存在理由がないように見える。したがって仏教でも「日常的」なものは「状況」としてとりあげたり、論じたりする価値がないとおもわれている。これは現代が情報過多のために、きわめて流動的な時代で、人心がうわずっているからなのだが、このような時代にこそ安定的発展のための「平常心」と「日常性」が要求される。しかも大部分の庶民は「日常性」のなかに、小さな幸福の燈をまもりつづけながら、頭上の嵐の通りすぎるのを待っているのだ。

民間の仏教はそのような庶民の小さな幸福のために存在する。病気をすれば神仏に祈り、人が死ねば坊さんをたのんで葬式を出し、法事をし、お盆には仏壇をかざり、お講の当番がくればささやかな煮〆と豆腐汁をつくっておしゃべりをする。そのような水か空気のように「あたりまえ」の仏教がどうしてできたのか。またそのような仏教は庶民生活にどのような価値をもつのか、という疑問が仏教民俗学という主張に凝固してきたのである。

仏教民俗学はそのような意味で、庶民愛あるいは庶民との共感を根底にもった民俗学の上に成長しなければならなかった。その点から「毛坊主考」のもつ日本仏教史的意義は大きい。柳田翁は神道家の父をもったせいか、あまり仏教は好きでなかった。しかし庶民との共感という立場から勧化僧や遊行聖、葬式にくわわる三昧聖や念仏聖を見すごすことはできなかったのである。総じて念仏がどのような宗教者を通じて庶民のものになったかを、浄土宗や浄土真宗、あるいは時宗という教団とは別の目で、しっかりと見とどけたといえる。しかしそのような宗教者は「ひじり」とか非事吏、あるいは「かんじん」、隠坊《おんぼう》、六部などと軽んぜられ、しいたげられてきた。柳田翁はこのような下級僧侶を大正十年（一九二一）にもとりあげて、『中央仏教』に「俗聖沿革史」（『定本柳田國男集』第二十七巻所収）を書いた。

しかしこの「毛坊主考」と「俗聖沿革史」はその後昭和にはいってからも民俗学研究者の関心をひかなかったし、また別の理由で柳田翁は単行本化しなかった。だからこの二つの論文に触発されて、私が昭和四十年（一九六五）に『高野聖』（角川新書）を書くまでには、半世紀ちかい歳月が空しくながれたことになる。

二

それでも「日常的」な民間仏教を、昔の学者も無視したわけではない。インドや中国を宗主国とあおぐ仏教学者も、あちらに本説のない仏教行事や信仰を、何とか仏説に関連づけて説明しようという試みはなされてきた。平安時代の半ばごろ、永観二年（九八四）に源為憲《ためのり》が書いた『三宝絵詞《さんぼうえことば》』はその源流である。鎌倉時代では天台宗の黒谷光宗の『渓嵐拾葉集《けいらんしゅうようしゅう》』や真言宗の頼瑜の『真俗雑記』がある。室町時代では文安三年（一四四六）に行誉のあつめた『塵添壒嚢鈔《じんてんあいのうしょう》』や各種の寺社縁起が、仏教行事をとりあげている。

江戸時代になると文人たちの随筆や俳諧書が、インドや中国の故事をもって、日本の年中行事を説明しようと苦心している。ことに注意しなければならないのは、雑行雑修を忌むところから、浄土真宗では、民間仏教を排他的にとりあげたり、これに真宗的解釈をして是認する試みがなされている。『真宗故実伝来鈔』や『叢林集』（慧空）、あるいは『考信録』（玄智）がそれである。

柳田翁の「毛坊主考」と「俗聖沿革史」は、そのような教団の眼やドグマと関係なしに、庶民の眼で民間仏教を見たのである。ところがこの見方はその後あまり発展しないで、民間仏教への関心は仏教考古学にとりあげられた。というのは、石仏・石塔、あるいは五輪塔・板碑などの石造美術から墳墓・位牌・写経などが、石田茂作氏や跡部直治氏、服部清道氏、柴田常恵氏らによって注意されはじめた。その結果、昭和十一年（一九三六）から十三年（一九三八）にわたる『仏教考古学講座』（雄山閣）で、以上の諸項目のほかに、「法要行事篇」がもうけられ、民間仏教の一部が紹介されるようになった。

しかし、これも各宗派の法要行事が中心で、諸戸素純・堀一郎・獅子王円信・神林隆浄・圭室《たまむろ》諦成・村上俊雄・吉田龍英等の諸氏も、宗派的制約のなかでこれをとりあげたにすぎない。ただ杉浦健一氏が「民間仏教習俗」を、池上広正氏が「盆火の行事」を、民俗学的立場から論じたのが、仏教民俗学の文献として注目される。

ちょうどそのころ、昭和十二年（一九三七）六月であったが、私は偶然に柳田國男翁の「盆と行器《ほかい》」という講演をきいて感動した。私はいまかんがえてもおかしくないくらい感激して、二、三日ボーッとしていたほどだった。このような感動は、昭和五年に東京で醍醐寺名宝展が開かれてはじめて密教美術に接したときの経験以来のことであった。幼稚とわらわれるかもしれないが、いまの学生たちや若者たちは、あまりにも批判的意識だけが発達してしまって、このような素樸な感動が味わえないのは不幸だとおもう。

「盆と行器」はそのころ『旅と伝説』誌が「盆行事号」（昭和九年）などを出したのに対応するものであったが、日本仏教の民俗学的解明に火をつけたのである。これ一つをとりあげても民間仏教の構造は、じつによくわかるはずである。しかし戦時中の日本民俗学は神道には関心をもっても、仏教には冷淡だった。しかし私は寺社縁起や高僧伝説などの口誦伝承が、民間仏教の成立と伝播に大きな役割をはたしたことに注目し、昭和十六年（一九四一）に「弘法大師伝説の精神的意義」（『密教研究』七十八号）と翌年に「弘法清水」（同八十一号）を書いた。また畏友、堀一郎氏もこの方面で昭和十九年（一九四四）に「遊幸思想」をまとめ、のちに名著『我が国民間信仰史の研究』㈠の「序編・伝承説話編」（創元社、昭和三十年）とした。

終戦前後、柳田國男翁の『新国学談』（「祭日考」「山宮考」「氏神と氏子」（『定本柳田國男集』第十一巻所収））や『先祖の話』（『定本柳田國男集』第十巻所収）などで、日本民俗学は日本人の霊魂観念や祖先崇拝を主題として展開した。私は昭和二十五年（一九五〇）に「両墓制と霊場崇拝」（『民間伝承』第十六巻第二号、昭和二十七年）を発表して、庶民信仰の対象となる高野山や善光寺や山寺立石寺、長谷寺などの霊場寺院の成立が、日本人の特異な霊魂観から発していることを論じた。これをめぐって昭和二十七年十月の日本民俗学会第四回年会で柳田翁と小さい論戦をしたのが、ほろ苦い追憶となって私にのこっている。祖先崇拝と寺檀制度の問題はのちに、竹田聴洲氏によって『祖先崇拝』（平楽寺書店、昭和三十二年）にまとめられた。

終戦後の混乱期に、私は陸軍払下げのドタ靴とボロ服で、リュックサックに米をしのばせた乞食同様の民俗採訪の旅をつづけた。そのころの主題は葬制と民間念仏と修正会・修二会であったが、昭和二十七年（一九五二）にガリ版刷りの『仏教民俗』誌を出した。その第一号に「仏教と民俗学」（本書所収）をのせて、その作業例として塔婆の変遷を論じた。日本人の葬式・法事に欠かすことのできない塔婆は、けっしてインドのストゥーパの変化でなく、日本人が神や霊魂をまつるときの依代としての、ヒモロギがその源泉なのである。それは全国各地にのこる異形《いぎよう》塔婆（ウレツキトーバ・二股トーバ・杖型トーバ・杓子トーバ・六角トーバ・高ソトバ）から角柱トーバや板トーバや経木トーバが導き出されることを証明した。それは石造化されると板碑になる。そして石造五輪塔は霊魂の鎮魂のために六地蔵や賽河原に積む、積石信仰がそのオリジンである。この発想は石田茂作博士以来、通説となっていたストゥーパ起源説と、板碑の五輪塔起源説を論破することになった。

『仏教民俗』第二号では「仏教儀礼の民俗性――とくに修正会と修二会について――」（本書所収）として、修正会・修二会があつかわれた。諸大寺でも内裏でも諸国官衙や国分寺で、奈良時代以来、いまにいたるまでつづいた修正会・修二会は、じつは民間の正月行事の仏教化されたもので、そのなかに多くの庶民信仰が包含されていることがあきらかになった。

昭和二十八年（一九五三）と同三十年には堀一郎氏の偉大な業績として『我が国民間信仰史の研究』（宗教史編、

序編・伝承説話編、創元社）が公刊され、宗教史の分野とはいいながら、その大部分は仏教民俗学として評価されるものであった。ということは、わが国の民間信仰は民間仏教という形で保存され継承されてきた。またその伝播も聖（ひじり）や優婆塞の活動によったものである。

また昭和二十九年（一九五四）には井之口章次氏の『仏教以前』（古今書院、のち『日本の葬式』と改題、筑摩叢書、昭和五十二年）が出て、葬制のなかで仏教的葬式組のはたす役割があきらかにされ、また昭和三十三年（一九五八）の桜井徳太郎氏の『日本民間信仰論』（雄山閣）は、蓮如忌のような仏教行事が、民俗に根ざしていることを論じた。また平山敏次郎氏の「神棚と仏壇」（『史林』昭和二十四年十月号）や、和歌森太郎氏の「地蔵信仰について」（『宗教研究』一二四号、昭和二十六年）などが、民俗学からの民間仏教へのアプローチであった。

三

昭和三十年代では私は終戦以来追いもとめてきた民間念仏について、数多くの論考を発表した。その主なものは「融通念仏・大念仏および六斎念仏」（『大谷大学研究年報』第十集、昭和三十二年）と「念仏芸能の成立とその諸類型」（同第十四集、昭和三十七年）であるが、極楽往生を願う念仏よりも、歌い、踊り、たのしむ芸能的念仏と、虫送りや、雨乞や、豊作を祈る呪術的念仏が、いっそう庶民の心をとらえたことが、あきらかにされた。このような発想からすれば、念仏がどうして日本の隅々まで伝播したか、また念仏を母胎にしていかに豊かな庶民文化と民間芸能が創造されたかもわかるであろう。これは今後の仏教民俗学の課題として、のこされている。

民間念仏の伝播者としての聖は、柳田翁の「毛坊主考」と「俗聖沿革史」いらいの課題であったが、私は昭和四十年（一九六五）に『高野聖』を世に問うた。これは民俗学の名をどこにも出さなかったが、底辺の宗教者の生態と、これをあたたかくうけいれた庶民の心への共感という点で、仏教民俗学の発想を根底に据えていた。そして民間仏教と勧進の問題をほりおこした点にメリットがあるので、これを改訂増補して近く再刊の予定である（増補版は昭和五十年に刊行）。

民間念仏については、佛教大学を中心に総合研究を組み、昭和四十一年に資料報告を公刊した『民間念仏信仰の研究』（隆文館）がある。実地採訪を全国に展開した点で貴重な資料があつめられた。浄土教関係の教団では、宗祖の規定した安心と教理が絶対なのであるが、その枠からはずれた民間念仏がいかに多いかをしめしたのである。このようにヴァライエティに富んだ念仏を全国にばらまくことは、いかに法然・親鸞・一遍といえども不可能である。そこには名もない遊行の聖が、孤独と貧困と迫害と苦難の旅のすえ、これをひろめたことはうたがいない。

私は昭和三十六年（一九六一）から三か年、総合研究による奈良元興寺極楽坊発見の庶民信仰資料の調査研究をつづけた。これは一見何の価値もない木片や紙片や、うすぎたない板だったりしたが、これを整理分類していくうちに、中世の庶民の心の哀歓が感じられるようになった。その多くは極楽坊の智光曼荼羅を中心にあつまった聖たちの、勧進の跡をしめす遺物であった。その勧進は百日講経（法華経を百日間講ずる）と百日念仏に、人々の結縁をすすめ、金品を奉加させたのである。とくに柿経《こけらぎょう》や小型板五輪は二万余点にのぼる数であったが、その勧進の機構がほぼあきらかにされた。

中世の奈良の人々は肉親の死者の遺骨や霊魂を極楽坊におくり、柿経二十本を法華経一部八巻として、聖に書写を依頼し、これを奉納して死者の生前の滅罪を祈った。庶民信仰では往生の前提（前方便）として、滅罪がなされなければならなかった。真言で滅罪したものもあり、印仏（摺り仏）を毎日毎日摺りながら滅罪を願ったものもある。すべてが「滅罪生善《めつざいしょうぜん》」の善根として、これらの遺物は納入されたのである。この総合研究の成果は、昭和三十九年（一九六四）に『元興寺極楽坊中世庶民信仰資料の研究』（法藏館）として公刊された。

この報告書を契機として、会津八葉寺の納骨五輪や中尊寺、当麻寺、興福寺、六波羅蜜寺などの類似資料が注目されるようになり、元興寺極楽坊には「仏教民俗資料研究所」（現、元興寺文化財研究所）が設立され、これらの資料の発見と整理、研究に活発な活動をつづけている。

この分野での仏教民俗学の成果は、従来、美術史学からも考古学からも、すててかえりみられなかった紙片、木片が、じつは庶民の心の歴史をひらく重大な鍵だったことを、世に知らせたことであろう。美しいもの、貴族趣味のもの、完好なものだけが価値ではない。貴族だけが文化をもち、支配者だけが人間だったのではない。庶民には庶民の文化が、あたたかい人間の心があったことを、この資料は物語っている。

昭和四十年代の仏教民俗学は庶民信仰、とくに修験道にむけられた観があり、これに関連して弥勒信仰の研究や報告がなされた。昭和四十五年に宮田登氏の出した『ミロク信仰の研究』（未来社）はそのあらわれである。氏は最近出したエッセー集としての『原初的思考』（大和書房、昭和四十九年）でも、弥勒信仰と弘法大師信仰を追求している。もう一つの『弥勒信仰』（評論社）が昭和四十六年に速水侑氏によってまとめられたが、この方は文献に重点を置いて、過去の事象としてしか弥勒信仰があつかわれていない。

修験道研究は、従来は日本宗教史の一環として研究された。そのなかで和歌森太郎氏の『修験道史研究』（河出書房、昭和十八年。のち東洋文庫、平凡社、昭和四十七年）は名著であるが、文献史学的研究で、民俗学や仏教学からのアプローチではなかった。しかし戦後の修験道研究は宗教史のほうでも、入峰儀礼の体験と山伏の伝承から、修験道の謎をとこうとする方法をとるようになったので、民俗学的方法が必要になった。その上、ルナンドー氏やエアハルト氏、あるいはカーメンブラッカー氏やロタムント氏が続々来日して、入峰体験をもとにした研究を出し、最近ではアンヌ・マリー・ブッシイ氏がこの研究に参加している。このような情勢に刺戟されて私も昭和四十二年（一九六七）に『熊野詣』（淡交新社）を、昭和四十五年（一九七〇）に『山の宗教＝修験道』（淡交社）を出したが、現在もこれを仏教民俗学の課題として追求している。また仏教が庶民化するのに大きな役割をはたした、唱導としての説経祭文や盲僧琵琶、あるいは寺社縁起を語る古浄瑠璃や口説《くどき》などの民間芸能を昭和四十七年（一九七二）に『日本庶民生活史料集成』第十七巻の「民間芸能」（三一書房）として編集したので、民間芸能を通しての日本仏教の庶民化をあきらかにする道が、今後ひらかれるものとおもわれる。

仏教民俗学の二十五年

私が大谷大学国史学科の主任教授となったのは、昭和三十年（一九五五）四月からですが、その三年前の昭和二十七年に仏教民俗学についての雑誌（『仏教民俗』第一号、高野山大学歴史学研究会）を出しはじめたころ、前主任教授でありました三品彰英先生のご依頼で「常陸の念仏」という題の講演をいたしました。それが一つは縁となって、三品先生のあとを受け継ぐことになったようにおもいます。それから数えましてじつは二十五年ということですが、この間、私は仏教民俗学という非常に勝手な学問をしてまいりました。

最初は、私も仏教民俗学という学問領域をかんがえてもみなかったのです。ところが柳田國男先生の民俗学にふれてから、一人で民俗採集をして歩くようになりました。昭和二十二年（一九四七）から二十五、六年ころまでは、民間の念仏をたずねて歩いたのですが、そのなかでとくに関東地方に独特の民間念仏、いわゆる踊念仏の伝統が強くあることがわかりました。これは天道《てんとう》念仏という名でよばれますが、この念仏の調査をしているあいだに、新百姓という問題があることに気づきました。

ちょうどそのころ服部之総《しそう》氏が『親鸞ノート』（国土社、昭和二十三年）のなかに、新百姓について書かれたのが私の調査とあわないものですから、「北陸門徒の関東移民」（『史林』第三十三巻第一号、昭和二十五年）という論文を書いて服部氏の新百姓論に反発したのです。それは民間念仏研究の副産物ですが、このときに、民間には浄土宗や浄土真宗、あるいは時宗のかんがえているような念仏とは非常にちがったものがある。同時に日本の仏教各宗がそれぞれ自分の教理・教学・信仰をうち立てているが、一皮むきますと民衆のなかにはまったく異質な仏教、すなわち庶民宗教的な仏教、あるいは民俗宗教的な仏教というものがあることに気がつきました。それから私は日本仏教史の一領域として、仏教民俗学という領域を自分の仕事にしたわけです。

そのころ諸大寺はもとより、村落寺院でおこなわれていた修正会・修二会を非常に珍しく感じまして、これも仏教民俗のなかでとらえてみたいとおもうようになりました。というのは日本人は仏教をうけ入れるのに、じつはインド、中国のそのままのなまの仏教をうけ入れたのではない。それを自分たちの生活にプラスになるような意味での仏教のうけ入れ方をした。あるいは山岳崇拝や祖先崇拝の宗教がまずあって、それにのせるような形での仏教のうけ入れ方をしてきたということが、従来、あまりにも無視されていたと感じたわけです。つまり高文化（ハイカルチャー）がうけ入れられるには、そのベース（土壌）の低文化（ローカルチャー）がなければならない。その土壌によってうけ入れられた高文化は変容し規制されてくる。そういうものを日本の歴史のなかで、あるいは日本仏教史のなかであきらかにしたいとかんがえて、仏教民俗学という学問を志したわけです。意図するところは、日本の仏教の学問のなかにあたらしい一つの道を開きたいというかんがえで、進んできたつもりです。そういう意味で、今後は仏教よりもう少し広い立場から、宗教の日本的展開をあきらかにしたいとかんがえております。そこでつぎに昭和二十八年（一九五三）以来、仏教民俗学の構想がどう変わってきたかを、「仏教と民俗」（『日本民俗学大系』第八巻、平凡社、昭和三十四年。本書所収）のなかに記した研究対象を参考にしてのべてみたいとおもいます。

まず修正会・修二会などの「仏教年中行事」をふくめた八項目の研究対象をあげておきましたが、現在は十項目ぐらいになっております。そのなかで第九項目に、「修験道」という一つの研究分野を置いたのがあたらしい試みの一つです。この修験道史の立場から、年中行事や法会や葬墓や芸能などを見直しますと、従来わからなかった歴史事象やその意味のわかるものが出てきた。たとえば、彼岸会や花祭とよぶ灌仏会・仏生会の間に法華会を入れなければならないというようなことです。この法華会はかならずしも日は決まっていないが、だいたい三月（まれに二月）におこなわれる。

『一遍聖絵』のなかにも、一遍が自分の郷里の大三島に帰って大山祇《おおやまづみ》神社の前で法華会をおこなっている。これは桜会《さくらえ》、すなわち法華会の大行道《だいぎょうどう》のときに神があらわれ、殺生禁断の託宣をしたということを記しているが、修験道からみると、春の峰入りという春峰の修行をし、山から出てきたとき（出峰《しゅっぷ》）におこなわれる延年が法華会である。延年は出峰したときに無礼講の酒盛りをして、そのときに芸能や験競《げんくら》べという修行中に得られた験力《げんりき》をくらべる。

験競べは藤沢の遊行寺（清浄光寺）の「御滅燈」の行事（歳末別時念仏のときに「一つ火」という）にもあって、火打石を一打で火をつけることを競うことになっている。すなわち後燈役と報土役とが念仏の験力を競う。一ぺんで火がつくかどうかでこれまでの修行が問われる。もし修行ができている人ならば、火は一ぺんでつくが、万一火がつかなかったり、おくれたりした場合は寺から追い出される。これはいつでも二つのものを左と右というふうにして、かならず競争し、負けたほうは寺から出されるという制裁が山伏のあいだにある。すなわち、その修験集団から擯出されるということがあって、真剣におこなわれました。こういうことで法華会、桜会、そしていまの御滅燈のような仏教的年中行事も、修験道史の上からの解釈ができるようになったわけです。

従来、民俗学は民衆の精神生活なり社会生活なり物質生活なり、古い生活がこういう民俗になったとかんがえられていたものが、いまでは一度仏教なり修験集団なりの行事にはいり、それから民俗化していくという構造をとったものがすくなくないことがわかった。したがって仏教民俗学の構想と柳田民俗学の解釈を変えなければいけないということになってきたのです。このようなことから「盆」と「雨乞祈禱」との間にも、六月の行事として「蓮華会」を入れなければなりません。京都でいえば鞍馬の竹伐り会があり、吉野では蛙飛びがあるというように、蓮華会がこうした民俗行事のポイントになります。このような行事はすべて修験の夏の峰入りの出峰のときに、どちらが先に竹を伐る験力があるか（これは秋の峰入りの場合、「柱松《はしらまつ》」という火祭をおこなう。柱松ではどちらが先に松明に火をつけて燃すかを競う）という延年と験競べがこの蓮華会である。このような山伏の修行形態が、民俗や仏教行事のなかに濃厚にはいっているということを付けくわえなければなりません。

また「法会」（諸法会といってよい）についてですが、これは時を定めないで各宗に種々の法会があります。たとえば真言宗なら、土砂加持とか護摩供とか大般若転読とか、流灌頂などがある。また仏教で神楽の「湯立て」があったことがわかってきた。湯立てはいかにも神道のようであるが、湯をたいて巫女が笹で湯をかけて浄める。それは集まった村人を浄めると同時に、その村あるいは国土を浄めるという意味でおこなわれます。そうすると盟神《く が》探湯《た ち》の変形のように見えますが、これは修験道の神楽におこなわれて普及しました。その源泉は「山伏神楽」である。すなわち熊野にはじまった山伏神楽というものの一部である。現在全国に湯立て神楽があり、巫女のおこなうのもありますが、とくに信州から三河にかけて種々の行事、芸能が多くあって（花祭や御神楽、霜月祭、冬祭、雪祭など）、これも修験の湯立て（湯立て神楽）と見なければならないこともわかってきた。

それから葬送習俗というのは、今後は「葬墓習俗」と名称を変えたいとおもっております。日本仏教が現実には葬式と墓に関与しているのはなぜか、という問題をここでかんがえるわけですが、葬送をただ臨終から湯灌、そして墓に葬るということには、日本人の宗教として一つの必然的な論理——宗教としての論理——がなければならない。そういうことから「鎮魂の呪術」から出発して仏教は「鎮魂の儀礼」をおこなっていると規定しているわけです。モガリ（殯）が四十九院になり、ヒモロギがトーバ（塔婆）になるとかです。それから踊念仏のようなものも、鎮魂の呪術または鎮魂の儀礼として見なければいけない、というのが私の一つの視点です。

もっとも原始的なわれわれの宗教観念、宗教的理念というものは庶民的論理というものでつらぬかれているものです。初七日から中陰をへて、一年・三年・七年・十三年と供養するのも、じつは初期においては「鎮魂」と「滅罪」、最後は浄化儀礼としてとらえることができる。いわゆる「罪ほろぼし」ということで「流灌頂」で罪を流したり、「滅罪の真言」を唱えたり、あるいは念仏といえどもなお滅罪の信仰をもっておこなわれる。百万遍念仏も浄土宗の教理とは異なり、魂の罪穢《つみけがれ》を浄めるため、あるいは雨乞や疫病除けにおこなわれる。京都では葬式が出たあとで、その死者のいた部屋でかならず念仏講員があつまり、百万遍念仏をおこなうが、これも死者の罪によって災をきたすかもしれないその霊の荒《あら》びを鎮める「念仏の功力」というものを認めているからです。このように仏教によって滅罪の儀礼、滅罪の呪術がおこなわれるのです。そのあとに何かで罪を贖《あがな》う。たとえば、僧侶に布施をあげたり、貧しい人に施しをするという行為は、一つの「贖罪儀礼」である。あるいは遺族が死者のために、願ほどきの種々の儀礼をおこなう。また死者に代わって熊野詣や四国八十八ヶ所、西国三十三ヶ所の霊場を巡ったりするのは、いずれも一つの贖罪の儀礼としてとらえることができる。最後に「浄化儀礼」があって、この霊魂を浄化してやがて神にする。神道や仏教ではそうはいわない。神道では神ははじめから神である。他方、仏教では、仏は小乗の仏も大乗の仏もあるけれども、仏は覚者である。ところが民俗信仰や庶民信仰の立場では、死者は死んだときはホトケで、浄化されて神になる。もちろんこれは「霊魂昇華説」という名称をあげないでもご存じだとおもいます。

このような滅罪、贖罪、浄化という過程をへて、日本人は霊魂のまつりをおこない、やがて三十三年ないし五十年をすぎれば神になったと理解し、祖霊のなかへ入れてしまう。あるいは氏神社にまつりこんでしまうということがわかる。墓制についても、殯の残存や両墓制についての詳細な分類ができるようになりました。

また私が初期に非常に力を入れましたのは「仏教芸能」であります。「顕教系統」と申しまして顕教系というから天台かといいますと、天台に仮にあったとして声明・和讃というものがある。しかし延年になると山伏の芸能である。したがって芸能の分類には「修験道系」というものを入れないと、芸能の分類は混乱するわけです。あるいは顕教のなかでも禅宗ですと、放下《ほうか》・暮露《ぼろ》というのはすべて禅宗の遊行者あるいは禅宗系の念仏者です。すなわち禅宗の遊行者が念仏をもって歩き、その念仏の伴奏として日本へ渡ってきたのが尺八ですが、暮露が、『徒然草』（百十五段）のなかで「宿河原といふところにて、ぼろぼろおほく集りて、九品《くほん》の念仏を申しけるに」とあるのは、すでに虚無僧が尺八を伴奏にして如法念仏（九品念仏）をしていたことをあらわすものです。そして禅宗系の放下や暮露の伝播した芸能はじつに多い。そうすると放下・暮露という遊行者の念仏は、私の分類では「浄土教芸能」に入れなければならない。

これをあきらかにするために「融通念仏・大念仏および六斎念仏」（『大谷大学研究年報』第十集、昭和三十二年）を書きましたが、これは融通念仏の教理をのべたものではなくて、融通念仏はうたう念仏、芸能であることを証明したつもりです。のちに融通念仏宗が成立すると「一人一切人・一切人一人・一行一切行・一切行一行」という華厳的教理でもって説明されるようになったが、しかし中世を通じて融通念仏は仏教芸能であった。これが一方では大念仏という村人のおこなう、あるいは遊行者のおこなう芸能的念仏、踊念仏をくわえた合唱的念仏になり、他方では潔斎をしながら、この念仏を死者のためにうやうやしく唱えるという六斎念仏が発生する。その過程を辿ってくると、現在、全国には念仏的芸能というものが非常に多い。したがって念仏の伝播はおそらく教理だけで広まったのではなく、また教理がすぐれているから広まったのでもない。もっと別のルートから広まったというとらえ方ができてくる。ということは、やはりその一皮むいたところで、もう一度、浄土教的念仏をかんがえ直さなければならないという問題提起にもなるようにおもわれる。

民衆はでき上がった教理を、哲学的にも妥当であるというような教理をうけつけない。もっと情緒的なものとして宗教をうけとる、あるいは信仰としてうけ入れる。すなわち一般民衆は理論としてよりは感情あるいは情緒としてうけとるということを、仏教民俗の研究からいわざるをえないことになる。このように仏教芸能そのものの問題は、ここにのべきれないほど多い。

つぎに「仏教伝承」については昭和三十四年（一九五九）の段階ではあまりあつかわなかった問題であり、およそ五、六年ほど前から「寺社縁起」を仏教伝承の中心としてかんがえたものです。それには霊場や本尊あるいはその本地というもの、この仏教伝承のなかで本地というのは本地垂迹の本地とは異なり、仏も神もその本地は何かというと、インドの仏ではなく人間であり、人間が神になるという物語が本地談です。そういう本地談が縁起になる。たとえば「丹後の国から焼地蔵の源をたずぬれば、地蔵ももとは人間におわします」（『山椒大夫』）とあって、安寿と逗子王の物語が出てくる。やがて安寿姫が地蔵の化身であるというふうに語られている。この寺社縁起についてはすでにいくつか論文にしましたが、いわゆる縁起というものには「歴史的縁起」、すなわち伽藍縁起幷流記資財帳などの奈良時代から官に差し上げた公式文書としての縁起のほかに、民間向けの「物語的縁起」があったという説をたてているのです。これも従来は物語的縁起にあたるもの、すなわち唱導としての物語は室町時代からであろうとかんがえられていたのが、じつは平安時代まで遡るものであるということを私は主張しております。

しかし中世にはいってから、この物語的縁起は文学として発展し、御伽草子ふうのもの（もちろん御伽草子的縁起も鎌倉時代からはじまっている）、あるいは絵巻物としても出ているが、それがこんどは発展するというよりも破片化して、やがて伝説や昔話に変化してくる。したがって最初は物語的縁起というものは神話から出発する。そのもとを尋ねるとかならず日本人の神話に行きあたることができる。もちろん仏典の説話もはいるが、それも日本の神話で解釈できるものが割合多い。その神話が従来は物語化して昔話になるといわれていたが、そのあいだに寺社縁起という中世の唱導文学がくわわり、伝説・昔話の必然性が説明できるようになった。そこには高僧縁起などの寺社縁起のほかに、私は高僧談、奇跡談、霊物談などと名づけております。鬼とか天狗とか龍とかその他の神の化身動物がここにはいってくる。そういう仏教伝承も、仏教史のなかで一つの座を得ることができるとおもわれます。

それからつぎに「仏教的俗信」があります。以前にはすこぶる安易な分類をしておりましたが、現在は、㈠「仏・菩薩に関する俗信」、すなわち地蔵、阿弥陀、観音と大日如来などですが、大日というとこれはけっして金剛界・胎蔵界の大日如来ではなくて、民衆のなかで牛馬大日とか、牛や馬の守護神としての大日をかんがえなければなりません。あるいは雨乞の本尊としての大日如来をかんがえるということで、弥勒にしても虚空蔵にしてもやはり仏教的俗信にささえられたものです。

㈡「明王・天部に関する俗信」。これは非常に多く、日本人の神観念というものは荒神すなわち忿怒的性格をもっている。祟り的性格を強くもっているということから、明王・天部があらたかな仏としてむかえられる。不動や大威徳とか愛染、弁才天、吉祥天、執金剛とか夜叉神、韋駄天などです。帝釈天にしても、日本人は地獄の裁き主として信仰するわけです。

つぎに、㈢「高僧俗信」。これは弘法大師とか親鸞聖人でも修行大師という形をとって出てくる。高野山では

「しぐれの御影《みえい》」といい、親鸞聖人が時雨にあったときに、蓑笠を一少女から与えられたという姿が出たりするが、これは弘法大師の場合は足の病気の信仰などになる。すなわち遊幸神（めぐり神）の仏教化です。また聖徳太子の信仰、元三《がんざん》大師の信仰、あるいは近世になって徳本上人とか弾誓上人とか円空などが俗信の対象になる。あるいは、㈣「遊行者に関する俗信」、すなわち六十六部とか六十六部塚、山伏とか山伏塚などという遊行者に関する俗信がある。

その他、㈤「石仏・石塔に関する俗信」や、㈥「経典に関する俗信」、㈦「念仏・陀羅尼に対する俗信」などもある。このような仏教的俗信の分類を、精密にしなければならないこともわかってきた。

それにくわえて第八番目に「修験道」であります。修験道に関するものは、山岳信仰と他界信仰が修験道を規制しており、山は荘厳で美しいから信仰されたというかつての自然崇拝的な観念にたいして、山は死者の霊の行く世界として信仰されたことがわかってきた。すなわち山は地獄であり浄土であるという山岳信仰の側面、こういう観点から修験道が容易に、そして合理的に説明できるようになった。あるいは巫女、巫術《ふじゅつ》のような問題も、山を霊の世界として口寄せがおこなわれる。かならずしも神だけが巫術託宣の対象ではないのです。イタコのような巫女も、そうした山岳信仰の他界観念から説明されてくる。あるいは修験道の実践の問題がある。苦行とか木食とか断食、あるいは最終的には捨身といって、山伏は崖から飛び降りて死んだり、また火定《かじょう》といって火の上にのって焼かれたり、土中入定というごとく埋められたり、ミイラになったりする。これは既述した滅罪という論理から、自分の犯した罪をはらうために死ぬことも苦行することもあるが、同時に自分の信者や自己の属する共同体のために、自己犠牲的に死ぬという修験道の代受苦の論理があり、それを実践するのが入峰修行です。具体的には入峰修行における十界修行であり、死んだことにして山にはいり、六道三悪趣の苦の修行をする。また山から出てくる（出峰）ことによって浄化されて再生するということも、従来、修験道としてはあまりいわなかったことなのです。しかし修験道にも一つの教理があり、その教理を書いた修験道書（従来の修験道研究は、この修験道書にふくまれた教理を修験道史と称した）も研究の対象になり、これを分析して日本人の庶民信仰と仏教の関係をあきらかにする。あるいは何千とある山岳崇拝の対象になった山の開祖とか中興、その歴史がだんだんとあきらかになってきています。

また修験道の山には聖火、聖なる火、不滅の火がある。またはあったという問題や、修験のマジック（呪術）の問題もある。さらに既述した巫術といって託宣、憑きものという憑依現象、シャーマニズムあるいは占いのほか、修験道のなかには陰陽道思想が含まれている。そして修験道の文化として、修験道美術や修験道芸能、修験道の伝承文学も重要な仏教民俗学の対象です。

このほか「庶民信仰」という一項がくわえられねばならない。そういう意味では仏教の範囲からはみ出してくるわけですが、修験道や庶民信仰、民間美術、民間文学というものをくわえることによって、仏教民俗学ではなくて宗教民俗学という学問にかかわる必要性があったわけです。

庶民信仰については、昭和三十九年（一九六四）に奈良の元興寺極楽坊から出た中世庶民信仰の遺物を通してあきらかにした点（『元興寺極楽坊中世庶民信仰資料の研究』法藏館）が多少ありますが、こういうものは仏教や神道の宗派というものをもたない日本人の宗教です。したがって教理も開祖も教団もないという宗教が実在するわけです。それを私は庶民信仰と名づけて、日本の宗教・宗派に共通するところの宗教の原点を庶民信仰に認めようとしています。そうすると歴史的には庶民信仰は原始宗教であるということになるが、原始宗教というものは、宗教がどのように変容し、混淆し、夾雑しても宗教である限りはこれをどこまでもうしなわないものです。それは原始性というものを人間がどんなに発展してもうしなわないように、宗教もやはり原点をもち続けるわけです。それをわすれたときに宗教は観念になり、哲学になるということであろうとおもいます。

そういうものを分析していけば、神や仏より以前にまず霊魂というものがそこにある。あるいは霊魂のすむ世界として他界観念がある。これが天国になったり高天原になったり浄土になったりする。あるいは人間の極限的な罪というものが、すべて人間の不幸の源であるというかんがえ方がある。それは自分の犯した罪もあれば、あるいはキリスト教ならば原罪、仏教ならば無明《むみょう》、日本人ならば先祖の罪というのも不幸の源である。先祖の罪というものは、何代前の先祖の犯した悪いことがあなたのいまの病気の原因だ、と巫女や行者に託宣されるような罪意識というものが日本人にはあります。そこから滅罪というものがおこり、滅罪のための宗教的実践ができる。あるいはなお滅罪から転じて日本人の宗教的行為、庶民信仰的行為のなかに一度死んだことにして生き返る（再生）、すなわち私のいう「擬死再生」の信仰がある。浄土真宗のおかみそりや浄土宗の五重相伝（そのもとには融通念仏宗の伝法がある）、禅宗の逆修などは、はっきりとした擬死再生儀礼であります。また密教のおこなう結縁灌頂で戒名をもらい、血脈をうけると、一度死んで大日如来の子として再生する。すなわち日本人の宗教観念の底には、すべての罪がほろびれば不幸がなくなり、健康になって、死ねばかならず往生ないし成仏できる、という滅罪と再生の観念があるのだと私は信じております。

そういうところから仏教史の種々の現象が解釈できる。それは今後ともあたらしい事実がだんだんわかってくるとおもわれるが、そういう仏教史の諸々の現象の底に何があるのか。それは、ある宗教的天才が神や仏の啓示によってつくる信仰や宗派や教理もありましょう。しかしそれも庶民信仰に促されて一宗ができ、宗教的天才が一宗をつくるのであり、一宗の祖師が別のあたらしい宗教をつくり出すのだとおもいます。時宗の一遍の場合には、まさしく民衆の庶民信仰に促されて、あのような宗教と活動をしたと私は解釈するのですが、いまの時宗もそこに戻ったときに、ほんとうの時宗になる。

そういう一つの歴史の解釈と同時に、仏教民俗学は今後の仏教や宗教のあり方に示唆を与えることができます。このことこそが、学問というものの一つの使命ではないかとかんがえるのです。歴史事実をあきらかにしようという歴史と同時に、その歴史事実の源泉と底流をあきらかにするという歴史が、一つぐらいあってよいでしょう。この学問の資料は、庶民のきわめて日常的な生活や信仰のなかにすべて含まれているのです。遠いところまで手をのばさないでも、資料は足元にころがっています。このような主張で私は二十五年を過ごしてきました。今後は、もう一つ広い立場の日本宗教民俗学というものが確立されることを願っております。

仏教民俗学の概念

一　仏教の伝播と民俗

私は学生時代に、宮本正尊先生（当時、東京帝国大学助教授、～昭和五十八年没）の特殊講義、「仏教の伝播、交流および夾雑」を聴講したが、それはインドから西域をへて中国にいたるあいだの、仏教の変質をテーマとしていた。仏教が伝播した民族の文化も変質するけれども、仏教そのものが原住文化の交流と夾雑で変化するという。しかしこの原則は、日本ではどうなるかというところまでは及ばなかった。

このような問題はインドから西域、中国、朝鮮、日本というような広域にわたって究明しようとすれば、きわめて大雑把で抽象的な議論にしかならない。それも必要であろうけれども、一地域、一民族、一国家単位のインテンシヴな研究が積み重ねられないかぎり、大風に灰をまくような話にしかならない。私はトゥインビーやエリアーデを見ても、その感を深くする。すくなくも私の能力ではそのような背伸びはできないし、しようともおもわない。それよりもそれぞれの国家なり民族なりの一員が、自分の母国文化の仏教とのかかわり合いをあきらかにしたものを出し合うほうが、具体的によくわかるし、興味もあり、お互いの理解を深めることにもなるとおもう。やたらによその文化に手を出すのは、文化の植民地主義といわれてもしかたがない。

幸いなことに日本には、仏教と固有文化の交流と夾雑を見る材料には事欠かない。その意味で仏教民俗学には、もっともゆたかなフィールドということができよう。ただ仏教受容にあたって上層階級と下層階級のあいだに、大きな差のあることを前提にしなければならない。というのは富と権力と知識をもつ階層は、外来文化としての仏教を、そのまま受け容れるか、まったく受け容れないかのいずれかである。蘇我氏と物部氏の争いがそこに見られる。しかし庶民は、仏教を自分たちの生活や信仰に都合のよいように変質させて受け容れる。それは、オーソドックスな仏教からみればまったく無知な誤解なのだけれども、そのほうが彼等に理解できるし、役に立つのである。

たとえば法華経である。どのような経典にも功徳文はあって、これを受持《じゅじ》・読誦・解説《げせつ》・書写・供養すれば、莫大な功徳があると説く。このことを法華経も巻四の「法師品」などに説くけれども、日本で受容された法華経は滅罪信仰であった。その経文上の典拠はあきらかでなく、巻五の「提婆達多品」に、苦行で女身の穢れを滅した龍女が成仏したとあることから出たのではないかと私はかんがえているが、あきらかな証文はない。おそらく日本人の罪穢観念が、この法華経の龍女成仏の功徳を滅罪の功徳と錯覚させたのであろう。そうすると国分尼寺を「法華滅罪之寺」としたのも、この錯覚の所産であるし、滅罪を目的として法華持経者《じきょうしゃ》が山中苦行するのも、この錯覚から出たといえる。日本の持経者の「難行苦行」や「採果汲水拾薪設食《さいかきっすいしゅうしんせつじき》」や「捨身」は一応「提婆達多品」に出るが、これらはインドでは正覚（さとり）を成ずるための実践であった。これにたいして日本では、すべて滅罪のための苦行と捨身に変質させたのである。このことはすべての不幸、病気、災禍は自己、または共同体の犯せる罪穢のむくいであるから、この罪穢を滅罪しなければ不幸は去らない、その滅罪は法華経を受持・読誦・解説・書写・供養しながら苦行することによって可能になるという信仰にかかわったからである。

仏教が日本で庶民にまで受容されるには、これに類する日本民族の固有宗教との夾雑や習合、あるいは日本社会への適合、もしくは仏教の文学化（縁起・唱導）や芸能化（踊念仏、延年など）などがなければならなかった。そのように日本の宗教、文化、社会にとけ込んだ仏教は、庶民のあいだの民俗となって伝承されてきた。このようにして成立した民俗が仏教民俗であって、仏教と接触しないままに伝承された民俗と区別して、研究の対象化とする必要がある。したがって仏教民俗を対象として、仏教の変容や日本の庶民仏教史を研究することもできるし、庶民宗教や庶民文化を研究することもできる。このような仏教民俗を対象とする民俗学的・文化史的・社会史的研究の総体を、私は仏教民俗学とよんでいる。

このような仏教民俗学を日本民俗学の一翼とすることができるかどうかは、日本民俗学の内容と目的によるだろうとおもう。日本民俗学が従来のように仏教を外来のものとして疎外すれば、両者のあいだに交流はできない。従来の日本民俗学の仏教疎外は、表層文化としての仏教だけを見たからである。これは日本仏教にたいする知識人的な見かたであって、庶民の目で見た日本仏教ではない。ことに戦前の日本民俗学は神道中心に構築されたから、仏教が外来文化視されたのは無理もないが、庶民の保持する仏教、したがって仏像や経典や僧侶、寺院にたいする意識は、けっして外来文化にたいする舶来意識でも好奇心でもなかった。日本民俗学が庶民の学であるかぎり、これは当然民俗学の対象であった。日本民俗学を土着の思想などとよんで、なにかほかの目的に利用しようとするのでなく、庶民の学に徹すれば、そこに神道も仏教も差別はないはずである。

日本仏教が日本民俗学から疎外された原因は、また仏教者側にもあった。これは表層文化としての仏教が、できるだけ本場のインドや中国の仏教にちかづこうとする態度にある。いわば外来文化にたいするコンプレックスである。インドや中国のものは本物で、日本のものはその真似だから偽物だという考え方が古くからあった。私は六世紀の仏教公伝以前に、庶民信仰としての仏教が民間的往来で渡来していたという立場をとっているが、それは「欽明天皇紀」の吉野放光仏の縁起として記録されたばかりでなく、「用明天皇紀」の豊国法師や、前奈良期の役優婆塞、奈良時代の行基集団への迫害となってあらわれている。庶民によろこばれる仏教はすべて偽物だからである。たしかに庶民やこれを指導する聖たちは、インド、中国の仏教を勉強する暇も能力もない。したがってインド、中国を標準とするかぎり、錯覚と誤解に満ちている。奈良時代の仏教民俗資料として、よくぞ残った『日本霊異記』などは、「善悪現報の霊表」をしめすといって、基本的には日本人の民俗宗教を表明したもので、仏教はまったくの借り物である。しかしここに表明された罪穢観や滅罪観によって、行基集団の造道架橋、樋溝掘鑿、船息布施屋の構営などに、大衆を動員できたのである。それは本物の法相、三論、倶舎、成実などの煩瑣哲学よりも、庶民の要求する偽物仏教であり、偽物僧侶であった。いまでもイミテーションのほうが庶民は安心できるし、よく似合うのである。

私は空海の密教請来は、それまで数世紀にわたって民間におこなわれてきた庶民仏教、呪術的仏教のインド・中国化であるとおもう。そうしなければ公認仏教としての活動ができなかったからであるが、そのために真言密教は貴族化する。しかしやはりそれにあきたりないものは、民俗的密教をもとめて山林にはいり、修験道としてこれを保持した。鎌倉時代初期の明恵上人高弁は密教にあきたらず、華厳学にはしるとともに、インドにあこがれたのは有名である。しかしこれは釈尊個人への情緒的憧憬で、庶民のためには光明真言をすすめた。また法然、親鸞は日本人の他界観（山中他界＝地獄、海中他界＝常世・根国妣国）を仏教化した浄土信仰の専修念仏化をはかるために、インドの浄土教経典と中国の曇鸞、道綽、善導などの論註・論疏を典拠にした。これもまた浄土教の立て前として、公的活動のためにやむをえなかったこととおもうが、この二人の祖師も、本音としては民俗的仏教に背をむけなかったことを、その門弟たちのうごきから推察できるのである。また日本人の他界観も霊魂観も、浄土宗や浄土真宗の教学と安心《あんじん》（信仰）通りに、かわったとはおもわれない。それは現在の葬墓習俗を見ればあきらかである。

しかし明治以後はインドの原典研究が可能になったので、仏教のオーソドックスはインド仏教になり、教団維持の方便として各宗の宗学が研究伝習されているのが現状である。したがって民俗的仏教は迷信として白眼視されるか、俗悪な金儲けの対象にされるかして、日本仏教のなかに正当な地位をあたえられていない。ポックリ寺、胡瓜封じ、大師御夢想灸、水子地蔵、護法天狗信仰などは、みな庶民信仰からおこった日本仏教の生きた姿であるが、これに正当な意味づけをしないで、唾棄するか放置するかしている。また葬墓を寺院があつかうことにたいしても、仏教でないものを、僧侶の生活や寺院経営のために、やむをえずしているとしかかんがえられていない。私もときどき仏教は霊魂を否定しているのに、お寺が葬式をおこなうのは何故か、という質問をされることがある。その質問者は仏教とは釈尊の仏教とおもっているのであろうが、日本仏教は日本人の霊魂観の上に成立していることを知らないか、教えられなかったかのいずれかである。紀元前六世紀の釈尊の仏教だってよくわかっていないし、正覚を開いた仏陀は輪廻《りんね》のもとになる霊魂を否定し得たとしても、一般人はそのようなわけにはゆかない。霊魂否定は仏教の究極の理想であるが、現実にはそれが実在するから葬式がおこなわれるのである。

このように仏教民俗学の対象になる民俗現象は仏教学・仏教史からも、民俗学からも誤解されてきたといえる。それはいつも限界にある学問のうける宿命のようなものであるが、それなればこそ、両側の学問に寄与し、どちらにもない研究面をひらくことができるとおもう。

二　聖と庶民仏教

私は仏教民俗資料を、よく元素の化合物にたとえる。現実に存在し、かつ人間に有用な物質は化合物なのであるが、元素そのものは純粋な形では不安定なものが多く、変化しやすい。酸素と水素は純粋（本物）のままでは不安定であるが、化合すれば安定し、われわれに有用な水になる。またそれにミネラルなどが混合すれば蒸溜水よりも味が出るが、純粋なもの、本物から遠ざかるのである。

仏教も純粋（本物）のままでは抽象的で、はっきりした形をもたない。それはある時代のある民族文化と化合したとき、はっきりした形をあらわす。それが本物をゆがめたり、政治に利用されたりしたとしても、われわれが認識でき、生活にかかわりをもつことができるのは、その不純な化合物としての仏教なのである。もっとも、純粋な仏教といっても正体はよくわかっていない。なぜかといえば仏教経典は釈尊の入滅後数百年たってから、インド各地のいろいろの学派によってつくられたものだからである。それらの経典の操作で、原始仏教を知り、それを抽象して根本仏教を知ろうとすれば、四聖諦、十二因縁、八正道というような抽象的な概念になってしまう。したがってインドでも西域でも中国でも、宗教として存在するかぎりでは、それぞれの地域での民俗仏教であったろうとおもう。したがってそれぞれの地域で仏教民俗学は成り立つはずであるが、日本ほど仏教が表層文化と基層文化にとけこんだ、歴史的に一貫した仏教国は地球上にないのである。まさに日本で仏教はもっとも安定した化合物になった。それだけに夾雑物をたくさん含んだ不純な仏教、偽物仏教である。この偽物を指して、鎌倉時代末期の黒谷光宗は『渓嵐拾葉集』のなかで、日本は「大乗純熟の国」であると言った。これは立場をかえれば、化合と不純化は一つの発展だという見かたができるからである。

歴史観も終末的《カタストロフ》歴史観は聖賢の世なり、神代なり、キリスト、釈尊の時代を最高の理想とし、それから時代がくだるにしたがって終末にちかづいてゆく。不純と夾雑は堕落ということになる。インド仏教正統観の貴族仏教や現代仏教学は、この終末的歴史観に立つものであるから、東方粟散国《ぞくさんこく》のもっとも辺国である日本の仏教は、箸にも棒にもかからない堕落仏教である。仏像彫刻でもガンダーラや敦煌を基準にしたら、天平彫刻も醜悪な偽物になる。況や円空や木喰行道のつくったものなどは、唾棄すべき木端か材木にすぎない。匆々に取り片付け、焼き払ってしかるべきものである。

これにたいして発展的歴史観から見れば、根本仏教である小乗仏教は次第に純粋な大乗仏教へ発展して、日本仏教になったということになる。大乗仏教の萌芽は、小乗仏教を堅持しようとした上座部にたいする反体制派の大衆部であり、民衆のためならば、仏教の理想である正覚（さとり）も放棄しようという主張である。正統を放棄すれば仏教ではなくなるが、正覚は立て前だけであって、人間は生身の体であるかぎりは煩悩は滅尽できないし、灰身《けしん》滅智《めっち》（死）しなければ正覚などありっこないと、大衆部は高をくくり、開き直った主張があった。ほとんどの日本仏教は、末法思想を楯にとったこの開き直りであって、罪業深重《じんじゅう》などもこの開き直りのあらわれである。

日本で仏教民俗ができてくる根元には、こうした反体制的な仏教こそ正統とし、インド的小乗仏教に背をむけた聖《ひじり》たちの主張と行動があったと私はかんがえている。私が高野聖をとりあげたのも、俗悪といわれ、濫僧あつかいされ、差別された聖が、じつは民衆なり高野山なりに果たした役割が大きかったことを、強調したかったからにほかならない。仏教民俗学は、こうした聖を仏教民俗のにない手として設定してゆく必要があるとおもう。それは同時に聖の頭目、棟梁として行基や空也や法然、親鸞、一遍の研究もふくむものとかんがえている。

奈良時代の国家仏教の僧尼観は、小乗的戒律で、その生活を規律することであった。これは「僧尼令」やしばしば出される僧尼禁令にあらわれているが、沙弥・優婆塞・禅師とよばれた聖たちは、われわれこそ「聖道《しょうどう》」で正統な仏教だと言ったらしい。これは「僧尼令」第一条に、

凡僧尼、上観テ二玄象ヲ一、仮イツハツテ説キ二災祥ヲ一、語コト及ヒ二国家ニ一、妖二惑シ百姓ヲ一、幷アハセテ習ヒ二読ミ兵書ヲ一、殺シレ人ヲ奸盗シ、及詐テ称セラル得タリト二聖道ヲ一、並ニ依テ二法律ニ一付ケテ二官司ニ一科セヨレ罪ヲ、

とある聖道にあらわれている。聖の生態は行基系聖集団の唱導テキストであり、古代の仏教民俗資料の一つと私がかんがえている『日本霊異記』にくわしいが、聖のなかには殺人者も奸淫者も窃盗者もおった。玄象や災祥は彼等が陰陽道の讖緯《しんい》説をとったからで、これは原始宗教者としての、彼等の巫術とむすんで、予言・託宣となったり、卜占となったりした。また唱導によって百姓を作善（造寺・造像・造塔・写経・造道・架橋等）に参加させるのは、百姓を妖惑したとみられたであろう。このような分析からみて、この禁令は聖の活動にたいするものとおもうのだが、厚かましくも彼等はみずからを「聖道」と称していたのである。この「聖道」への『令義解』の註は、

謂ク、四果聖人之道也、

とする。四果とは小乗仏教の声聞四果のことで、正覚には四つの段階があって預流《よる》果、一来《いちらい》果、不還《ふげん》果、阿羅漢《あらかん》果といい、総じて「聖果」という。預流は入流ともいって、聖位にはいる新入生の意味である。一来はまだ思惑《しわく》がわずかのこっているので、一度だけ人道と天道の輪廻をしてこなければならぬ聖位、不還はふたたび欲界に輪廻しないことがたしかな覚りである。そして阿羅漢（殺賊）は生きながらにして完全に煩悩を断じ尽くしたもので、死ねば確実に涅槃にはいることができる聖位であるが、反体制の大衆部から、意識的な煩悩は断じ尽くしても、生きているかぎり無意識の煩悩はのこるから、夢精をするではないかと揶揄された小乗の聖位である。インドの大衆部は

フロイトやユングのようなことをいうが、日本の聖《ひじり》たちは、そんな四聖果はとっくに得ているから、われわれは聖なのだと高言していたらしい。大変な自信である。

いうまでもなく、私はヒジリは「火をしるもの」の意で、「しる」は「治」の文字をあてて「しらす」「しろしめす」と敬語にするように、管理することであったとおもう。この「火しり」が原始的宗教者として、聖火を焚いて神や霊をまつり、神語を宣りごとするものであったがゆえに、日の吉凶も判断したのである。柳田國男翁はこの段階での「日知り」をヒジリと解したのだとおもう。したがって私は一度も「日知り」説をとったことがないのに、大橋俊雄氏は『遊行聖』（大蔵出版、昭和四十六年）三十四頁に私が「日知り」説だと書いているのは、とんだ誤解である。

日本の民俗仏教家である「火しり」は、国家の認めない私度僧であり、アウトロー的人間を包含した集団をなしていた。それにもかかわらず、「聖《ひじり》」の字をもちいて、小乗仏教の「聖果」をすでに得たものだと言ったのは、民衆のためにはみずからの覚を後にする、菩薩道の実践者という自負があったからであろう。またあるいは「僧尼令」第二条に、彼等のおこなうところを「卜相吉凶」と「小道」と「巫術」としたうち、厭符呪術の「小道」を「聖道」と言いかえたのかもしれない。

このような聖の民間活動は、また『続日本紀』の禁令のなかにたくさん見えているが、妄説罪福と妖惑百姓、あるいは祈禱、巫術、卜占がもっとも多い。養老元年（七一七）四月二十三日の詔は、行基聖集団にむけられたものであるが、

零二畳街衢一、妄説二罪福一、合二構朋党一、焚二剥指臂一、歴門仮説、強乞二余物一、詐称二聖道一、妖二惑百姓一（中略）向二病人之家一、詐禱二幻恠之情一、戻執二巫術一、逆占二吉凶一、

などとあって、「僧尼令」にかなり似ている。しかしこのような活動を通して仏教が民衆のあいだに浸透し、仏教と民俗の結合がなされたのである。このなかで妄説罪福は「罪福の因果」を説くことで、『日本霊異記』の唱導がこれにあたるけれども、地獄の諸相を地獄蘇生談として語ることは、地獄の苦痛をまぬがれるための葬送儀礼につながったものとおもわれる。

また聖たちが年中行事にかかわったり、悔過をおこなったことが、諸大寺や官寺の行事となって、修正会・修二会がおこるもとであるし、彼岸会なども民間からおこったものであろう。礼仏悔過については『日本霊異記』（中巻第二十一話）に、東大寺開山良弁の前身である金鷲《こんじゆ》優婆塞という聖が、執金剛神の足に縄をつけて礼仏悔過したことが出ている。おそらくこれは、天平以前か天平初期（七二九年ごろ）とおもわれるが、これから四十年ちかくたって、神護景雲元年（七六七）に吉祥天悔過による修正会が公的に施行されることになる。この年の正月八日に、

勅、畿内七道諸国、一七日間、各於二国分金光明寺一、行二吉祥天悔過之法一、因二此功徳一、天下太平、風雨順時、五穀成熟、兆民快楽、十方有情、同霑二此福一、

とあるのは、民間的な悔過が国家的な悔過となり、現在まで各地寺院の修正会として継続されていることを物語っている。この四十年ほどの途中で、東大寺は東大寺だけの十一面悔過をはじめたのが二月堂修二会（お水取り）で、これは天平勝宝四年（七五二）の始行である。そしてこれも笠置山の山岳修行者である実忠の発意によるのであるから、金鷲優婆塞や実忠のような聖、民間僧の悔過が一寺院山内の法会となり、それが国家的法会に発展していった次第がわかる。

ところがこうした悔過は、民間では新しい年をむかえるために、旧い年の罪穢をはらう準備としておこなわれて

いた。それは諸大寺の修正会悔過がはじまり、国家的修正会として大極殿や国分寺や国府庁の修正悔過になっても、オコナヒとして村落寺院、村堂、氏神にのこったものと、私は推定している。これは奈良県野迫川《のせがわ》村弓手原《ゆではら》の旧暦大晦日に、村民が氏神五社明神の前で忌み籠りをし、旧正月三日に村堂の徳蔵寺（地蔵堂）でのオコナヒに村人が忌み籠りをすることなどにもあらわれている。そして大晦日から三日まで継続の忌み籠りであったことは、若衆六人が大晦日から四日まで堂に籠り、悔過の垢離をとることにうかがわれる。これは村民全部に代わる代受苦者として参籠と潔斎をおこなうもので、東大寺修二会の練行衆が、山内総衆や国民全体の代受苦者として精進、参籠、練行をおこなう祖型であるとおもう。

しかし村人全部の忌み籠りはいまも形をかえてのこっている。すなわち大晦日から元日への初詣《もうで》に氏神へ参ることや、霊仏霊社への恵方詣《えほうまいり》に大晦日から参ることはこれである。弓手原では五社明神の御神体は小晦日（十二月二十九日）徳蔵寺（地蔵堂）へ渡御し、大晦日に本社へもどり、二日にふたたび徳蔵寺へ渡御して、三日に高野山安養院から出張する導師によって、修正会が行われる。そして四日の大般若会がすむまで、御神体と地蔵菩薩は厨子の中に同座する。徹底した神仏習合をいまにのこしていて、地蔵菩薩が氏神と同体であり祖霊そのものであることを、これほど明確にする例もすくない。

弓手原の事例は、多くの村々のオコナヒにあったものの残存とおもうが、ここでは初夜導師作法と後夜導師作法のあいだに、若者が大きな太鼓をかついで打ちながら、

除夜《じょうやー》　除夜《じょうやー》

と叫んで村をまわったという。これはオコナヒが初夜は大晦日で、後夜は元日であったことの明証とすることができる。

東大寺修二会や国分寺・諸大寺修正会の祖型をなす村々のオコナヒは、当然大晦日から元日の行事であったにちがいない。ところが公的仏教法会が宮廷にもちこまれると、まず神事をさきにしなければならないので、前七日は神事、後七日は仏事となった。そのために大極殿修正会である御斎会《ごさいえ》は八日から十四日までとなり、この修正会を密教立でおこなう後七日御修法《ごしちにちみしほ》も、内裏内の真言院でおなじ日取りでおこなわれた。そうすると、大寺も二日からとか三日、五日、七日、八日などとおもいおもいの日になり、観音本尊の寺などでは正月十八日に修正会をおこなうことになって、何のための修正会かをわすれ去ったのである。しかし法隆寺などは大晦日から金堂修正会を始行し、十四日の結願まで二七日間つとめる。しかし民俗としてのオコナヒには弓手原のように、大晦日行事の痕跡をのこすものがある。

三　迎講と厄落とし

日本民俗学では従来は、東大寺や法隆寺、薬師寺などにおこなわれる仏教法会は、民俗としてあつかわれなかった。当麻寺の二十五菩薩練供養なども、恵心僧都のはじめた浄土教の迎講だからと、民俗の仲間入りをさせてもらえなかったらしい。浄土教の庶民的受容、あるいは日本的受容を知らなかったからである。それを知らずに仏教民俗学は無用の学問だ、という論者もあるのである。ただこの当麻寺の迎講は「当麻のレンゾ」といって、大和の農民の休日であり、その他の寺社の祭も大和ではレンゾまたはレンドということが、民俗学の注意をひいたにすぎない。『綜合日本民俗語彙』（民俗学研究所編、平凡社、昭和三十一年）は「レンゾ」につぎのような解説をしている。

奈良県下に行われている農家の春休みで、レンドと呼んでいる村もある。日は村によって異なる。宇陀郡のレンゾは苗代の後田植の前に行われ、字は連座とあてている（『民俗学』三ノ一二）。

これが当麻寺の迎講を起源におけば、レンド（練道）のほうが古い言葉で、レンゾはその訛りと解説したであろう。これにたいして「レンド」の項のほうでは、

奈良県下で行われる農家の春休み。他地方のハルゴトに該当するものであろう。（中略）北部では法隆寺の会式の二月二十二日にしたものと、当麻の練供養のある四月十四日に行うものとあり、それで練道の漢音であろうとの説も出ている。

と解説する。

仏教法会もかつての庶民とのつながりを、文化財をいためるとか、火の用心が悪いとかで、見物人の規制をきびしくして切りはなしてしまった。見物人のほうもカメラに夢中で、じっくりとこの法会の意味をかんがえようとしない。そこにかつては民衆のものであった法会が民衆から隔絶され、宗教行事であった法会が宗教をわすれるようになった原因がある。また寺院側もこの法会の歴史的、あるいは民俗学的意味をかんがえてみようとしないで、もっぱら厄介者視するか、金儲けの手段にしようとする。

私は、はじめに日本の民俗は仏教と化合することによって変化しなくなったとのべ、タイムカプセルに容れたようによくのこった。それはたしかにそうで、弓手原の大晦日と正月行事のオコナヒなどは、修正会と結合しなかったらのこったかどうか疑問である。いま宮オコナヒといっている正月行事も、明治維新以前は一応、村寺の僧侶なり別当山伏が導師に出向いて、修正会を執行していたはずである。このような事例は、スペースさえあればいくらでもあげることができる。したがって日本民俗学が、ある民俗の起源なり変遷なり、その民俗の意味をかんがえようとすれば、仏教民俗とのかかわりを見る手続きを、一応とるほうが得策であろう。ことに仏教民俗は筆まめな坊

さまのおかげで、過去の文献のなかに記録されたものが多いのである。したがって過去の姿や、変化してもその変化のあとをたどることができる。

しかしまた記録文献だけにたよっては、その仏教民俗の微妙な伝承を知ることができないから、現存の法会や年中行事、仏教芸能、仏教伝承などの採訪を今後も重ねる必要がある。そのようななかで私が三十年前に聞きえたことを、最近の採訪では聞けなくなったものが多い。民俗資料は総合民俗調査の形で、多数者の参加をもとめるとともに、その参加者の承認を得た形の客観性をもたなければならない。そしてそれは調査団体の名において公刊されて、民俗資料としての公民権を得なければならないことを、私は痛感してきた。その一つは、当麻寺の二十五菩薩練供養で、厄年の男が面をかぶって菩薩になるということが聞けなくなったということである。

これはまことに瑣細なことのようであるが、この法会と民俗の意味をあきらかにする上で重要なキーポイントになる。レンドが春休みだけの意味ならば、大和の人々があれほどさわがなくともよいはずである。これは厄年の男が節分の厄落としのように、厄を落としに大和中からあつまった時期があることを推定させる。それは現在のように中将姫の菩提のために、二十五菩薩が中将姫を来迎して、浄土（本堂＝当麻曼荼羅堂）へ引接《いんじょう》するありさまを演出するだけでは説明がつかない。もっともそれでも、あの面をかぶりさえすれば厄が落ちるという信仰だといえばいえないこともないが、それなら練供養のあるレンドの日でなくともよいわけである。

それで当麻寺の歴史を見ると、中将姫伝説ができるのは鎌倉時代の中ごろである。したがって中将姫来迎引接の迎講は、それよりさかのぼることはできないであろう（拙稿「当麻寺縁起と中将姫説話」『文学』第四五巻第一二号、岩波書店、昭和五十二年、参照）。そしてそれ以前は当麻曼荼羅信仰が奈良時代からあったことはたしかであるが、この寺には先行する二つの寺があったことで諸縁起は一致している。たとえば『古今著聞集』（巻二）の「当麻寺

事」には、

当麻の寺は推古天皇の御宇、聖徳太子の御すすめによりて、麻呂子親王の建立し給へる也。万法蔵院と号して、則御願寺になずらへられにけり。建立の後六十一年をへて親王夢想によりて、本の伽藍を改めて、役の行者練行の砌にうつされにけり。金堂の丈六の弥勒の御身の中に、金銅一搩手半の孔雀明王の像一躰をこめ奉る。

として、このあとに当麻曼荼羅の出現をしるしている。

しかもこの寺の伽藍配置は、二つの伽藍が重なっていることはあきらかである。すなわち金堂（飛鳥時代の弥勒如来）と東塔、西塔の構成する南向きの伽藍と、本堂（当麻曼荼羅堂）を中心とする東向きの伽藍が、十文字に交叉している。金堂と本堂が並立することからみても、二つの寺が重なっていることがわかるが、寺名も万法蔵院と禅林寺と当麻寺と三つある。おそらく麻呂子親王建立の飛鳥時代の万法蔵院が、二上山を信仰対象にする山岳信仰になって禅林寺とあらため、役行者開創の伝説になったのであろう。あるいは実際に役小角がかかわったかもしれないが、修験者の持仏の一搩手半《いっちゃくしゅはん》（一尺ぐらい）の孔雀明王像を金堂本尊の胎内に込めて、第二の寺の本尊としたのである。そのあとに当麻曼荼羅がもちこまれた理由はあきらかでないが、修験道信仰では山を他界とし、これを浄土または地獄にあてて、この他界にはいって苦行滅罪すれば、すべての不幸の因となる罪穢が消滅して、「生れ清まり」の再生ができる。すなわち、私の名づけた擬死《ぎし》再生《さいせい》信仰である。

この儀礼は白山の白山《しらやま》行事、立山の布橋大灌頂などにも見ることができるが（拙稿「布橋大灌頂と白山行事」『山岳宗教史研究叢書』一〇「白山・立山と北陸修験道」所収、名著出版、昭和五十二年、参照）、これらは実際に女人禁制の山にはいれない女人のために立案されたものであろう。その女人を代表するものとして、中将姫の擬死再生が迎講に演出されたのかもしれない。ところが最近の解体修理で発見された六十面ほどの立像光背と十面ほどの坐像光背、そして十四台の蓮台座が、この迎講に関係あるものと推定されるようになった。そうすると、曼荼羅堂にはいってこの蓮台座に上り、光背を立ててもらえば成仏または往生したことになり、すべての罪が滅びて、堂を出れば「生れ清まり」の再生ができる。これを厄年の者がうければ厄が落ちることは当然であるし、この儀礼の入行者が菩薩の装束をつけて入堂すれば迎講になる。このようにみると当麻寺の迎講は、いわゆる浄土教のものではなくて、修験道のものであるということになる。

このように「厄年の者が面をかぶる」という伝承は、この仏教法会の性格をまったく転回させるキーポイントになるもので、仏教民俗の研究にあたっても、民俗伝承の重要性は一般民俗学の研究とすこしもかわらない。なお、仏教民俗学の全体像は「仏教と民俗」(本巻所収)の小論にゆずり、仏教民俗学の仏教とのかかわりと、その一、二の実例をのべて総論とすることにしたい。

五来重先生の日本仏教民俗学

鈴木昭英

一

仏教のすぐれた哲学体系と日本の現実の仏教との間には、越えがたい大きな矛盾がある。このことに気づいた五来重先生は、その矛盾がどこからきているのか疑問をもち、日本庶民仏教の歴史的研究へと進むことになる。その過程で、学問上の方法論として唱え、かつその構築に向けて努力をはらったのが「日本仏教民俗学」である。本巻には、それに関する八編の論文を収めている。

先生は、若いころインド大乗仏教に興味をもち、東京帝国大学文学部において印度哲学を学ばれた。さらに大学院に進んだが、日本仏教のこの実相がどこからきているのかを見極めるため、日本文化史の権威・西田直二郎先生がおられる京都帝国大学文学部史学科に入り、国史学を専攻された。

その京都大学に在学中の昭和十二年（一九三七）六月（柳田國男の「年譜」〈『定本柳田國男集』別巻第五、筑摩書房、昭和四十六年〉は二月とする）、日本民俗学の創始者、柳田國男翁の「盆と行器」という講演を聴き、深い感動を覚えた。一般的には仏教行事、仏教用語とみられていたものが、それとは何ら関係のない、日本民族固有のものだというのであった。日本文化史以外にもう一つ別の方法があることを知り、それ以来、民俗学の虜になったという。

先生が最初に関心を寄せたのは寺社縁起と高僧伝であった。それらが民間仏教の成立と伝播に大きくかかわっていると考えたからである。その研究の一端は、論文「弘法大師伝説の精神史的意義（上）」（『密教研究』第七八号、昭和十六年）、「弘法清水――弘法大師伝説の精神史的考察（中）――」（同第八一号、翌年）で示された。

民俗学に啓発されたといっても、まだ日が浅いから、伝記史料や地誌類に頼ったが、全国に分布する弘法大師やその他の高僧伝説をとりあげ、早くも民俗学的方法に基づく注目すべき見解を提示している。伝説の歴史化の過程に日本民族固有の仕方があるといい、弘法清水伝説の源をさかのぼれば古代の神話に至りつくこと、それが泉と託宣の古代祭祀に関係すること、この伝説において「大師」が善人または悪人の家に来訪するのは、家々を訪ね巡る客人神の古代祭祀に基づくことを指摘する。しかもそこには、行脚遊行の聖や山伏、神人、座頭、遊女、金屋、木地屋などの旅行者による伝播が想定されるとする。この論文には「仏教民俗学」なる言葉はどこにも見られないが、第二次大戦後、先生が唱えた仏教民俗学と同じ土俵に立ち、その先駆けをなしたものといえる。

二

先生は、戦時から戦後の混乱期にかけ、民俗資料採集のため奥高野から遠く東北、北陸、近畿、中国、山陰の村々に足をしげく運んだ。そのころの調査の主題は、葬制、民間念仏、修正会・修二会であった。その採訪のたゆみない積み重ねが、後に「仏教民俗学」を生むに至るのである。

先生は、戦前から高野山大学で教鞭を執り、昭和十七年（一九四二）には教授職に就任されたが、同二十三年に学生の有志が「高野山大学歴史研究会」をつくると、民俗談話会を開いて民俗学の指導にあたった。先生はまた、同二十六年度から授業に「日本仏教民俗史」を講じた。翌年の春、同歴史研究会の機関誌『仏教民俗』第一号が発刊され、本巻冒頭に収めた「仏教と民俗学」を寄せた。さらにその翌年発行の第二号に、「仏教儀礼の民俗性（上）――とくに修正会と修二会について――」を収めた。

「仏教と民俗学」は、わが国で「仏教民俗」、あるいは「仏教民俗学」なる言葉がはじめて使われた画期的論文である。多くの日本人の中に生きている仏教は、浄土往生や現世祈禱の個人的信仰と、祖霊祭祀や年中行事の社会儀礼の中に脈打っている仏教である。日本仏教の主体性は一般庶民にあり、本当の日本仏教の創造者は日本民族の基層文化の担い手である庶民だ、と説く。これまでの日本仏教史観ではとても考えられない、衝撃的な言葉が吐露されている。

庶民社会の宗教は、これまで無視され、葬式、祈禱、年中行事などの仏教民俗は、俗信、迷信として学問の対象にならなかった。しかし、それらが実際に生きて動いている仏教的宗教現象である以上、これを無視したり外道あつかいにしてはいけない。それは日本仏教が日本民族固有の信仰や習俗と結合した結果なのだからという。そして「すくなくも日本一国における固有信仰と仏教の交流、夾雑は、近来の日本民俗学の進歩によってあきらかにしうる公算が大きくなった。（中略）われわれは柳田國男先生の半世紀にわたる学的努力によって創立された日本民俗学の援護のもとに、この困難な道をすすもうとしているのである」と、問題解決に日本民俗学の活用を宣言する。

日本民俗学は、確かに日本民族の基層文化の掘り起こしに業績を上げてきた。柳田翁をはじめ熱心な同志の精力的採集によって膨大な民俗資料が集積されている。その資料の比重は仏教より神道の領域に重かったが、仏教は固有信仰、固有文化に寛大な宗教であり、仏教民俗こそ民俗学の宝庫の観がある。したがって仏教民俗を研究すれば、日本民俗学にも寄与することになると説く。

しかし、この論文を執筆した時点では、仏教民俗学の樹立をはかる意図はなかった。仏教民俗そのものの解明というより、仏教民俗の変遷を歴史的に跡づけることで日本庶民仏教の本質を明らかにすることを目的としたからである。しかし、そのためには仏教民俗資料を集めなければならない。その大方の目安を立てるために、仮に「仏教民俗学」の構想を立ててみたという。「しかしさればとてわたくしは、「学」を僭称してこの学問の独立を策するごとき大それた謀叛気はさらさらなく、わたくしにとってはあくまで、日本庶民仏教史の補助学科としてこの一試案を提示するにすぎない」といっている。

「仏教儀礼の民俗性」は、先生がそれまでの過去十数年間、仏教儀礼の民俗性を追求してきたなかで、法会・法要に混在する民俗的要素を明らかにするため、特に寺院の修正会・修二会をとりあげ、これがいかに常民の正月行事に基づくものであるかを証明したもの。従来あまり顧みられなかった領域に、はじめて民俗学のメスを入れたものとして注目される。

先生は、昭和二十七年（一九五二）十月、朝日新聞大阪本社講堂を会場にして開催された日本民俗学会第四回年会で、「両墓制と霊場崇拝」というテーマで研究発表し、柳田翁の質問を受けた。発表の概要は同年十二月発行の『民間伝承』第一六巻第一二号に収められた。同二十九年には日本印度学仏教学会で「民俗信仰としての大般若経」（『印度学仏教学研究』第三巻第一号、同年）を発表するなど、そのころ独創的な研究が相次いだ。

昭和三十年（一九五五）、先生は高野山大学を辞して京都の大谷大学教授に就任された。そのころから、戦後追い求めてきた民間念仏について論文化を図られた。その早いものに「民俗的念仏の系譜」（『印度学仏教学研究』第五巻第二号、昭和三十二年）、「融通念仏・大念仏および六斎念仏」（『大谷大学研究年報』第一〇集、同年）がある。

そのような研究の実績により、先生が仏教民俗に明るく、庶民仏教史研究に民俗学を依用していることが広く学界で知られるところとなる。昭和三十年代前半に企画、出版された『日本民俗学大系』の第八巻（平凡社、同三十四年）に、依頼があって「仏教と民俗」を執筆する。

ここではまず、仏教が日本文化に同化した跡を究明するには民俗学の協力が欠かせないと述べる。庶民仏教文化や仏教民俗、庶民信仰は、常民や下級僧侶が創造してきたものであり、仏教の民俗宗教化は常民の担う基層文化への同化作用であることがだんだんわかってきたが、それは日本民俗学が長年蓄積してきた仏教民俗資料と、民俗学が解明した基層文化の構造理論のおかげだという。

この論文においてはじめて「仏教民俗学」をはばかることなく公然と唱え、その定義づけを行っている。

仏教的民俗資料をあつめて、常民の仏教信仰の内容と特色、仏教的社会（講）の構造、常民の仏教受容の方式、受容された仏教の変容などを研究する学問を「仏教民俗学」と名づけ、（下略）

この時点において、この学問がどうあるべきかを熟慮して、簡潔にまとめたのであろう。

次の「日本仏教の民俗性」は、昭和三十六年（一九六一）に発表され、原題を「仏教と民俗」と称したが、後に『続仏教と民俗』（角川選書九九、角川書店、昭和五十四年）に再録のとき、この題名に改められた。先生自らが改題したもので、論文のめざすところはそこにあった。貴族的仏教と庶民的仏教に共通する民俗性があるはずだが、それを明らかにするには、まずこの両種の文化が共通の基層文化から出発していることを立証する必要がある。「仏教」と「民俗」の二つの命題を対立的に考えるのではなく、信仰も文化も仏教が現象化するかぎり民俗性は離れられないから、「仏教民俗学」は「仏教の民俗性」を明らかにすることを主題とすべきだ、という主張である。重い発言として受けとめるべきであろう。

昭和三十七年（一九六二）三月、先生は大谷大学に論文を提出して文学博士号を取得された。その主論文が「日本仏教民俗学論攷」で、本著作集ではじめて公刊された。その第一部は、日本仏教民俗学の体系化をめざして、その方法論を提示している。

ここではまず、科学的立場、特に歴史学的立場から民俗的仏教の諸現象を客観的にとりあげてその忠実な記述を試み、それとともに民俗的仏教（庶民仏教）の本質とその歴史的成立過程を明らかにしたいと述べる。次に日本仏教史の立場から、日本仏教を民俗化させた行基・空也・良忍・一遍のような名のある仏教家だけでなく、無名の勧進聖を含む庶民仏教家もとりあげ、彼らがどのような形で庶民の要求に応えていったか、それが歴史のいかなる時点で社会的な展開をみたかという問題についても、できるだけ民俗学的方法で解明を試みたいとする。

ここに説かれた庶民仏教家、勧進聖については、先生は終生の研究対象とされた。しかし先生自身は、その研究の先蹤は柳田國男翁にあるとする。昭和五十年（一九七五）に仏教民俗学を回想して語った「仏教民俗学のあゆみ」（『大法輪』第四二巻三号。本巻所収）で、仏教民俗学そのものの発祥は柳田翁の「毛坊主考」（『郷土研究』第二巻第一号〜第一二号、大正三年〈一九一四〉〜同四年）だという。柳田翁はその後「俗聖沿革史」（『中央仏教』第五巻第一号〜第五号、大正十年）を著わすが、これについて先生は、柳田翁は庶民との共感の立場から勧化僧や遊行聖、葬式に加わる三昧聖や念仏聖を見過ごすことはできなかったといい、律令時代から現われる沙弥・優婆塞や俗聖の成立と変遷について民俗学的論証を試み、極めて明快な解釈を与えたと、高く評価する。

柳田翁はその後また「葬制の沿革について」（『人類学雑誌』第四四巻第六号、昭和四年）を書いたが、それも含めて、この学位論文において「これらの業績は、従来の仏典中心主義のドグマ的解釈ではまったく未解決であった仏教民俗に明快な解答をあたえたものであり、同時に日本仏教史の庶民仏教に関する空白をうめるばかりでなく、従来の説も書きかえなければならない可能性を示唆するものであった」と、仏教民俗や庶民仏教についても柳田翁の先駆的業績を評価し、その重要性を説いている。

そしてここで、はっきり公言する。仏教民俗学の意図するところは、現存する仏教民俗の成立を明らかにするとともに、これを背景とした日本庶民仏教の歴史的解明であって、日本仏教史の一翼を担う地位を与えられるべきであり、その方法は従来の文献史学的方法に民俗学的方法を援用することにより、特に日本の庶民仏教の本質・起源・変遷などを明らかにする学問であるとする。さきの論文「仏教と民俗」で行われた「仏教民俗学」の定義と合わせて味読すべきであろう。

三

仏教民俗学がいかなるもので、いかに有用であるかを論ずるとき、五来先生はよくその研究対象の一覧を掲げた。考えられる仏教民俗の全領域を分類し、そこに含まれる仏教民俗事象、仏教民俗語彙を提示した。それらは体系的に整理されており、仏教民俗学の領域の全体像の把握にも役立つ。

最初の「仏教と民俗学」では、「日本仏教民俗学の構想」としてこれを示した。㈠仏教的年中行事、㈡法会・祈禱、㈢葬送習俗、㈣仏教講、㈤仏教芸能、の五分類とし、それぞれにいくつかの項目を立て、そこに含まれる事象や語彙を列挙する。この一覧を見ただけでも、仏教民俗学が解明すべき問題がいかに多岐にわたるものであるかが理解される。

それより七年後に書かれた「仏教と民俗」では、前の五分類に、㈥仏教伝承、㈦仏教的俗信を加え、七分類としている。㈥仏教伝承と㈦仏教的俗信は、これまで進めてきた研究の内容を判断して、新たにその分類項目を設けて処理するのが賢明と考え、これを付け加えたものと思われる。なお、㈤仏教芸能については、項目立ての基準となる視点を変えているのが注目される。これより二年後に書かれた「日本仏教の民俗性」でも研究対象を簡単に紹介するが、分類項目は「仏教と民俗」と同じである。

「日本仏教民俗学論攷」では、従来の諸学者が行った日本仏教民俗学の分類を紹介し、それらは偶然的思いつきの分類項目を排列したにすぎないとし、それに対し自分の私案は一般民俗学の研究対象の分類に準拠したもので、日本の仏教民俗の諸現象に適合するよう整理したといって、その「日本仏教民俗学の研究対象分類私案」を提示する。そこでは「社会生活部門」に対応するものとして、㈠仏教年中行事、㈡葬送習俗、㈢仏教講をあげ、「精神生活部門」に対応するものとして、㈣仏教呪術、㈤仏教芸能、㈥仏教伝承、㈦仏教俗信をあげ、それらの一々について大まかな解説をほどこす。日本仏教民俗学の体系としての研究対象の大綱がここに示されたといえる。これまでの論文では「法会・祈禱」とか「法会（祈禱と供養）」という分類項目を設けてきたが、ここにはそれがなく、代わって「仏教呪術」を立て、そのため新しい視点から細目の組み替えを大々的に行い、民俗事例も数を増している。そのほかで特に注目されるのは、「葬送習俗」の細目に「擬死再生」を加えていることである。先生が後々まで強調された擬死再生の信仰と儀礼について、早くもここに仏教民俗としての位置づけをなされていることは特筆すべきであろう。

かなり後年のことになるが、先生は仏教民俗学の対象として第八番目に「修験道」を加えた。論文「仏教と民俗」を昭和五十四年に角川選書九九『続仏教と民俗』に再録した際、先生自身が第八項目としてこれを付け足し、それに関する語彙も掲出している。同年に書かれた論文「仏教民俗学の二十五年」（本巻所収）でも第八番目に「修験道」をあげ、その内容を簡潔に解説するが、このほかに「庶民信仰」の一項が加えられねばならないとしている。仏教民俗学の対象は、研究の進展により広範になるのは当然であって、それを先生は地で行かれたということであろう。

先生は、仏教民俗学の方法論を唱えたときは、よく事例をあげて解説を試み、読者の理解を得ようとした。「仏教と民俗学」におけるトーバ（塔婆）、「仏教と民俗」における大師講、「日本仏教民俗学論攷」における念仏芸能がそれである。「仏教儀礼の民俗性」は、修正会・修二会そのものの事例研究といえる。それらの内容については、他巻の編者による解説もあろうからここでは触れない。いずれにしても個別事例の民俗学的研究こそ先生のめざすところであり、先生は仏教民俗学のすべての領域について研究を重ね、詳細な解説を試みたいという意向があったと思われる。その後先生が仏教民俗、庶民仏教信仰に関して書き続けられた多くの著作、論文は、その延長線上にある個別研究の展開とみてよいであろう。

四

ところで先生は、昭和五十年代に入ると、新たに「日本宗教民俗学」を提唱される。そのことについても言及しなければならない。

「宗教民俗学」については、東京大学で五来先生と同級で机を並べた堀一郎氏が早くに唱えている。堀氏は戦前から上代仏教の文化史的研究に力を入れ、その著作もあるが、戦時中に『遊幸思想』（育英書院、昭和十九年）を著わし、日本宗教史研究に民俗学的視点の導入を図った。

その堀氏が、昭和二十五年（一九五〇）に東京大学宗教学科の講義の委嘱を受けたとき、「宗教民俗学」のテーマで一年間講義した。それは日本の民衆の信仰諸現象の民俗学的研究であり、民間信仰を主題とするものであった。その講義の内容は、翌年『民間信仰』（岩波全書一五一、岩波書店、昭和二十六年）として出版された。

堀氏が唱えた「宗教民俗学」は、民間信仰の体系化をめざしたものであり、その研究対象は仏教と限らず広く宗教全体にわたるので、この呼称を用いた。これに対し、五来先生が唱えた「仏教民俗学」は、庶民仏教、常民仏教の全領域の体系化をめざしたもので、民間信仰だけでない。双方の研究対象も、取り組む姿勢も異なっている。

周知のように、堀氏は昭和二十八年に『我が国民間信仰史の研究』宗教史編（創元社）を著わし、同三十年には先の『遊幸思想』を改訂補正して『我が国民間信仰史の研究』序編・伝承説話編（同）として出版した。岩波全書の『民間信仰』と併せて、民俗学的方法による日本民間信仰研究三部作として高く評価されている。ところで、仏教民俗学を提唱し、仏教民俗学者といわれてきた五来先生が、この期に至りどうして宗教民俗学を唱えるようになったのであろうか。

先生は昭和五十三年（一九七八）三月に大谷大学を退職されるが、その前年の九月、住まいにほど近い京都上賀茂桜井町の株式会社「東方界」京都支社内に「日本宗教民俗学研究所」を開設する。民俗に根ざした日本宗教の宗教的・社会的機能と形態、その歴史と文化を研究することを目的とした。庶民宗教や民俗宗教は既成宗教教団から疎外されてきたが、それらは日本人の宗教のすべてに横たわる地下茎であり、底流であり、原点である。その原点から現在の日本宗教の本質と形態、歴史と文化を明らかにしようというのである。

五来先生の日本宗教民俗学は、なにも堀氏の説に従うとか、その影響を受けたというものではない。研究の進化の結果と見るべきであろう。先生自身は、日本宗教民俗学は日本仏教民俗学より広い立場のものだと述べている。論文「仏教民俗学の二十五年」でも、また平成二年（一九九〇）に先生の門下生を中心に結成された「日本宗教民俗学研究会」（現「日本宗教民俗学会」）の機関誌『宗教民俗研究』創刊号に寄せた巻頭言にも、そのことが表明されている。その学問のめざすところも、方法論も、仏教民俗学のそれと何ら変わるものでなかった。

先生が仏教民俗学の対象に「修験道」や「庶民信仰」を加えることで、仏教の範囲からはみ出してくるものが多くなった。さらにほかにも対象としなければならないものがいくつかある。それについて「修験道や庶民信仰、民間美術、民間文学というものを加えることによって、仏教民俗学ではなくて宗教民俗学という学問にかかわる必要があった」（「仏教民俗学の二十五年」）と述べている。先生が民族宗教というべき修験道や庶民信仰に深い思いを致すようになって、そこに仏教渡来以前の信仰要素、つまり原始宗教の姿がよめるようになり、仏教民俗学では律しきれないことを痛感し、「仏教」より広い概念の「宗教」を用いる必要に至ったものと思われる。

したがってそれは、学問の方法を異にしたとか、前者を捨てて後者に移行したとか、そういう問題ではなかった。「日本宗教民俗学」といっても、そのために新たな構想を立てたわけでないし、それ独自の研究対象を打ち出したものでもない。その意味で、「日本宗教民俗学」は「日本仏教民俗学」の延長線上にあるといってよかろう。先生の学問は、時空を超え、無限の広がりと可能性を秘める。「海洋宗教」や「海の修験道」の構想は、その実情を端的に表わしている。これらは、宗教民俗学に領域を広げた結果生まれた、独創的な発想といえよう。

私は、大谷大学で先生から指導を受けた第一期生である。先生が提唱する仏教民俗学に肌で触れ、直接手ほどきを受けた。それから半世紀がたつ。先生にお伴をして法隆寺金堂修正会や東大寺二月堂修二会（お水取り）、あるいは愛知県北設楽郡の田楽や花祭り、長野県下伊那郡の雪祭りや念仏踊りなど、夜を徹して繰り広げられる法会や芸能を見学したことが今もって忘れられない。先生はそうした現地調査、見学を重視する姿勢を生涯崩さず、膨大な民俗資料を集積し、自家薬籠中のものとされた。その裏打ちがあったればこそ、広い領域にわたる確かな論説を縦横無尽に発せられたといってよかろう。

出典一覧

仏教と民俗学

『仏教民俗』一、高野山大学歴史研究会、昭和二十七年。

仏教儀礼の民俗性――とくに修正会と修二会について――

原題は「仏教儀礼の民俗性（上）――とくに修正会と修二会について――」、『仏教民俗』二、高野山大学歴史研究会、昭和二十八年。

仏教と民俗

『日本民俗学大系』八、「信仰と民俗」、平凡社、昭和三十四年。のち『続仏教と民俗』（角川選書九九）、角川書店、昭和五十四年に所収。

日本仏教の民俗性

原題は「仏教と民俗」、『講座近代仏教』五、法藏館、昭和三十六年。のち『続仏教と民俗』（角川選書九九）、角川書店、昭和五十四年に所収。

日本仏教民俗学論攷

学位主論文、昭和三十七年。

仏教民俗学のあゆみ

『大法輪』四二―三、大法輪閣、昭和五十年。

仏教民俗学の二十五年

『尋源』三一、大谷大学国史学会、昭和五十四年。のち『宗教民俗講義』（五来重宗教民俗集成七）、角川書店、平成七年に所収。

仏教民俗学の概念

原題は「総説　仏教民俗学の概念」、『講座日本の民俗宗教』二、「仏教民俗学」、弘文堂、昭和五十五年。

日本仏教民俗学の構築
五来重著作集　第一巻

二〇〇七年一〇月一〇日　初版第一刷発行

著　者　五来　重
発行者　西村七兵衛
発行所　株式会社法藏館
京都市下京区正面通烏丸東入
郵便番号　六〇〇-八一五三
電話　〇七五-三四三-〇〇三〇（編集）
〇七五-三四三-五六五六（営業）

装　幀　西岡　勉
印刷・製本　亜細亜印刷株式会社

ISBN 978-4-8318-3407-2 C3321